THE PRESENCE OF THE FUTURE: JESUS AND THE KINGDOM

조지 래드

하나님 나라

KB192547

THE PRESENCE OF THE FUTURE: JESUS AND THE KINGDOM

조지 래드
하나님 나라

원광연 옮김

CH북스
크리스천
다이제스트

차례

제4부 약속의 완성

제5부 결론

서언

  "[두 권의 성경을] 함께 묶어주는 끈은 바로 하나님의 다스림이라는 역동적인 개념이다." 존 브라이트(John Bright)는 주로 구약의 소망을 다루는 하나님 나라에 관한 그의 연구서에서 이렇게 말하였다. 만일 이러한 그의 말이 사실이라면, 예수님의 가르침과 하나님 나라에 대한 오늘날의 비평적 연구들이 하나님의 다스림이라는 그 역동적인 개념을 예수님의 메시지와 사역을 뭉뚱그려주는 핵심으로 이용하는 예가 드물다는 것이 참으로 의아스럽게 여겨진다. 바로 이러한 결핍된 상태를 본서가 메우고자 하는 것이다.

  복음주의적 그리스도인들은 하나님 나라의 종말론적인 또는 미래적인 면에 관심을 가진 나머지 하나님의 나라가 그저 소망을 줄 뿐 그 이외에는 현대의 그리스도인의 삶에 직접적으로 와 닿는 것이 거의 없는 것처럼 느끼는 경우가 많다. 그리하여 많은 그리스도인들은 "하나님의 나라"라는 용어 자체를 무엇보다도 지상에서 이루어질 그리스도의 천년 동안의 통치를 의미하는 것으로 이해한다. 그러나 이것은 복음서의 강조점을 잘못 이해하는 것이다. 예수님의 교훈의 확실한 특징은 진정한 의미에서 하나님의 나라가 그 자신과 그의 사역을 통해서 이미 임하였다는 것이다(마 12:28). 그 나라의 비밀(막 4:1)이란 곧 그것이 전혀 예기하지 못한 상태에서 역사를 꿰뚫고 들어온 비밀을 뜻한다. 그러나 그렇다고 해서 그 나라의 미래적인 면이 약화시키는 것은 아니다. 구약의 선지자들은 줄곧 하나님이 지상에 그의 통치를 세우실 주의 날을 바라보았다. 복음서에서도 하나님의 나라가 다가올 시대에 속한 것이요 따라서 종말론적인 축복이라는 점이 분명히 나타난다(막 10:23-30). 본서의 목적은 그 종말론적인 나라가 과연 어떻게, 그리고 어떤 의미에서 예수님의 사역에서 현재의 실재가 되었는가 하는 것을 해명하는 것이다.

본서의 초판은 *Jesus and the Kingdom*(예수와 하나님 나라)이라는 표제를 붙였었다. 이 표제는 필자가 전혀 의도하지 않았던 아주 심각한 문제점들을 야기시켰다. 구체적으로 말하면 복음서가 예수님의 가르침을 얼마나 정확히 표현하고 있는지 그 정도에 대한 문제가 일어난 것이다. 필자는 복음서 기자들의 목적은 예수님의 ipsissima verba(입술에서 발설된 그대로의 말씀 — 역자주)를 기록하는 것이 아니었다는 것과 또한 복음서의 현재의 형태가 엄밀한 의미의 전기 기술 덕분이 아니라 초대 교회 덕분에 생겨난 것이라는 것을 인식하고 있다. 그럼에도 불구하고, 필자는 이유는 여기서 일일이 해명할 수가 없지만, 복음서는 예수님의 가르침에 대해서 본질적으로 정확하게 보도하고 있다는 것을 확신하고 있다.[1] 우리의 첫째 되는 목적은 하나님의 나라에 대한 공관 복음서의 신학을 해명하는 것이다.

공관 복음서가 중립적인 입장을 지닌 관찰자들이 편파성 없이 보도한 기록이 아니라는 것은 우리도 인정한다. 그것들은 믿음을 가진 기독교 공동체가 예수 그리스도를 메시야로 하나님의 아들로 믿는 그들의 믿음을 증거하는 증언인 것이다. 이 점 때문에 많은 학자들은 역사의 사실들이 기독교 신앙을 통해서 해석되었기 때문에 역사적 예수에 대해서는 아주 희미한 정도의 개요만이 남아 있을 뿐이라고 결론짓게 되었다. 역사적 예수가 믿음의 대상인 그리스도로 변형되었고, 그 과정에서 예수는 거의 잃어버린 상태가 되어 버렸다는 것이다. 그러므로 많은 비평학자들은 역사가로서의 그들의 첫째 되는 과업은 바로 복음서 전승에서 기독교 신앙을 반영하는 요소를 모조리 추출하고서 나머지 역사적 사실을 신빙성 있게 전해주는 자료만을 골라내어서 오로지 그것을 역사적 예수를 회복하는데 확고한 기반으로 삼는 것이라고 느낀 것이다.

우리는 정말로 현재의 복음서가 믿음의 산물이라는 사실과, 또한 그 가운데 해석의 과정이 분명히 드러난다는 사실을 인정해야 한다. 그러나 그렇다고 해서 역사의 예수가 잃어버린 상태에 있다거나 복음서가 예수와 그의 메

---

1) G.E.Ladd, *The New Testament and Criticism* (1967); "The Search for Perspective," XXV(1971),pp. 41-62를 보라.

시지에 대해서 본질적으로 정확한 묘사를 제공해주지 않는다는 식의 결론을 내려야 하는 것은 아니다. 과거의 사건들은 반드시 해석하여야 한다. 그렇지 않으면 의미있는 역사의 일부가 될 수 없다. 복음서는 예수께서 말씀하시고 행하신 것에 대한 보고이며 동시에 그의 말씀과 행위의 의미에 대한 해석인 것이다. 필자는 이 해석이 역사 속에서 일어난 사건들과 일치하며 그 해석이 예수님 자신에게까지 거슬러 올라가게 해준다는 것을 확신한다.

우리의 결론은 역사에 대한 신학적 이해에 기반을 둔다. 그러나 이것이 복음서를 올바로 이해할 수 있는 유일한 올바른 접근법인 것으로 보인다. 성경 전체의 메시지는 하나님이 구속사 속에서 활동하셨다는 것이다. 그리고 복음서는 예수를 하나님의 구속적인 활동이 결정적인 절정에 도달한 역사상의 한 점으로 제시하는 것이다.

이런 진술은 역사적 진술인 동시에 신학적 진술이기도 하다. 우리의 현대의 문제점은 그런 신학적 역사적 진술들의 타당성을 부인하는 역사관이 팽배한데서 기인하는 것이다. 현대의 연구에서 자주 사용되는 용어로서의 역사는 과거의 사건들 그 자체가 아니라 특정한 과학적 세속적 전제들을 기반으로 하여 과거의 사건들을 비평적으로 재구성하는 것을 지칭한다. 세속 역사가들은 종교적인 것과 세속적인 것을 막론하고 모든 고대의 기록들을 관찰 가능한 인간의 경험과 역사적 인과 관계와 유추를 근거로 해석하여야 한다고 느낀다. 그렇게 규정된 역사에서는 하나님의 활동을 인정할 여지가 전혀 없다. 왜냐하면 하나님은 관찰이 가능한 인간의 경험이 아니라 신학적 범주에 속하기 때문이다. 그러나, 성경의 기록은 하나님이 역사 속에서 활동하셨음을 증거한다. 특히 나사렛 예수 안에서 활동하셨고 그 안에서 하나님이 그의 왕적인 통치를 드러내셨음을 증거해 준다. 이것이 참된 주장이라면, 세속 역사가에게는 이것을 인식할 비평적인 도구가 전혀 없게 된다. 왜냐하면 그의 전제 자체가 하나님이 역사 속에서 활동할 가능성을 배제해 버리기 때문이다. 그러므로, 세속적인 접근법으로는 성경을 이해할 수가 없다. 해석자로 하여금 신약을 역사의 예수 안에서 드러난 하나님의 활동에 대한 기록으로 이해할 수 있도록 해주는 그런 방법론을 사용하여야 마땅한 것이다.

필자는 마틴 켈러(Martin Kähler)와 함께 "역사적 예수"란 현대의 세속

학자들이 만들어낸 것이요 역사 속에서 실제로 살았던 예수는 바로 복음서에 그려져 있는 성경적 그리스도라는 것을 분명히 믿는다. 만일 복음서가 그에 관하여 일상적인 역사적 경험을 초월하는 그런 차원의 내용을 그리고 있다면, 그것은 신자들의 공동체가 그런 차원의 내용을 역사적 예수에 첨가시켰기 때문에 나타난 것이 아니라, 역사의 예수 속에 그런 것이 그대로 제시되었기 때문에 나타난 것으로 보아야 하는 것이다. 비평이 "역사적 예수"를 발견하지 못한다는 사실이 이를 입증해 준다. 그러므로 해석이 본문의 형태에 분명하게 영향을 미친 곳들을 자주 주목하여야 하지만, 동시에 필자는 현재 있는 그대로의 복음서를 예수 자신은 물론 하나님 나라에 대한 그의 메시지에 대한 신빙성 있는 기록으로 해석하는 것을 주된 임무로 생각한다.

　제2판에서는 서언을 새로이 썼으며, 제1장 "종말론 논쟁"을 개정하여 최신의 것으로 만들어 놓았다. 필자는 본서를 검토해주고 평해준 사람들에게, 특히 영국과 유럽 대륙의 학자들에게 감사를 표하고자 한다. 그들은 본서를 그 자체의 목적에 비추어서 해석하였고, 호의를 가지고 평을 해주었으며, 또한 개선을 위한 무수한 제언들을 해주었다.

제1부

서론

제1장

종말론 논쟁

지난 수십년 동안 하나님의 나라에 대한 집중적인 연구가 이루어져서 최근의 신약 연구를 개관한 한 연구서는 "하나님의 나라의 진정한 의미를 발견했다"고 이야기할 수 있을 정도가 되었다.[1] 신약 학계는 하나님의 나라가 어떤 의미에서 현재요 동시에 미래라는데 점점 의견의 일치를 보고 있다. 그러나, 이처럼 상당한 진전을 보고 있기는 하지만 우리 주님의 가르침에 나타나는 묵시론적 개념들이 어떤 역할을 하며, 하나님 나라의 현재적인 면과 미래적인 면이 서로 어떤 관계에 있느냐 하는 문제에 대해서는 계속해서 맹렬한 논쟁이 계속되고 있다. 현재 우리의 연구를 올바른 안목을 가지고 전개하기 위해서는 현대의 논의의 배경을 개관하며 특히 묵시문학의 역할에 대해 주목하지 않을 수가 없다.[2]

50년 전에 주류를 이루었던 해석은 종말론적 개념과 묵시문학의 개념의 의미를 별로 중요시하지 않았다. 아돌프 폰 하르낙(Adolf von Harnack)의 "구 자유주의"의 견해는 예수님의 가르침에 나타나는 묵시문학적 요소를 그의 종교적 메시지의 핵심을 둘러싸고 있는 껍데기 정도로 취급했다. 그리고

---

1) A. M. Hunter, *Interpreting the New Testament, 1900-1950* (1951), p. 136.

2) 다른 개관서로는 R. N. Flew, *ET*, XLVI (1934/5), pp. 214-218; C. C. McCown, *JR*, XVI (1936), pp. 30-46; A. N. Wilder, *JR*, XXVIII (1948), pp. 177-187; *Eschatology and Ethics in the Teaching of Jesus* (1950), 제2장; H. Roberts, *Jesus and the Kingdom of God* (1955), pp. 9-20; G. Lundström, *The Kingdom of God in the Teaching of Jesus* (1963); N. Perrin, *The Kingdom of God in the Teaching of Jesus* (1963) 등이 있다.

하나님의 아버지되심, 개인의 영혼의 무한한 가치, 그리고 사랑의 윤리 등 몇 가지 보편적인 진리가 그 메시지의 핵심을 이루는 것으로 보았다.[3]

제임스 오르(James Orr)와 브루스(A. B. Bruce)는 하나님의 나라를 우리 주님께서 세상에 소개하신 하나의 새로운 원리 — 하나님의 통치 — 로서 교회를 통해서 인간 사회의 모든 영역을 변형시키게 될 것으로 이해했다. 이들은 묵시문학적 용어들을 역사 속에서 나타나는 하나님의 활동을 상징적으로 표현하는 것으로 해석했다. 최근에는 로데릭 캠벨(Roderick Campbell)이 이와 비슷한 해석을 제시했다.[4]

종말론적 해석

요하네스 바이스(Johannes Weiss)와 알버트 슈바이쳐(Albert Schweitzer)의 연구가 성경 비평의 일대 전환점을 가져왔다. 이들은 묵시문학이 예수의 가르침에서 근본이 되는 것이라고 보면서 당시 주류를 이루고 있던 비 종말론적 견해들은 건전한 역사적 분석이 아니라 현대적 사고 방식에서 비롯된 것이라고 주장했다. 이들의 철저 종말론의 견해는 너무나 잘 알려져 있으므로 굳이 여기서 설명할 필요가 없을 것이다. 다만 몇 가지 관찰한 사항들을 개관하는 것으로 족할 것이다. 슈바이쳐는 복음서를 귀납적으로 연구하여 그의 해석을 얻게 된 것이 아니라, 예수를 그가 속한 주변 환경에 비추어서 해석해야 한다고 가정했고 또한 그 주변 환경이란 곧 유대교의 묵시문학이라고 이해함으로써 그런 해석에 이르게 된 것이다.[5] 그 결과 그는

3) *What is Christianity?* (1901), pp. 21-83.
4) *Israel and the New Testament* (1954). 구 보수주의자들에 대한 개관에 대해서는 G. E. Ladd, *Crucial Questions about the Kingdom of God* (1952), pp. 27f를 보라.
5) *Paul and His Interpreters* (1912), p. ix. H. G. Wood, *Jesus in the Twentieth Century* (1960), p. 172의 아주 예리한 관찰을 보라. 또한 G. Lundström, *The Kingdom of God in the Teaching of Jesus* (1963), p. 93을 보라.

예수를 1세기에만 속하는 한 역사적 인물로 제시하게 된 것이다. "예수의 인격과 생애에 대한 역사적 지식은 별 도움이 되지 않는다. 어쩌면 신앙을 가로막는 것이 될지도 모른다 … . 구체적인 역사적 인물로서의 예수는 우리 시대에는 낯선 존재일 뿐이다 … ."[6] 왜냐하면 그는 절대로 실현되지 않은, 그리고 슈바이처의 견해로는 절대로 이루어질 수 없었던, 허망한 묵시문학적 꿈을 이루기 위하여 맹목적으로 자신의 생애를 거기에 헛되이 바쳐버린 한 망상에 젖은 광신자(a deluded fanatic)였기 때문이다.

슈바이처의 해석에는 세 가지 요소가 있는데, 이를 혼동해서는 안된다: (1) 묵시론은 하나님 나라에 대한 예수의 메시지에 본질적인 요소이다. (2) 예수의 메시지는 오로지 종말론적인 것이다. 하나님의 나라는 어떤 의미에서도 현재의 영적 실재로 해석될 수 없다. 그 나라는 다가올 묵시론적 시대이다. (3) 예수는 그 나라가 그의 생전에 즉시 임할 것으로 생각했다. 비평적 연구를 개관해 가는 동안 이 세 가지 점들을 염두에 두어야 할 것이다. 왜냐하면 전체적으로는 아니더라도 부분적으로는 슈바이처의 견해에 동의할 수도 있을 것이기 때문이다.

슈바이처 이후의 종말론적 해석

슈바이처 이후의 비평사는 종말론에 대한 논쟁사라고 묘사할 수 있을 것이다. 철저 종말론은, 비록 수정한 형태로 받아들여지는 경우가 많았지만, 유럽 대륙에서 상당한 지지를 받았다. 빌헬름 미카엘리스(Wilhelm Michaelis)는 *Täufer, Jesus, Urgemeinde*(세례자, 예수, 초대 교회, 1928)

---

6) A. Schweitzer, *The Quest of the Historical Jesus* (1911), p. 399. 또한 J. Weiss, *Die Predigt Jesu vom Reiche Gottes* (1892; 제 2 증보판, 1900)을 보라. 이 책의 초판이 다음과 같이 현재 영역되어 출간되어 있다: R. H. Hiers and D. L. Holland, *Jesus' Proclamation of the Kingdom of God* (1971). 또한 R. H. Hiers, *The Kingdom of God in the Synoptic Tradition* (1970)을 보라. Hiers도 바이스의 견해를 따른다.

에서 주장하기를, 예수의 가르침은 시종일관 한 가지 관점에서만, 즉 하나님
의 나라는 묵시론적이며 임박했다는 관점에서만, 해석되어야 한다고 했다.
하나님의 나라는 임하지 않았고, 그 대신 부활절과 오순절이 임했다. 이러한
하나님의 활동을 통해서 교회는 하나님의 나라를 미래적이요 동시에 현재적
인 실체로 해석할 수 있게 된 것이라는 것이다. 미카엘리스는 나중에 쓴 *Der
Herr verzieht nicht die Verheissung*(주는 그 약속을 어기지 않으신다,
1942)에서는 철저 종말론을 반대하면서 예수께서 강조한 것은 그 나라의 미
래성과 임박함이 아니었으며 오히려 그 나라의 임박성을 강조함으로써 제자
들의 편에서 각성을 불러 일으키고자 하는 영적인 목적이 그에게 있었다고
주장했다.

　모리스 고구엘(Maurice Goguel)의 *La Vie de Jesus*(예수의 생애)는 그
리스도의 생애에 대한 교과서로서 미국에서 가장 널리 사용되어온 것 가운
데 하나다. 고구엘은 보통 철저 종말론의 지지자로 분류되지 않는 것이 보통
이다. 왜냐하면 그는 예수의 가르침 가운데 묵시론적 요소와 종말론적 요소
를 서로 구분하면서 종말론은 그의 사상의 틀(framework)에 불과했다고 주
장하기 때문이다.[7] 그럼에도 불구하고 고구엘은 물론 강조점이 다르기는 하
지만 예수는 하나님 나라에 대해서 오로지 미래적인 것으로만 보았다고 주
장한다. 예수께서는 초기 전도 사역 시절에는 그 나라가 즉시 임할 것으로
생각했다(마 10:23). 그리고 갈릴리에서 위기를 겪은 후에는 그 나라가 몇 년
내에 임할 것으로 기대했다(막 9:1). 그리고 마지막으로 예수는 오직 하나님
만이 그 종말의 때를 아신다고 결론지었다(막 13:32). 고구엘은 예수의 사상
에서 그 나라의 강림의 시기는 철회되었지만, 그 나라에 대한 소망의 종말론
적 성격은 그대로 변화 없이 계속 유지되었다고 본다.

　그러나 고구엘은 예수의 사상은 묵시론적인 것이 아니라 종말론적인 것이
었다고 주장한다. 종말론은 미래에 사람들이 분리되고 현 세상을 대신하여
새로운 질서가 임하는 것을 바라보는 것이다. 묵시론은 우주적인 드라마가
일어나는 방식과 그 변화에 수반될 여러 가지 사건들을 미리 그려보는 것이

---

7) *The Life of Jesus* (1933), 영역본, pp. 569-572.

다. 그러므로 묵시론은 표적들을 연구하여 종말의 시기를 계산하는데 관심을 갖는 것이다. 예수는 이런 유의 묵시론적 사색은 물론 미래에 대한 모든 묵시론적 상상도 거부했다(눅 17:21).[8] 이러한 구분에도 불구하고 고구엘은 예수에 대한 그의 해석을 통해서 철저한 미래적 종말론을 가르친 사람으로 인식되고 있다. 왜냐하면 하나님 나라에 대한 그의 견해가 철저히 미래적이요, 대재난을 염두에 둔 것(catastrophic)이기 때문이다. 이 점은 과연 고구엘이 종말론과 묵시론을 그런 식으로 구분한 것이 타당한가 하는 근본적인 문제를 제기한다.

프랑스 학자로서 그리스도의 생애에 대해서 중요한 저서를 낸 또 다른 학자인 샤를르 구네삐(Charles Guignebert) 역시 철저 종말론을 지지한다. 구네삐는 하나님 나라는 "주로 본질적으로 이 현재의 악한 세상이 물질적으로 변혁되는 것," 즉 다가올 시대의 종말론적 구원이기 때문에, 그 나라를 현재적 실재로 해석하는 것은 있을 수가 없다고 한다.[9] 예수의 사명은 현 시대의 임박한 종말과 종말론적 질서의 도래를 선포하는 것이었다.

마틴 베르너(Martin Werner)는 교리사에 관한 저서에서, 예수의 가르침에 나타나는 철저 종말론을 그 출발점으로 가정하며 초기 교리의 발전사를 파루시아가 일어나지 않은 사실에 대하여 교회가 적응해가는 과정으로 해석했다.[10]

비평적인 독일 신학의 전형적인 진술은 마틴 디벨리우스의 *Jesus*에 나타나는 진술이다.[11] 그는 하나님의 나라란 하나님이 우주 속에 그의 통치를 확고히 세우시기 위하여 행하시는 그의 종말론적인 활동이라고 한다. 예수는 이런 신적인 활동이 곧 일어날 것이라고, 사실상 이미 진행 중에 있다고 가르쳤다. 미래와 현재의 긴장은 곧, 완전히 성취된 하나님 나라와 현재의 질서를 깨뜨리는 과정 중에 있는 하나님 나라 사이의 긴장이다. 그러므로 그 나라의 표적들은 현재에 나타나고 있지만, 그 나라 자체는 아직 임하지 않은

---

8) M. Goguel, *Revue d'Histoire des Religions*, CVI (1932), pp. 382ff.
9) *Jesus* (1935), p. 341.
10) *The Foundation of Christian Dogma* (1957), pp. 9-27.
11) *Jesus* (1949).

것이다. 그 나라의 권능들은 현재 존재하고 있다. 그러나 그 나라가 실제로 임하는 일은 하나님의 묵시론적 활동이 있어야 되는 것이며, 그 활동은 곧바로 일어날 것이다. 그 나라의 광채의 그림자가 이미 예수의 사역에서 볼 수 있는 것이다.[12]

현대의 가장 중요한 철저 종말론 지지자는 루돌프 불트만(Rudolf Bultmann)과 그의 추종자들이라 할 수 있다. 불트만에게 있어서 예수는 하나님 나라의 임박한 강림을 선포한 유대교 묵시론의 선지자에 불과했다. 그는 어떤 해석을 막론하고 하나님 나라를 예수 자신과 그의 추종자들에게 나타난 현재적 실재로 보는 것은 예수가 선포한 임박한 하나님의 통치의 개입이 실제로 일어나지 않음으로써 제기된 난제를 회피하기 위해서 고안된 "도피를 위한 추론"이라고 강변한다. 현재적 하나님의 나라를 주장하는 견해는 "예수의 단 한 가지 말씀과도 부합될 수 없으며, 오히려 '하나님의 통치'의 의미와 모순을 일으킨다."[13] 불트만에게 있어서 예수의 그의 묵시론적 메시지는 신약 신학의 일부가 아니라 유대교에 속한 것이다. 예수의 메시지와 다른 유대교 묵시론자들의 메시지의 한 가지 차이점은 예수는 그 종말의 임박성을 분명하게 확신하고 있었다는 점이다. 이러한 확신이 너무 강해서 예수는 미래의 나라를 실제로 현재 속으로 뚫고 들어오는 것으로 보았던 것이다. 그 나라는 임하여 있지는 않으나, 밝아오고 있는 것이다.[14]

---

12) *Ibid.*, pp. 69-88) 또한 Erich Dinkler, *The Idea of History in the Ancient Near East* (R. C. Dentan, ed.; 1955), pp. 173-180에 나타나는 비슷한 진술을 보라.

13) *Theology of the New Testament* (1951), I, p. 22. Bultmann은 이 점에서 입장이 흔들리는 것 같아 보인다. 왜냐하면 한 곳에서 그는 예수가 세례 요한의 출현에서 "시대의 전환"을 보았고 자기 자신이 "두 시대의 사이"의 중간기에 서 있는 것으로 이해했다고 말하기 때문이다. "Man between the Times," in *Existence and Faith: Shorter Writings of Rudolf Bultmann* (Schbert M. Ogden, ed.; 1960), p. 253을 보라.

14) Bultmann의 해석이 순수한 객관적인 본문 주해에서 이끌어낸 것이 아니라 미래에 대한 예수의 견해를 실존주의적인 전제를 근거로 해석한 것이라는 점은 다음에서 살펴볼 것이다. 다음의 pp. 32이하를 보라.

불트만의 영향을 받아서 수많은 학자들은 예수는 미래의 묵시론적인 나라를 강조한 것이 아니라 그 나라가 즉시 임할 것이라는 것을 강조했다고 결론지었다. 종말론보다는 임박성이 핵심이 된 것이다. 에리히 그레서(Erich Grässer)는 이러한 임박성에 대한 언급이야말로 예수가 선포한 내용의 핵심이었으며 따라서 파루시아가 즉시 임하지 못한 사실은 초대 교회에 크나큰 신학적 난제를 제기했다고 보았다.[15] 한스 콘첼만(Hans Conzelmann)은 순전히 종말론적인 예수의 메시지를 누가가 역사화시키는 방식을 보여주고자 했다.[16]

한편 영국에서는 철저 종말론이 한 번도 깊이 뿌리를 내린 일이 없다. 버킷(F. C. Burkitt)은 결국 그 입장에 동조했으나,[17] 윌리엄 샌데이(William Sanday)는 처음에는 조심스럽게 인정했으나, 후에 그 입장을 철회했다.[18] 워샤우어(J. Warschauer)는 철저 종말론의 입장에서 예수의 전기를 쓰려고 시도했으며,[19] 스미스(B. T. D. Smith)는 그 입장에서 공관복음서의 비유(이 표제[The Parables of the Synoptic Gospels, 1937]로 된 책에서)를 해석했다. 예수와 유대교 묵시론자들과의 한 가지 차이점은 예수의 경우 종교적인 요소에만 온통 관심을 집중시켰고 그리하여 민족적인 소망이라는 차원을 완전히 제거했다는 점이다.

미국에서는 철저 종말론이 폭넓게 영향을 미쳤다. 일찍이 1911년, 어니스

---

15) Grässer, *Das Problem der Parusieverzögerung in den synoptischen Evangelien und in der Apostlegeschichte* (1957).

16) *The Theology of Saint Luke* (1960). 또한 Conzelmann의 다음 논문을 보라: "Reich Gottes" in *RGG*, 3rd ed., V, col. 912-18; "Jesus Christus," *ibid.*, III, col. 641-46) 이에 대한 전반적인 논의에 대해서는 O. Cullmann, in *TLZ*, LXXXIII (1958), col. 1-12을 보라.

17) *A History of Christianity in the Light of Modern Knowledge* (1929)에 나오는 그의 논문 p. 234을 보라.

18) *The Life of Christ in Recent Research* (1907), p. 121을 보라. 그러나 그의 논문 "The Apocalyptic Element in the Gospels," *Hibbert Journal*, X (1911-12), pp. 83-109을 보라.

19) *The Historical Life of Christ* (1926).

트 스코트(Ernest F. Scott)는 이스라엘로 하여금 임박한 그 묵시론적 나라
의 도래를 대비하도록 하는 것이 예수의 사역이었다는 슈바이처의 해석을
수용했다. 그러나 스코트는 슈바이처와는 달리 예수는 그 다가올 나라의 법
이 이미 그 자신 속에서 실현되었으며, 그 나라가 너무 임박했기 때문에 그
권능들이 예수의 사역에서 이미 드러났다고 주장했다. 그리하여 스코트는
예수의 윤리를 성격상 "잠정적인" 것이 아니라 하나의 영속적인 이상으로 볼
수 있었던 것이다.[20]

후에 독일 신학에서 발견하게 되는 한 가지 중요한 강조점이 있다. 그것은
곧, 하나님의 나라는 묵시론적이며 미래적이며 임박한 것이다. 그러나 실제
로 그 나라는 오로지 미래적인 것만은 아니라는 것이다. 그 나라는 너무도
가까이 있어서 그 임재를 느낄 수가 있고, 그 권능을 경험할 수가 있다. 이
견해는 널리 수용되었다. 사실상 1930년 이스턴(B. S. Easton)이 하나님 나
라 해석에 관한 논쟁은 실제로 막바지에 다다랐다고 말할 수 있을 정도였다.
그 나라는 새 시대요, 하나님만이 인간 위에 군림하셔서 다스리게 되는 순전
히 초자연적인 질서다. 그 나라가 임하게 되면 역사는 종말을 고하게 된다.
그 나라의 임재에 대한 말씀들은 그 나라의 강림의 과정이 이미 진행 중에
있음을 의미한다. 하나님의 주도적인 활동이 이미 행해진 상태이며, 그 결과
를 이미 느꼈으니 곧 그 다음 활동이 이어질 것이며, 그리하여 그 나라가 임
할 것이다.[21]

이러한 묵시론적인 나라의 임박성에 대한 강조는 매우 자주 반복되어 나
타났다. 그 나라의 현재성이란 다만 하늘에서 강림하는 구름들이 그 그림자

20) *The Kingdom and the Messiah* (1911). 후의 절충적인 연구서인 *The Kingdom
of God in the New Testament* (1931)에서 Scott는 과거의 자신의 입장을 수정하여
하나님의 나라를 하나님의 뜻으로 정의하는데, 이 정의는 사람들이 거기서 발견할 수 있
는 모든 의미를 다 포괄할 만큼 그 의미가 넓다 (p. 194). 하나님의 현대의 통치는 더 고
상한 영적 도덕적 질서로서 현재의 내적 생명이요 사회적 이상이다. 묵시론의 틀은 우리
가 보기에는 공상적이요 광신적이지만, 거기에는 위기를 통해서 역사하시는 분이 바로
하나님이시라는 본질적인 종교적 가치관이 들어 있는 것이다 (pp. 117f., 188).

21) B. S. Easton, *Christ in the Gospels* (1930), pp. 158-164.

를 땅 위에 드리웠다는 의미일 뿐이다.[22] 예수는 묵시론적이요 미래적이며 임박한 나라를 가르쳤다. 그러나 그는 실제로 이 나라가 오기 전에 미리 그 나라를 세우는 일에 착수했다.[23] 그 나라는 예수를 통해서 나타난 그 표적들에서 이미 드러나고 있었다. 하나님의 통치가 이미 개입하고 있었고, 그 충만한 능력이 가까운 미래에 있을 것으로 느껴지고 있었다. 싹이 피어나와서 눈에 보이고 있었고, 만개한 꽃봉오리를 곧 보게 될 것이었다.[24] 그 나라가 가까이 와있어서 그 혜택들까지도 부분적으로나마 누리는 상태였다. 태양이 수평선 너머로 그 모습을 드러내기 한참 전부터, 그 빛이 땅을 밝혀오는 법이다. 마찬가지로 하나님의 통치가 임재하리라는 표적들이 나타나고 있었던 것이다.[25]

또한 풀러(R. H. Fuller)의 *The Mission and Achievement of Jesus*(예수의 선교와 성취)도 미래적 종말론을 변호한다. 풀러는 오로지 임박한 종말론적 나라나 실현된 종말론의 두가지 가운데 하나를 택할 수밖에 없다고 한다. 그는 도드(C. H. Dodd)가 하나님 나라의 임재를 입증하는데 사용한 본문들을 검토한 후 그 본문들은 그 나라의 임재가 아니라 그 나라의 임박성을 가르친다고 결론짓는다. "하나님의 나라는 아직 임하지 않았다. 그러나 매우 가까이 있다. 어찌나 가까이 있는지 그 나라가 미리부터 활동하고 있는 정도다 … . 그 사건의 확실성은 너무도 압도적이며, 그 임박성에 대한 표적들도 너무나 확실해서 그 나라가 이미 실현되었다고 말할 정도다 … . 하나님의 통치가 예수의 선포와 표적들 가운데서 이미 예변적으로 개입하고 있는 것이다." 그러나 하나님의 나라가 이미 임해 있다고 말하는 것은 문제를 지나치게 과장하는 것이다.[26] 결정적인 사건들은 과거가 아니라 아직 미래에 놓

22) Morton Scott Enslin, *The Prophet from Nazareth* (1961), p. 72. Enslin은 예수의 가르침의 순전히 미래적인 종말론적 성격을 "순화시키고 변경시키려는" 노력을 "경솔하다"고 단정짓는다.

23) S. J. Case, *Jesus* (1927), pp. 436f.

24) D. W. Riddle and H. H. Huston, *New Testament Life and Literature* (1946), pp. 90f.

25) C. T. Craig, *The Beginning of Christianity* (1943), p. 87; *IB*, VII, p. 148.

여 있는 것이다.[27]

이렇게 철저 종말론을 재검토한 결과 두 가지 흥미있는 사실이 드러난다. 어떤 이들은 하나님의 나라를 하나님의 종말론적인 활동으로 해석하며, 또 어떤 이들은 그것을 종말론적인 질서로, 다가올 시대로 이해한다. 두 경우 모두 그 나라는 미래적이며 묵시론적이다. 그러나, 이 학자들 가운데 많은 이들은 복음서의 언어로 인해서 무언가 현재적인 점이 있다는 점을 인정하지 않을 수가 없다. 곧, 다가오는 그 나라의 표적들, 그 나라가 밝아오는 것, 그 나라의 싹, 그 나라의 그림자 등은 현재에 실재하는 것이다. 더 나아가서 이 해석들로 말미암아 그 나라의 임박성이라는 요소가 새로운 의미를 부여 받게 된다. 그 나라의 그림자가 앞으로 드리우게 된 것은 바로 그 나라가 임박했기 때문이다. 예수께서는 그 나라가 매우 가까이 임하여 있어서 그 나라가 아직 임하지 않았는데도 불구하고 그 임재를 지각할 수 있다고 생각한 것이다. 새벽이 온 다음 아침이 오듯이, 구름이 하늘을 가득 채운 다음 폭풍우가 오듯이, 싹이 튼 다음 꽃이 피듯이, 하나님의 나라가 가까이 임하여 있다는 표적을 볼 수 있을 정도로 그 나라가 가까이 임하여 있는 것이다.

비종말론적 해석들

모든 학자들이 전부 슈바이처의 해석을 수용하여 하나님의 나라를 전적으로 혹은 본질적으로 묵시론적인 성격으로 규정하는데 만족한 것은 아니다. 특별히 영국과 미국에서는 하나님의 나라를 비 종말론적인 방향에서, 영적으로 해석하는 연구서들이 나타났다.

---

26) R. H. Fuller, *The Mission and Achievement of Jesus* (1954), pp. 25, 26, 32. London, S. C. M. Press의 허락을 받고 인용하였음. 미국에서는 Allenson's, Naperville, Illinois에 의해서 배포되었음.

27) Alan Richardson은 실현된 종말론에 대한 Fuller의 비판이 설득력이 있다고 본다. *An Introduction to the Theology of the New Testament* (1958), p. 86, n. 1을 보라.

루이스 무어헤드(Lewis Muirhead)는 *The Eschatology of Jesus*(예수의 종말론, 1904)에서 바이스의 입장에 대해 반박을 시도했다. 묵시론적 표현들이 윤리의 주도를 받는 것이며, 바이스가 말한 대로 윤리가 묵시론적 표현들의 주도를 받는 것이 아니다. 그는 하나님 나라는 신자들의 경험 속에 실재하는 최고의 영적 실체이며 미래적인 면은 중요치 않다고 했다. 에르네스트 폰 돕쉬츠(Ernest von Dobschütz)는 제3회 종교사학회 보고서(Transactions of the Third Congress for the History of Religions)에서 주장하기를, 묵시론은 예수의 사상의 형식이었을 뿐이며 예수의 종교의 핵심은 하나님의 통치로서 거기에는 종말론적인 것이 아무것도 없었다고 했다.[28] 그리고 *The Eschatology of the Gospels*(복음서의 종말론)에서 돕쉬츠는 예수가 그 당시의 묵시론적 개념들을 함께 공유하고 있는 것으로 그리면서도 그의 견해는 변형된 종말론이었다고 보았다. "유대교의 종말론에서 마지막 날에 이루어질 것으로 말씀한 것을 여기서는 예수의 생애에 이미 가까이 와 있는 것으로 말씀하고 있다 … . 외적인 변화로 기대되던 것을 내적인 것으로 본 것이다."[29] "메시야 시대에 이루어질 것으로 기대되던 것들이 전부 예수에게서 성취되었다."[30] 묵시론은 그가 그 나라의 미래의 성공을 해석한 하나의 형식이었다. 그 형식은 잘못된 것이지만 진리는 그대로 살아 있다. 하나님이 통치하실 것이다.[31]

비종말론적인 견해를 해명한 것 가운데 가장 영향력이 큰 책은 판을 거듭하며 출간되고 있는 맨슨(T. W. Manson)의 *The Teaching of Jesus*(예수의 가르침)이다. 하나님의 나라는 그 본질상 개인의 영혼이 경험하는 하나님의 통치이다. 그런 인격적인 관계 속에서는 시간 — 미래냐 현재냐 — 에 관한 문제는 전혀 중요치 않다. 사람들의 삶 속에 역사하는 하나님의 통치는 시공간을 초월하는 것이기 때문이다.[32] 예수께서 하나님을 아버지로 생각한

28) 1908, pp. 312-320.

29) E. von Dobschütz, *The Eschatology of the Gospels* (1910), p. 150.

30) *Ibid.*, p. 143.

31) *Ibid.*, p. 207.

32) T. W. Manson, *The Teaching of Jesus* (1935), p. 135.

바로 그것이 하나님의 나라에 대한 그의 생각을 결정지었다. 하나님의 뜻이
이 이 땅에서 이루어지는 거기에 하나님의 나라가 존재하는 것이다. 예수는
메시야로서 하나님의 뜻에 철저히 순종함으로써 그 나라를 실현하였다.[33] 가
이사랴 빌립보 이전에는 예수께서 하나님의 나라가 임할 것에 대해서 말씀
하셨다. 그러나 가이사랴 빌립보 이후부터는 그 나라가 임하였고 사람들이
그리로 들어간다고 말씀하셨다.[34] 가이사랴 빌립보에서 베드로가 행한 신앙
고백은 하나님의 나라가 그의 인격 속에 임하였다는 것을 인정한 것이었
다.[35] 하나님의 나라는 하나님과 개인 사이의 인격적인 관계이다.[36] 하나님의
나라가 예수와함께 임하였다고 말할 수 있는 것은 그로 말미암아 "그 나라가
처음으로 세상에 드러났기" 때문이었다.[37] 즉, 예수야말로 최초로 하나님의
통치의 완전한 의미를 경험하였으며, 그의 사역을 통해서 다른 사람들을 인
도하여 하나님의 통치를 똑같이 경험하도록 했던 것이다.

그러나 맨슨의 하나님 나라에 대한 견해를 비 종말론적인 것으로 해석한
다면 그것은 잘못된 것일 것이다. 그는 "마지막 완성"을 다루는 장(章)에서
말하기를, "심판, 이 세상에서 악이 제거되는 것, 이생에서 하나님께 충성한
자들에게 주어지는 복된 영생 — 이런 것들은 하나님 나라의 핵심적인 관념
들에 필수적으로 복속되는 것들이다 … . 만일 선이 악에 대하여 최종적으로
승리를 거두는 일이 없다면, 하나님의 나라는 헛된 꿈밖에 아무것도 아닐 것
이다"라고 하는 것이다.[38] 그러나 에른스트 페르시(Ernst Percy)가 지적했
듯이,[39] 종말론적인 완성에 대한 이런 진술들은 맨슨이 제시한 하나님 나라
의 핵심적인 개념들과 본질적으로 연관된 것은 아니다. 맨슨은 "교회는 …
하나님 나라의 군대로서 모든 적대적인 권세를 정복하고 그리스도를 위하

33) *Ibid.*, p. 211.
34) *Ibid.*, p. 129.
35) *Ibid.*, p. 130.
36) *Ibid.*, p. 133.
37) *Ibid.*, p. 134.
38) *Ibid.*, p. 284. Cambridge University Press의 허락을 받아 인용하였음.
39) E. Percy, *Die Botschaft Jesu* (1953), p. 224.

여, 그리고 궁극적으로 하나님을 위하여 세계를 구하는 사명에 동참하고 있는 것이다"라고 말했는데, 이 말에서는 종말론이 없이도 하나님 나라의 최종적 승리를 이룰 수가 있다는 식의 논지를 볼 수 있다. 그 최종적 승리는 그리스도의 파루시아를 통해서가 아니라 교회가 세상 속에서 승리를 거둠으로써 이루어질 것이라고 하는 것이다.[40]

비 종말론적인 해석을 구체화시키는 아주 상세한 연구서로서 영향력을 미치는 것으로는 캐독스(C. J. Cadoux)의 *The Historic Mission of Jesus*(예수의 역사적 사역)를 들 수 있을 것이다. 그는 하나님의 나라는 본질적으로 무시간적인 하나님의 은혜로우신 주권을 사람이 받아들이는 것이라고 본다.[41] 왜냐하면 그것은 개인이 하나님의 뜻에 순응하는 것이기 때문이다.[42] 캐독스는 하나님에게 주도권을 부여하는 하나님 나라의 관념에 대하여 아주 강한 어조로 반대의 의사를 분명히 한다.[43] 주도권은 사람들에게 있다. 왜냐하면 하나님의 나라란 하나님의 무적의 왕적인 권세의 승리가 아니라, 하나님의 아버지로서의 다스림을 사람들이 순순히 인격적으로 받아들이는 것을 의미하기 때문이다.[44] 예수는 하나님의 나라가 사람들 가운데 새로운 현실이 되도록 만든 인물이었다.[45] 뛰어나게 순종적인 아들로서 예수는 그 나라를 자신의 인격에 구체화시켰다. 그의 메시야적 사명은 그 자신이 소유한 하나님의 생명의, 같은 즐거움으로 사람들을 인도하는 것이었다.[46] 예수는 유대인들이 그의 메시지를 받아들이고 하나님의 다스림에 굴복하며 로마 제국에 대한 복수의 자세를 누그러뜨리고서 하나님이 이방인의 적대 세력을 무찌르

---

40) T. W. Manson, *The Teaching of Jesus* (1935), p. 190. 맨슨은 다음에 출간된 책에서 종말론에 대해 훨씬 더 적절한 이해를 보여주고 있다. 다음의 p. 43을 보라.

41) C. J. Cadoux, *The Historic Mission of Jesus* (출판 연도에 관한 정보가 없음 [약 1940]), p. 133.

42) *Ibid.*, p. 115.

43) *Ibid.*, p. 204.

44) *Ibid.*, p. 206.

45) *Ibid.*, pp. 26, 129.

46) *Ibid.*, p. 103.

시고 로마의 적대감을 우정으로 바꾸어주실 것을 신뢰할 것을 기대했다.[47] 그렇게 되면 이 하나님 나라에 대한 메시지가 세상 전체로 퍼져나가서 성공을 거두게 되며 그리하여 하나님이 그 위대한 종말론적인 절정을 일으키실 시기가 무르익게 될 것이다.[48] 새로운 인류가 탄생하며, 그리하여 하나님의 뜻이 온 인류에 의해서 행해지며 그리하여 하나님의 나라가 이 땅에 임하게 될 것이다. 예수는 유대인들이 이 메시지를 거부하는 것을 깨닫고서 그런 거부의 사실을 받아들이고, 그의 설교를 통해서 이루지 못한 그것을 그의 죽음을 통해서 이룰 것으로 소망했다. 캐독스는 묵시론을 동양의 상상력이 넘치는 동양적인 사고의 산물로 보았는데, 그것은 본문을 문자적으로 해석하지 않았다. 그러므로, 그는 영해(靈解)의 해석학을 사용하여 예수의 종말론을 해석하는 것이 정당하다고 본다.[49] 종말론의 영구한 가치는 그것이 예수가 제시한 그 위대한 삶의 가치들의 긴박성을 잘 표현해준다는 사실에서 찾을 수 있는 것이다.[50]

그랜트(F. C. Grant)는 *The Gospel of the Kingdom*(하나님 나라의 복음)에서 하나님의 나라를 하나의 사회 구원의 메시지로 해석하며 그 속에서 신적인 주권이 이 땅에서 완전하게 실현될 것이라고 한다. 예수는 하나님의 통치가 그의 생애에 이 땅 어디에서도 다 이루어지는 것을 보기를 기대했다. 본래 예수의 복음은 사회 복음이다. 묵시적 요소는 제자들이 그것을 오해했기 때문에 주어진 것이다. 그들은 하나님 나라에 대한 그의 사회적 견해를 하나의 묵시론적 개념으로 왜곡시켰고, 유대교 묵시론의 상징법에 비추어서 예수를 해석한 것이다. 그랜트는 예수가 정말로 자신이 구름을 타고 이 땅에 임하여 심판을 베풀고 종말론적인 나라를 세울 것이라고 생각했다면, 그는 과연 정신이 온전치 못한 사람이었을 것이라고 생각한다. 예수가 정신이 온전한 사람이었으므로 그런 견해는 그에게 합당치 않으며, 따라서 예수의 생

---

47) *Ibid.*, p. 173.
48) *Ibid.*, p. 218.
49) *Ibid.*, pp. 340ff.
50) *Ibid.*, p. 348.

각으로 생각해서는 안된다.[51]

샤만(H. B. Sharman)은 아주 세밀한 비평적 연구서에서, 예수는 하나님의 나라가 영적 실체로서 그 자신의 사역 속에 임재하고 있었던 것으로 가르쳤다고 결론지었다. 그 자신을 통해서 하나님의 마음이 표현되었고 그의 인격을 통해서 새로운 영향력이 다른 사람들에게 전달되었으므로 예수는 하나님의 나라가 그의 사역을 통해서 임재하는 것으로 생각했던 것이다. 복음서에 나타나는 묵시론적인 요소는, 유대인 전쟁(the Jewish war) — 예수는 이 사건을 예견하고 있었다 — 기간 동안 나타나게 될 스스로 메시야라고 주장하는 자들에 대한 예수의 경계를 제자들이 무시했기 때문에 나타난 것이다. 교회가 예수의 가르침을 잘못 이해하여 유대교 묵시론에 비추어서 잘못 해석하였다. 그는 이 묵시론적 요소는 삭제되어야 마땅하며 비평적 재구성을 통해서 순수한 예수의 가르침을 회복시켜야 한다고 보았다.[52]

옴스테드(A. T. Olmstead)는 진정한 예수의 모습을 철저히 비 종말론적인 인물로 재구성하였다. "오랜만에 드디어 예수가 역사의 완전한 빛 속에서 자신의 모습을 드러내고 있다."[53] 옴스테드의 "역사적 예수"는 슈바이처가 제시한 역사적 예수와 정반대되는 모습이다. 옴스테드에게 있어서 예수는 의(義)의 선지자로서 성령의 나라를 선포한 인물이었다. 그 나라는 그 나라에 속한 자들의 마음 속에 살아 있어서 영원히 실재하는 능력으로서 결국 이 세상 전체에 스며들게 되어 있는 것이다. 예수는 묵시론들을 읽었지만, 그들의 환상적인 이야기들을 정죄했다. 그런데 초대 교회가 예수를 묵시론적인 인물로 오해한 것이다.

The Religion of Jesus(예수의 종교, 1952)에서 르로이 워터맨(Leroy Waterman)도 이와 비슷한 방향을 취한다. 워터맨은 묵시론과 예언은 서로

---

51) The Gospel of the Kingdom (1940). 또한 "The Idea of the Kingdom of God in the New Testament," in The Sacral Kingship (1959), pp. 437-446; Ancient Judaism and the New Testament (1959), 제 8장.

52) H. B. Sharman, The Teaching of Jesus about the Future (1909), pp. 301-327. 또한 Sharman의 Son of Man and Kingdom of God (1943)을 보라.

53) Jesus in the Light of History (1942), p. xi.

를 배척하는 두 가지 종교 형태로 가정한다. 묵시론은 그 말 그대로 민족주
의적이며 배타주의적인 반면에, 예언적 종교는 보편주의적이며 윤리지향적
이다. 예수의 종교적 가르침이 성격상 영적이었으므로, 그로서는 묵시론적
견해를 취할 수가 없었다. 왜냐하면 이 두 종교 형태는 서로 뒤섞일 수가 없
기 때문이다. 예수의 가르침에 나타나는 묵시론적 형태는 초대 교회가 예수
의 순수한 종교를 잘못 이해하여 그의 종교를 비 영적이며(nonspiritual) 묵
시론적인 개념들 속에 묵살시켜버렸기 때문에 나타난 것이다.

또 하나의 비 종말론적인 해석은 존 윅 보우맨(John Wick Bowman)의
소위 "예언적 현실주의"(Prophetic Realism)이다. 보우맨은 맨슨(T. W.
Manson), 윌리엄 맨슨(William Manson), 루돌프 오토(Rudolf Otto), 빈센
트 테일러(Vincent Taylor) 등의 학자들이 이 견해를 취한다고 주장한다.[54]
그러나, 이 학자들의 견해는 너무도 제각각이기 때문에 그들의 견해를 하나
의 단일한 학파로 분류한다는 것이 매우 어려워 보인다.

보우맨의 주요 관심사는 하나님의 나라의 "묵시론적" 개념들을 모두 반대
하는데 있다. 보우맨의 이해에 따르면, 묵시론적 견해로는 그 나라의 활동을
역사의 현장에서 도무지 볼 수가 없다고 한다. 그는 하나님이 역사 속에서
적극적으로 활동하시는 것으로 보지 않는 견해는 모조리 묵시론적인 견해로
취급한다. 그리하여 그는 하나님을 "전적 타자"(全的 他者)로 보는 키에르케
고르의 변증법이나, 바르트에 의해서 시작되어 미국에 건너가서 발전된 신
정통주의나, 바이스와 슈바이처의 철저 종말론, 그리고 현대의 돌연변이라
할 수 있는 "근본주의" 등을 모두 "묵시론적 비관주의"(apocalyptic
pessimism)로 규정한다.[55] 이 견해들은 모두 하나님이 절대로 자기 자신을
완전히 계시하지 않았으며 그의 나라를 역사 속에서 완성시키지 않으신다고
본다는 점에서 "비 예언적"이다. 예언적 현실주의는 하나님의 나라를 사람과
하나님 사이의 인격적인 관계로 규정하며, 개인이 하나님의 통치권을 인정
하고 그의 뜻을 하나님께 굴복시킬 때에 그의 삶에서 시행되는 하나님의 주

54) *ThTo*, XI (1954), pp. 173ff.를 보라.
55) J. W. Bowman, *Prophetic Realism and the Gospel* (1955), p. 34-47.

권을 개인이 경험하게 되며, 바로 이것이 하나님의 나라라고 본다. 사람이 하나님의 주권의 유일성을 자기의 삶에서 인정할 때에, 또는 여러 사람들이 그것을 인정하거나, 또는 윤리적으로 조건지워진 남은 자들 — 교회 — 이 하나님의 주권에 복종할 때에 하나님의 나라가 임하는 것이다.[56]

보우맨의 입장은 맨슨(T. W. Manson)의 초기 입장과 매우 가까우며, 실제로 그는 맨슨을 자주 인용한다. 그리고 그는 이 견해는 하나님의 나라의 지상적 강림이 하나님의 주 되심을 사람이 받아들이느냐의 여부에 따라서 좌우되는 것으로 보게 만든다는 것을 인정한다.[57] 예수께서 그 나라를 이 땅 위에 세우셨다고 한다. 그러나 보우맨은 이것을 어떻게 이해해야 할지에 대해서 분명히 해명하지 않는다. 다만 예수가 사람들을 설득하여 하나님의 통치를 받아들이도록 했다는 의미로 밖에는 이해할 수 없는 것이다.[58] 교회의 계속적인 사명은 그 나라를 세상 속에서 확장시키며 그리하여 결국 인류를 구속시키는 것인데, 이 사명은 "하나님 나라를 세운다"는 말로 묘사할 수가 있다.[59]

보우맨은 묵시론적 형태의 종교와 예언적 형태의 종교 사이에 절대적인 차이가 있다고 강변한다. *The Religion of Maturity*(성숙의 종교)에서 그는 이 두 가지 형태가 반드시 서로 배타적인 것은 아니고 서로 결합될 수도 있다는 것을 인정했다.[60] 그러나 이 분야에 대한 그의 마지막 연구서인 *Prophetic Realism and the Gospel* (예언적 현실주의와 복음)에서는 그의 초기의 저작에 나타난 사고를 그대로 발전시키며, 예언적 종교에서 묵시론적인 흔적을 완전히 제거해버린다. 묵시론적 종교는 그 정의로 볼 때에 오로지 원거리에서만 하나님에 대해서 말할 수 있으며 따라서 역사의 현장에서 활동하는 하나님의 나라의 개념을 가질 수가 없다고 한다. 그 종교는 완전히

---

56) *Ibid.*, p. 200-202.

57) *Ibid.*, p. 207.

58) *Ibid.*, p. 210.

59) *Ibid.*, p. 222-225.

60) J. W. Bowman, *The Religion of Maturity* (1948), pp. 228, 248. G. E. Ladd, "Why Not Prophetic-Apocalyptic?" *JBL*, LXXVI (1957), pp. 192-200.

다른 세계에 속한 것이요 초월적인 것이다. 보우맨은 그보다 앞서서 쓴 *The Intention of Jesus*(예수의 의도)에서 묵시론적 개념은 예수의 가장 깊은 확신의 핵심을 둘러싸고 있는 껍질이라고 주장했다.[61] 예수는 이 묵시론적인 틀을 형식적으로만 사용했을 뿐이며, 혹은 그 틀은 그저 우리 주님의 편에서 당시의 청중들의 사고 형식에 맞추어서 사용한 것일 뿐이다. 그리고 후에 *The Religion of Maturity*에 가서는 묵시론적 개념들이 "지성적인 미끼"로 사용되었다고 한다.[62] 이 틀을 예수가 살았고 전파한 복음과 혼동해서는 안 된다. 교회에는 보우맨이 말하는 이른바 "보좌의 종교"인 묵시론이 필요가 없다. 왜냐하면 교회의 기능은 세상을 심판하는 것이 아니라 주와 함께 그의 지도를 받아서 세상을 구원하는 것이기 때문이다.[63] 보우맨의 견해에서 볼 때에, 하나님 나라의 완성이란 다름이 아니라 교회가 복음을 선포함으로써 세상이 하나님의 통치에 굴복하게 되는 상태를 가리키는 것으로 보인다.[64]

최근 영국의 성경 학계는 슈바이처의 한쪽으로 치우친 종말론 견해에 대하여 강하게 반발해왔으며, 도드(C. H. Dodd)의 저작들을 통해서 종말론 개념에 새로운 내용이 첨가되었다. 종말론은 시간적으로 마지막 때의 일들에 관한 것이 아니라, 최종적 의미와 궁극적 의미를 지닌 것들을 다루는 것이다. 하나님의 나라는 역사의 마지막에 나타날 종말론적 질서를 의미하는 것이 아니라, 영원히 실재하는 하나님의 영역을 의미한다. 하나님의 나라가 임한다는 것은 영원한 것이 시간 속으로 들어오는 것을 의미하며, 유한한 것이 무한한 것과 대면하는 것을 뜻하고, 초월적인 것이 자연적인 것 속으로 침입해 들어오는 것을 의미한다. 하나님의 나라는 무시간적이요 영원하며 초월적인 것으로서 언제나 가까이 있으며 언제나 사람들에게 요구하는 것이다.

---

61) (1943), pp. 148, 153.

62) J. W. Bowman, *The Religion of Maturity* (1948), pp. 240.

63) *Ibid.*, p. 310.

64) 최근의 논문에서 Bowman은 예수의 가르침에 미래적 종말론의 잔재가 있음을 인정한다. "Eschatology of the New Testament," *IDB*, II, p. 137; *Peake's Commentary on the Bible* (M. Black and H. H. Rowley, eds.; 1962), pp. 739, 745. 이것이 어떻게 Bowman의 전체적인 해석과 조화를 이룰지 납득하기가 어렵다.

묵시론적 언어는 단순히 이러한 무시간적인 종교적 진리를 표현하는 고대의 관용법일 뿐이다.[65]

도드는 예수의 가르침을 실현된 종말론으로 해석했을 뿐 아니라 이를 출발점으로 삼아서 원시 종말론의 역사를 재구성하였다. 도드는 그런 특징과 유대교의 가르침에는 전혀 유례가 없는 하나님의 임재에 대한 구체적인 말씀들을 하나님의 나라의 기본 의미를 밝히는 실마리로 삼았다.[66] 예수는 그 자신의 생애와 죽음과 부활, 승천, 그리고 파루시아에서 그 나라가 임재해 있는 것을 보았다. 이것들은 여러 가지 사건들로 보아서는 안된다. 예수의 사상 속에서는 이 사건들이 복합적인 단일 사건의 여러 가지 단계로 보았던 것이다. 예수에게 있어서는 승리의 날은 단 하나밖에 없었고, 그 날이 바로 그의 사역 안에서 나타나고 있었던 것이다. 도드는 마태복음 4:17의 엥기켄이 마태복음 12:28의 엡따센과 동의어로서 "이미 임하였다"는 의미라는 것을 입증하려고 시도한다. 예수의 선포는 "하나님의 나라가 가까웠다"는 것이 아니라 "하나님의 나라가 임하였다"는 것이었다. 하나님 나라의 비유들은 미래에 속한 것이 아니라 현재에 속한 심판의 위기를 가르친다. 오랜 성장 기간이 끝나고 결정의 순간이 도달했다. 남아 있는 모든 것에 낫을 대고 추수할 때가 된 것이다. 부활과 승귀, 그리고 재림은 예수의 사상에서는 하나의 관념의 세 가지 면을 구성하는 것이다. 이 입장은 도드의 재구성의 핵심적인 요소인데, 이 입장이 "아무것도 결정적인 것이 없는" 것을 "사색적으로 추론한 것"에 지나지 않는다는 점은 그저 힐끗 보고 지나갈 것이 아니라 그보다 더 큰 관심을 기울일 만한 가치가 있는 것이다.[67]

파루시아가 일어나지 않자 초대 교회는 그것을 부활과 분리시켰고, 그리하여 예수가 한 날(a day)로 본 것을 결국 두 날로 만들어버렸다. 초대 교회는 예수의 메시지를 유대교 묵시론을 근거로 재해석했다. 바울은 처음 데살

---

65) C. H. Dodd, *The Parables of the Kingdom* (1936); *The Apostolic Preaching and Its Developments* (1936).

66) *The Parables of the Kingdom* (1936), p. 49.

67) Ibid., pp. 100f. 엥기켄과 엡따센에 관한 논쟁에 대해서는 C. T. Craig, *JBL*, LVI (1937), pp. 17-26; J. Y. Campbell, *ET*, XLVIII (1936-37), pp. 91-94; K. Clark, *JBL*, LIX (1940), pp. 367-383을 보라. 또한 E. E. Wolfzorn, *Ephemerides Theologicae Lovaniensis*, XXXVIII (1962), pp. 54-55을 보라.

로니가 서신에서는 이러한 유대교 종말론을 취하였다가 후에 가서는 종말론을 신비주의(mysticism)에 비추어 재해석했다. 이렇게 해서 파루시아의 지연으로 인하여 야기된 문제점이 바울이 새로이 인식한 실현된 종말론으로 말미암아 해결된 것이다. 제4복음서는 미래적인 종말론에 나타나는 순전한 종말론적 요소들을 걸러냄으로써 이러한 재발견에서 한걸음 더 나아간다. 그리하여 시간적으로 예수와 가장 멀리 떨어져 있는 제4복음서에 예수의 가르침의 진정한 핵심에 가장 가까운 내용을 담게 된 것이다. 바울의 실현된 종말론은 곧 "예언과 묵시론이 초자연적 메시야 공동체에 있을 것으로 말씀한 모든 것이 교회 안에서 성취되었다"는 것이었다. 제4복음서에서는 "교회가 그리스도의 재림에서 소망했던 모든 것이 현재에 성령을 통하여 그리스도를 경험함으로써 이미 이루어지고 있음"을 말씀하는 것이다.[68]

도드는 바울의 미래적이며 묵시론적인 개념들을 거부하면서도 예수가 사용하는 묵시론적 언어에서 하나님 나라의 참된 의미를 찾는다. 묵시론은 "인간 정신이 직접 인지할 수 없는 실체들을 의미하는 일련의 상징들"이다.[69] 묵시론적 사고에서 말하는 새 세상이란 실제로 "시공간을 넘어서는 초월적 질서"이다.[70] 예수는 전통적인 묵시론의 상징법을 채용하여 하나님 나라의 타세계적이며(otherworldly) 절대적인 성격을 표현했다.[71] "예수의 사고는 직접적인 당시의 상황에서 곧바로 모든 역사 저 너머에 있는 영원한 질서로 옮아갔으며, 이 질서를 그는 묵시론적 상징법의 언어로 말씀하였다."[72] 심판, 복락, 인자 등의 묵시론적 개념들은 성격상 "종말론적"이다. 즉, "그것들은 궁극적인 것들로서 이 시공간 상의 경험계(經驗界)에 속한 것이 아니라 절대적인 질서에 속하는 것들이다."[73] 그러므로 예수의 가르침의 골자는 "궁극적

---

68) C. H. Dodd, *The Apostolic Preaching and Its Developments* (1936), pp. 145, 174.
69) *The Parables of the Kingdom* (1936), p. 106.
70) *Ibid.*, p. 56.
71) *Ibid.*, p. 197.
72) *Ibid.*, p. 207.
73) *Ibid.*, p. 107.

인 것, 즉 하나님의 나라가 역사 속에 임하였다는 것이며 … 절대적인 것, 즉 '전적 타자'가 시공간 속으로 들어왔다는 것이다 … '인자의 날'은 무시간적인 사건(fact)을 뜻한다. 역사가 그것을 포괄할 수 있는 한, 그것은 예수께서 일으키시는 역사적 위기 속에 구체화되는 것이다."[74]

도드에 대한 논의를 마치기 전에 한 가지 주목해야 할 것은 도드가 완전히 실현된 종말론에 대한 견해를 수정하여 아직 실현되지 않은 미래적인 종말론의 잔재가 남아 있음을 인정했다는 말이 있다는 점이다. 이것은 도드의 실현된 종말론이 한쪽으로 치우친 것이요 종말론을 불필요하게 축소시켜버린다는 요아킴 예레미야스(Joachim Jeremias)의 비판을 그가 수용했다는 사실에 근거한다.[75] 실현된 종말론에 대해서 논하는 대신 예레미야스는 "실현 과정 중에 있는 종말론"(eschatology in process of realization)이라는 표현을 제시한다.[76] 도드는 물론 이 비판의 타당성을 인정하지만,[77] 그의 *The Coming of Christ*(그리스도의 오심)이라는 책을 읽어보면 그의 입장이 분명치 않다는 느낌이 든다. 그는 말하기를, "마지막 경계 지점(frontier-post)에 다다랐을 때에 우리는 그리스도 안에서 하나님과 대면할 것이다"라고 한다.[78] 그러나 이 말의 진정한 의미가 무엇인지는 또 다른 문장에 표현되어 있는 것 같다: "각 개개인은 죽음이라는 경계 지점에 도달하면 영원자(永遠者)의 임재 속으로 발을 들여놓게 된다. 그리고 모든 과정을 거쳐서 역사가 종말을 고하며 인류가 이 지구 상에서 멸망할 때에, 그 때에 하나님을 대면할 것이다."[79] 이 진술은 역사에 관심을 갖는 하나님 나라에 대한 성경적 소망보다는 오히려 헬라적 영혼불멸의 사상처럼 들린다.

---

74) *Ibid.*, pp. 107f. James Nisbet Co의 허락을 받아 인용하였음.

75) J. Jeremias, *The Parables of Jesus* (1954), pp. 18f.

76) *Ibid.*, p. 159 (*Die Gleichnisse Jesu* [1947], P. 114, "sich realisierende Eschatologie").

77) C. H. Dodd, *The Interpretatin of the Fourth Gospel* (1953), p. 447.

78) C. H. Dodd, *The Coming of Jesus* (1951), p. 38.

79) *Ibid.*, p. 26. Dodd의 변호에 대해서는 Claude H. Thompson, *Theology of the Kerygma* (1962), pp. 10-13을 보라.

그러나, 가장 최근에 출간된 책에서 도드는 하나님 나라의 진정한 미래성에 대해서 여지를 남겨두는 듯하다. *The Founder of Christianity*(기독교의 창시자, 1970)에서 그는 "우주의 모든 권세들에 대하여 하나님의 대의(大義)가 최종적인 승리를 거두며 … . 예수는 … 역사를 넘어서 이루어질 하나님의 대의의 최종적 승리, 혹은 다른 말로 표현하면 그의 나라의 완성을 지시하고 있었다"(p. 117)고 말한다. "하나님의 나라는 현재적 경험이면서도 또한 소망으로 남아 있다. 그러나 그 소망은 역사를 넘어서 이루어질 완성을 바라보는 것이다"(p. 115).

앞에서 우리는 루돌프 불트만의 해석을 철저 종말론과 본질적으로 일치하는 것으로 묘사했다. 그러나 불트만은 예수의 가르침의 진정한 의미를 임박한 묵시론적 나라에서 찾지 않는다. 이 묵시론적 기대는 사실 예수의 깊디깊은 종교적 확신을 표현하는 하나의 형식이었을 뿐이다. 미래적인 하나님 나라에 대한 묵시론적 관념은 신화적이다. 그러나 이 신화 속에는 실존적 의미가 구체화되어 있다. 예수의 경험에 실재하는 핵심적인 요소는 하나님의 주권, 하나님의 뜻의 절대성에 대한 압도적인 의식이었다. 이러한 하나님에 대한 의식 앞에서 세계는 가라앉아 버리고 그 종말을 맞게 되는 것 같다. 세상의 임박한 종말에 대한 기대는 예수의 메시지의 핵심이 아니었고, 다만 그의 하나님에 대한 의식의 반영일 뿐이다. "종말론 메시지의 본질적인 내용은 그 속에서 활동하는 하나님의 관념이요, 그 속에 포함되어 있는 인간 실존의 관념이지, 세상의 종말이 바로 코 앞에 다다랐다는 믿음이 아니다."[80] 그러므로 최종적으로 불트만은 슈바이처나 바이스와 같은 부류에 속한 것으로 분류할 수가 없다. 슈바이처나 바이스는 세상의 임박한 종말이 예수의 종말론적 메시지의 핵심이라고 보았던 것이다. 불트만은 예수의 신화적인 종말론적 기대는 정말로 부수적인 것에 지나지 않는다고 본다. 본질적인 것은 그 속에 나타나 있는 하나님의 요구이다. 그러므로 하나님의 나라는 "전적 타자"요, 초자연적이요 초역사적이며, "종말론적"이다. 하나님 나라의 참된 의미는 예수가 그것을 묘사하는데 사용하는 신화적인 표현들과는 전혀 상관이

80) R. Bultmann, *Theology of the New Testament* (1951), I, p. 23.

없다. 오히려 하나님 나라는 "사람에게 궁극적인 선택을 의미하며 그로 하여
금 결단을 내리도록 강요하는 초자연적인 사건"인 것이다.[81]

하나님 나라에 대한 실존주의적 해석은 널리 영향력을 발휘했다. 초기의
연구에서 사회적 복음을 강조한 바 있는 그랜트(F. C. Grant)는 "종말론적"
이라는 단어를 미래의 실체가 아니라 최종적 실체를 묘사하는 것이라는 의
미로 사용하였다. 메시야의 관념은 종말론적이다. "그것은 그리스도 안에 나
타난 하나님의 계시의 **최종성**을 의미하며, 그리스도 안에서 나타난 하나님의
활동의 최종성을 의미한다."[82] 신약 신학은 처음부터 마지막까지 종말론적이
다. 즉, 신약 신학은 "'역사를 넘어서는(beyond)'(이 현 시대의 종말 이후에
존재하는) 것이 아니라 역사 '위에'(above) 있는 것, 시공간계 바깥에 존재
하는 것, 항상 존재하는 영원의 '지금'에 있는 것, 하나님의 마음에 있는 것,
곧 초역사적인 것을 다루는 것이다."[83] 하나님의 나라를 본질적으로 현재적
인 것으로 보는 예수의 사고는 우주적인 심판에 대해서 거의 여지를 남겨두
지 않는다. 사실상 심판은 본질적으로 "역사의 종말에 있을 하나의 드라마틱
한 사건이 아니요 죄와 모든 악이 하나님의 선하심과 거룩, 그의 긍휼과 사
랑을 대면하는 것이다."[84]

존 낙스(John Knox)는 예수의 가르침에 현재적인 면과 미래적인 면이 함
께 있음을 인식한다. 그는 도드의 완전히 실현된 종말론의 견해를 예수의 견
해로 볼 수는 없다고 생각한다. 낙스는 예수가 임박한 미래에 새로운 질서가
일어날 것을 기대했다고 믿는다. 시간적인 요소를 전혀 배제할 수 없다고 보
는 것이다. 그러나 "그[예수]가 말씀한 하나님 나라의 임박했다는 사실의 모
든 의미가 그 미래의 위기로써 완전히 다 이루어진 것으로 보지 않는다고 해
서" 예수의 가르침을 왜곡시키거나 현대화시키는 것은 아니다. "하나님의 나
라가 미래에 임박해 있는 것으로 생각할 수 있는 것은 오로지 다른 의미에서
그 나라가 계속적으로 임재해 있기 때문에 가능한 것이다. 그 나라가 곧 오

81) R. Bultmann, *Jesus and the Word* (1934), p. 41.
82) F. C. Grant, *An Introduction to New Testament Thought* (1950), p. 206.
83) *Ibid*. p. 50.
84) *Ibid*. p. 185.

리라는 것은 그 나라가 가까이 있기 때문에 가능한 것이다. 이러한 절대적인 의미에서 하나님의 나라는 곧 오지 않았다 — 전혀 오지 않았다 — 그러나 그 나라는 여전히 가까이 있는 것이다 ⋯ . 하나님의 나라는 언제나 임박해 있다. 미래의 사건으로서가 아니라 어쩌면 그보다 더 심오한 의미에서 언제나 임재해 있는 실체로서, 우리의 생애 내에서는 물론 그것을 넘어서까지도, 내재해 있으면서 동시에 초월적인 상태로 임박해 있는 것이다."[85]

Jesus, the Messiah(메시야 예수)에서 윌리엄 맨슨(William Manson)은 양식 비평을 근거로 메시야의 문제를 왕성하게 논의하였고, 하나님의 나라를 불트만과 비슷하게 비메시야적인 방향으로 해석했다. 맨슨은 우리 주님의 사역의 핵심적인 사건은 그의 강렬한 하나님 의식이었다고 주장한다. 이 의식으로 말미암아 그는 현재로부터 미래로 사고해 나가게 되었다. 하나님의 거룩하심과 능력이 이미 세상에서 역사하고 있다는 지각을 갖고서 그는 하나님 나라의 도래에 대하여 몇 가지 특정한 사항을 추리해내었다. 이처럼 임하는 하나님 나라에 대한 그의 선포는 임박한 초자연적 사건의 형태를 취하였다. 그러나, 아버지로서의 하나님 개념은 그의 종말론에 우선하는 것으로서 그 개념이 그의 종말론을 산출해낸 것이다. 다가올 하나님 나라에 대한 비전은 하나님의 임재에 대한 강렬한 그의 내적인 영적 인식이 투사(投射)된 것이다. 그러므로 하나님의 임재에 대한 의식이 핵심적인 실체였다. 그 나라에 대한 묵시론적 전망은 다만 이 의식이 표현된 형식에 불과한 것이었다. 종말론의 항구적인 의미는 우리의 영혼이 영적으로 그와 대면한다는 사실에서 찾아야 한다. "나사렛 예수는 그것을 그렇게 해석하여 우리에게 에스카톤 혹은 하나님의 통치의 의미를 제시해주었으므로 우리는 메시야의 선을 예수의 영 속에 나타나 있는 하나님의 계시와 분리시킬 필요가 없게 되었다."[86] 종말론은 바로 "사람들과 세계 역사의 내적인 변화의 표적이요 증표이다."[87]

---

85) J. Knox, *Christ the Lord* (1945), p. 30.

86) W. Manson, *Jesus, the Messiah* (1946), p. 209. Copyright, 1946, The Westminster Press, 허락을 받아 사용하였음.

87) Ibid. p. 208. 이보다 앞서 출간한 책, *Christ's view of the Kingdom of God* (1918)에서 그는 진화론적 해석을 포용했었는데, 후에 그 입장을 철회했다. 그는 나중

맨슨(T. W. Manson)은 그의 후기의 저작인 *The Servant-Messiah*(종
메시야)에서 이와 유사한 견해를 표명했다. 예수의 종말론은 "진정한 에스카
톤"을 포함하는 것으로서 역사적 과정 가운데 가장 나중에 전개되는 것이 아
니라 "마지막의 것"(the last)을 선포하는 것이다. 이 마지막에 전개되는 것
은 최종성을 소유하는데, "그것을 시간의 잣대로 잰다는 것은 무의미하다."
더 나아가서 이 최종성이 현재의 순간에 침입했다고 한다. 실현된 종말론의
첫째 의미는 에스카톤의 특징적인 본질이 최종성에 있다는 사실에서 나타난
다.[88] 하나님의 나라는 "인류의 참된 복지의 비결인 하나님의 능력과 지혜가
역사 속에서 현실화되는 것(actualization)이다."[89]

미래적 종말론과 실현된 종말론의 종합

우리는 지금까지 하나님의 나라를 미래의 묵시론적 영역으로 해석하는 종
말론적 견해들과, 하나님의 나라를 현재에 하나님을 경험하는 것으로 보아
서 결국 종말론을 불필요한 것으로 보는 비 종말론적 견해들 속에 나타나는
최근의 비평 과정을 추적했다. 그러나 일단의 학자들은 이 두가지 양 극단적
입장 사이의 중간적인 입장을 취하여, 하나님 나라의 현재적인 면과 미래적
인 면, 즉 "영적인" 면과 "종말론적인" 면의 필연성을 인정하였다. 이런 방향
을 추구하는 연구서들 가운데 처음 4권이 1929-1934년의 5년 동안에 나타
났다.

1928년 게르하르트 글뢰게(Gerhard Gloege)는 아주 얇은 취임 논문을 출
간하였고, 후에 그것을 확충시켜서 하나님 나라에 대한 연구서로 출간하였
는데,[90] 그는 이 연구서에서 아주 신선한 접근법을 사용했다. 하나님의 나라

에 진술하기를, "실현된 종말론이 있다. 그러나 또한 실현되지 않은 것의 종말론도 있
다. 엄밀한 의미에서 완전히 실현된 종말론과 같은 것은 어떠한 조건에서도 있을 수가
없다"(W. Manson, *et al.*, *Eschatology* [n. d.], p. 7.)라고 한다.

88) T. W. Manson, *The Servant-Messiah* (1953), p. 63.

89) *Ibid.*, p. 74.

는 그 정의상 종말론적인 구원의 영역이나 다가올 시대가 아니라, 하나님의
왕적인 다스림, 그의 왕적인 활동을 지칭하는 하나의 추상적인 개념이라는
것이다. 글뢰게는 하나님 나라를 하나의 "영역" 혹은 "변혁된 세계"로 이해
하는 국지적이며 "정체적인" 해석을 배격한다. 하나님의 나라는 사람들을 구
원하기 위하여 사람들 사이에서 역사하는 그의 통치이다. 어떤 의미에서 하
나님의 나라는 영원하다. 그러나 다른 의미에서 보면, 그 나라는 시간과 역
사 속에서 드러나 있다. 하나님의 나라가 임재해 있는 것은 하나님의 다스림
이 예수의 인격과 그의 행위 속에 임재해 있기 때문이다. 그러나 그 나라가
충만히 드러나는 것은 미래에 속하여 있다. 글뢰게는 하나님의 현재의 다스
림이 구원론과 교회론을 요구한다는 개념을 발전시켰다.

  벤틀란트(H. D. Wendland)도 이와 비슷한 방향을 따라서, 하나님 나라의
현재적인 면과 미래적인 면이 연합된 것임을 주장하였다. 그 나라는 하나님
의 나라요 따라서 미래적이며 초월적이다. 그러나 초월적이기 때문에, 그 나
라는 또한 현재일 수도 있는 것이다.[91] 하나님의 나라는 과연
Endzeitlichkeit로서 종말론적이며 미래적이다.[92] 벤틀란트는 예수의 메시
지의 종말론적 성격을 완전히 인정한다.[93] 그러나 종말론적 성격이 하나님
나라의 의미의 전부는 아니다. 그 나라는 초월적이며 영원하며(überzeitlich,
ewig), 따라서 가까이 있을 수도 있고 현재에 임재해 있을 수도 있는 것이
다.[94] 그는 하나님 나라의 미래성과 종말론적 성격(Zukünftigkeit와
Endzeitlichkeit)을 출발점으로 삼으면서도, 동시에 "미래성과 초월성

90) *Das Reich Gottes im Neuen Testament* (1928); *Reich Gottes und Kirche im
   Neuen Testament* (1929). R. N. Flew, *ET*, XLVI (1935), pp. 215ff.의 논평을 보
   라.
91) H. D. Wendland, *Die Eschatologie des Reiches Gottes bei Jesus* (1931), pp.
   27-53. *The Kingdom of God and History* (H. G. Wood, ed.; 1938), pp. 145-
   194의 그의 논문을 보라.
92) H. D. Wendland, *Eschatologie*, p. 45.
93) *Ibid.*, p. 50.
94) *Ibid.*, p. 46.

(Endzeitlichkeit와 Zukünftigkeit)에 하나님 나라라는 개념의 내적인 양극성이 있음"을 주장한다. 그러한 양극성 속에서 하나님의 나라의 임재는 단순히 심리적인 기대 정도가 아니라, 실재하는 본질적인 요소로 이해하여야 하는 것이다.[95] 벤틀란트의 사고에서 나타나는 미래적인 하나님 나라의 초월적 성격은 그가 미래성을 "하나님이 우리에게 오심"(Zu-uns-kommen Gottes)으로 묘사하는데서 잘 드러난다.[96] 미래의 하나님 나라는 그것이 초월적이기 때문에 현재의 세계 질서를 깨뜨리고 그 속으로 들어와 있으며, 사람들에게 결단을 요구하고 예수 자신과 그의 활동 속에서 그 스스로를 드러내고 있다. 그러므로 하나님 나라의 문제는 그리스도론과 불가분리의 관계에 있는 것이다. 미래의 메시야가 이미 사람들 가운데 임재해 있으며, 그의 안에 하나님의 미래의 통치가 임재하고 있기 때문이다. 그리스도 안에서 그 나라는 현재인 동시에 미래인 것이다.

루돌프 오토(Rudolf Otto)는 영향력 있는 그의 저서 *The Kingdom of God and the Son of Man*(하나님의 나라와 인자)에서 하나님의 나라를 하나님의 뜻이 행해지는 하늘의 영역으로, 하나님이 통치하시는 초역사적인 (suprahistorical) 영역으로 이해한다. 예수의 가르침은 땅과 하늘의 이원론에 근거하고 있다. 하늘의 영역은 "전적 타자"의 존재로서, 예수는 이러한 이적적인 초자연적 영역이 임할 것을 선포하였다. 이 사건은 오로지 하나님의 행위이며 또한 하늘의 영역이 역사를 깨뜨리고 땅으로 강림하는 것을 의미할 것이다. 천국이 위로부터 내려와서 세상을 놀랍게 변혁시킬 것이다. 주님 가르치신 기도는 이러한 초자연적인 하늘의 영역의 강림을 구하는 간구인 것이다.

그러나, 예수는 그 나라가 이미 임하는 과정에 있다고 믿었다. 그가 이것을 믿은 것은 이상 가운데서 사탄이 하늘에서 떨어지는 것을 보았기 때문이다(눅 10:18). 그러므로 그는 하나님이 이미 사탄에 대해서 승리를 얻으신 것으로 알았고, 하나님의 나라가 하늘에서 이미 이루어진 것으로 알았던 것이

---

95) *Ibid.*, pp. 51f.

96) *Ibid.*, p. 41.

다.[97] 신적인 승리가 이루어져서 그 덕분에 그 나라의 권능들이 이미 이 땅에서 역사하고 있었던 것이다. 자주 인용되는 오토의 다음과 같은 진술은 바로 이런 의미인 것이다: "예수가 그 나라를 임하게 하는 것이 아니라 … , 하나님의 나라가 그를 데리고 오는 것이다."[98] 미래의 하늘의 영역이 이미 예수를 통해서 놀랍고 초자연적이며 강제력을 지닌 권능이 위로부터 작용하는 형태로 이 세상을 뚫고 들어오고 있는 것이다.[99] 그 나라는 종말론적인 영역일 뿐 아니라, 승리의 능력이요 강제력을 지닌 권능이기도 하다.[100] 종말론적 구원의 영역이 신적인 뒤나미스(권능)로서 이 세상을 뚫고 들어오고 있는 것이다.[101] 미래의 시대에 예수는 천상의 인자가 될 것이다. 그러나 그는 이미 그 나라의 꿰뚫고 들어오는 현재의 능력의 대리자(agent)인 것이다.

1930년 요아킴 예레미야스(Joachim Jeremias)는 매우 짧으면서도 많은 것을 함축한 연구서를 출간했는데, 그 표제를 영역하면 *Jesus the Consummation of the World*(세상의 완성이신 예수)라 할 수 있다. 여기서 그는 하나님의 나라를 현재인 동시에 미래인 것으로 설명한다. 예레미야스는 예수는 메시야요 하나님의 나라(Gottesherrshaft)의 왕이었다고 진술한다. 예수의 사명은 비천과 영광의 두 단계로 세상을 완성케 하는 것이었다. 비천의 상태 속에서 예수는 그가 임함으로써 세상의 완성이 이미 시작되었다고 주장하였다.[102] 성령이 다시 한 번 사람들 가운데서 활동했었고, 새로운 창조가 시작되었으며(눅 4:1 이하; 마 11:4-5), 새 포도주 — 구원의 시대의 한 상징 — 가 베풀어졌다. 왕이 예루살렘에 입성하였고 성전이 청결케 되었다. 예레미야스는 예수의 말씀과 행위에서 메시야적 의의를 찾는다. 예수는 그의 말씀과 행위를 통해서 구원의 시대가 임하였고 천상의 인자, 곧 세상을

---

97) R. Otto, *The Kingdom of God and the Son of Man* (1943), p. 105.

98) *Ibid.*, p. 103..

99) *Ibid.*, p. 55.

100) *Ibid.*, p. 98.

101) *Ibid.*, p. 72.

102) J. Jeremias, *Jesus als Weltvollender* (Beiträge zur Forderung christlicher Theologie, XXVII, 1930).

새롭게 할 자가 사람들 가운데 있으며 사탄이 내어쫓기고 있다고 주장했다. 그러나 그 왕이 비천의 상태 속에 임재해 있기 때문에 구원의 시대 (Weltvollendung)를 임하게 하는 그의 역할은 믿음의 눈을 통해서만 볼 수 있었다. 그는 또한 영광 가운데서 나타나야 했다. 파루시아 때에 사탄이 최종적으로 멸해지고 옛 세상이 불로 심판을 받으며 새 세상이 임하고 거룩한 공동체가 메시야의 잔치를 누리게 될 것이다.

예레미야스의 견해의 몇 가지 면을 좀더 분명하게 제시해주는 것으로 그의 *The Parables of Jesus*(예수의 비유들)을 들 수 있다. 하나님 나라의 의미를 푸는 열쇠는 바로 그리스도론이다. 예수는 하나님 나라의 메시지를 전파할 뿐 아니라 그 자신이 메시지이다.[103] 바로 이 사실로 말미암아 예레미야스는 예수의 그 많은 활동에서 메시야적 의미를 발견한다. 그의 말씀뿐 아니라 그의 행위도 비유들인 것이다. 예레미야스는 예수가 가까운 미래에 종말론적 완성이 일어날 것을 기대했다고 주장한다. 예수는 사실상 최종적인 페이라스모스를(막 14:48), 즉 그의 죽음이 가져올 역사의 최종적인 위기를 기대하면서 살았다.[104] 종말에 일어날 환난, 하나님의 성도들을 향한 사탄의 마지막 공격이 그의 고난과 함께 시작될 것이요,[105] 그의 고난은 임박한 재난에 대한 경고가 될 것이다.[106] 예수는 새 시대를 열 것이었다. 그러나 새로운 창조로 가는 길은 재난과 멸망을 통과하도록 되어 있었다.[107] 예수의 죽음은 종말을 여는 것일 뿐 아니라 구속함을 받은 공동체를 창조하는 것이기도 하다. 그의 대속적인 죽음은 구속함을 받은 무수한 무리들을 위한 대속물이었다.[108] 현재의 하나님의 나라와 그 미래의 완성과의 관계는, 현재의 구원은 다만 미래의 완성의 전주곡에 불과하며[109] 사람들로 하여금 임박한 종말을

---

103) J. Jeremias, *The Parables of Jesus* (1954), p. 158.

104) *Ibid.*, pp. 32f.

105) *Ibid.*, p. 44.

106) *Ibid.*, pp. 120-126.

107) *Ibid.*, p. 122.

108) *Ibid.*, pp. 152f.

109) *Ibid.*, p. 153. Jereimias가, Dodd가 설정해 놓은 비유 해석을 위한 지침의 근본적인

바라보고 그것에 대비하여 결단을 내리도록 하기 위해서 고안된 것이라는 설명에서 잘 드러난다.

맨슨(T. W. Manson)의 *The Teaching of Jesus*(예수의 가르침)에 나타나는 하나님 나라에 대한 비 종말론적인 해석은 앞에서 개관한 바 있다(p. 12). 후에 출간된 예수의 말씀에 대한 한 주석에서[110] 맨슨은 루돌프 오토의 영향을 드러내 보여준다. 곧, 하나님의 나라의 핵심이 사람의 경험이 아니라 하나님의 활동에 있다는 해석을 제시하는 것이다. 그리하여 그는 하나님 나라의 현재적인 면과 미래적인 면을 결합시키는 작업을 그의 이전의 저작보다도 더 성공적으로 이룰 수 있게 되었다. 하나님의 나라는 여전히 이 땅에

방향에서 물러선다는 것은 생각할 수 없음을 인정하고 있으며(p. 109) 또한 Dodd가 "종말론을 축소시킨 것"과 "하나님 나라에 대해 한편으로 치우친 생각"을 갖고 있다는 점에 대해서만 비판하고 있는 것(p. 18)을 볼 때에, Jeremias가 하나님의 나라를 순전히 미래적으로만 보고 있다는 Lundström의 결론은 받아들이기가 어렵다 (G. Lundström, *The Kingdom of God in the Teaching of Jesus* [1963], pp. 245-249. 다음에서 Jeremias의 제자의 한 사람이 그에 대해서 다루는 것을 보라. N. Perrin, *The Kingdom of God in the Teaching of Jesus* [1963], pp. 81-82). 그러나 Lundström은 Jeremias의 견해에 참으로 난제가 있음을 지적하였다. 물론 그가 하나님 나라의 임재에 대해 진술하고 있지만, 그의 견해는 예수의 사역에 의해서 주도되는 곧 완성될 하나의 과정으로 해석할 수가 있다. 하나님 나라 그 자체는 오로지 완성에 가서야 임하는 것이며, 따라서 이미 시작된 그 과정 속에서는 진정으로 임재하는 것이 아니다.

Jeremias는 그의 최근의 책 *New Testament Theology*, vol. I (1971)에서, 매우 놀라운 입장을 취하고 있다. 즉, 제자들이 예수의 부활을 경험한 그것이 바로 "에스카톤(종말)의 여명이다. 그들은 예수를 환히 빛나는 빛 속에서 보았다. 그들은 그가 영광 속으로 들어가는 것을 본 것이다. 바꾸어 말하면, **그들은 파루시아를 경험한 것이다**"라는 것이다(고딕체는 본문에서 그대로 취한 것임). 실현된 종말론도 미래적인 종말론도 남아 있지 않는 것처럼 보인다.

110) H. D. Major, T. W. Manson, and C. J. Wright, *The Mission and Message of Jesus* (1938)을 보라. 이 책 가운데 Manson이 쓴 부분은 *The Sayings of Jesus* (1949)라는 제호로 재출간되었다. 여기서는 후자의 책을 참조했다. 왜냐하면 그 책의 서문에서 그 책이 1949년의 Manson의 견해를 표현해주고 있음을 시사하고 있기 때문이다.

하나님의 뜻이 실현되는 것을 의미한다. 그러나 그 하나님의 뜻이 "사람들을 위한 신적인 활동" 속에서 표현되는 것이다. 예수의 사역은 바로 "세상에서 역사하는 하나님의 나라"인 것이다.[111] 그 나라의 권능은, 사람을 부패시키고 멸망시키는 악의 세력들을 물리치는 예수와 그의 사도들의 사역을 통해서 드러난다.[112] 이러한 하나님의 활동은 율법과 선지자의 시대를 잇는 역사 속의 한 시대를 창조했다. 곧, 하나님 나라의 시대가 그것이다.[113] 그러므로 하나님의 나라는 하나의 정신적인 상태라기 보다는 오히려 사람들이 들어갈 수 있는 사건들의 상태다.[114] 그 나라는 현재요 동시에 미래인 것이다. 예수는 초자연적인 세력들을 운행하는데, 그것들은 완성에 도달하기까지 필연적으로 계속 움직인다. "완성된 나라는 마치 씨를 뿌려놓은 밭에 수확이 임재하는 것만큼이나 확실하게 지금 이 세상에 임재해 있다. 어떻게 씨가 성장하며 언제 충만한 열매를 맺게 될까 하는 문제는 씨뿌리는 사람으로서는 답할 수가 없다. 그런 문제는 하나님이 담당한 문제다. 그러나 자연의 신비한 세력들 만큼이나 분명히 실재하는 그 하늘의 세력들은 이미 세상에서 역사하는 상태에 있으며, 따라서 그 위대한 완성을 향하여 필연적으로 나아가고 있고, 이에 대해서 예수는 전혀 의심하지 않았다. 그 나라는 미래의 완성을 향하여 나아가는 현재의 실재인 것이다."[115] 예수는 이처럼 현재의 질서를 깨뜨리게 될 이 완성이 "속히, 갑자기, 그리고 완전하게" 올 것을 기대하였다.[116]

장 헤링(Jean Hering)의 *Le Royaume de Dieu et sa Venue*(하나님의 나라와 그 도래)에서도 미래성과 현재성의 연합을 시도한다. 그러나 불행하게도 이 연구서는 너무 간단해서 별 도움을 얻을 수가 없다. 하나님의 나라는 임박한 묵시론적인 나라로서 그 그림자가 현재에까지 드리워질 정도로 가까이 임하여 있다. 헤링은 말하기를, 사실상 믿음과 회개로써 그 나라의

111) T. W. Manson, *The Sayings of Jesus* (1949), p. 345.
112) *Ibid.*, p. 134.
113) *Ibid.*.
114) *Ibid.*, p. 304.
115) *Ibid.*, p. 305.
116) *Ibid.*, p. 148.

강림에 대한 선포를 받아들이는 자들의 마음 속에서, 도덕적인 의미에서, 그 나라가 실제로 실현되었다고까지 말해야 한다고 한다. 그러므로 예수는 그의 예언 속에 눈에 보이지 않는 그 나라의 씨앗이 임재해 있다고 가르친 셈이다.[117]

최근에 출간된 가장 중요한 연구서 가운데 하나는 큄멜(W. G. Kümmel)의 Promise and Fulfilment(약속과 성취)이다. 큄멜에게 있어서 하나님의 나라는 그 정의로 볼 때에 미래의 종말론적인 시대요, 예수가 가까운 미래에 나타날 것으로 기대한 그 에스카톤이다. 그러나 큄멜은 이 견해를 주장하는 대부분의 저자들의 한계를 결정적으로 뛰어넘어서, 그 에스카톤이 예수 자신 속에 이미 임재해 있었다고 본다. 큄멜은 최근의 비종말론적 해석들과 실존주의적 해석들을 강하게 반대하면서, 예수가 종말론적인 나라의 임박한 도래를 선언했다는 점을 처음으로 입증한다. 그 나라는 한 세대 이내에 임할 것이다. 그러나 그 때가 정확히 언제인지는 아무도 모른다. 그러나 예수는 이 미래의 종말론적 완성이 그 자신 속에서(in his own person) 효력을 발생하고 있는 것으로 보았다.[118] 그 미래의 나라가 이미 그 활동을 시작한 것이다.[119] 큄멜은 그 나라의 현재적인 나타남을 철저하게 예수 자신에게 국한시킨다. 실제적인 하나님 나라가 예수의 제자들의 교제와 그들의 활동 속에 임재했다고 생각하는 것은 매우 잘못된 것이다.[120] 예수는 하나님의 나라가 임재하는 새로운 사람들의 모임을 자기 주변에 모을 생각을 전혀 하지 않았다.[121] 오로지 예수 자신만이 그 다가오는 나라의 유일한 표증(sign)이었던 것이다.

고구엘처럼 큄멜도 묵시론적 종말론과 예언적 종말론을 서로 구분하면서,

---

117) J. Héring, Le Royaume de Dieu et sa Venue (1937), pp. 48, 254. Lundström 은 Héring의 견해를 순전히 미래적인 것으로 해석한다. G. Lundström, The Kingdom of God in the Teaching of Jesus (1963), p. 92를 보라.

118) W. G. Kümmel, Promise and Fulfilment (1957), p. 105.

119) Ibid., pp. 107f.

120) Ibid., p. 126.

121) Ibid., pp. 139f.

임박한 미래의 나라에 대한 예수의 메시지는 묵시론적 교훈이 아니라 종말
론적인 약속이며,[122] 묵시론적 계시가 아니라 예언적 메시지라고 한다.[123] 그
는 종말론과 묵시론 사이의 차이점을 "종말론적 상태들에 대한 묘사가 전혀
나타나지 않는다는 점"에 있다고 보았다.[124] 묵시론은 종말의 과정들에 대해
서 무언가 빛을 던져주기를 소망한다. 그러나 종말론은 임박한 심판에 비추
어서 사람들의 운명이 어떻게 될 것인지에 대해서 관심을 갖는다. 묵시론은
미래의 사건들을 계시해준다. 그러나 종말론은 사람들로 하여금 미래를 위
하여 대비하도록 만드는 것이다. 마가복음 13장에 나타나는 묵시론적 교훈
이라 할 수 있는 여러 가지 말씀들은 예수의 것이라기 보다는 유대교 묵시
론, 혹은 유대주의 기독교적 묵시론에서 비롯된 것이라고 보아야 한다. 그러
므로 예수의 세계관(Weltanschauung)은 묵시론의 세계관과 정면으로 대립
하는 입장에 서 있다 할 수 있다. 왜냐하면 임박한 세상의 종말에 대한 그의
선포의 의의는 여러 가지 사건들을 열거하는 묵시론적인 묘사에 있는 것이
아니라 사람들에게 종말을 대비하라고 촉구하는 그 사실에 있기 때문이다.
사람들은 "하나님이 설정해 놓으신 목표를 향하여 나아가는 역사의 종말"을
대면하고 있는 것이다.[125] 임박성의 진정한 의미는 시간적인데 있는 것이 아
니라 미래의 확실성과 그것이 현재에 미치는 영향에 있는 것이다.

와일더(A. N. Wilder)의 중요한 연구서인 *Eschatology and Ethics in
the Teaching of Jesus*(예수의 가르침에 나타나는 종말론과 윤리)에 나타
나는 입장은 분석하기가 매우 어렵다. 큄멜이 와일더를 미래의 종말론적 완
성을 삭제해버리려고 시도하는 학자들의 한 사람으로 분류한 이유를 쉽게
이해할 수가 있다.[126] 와일더는 예수가 이 세상에 속한(this-worldly) 선지자
였고, 슈바이처의 해석에서 말하는 저 세상에 속한(otherworldly) 인자가 아
니었다고 본다. 예수는 절정을 향하여 움직이는 하나의 위대한 과정을 보았

122) *Ibid.*, p. 95.
123) *Ibid.*, p. 151.
124) *Ibid.*, p. 91.
125) *Ibid.*, p. 152.
126) W. G. Kümmel, *Promise and Fulfilment* (1957), pp. 145f.

고, 스스로 그 새 질서의 선지자라고 생각했다. 예수는 새롭고 혁명적인 이 세상적인 질서를 예견했으며, 그의 메시지에 임박성과 의미를 부여하기 위해서 묵시론적 언어를 사용하였다.[127] 그러나 그는 유대교 묵시론자들처럼 이 묵시론적 언어를 문자적으로 취할 의도는 없었다.[128] 묵시론은 현재 진행 중에 있는 역사적 위기를 상징하는 언어이다.[129] 예수의 "예언한 것은 궁극적인 것들에 관한 것이며, 궁극적인 것에 근거를 둔다. 그것은 마지막의 일들에 관한 것으로서 처음의 것들에 근거하는 것이다. 그러나 예언은 현재의 순간을 향하여 주어진 것이며, 현재의 실제적인 상황을 위하여 제시된 것으로서 구체적인 역사의 과정 속에서 그대로 살아야 할 것이었으며, 그 미래적인 면들이 나타나는 구체적인 과정에 의미를 주는 것이었다."[130] 심판과 하나님 나라에 대한 예수의 예언은 다만 "예언할 수 없고 상상할 수도 없으나 그럼에도 불구하고 확실한 하나님이 결정하신 미래"를 묘사하는 것일 뿐이었다. "이 미래와 그 속에 나타날 하나님의 활동은 현재의 도덕적 책임에 엄청난 무게와 긴박성을 심어준다. 그러나 이 시간적인 하나님의 임박성은 그의 영적 임박성의 한 기능에 불과하며, 후자가 정말로 행동을 결정해주는 요인이 되는 것이다."[131]

이것은 의미가 분명한 듯하다. 묵시론적 언어는 단순히 예수가 그가 예상한 역사적 위기를 묘사한 하나의 상징적인 형식에 불과했다. 이는 종말론을 완전히 역사로 만들어버리는 것처럼 보인다. 그러나 한편, 와일더는 자신은 종말론을 제거할 의도가 전혀 없음을 분명히 밝히고 있다.[132] 그는 맥카운(C. C. McCown)이나 그랜트(F. C. Grant) 등의 학자들이 예수의 미래에 대한 안목에서 초자연적인 요소를 부인하고 예수의 소망을 오로지 이 세상적인

127) A. N. Wilder, *Eschatology and Ethics in the Teaching of Jesus* (1950), p. 59.
128) *Ibid.*, pp. 26ff.
129) *Ibid.*, p. 60.
130) *Ibid.*, p. 70.
131) *Ibid.*, p. 161.
132) *Ibid.*, p. 141.

뜻으로만 해석하는 것에 대해서 비판을 제기한다.[133] 그는 새 시대에 대한 기독교적인 견해를 정당하게 취급해야 할 것을 주장한다. 그리하여 그는 그 문제를 "인간의 역사적 삶과 그 삶의 의미있는 성취들을 그 자체 속에 취하고, 그리하여 이 시대의 우리의 삶과 관계를 짓는" 하나의 "공동의 문제"로 본다.[134] 그는 "다가올 시대의 하나님의 나라는 역사적 실존의 성취이지, 그 실존을 생략한 것이 아니다 … "[136]는 발터 퀴네트(Walter Künneth)의 논지를 수용한다.[135]

최근의 한 논문에서 와일더는 종말론적 사건에는 인간의 전적 구속은 물론 피조물의 구속도 포함된다고 분명히 진술하고 있다.[137] 와일더의 논지는 다음과 같은 것으로 보인다. 즉, 예수는 가까운 미래에 역사적 위기가 있을 것을 예견하고서 그것에 긴박성을 부여하기 위해서 묵시론적 언어로 그것을 묘사했는데, 그 예견 가능한 역사적 위기 너머에 종말론적 위기가 놓여 있는데, 그것은 말로써 표현할 수가 없으며[138] 따라서 묵시론적 상징적 언어로 밖에는 묘사할 수가 없었다는 것이다. 와일더가 볼 때에, 종말론은 미지의 미래를 표현하면서도 하나님의 주권을 인정한다는 점에서 그 정의상 신화다.[139] 미래는 예수의 지식의 범위를 넘어서는 것이었다. 그는 마지막 결과가 하나님의 능력에 의해서 결정될 것이라는 자신의 확신을 묵시론적 개념들을 사용하여 표현한 것이다.[140]

그러나 그 나라는 미래일 뿐 아니라 현재이기도 했다. 와일더는 오토를 따

---

133) *Ibid.*, p. 61.

134) *Ibid.*, p. 63.

135) *Theologie der Auferstehung* (1934).

136) A. N. Wilder, *Eschatology and Ethics in the Teaching of Jesus* (1950), p. 63에서 인용.

137) A. N. Wilder in *NTS*, V (1959), pp. 229-245.

138) A. N. Wilder, *Eschatology and Ethics in the Teaching of Jesus* (1950), p. 161.

139) *Ibid.*, pp. 21, 26.

140) *Ibid.*, pp. 51f.

라서 예수는 현재 진행 중이며 그 절정을 향하여 나아가고 있는 하나의 세계
적인 과정인 위대한 구속의 약정(redemption-transaction)에 스스로 속한
다고 느꼈다고 본다. 예수는 때때로 이 과정의 결과를 묵시론적인 표현을 써
서 묘사했다. 그러나 그는 이 과정을 이원론적 성격이 덜한 하나의 역사적
미래로 그리기도 했다.[141] 그러므로 예수는, 요한과 더불어 시작되었고 그 자
신의 사역도 거기에 포함되는 그 시기를 새로운 상황이 일어나는 구원의 때
로 생각한 것이다. 예수의 윤리는 이 구원의 새로운 때에 의해서 주로 결정
되었다. 종말론적인 제재(制裁)가 물론 존재하지만 그것은 형식적이고 부차
적인 것에 지나지 않는다. 결정적인 사건은 바로 하나님의 영적 임박성이
다.[142] 그러므로, 와일더의 입장은 때로 모호하지만,[143] 우리는 그가 예수의
가르침에서 현재적인 요소와 미래적인 요소를 똑같이 인정하고자 하는 의도
를 가졌다고 결론지을 수 있을 것이다.

　헌터(A. M. Hunter)는 하나님의 나라의 현재성과 미래성을 동시에 인정
하고 있다. 그러나 그는 미래적인 면의 의미를 훨씬 더 상세하게 다룬 것으
로 보인다.[144] 하나님의 나라는 첫째로 하나님의 왕적인 다스림으로서 역동
성이 있다. 그리고 둘째로 하나님의 나라는 사람들을 향한 신적인 목적의 완
성이라는 점에서 종말론적이다. 유대인들은 이 목적이 역사의 종말에 이루
어질 것으로 생각하였다. 그러나 예수는 종말이 역사 속으로 그 자체를 투사
(投射)했다고 말했다. 헌터는 도드의 "실현된 종말론"(realized escha-
tology)보다는 차라리 "개시된 종말론"(inaugurated eschatology)이라는

---

141) *Ibid.*, pp. 50f.

142) *Ibid.*, pp. 147ff.

143) *New Testament Faith for Today* (1955), pp. 75f.를 보라. 여기서는 하나님 나라
　　의 임재를 그 임박성으로 해석하며, 그 임박성 때문에 그 나라의 권능이 느껴지는 것으
　　로 본다.

144) A. M. Hunter, *Introducing New Testament Theology* (1957), pp. 13-51. 또
　　한 *The Work and Words of Jesus* (1950), p. 67-79와 *Interpreting the
　　Parables* (1960)을 보라. 이 두 책에서 Hunter는 그의 *Theology*에서보다도 한층 더
　　종말론적 요소를 "평가절하"한다.

용어를 선호한다. 헌터는 도드를 따라서 엥기켄을 "이미 도착해 있다," "그 정해진 때가 완전히 임하였다"는 뜻으로 해석한다. 도드처럼 그 역시 비유들에서 종말론적 심판이 아니라 현재의 수확에 대한 가르침을 본다. 하나님의 나라는 인간사에 효력을 발생해가고 있는 하나님의 통치이다. 하나님이 그의 백성들을 찾아오셔서 그들을 구속하는 것이다. 이적들은 그 나라가 활동하는 것이었다. 그리스도에게 중심을 둔 그 나라는 하나님과의 새로운 관계를 의미하며, 새 이스라엘을 시사하고, 새로운 삶의 방식을 내포하며, 예수의 죽음을 요하는 것이다. 그 나라는 또한 역사를 넘어서 영원히 존재하는 질서로서, 거기에는 하나님의 다스림이 언제나 실재한다. 그러나 예수 자신 안에서 역사 속으로 들어온 이 나라는 기존하는 질서의 마지막에 임할 것이며 그 때에는 물질적인 우주가 무너지고 역사를 넘어서는 또 다른 세계가 임할 것이다. 헌터는 그리스도의 역사를 넘어서는 강림에 대한 기대와 하나님 나라의 종말론적인 완성을 무시할 수가 없다는 점을 강변한다.

이와는 다소 다른 접근법을 에른스트 페르시(Ernst Percy)의 *Die Botschaft Jesu*(예수의 메시지, 1953)에서 볼 수 있다. 그는 예수의 사명이 미래의 나라에 대하여 사람들을 준비시키는 것이었는가 아니면 그들을 현재의 나라에 참여시키는 것이었는가 라는 질문을 제기함으로써 현재성과 미래성의 문제에 대한 해결을 시도한다. 예수는 주로 회개를 전했는가, 아니면 구원을 제시했는가? 페르시는 부세트와 바이스 같은 학자들은 하나님의 나라라는 개념을 메시야 왕국의 개념과 혼동하여 그릇된 전제를 가지고 출발했다고 본다. 후자는 정치적이며 민족적인 개념인데 반해서, 전자는 종교적 개념, 즉 하나님의 종말론적인 통치이다. 유대교는 한 번도 예수가 사용한 대로 "하나님의 나라"를 다가올 시대의 종말론적인 구원을 뜻하는 용어로 사용한 일이 없다. 기본적인 문제는, 이 종말론적 구원이 완전히 미래적인 것인가 아니면 진정한 어떤 의미에서 현재적이기도 한가 하는 것이다. 페르시는 회개와 구원에 대한 예수의 설교를, 특히 산상수훈 가운데 나타나는 설교를, 신중하게 연구함으로써 이 문제를 해결하며, 산상수훈은 주로 회개를 촉구하는 것이 아니라 하나님 나라의 완전한 경건의 실례를 보여주는 것이라고 결론짓는다. 이 경건(Frömmigkeit)이야말로 하나님의 나라가 가까웠기 때문에 가난한 자들에게 주어지는 구원의 선물(Heilsgabe)인 것이다.

이러한 간접적인 접근법을 사용하여, 페르시는 하나님의 나라는 하나님의 완전한 종말론적 다스림(Herrschaft)이면서도 사람들을 하나님과의 새로운 교제 속에 들어가게 해주는 구원의 선물 속에 실재하는 것이라고 결론짓는다. 예수 자신 속에서 하나님의 나라는 이미 시작되었고, 사탄은 이미 패배했으며, 사람들은 마귀의 권세에서 구원을 받고 있고, 구원의 복된 소식이 가난한 자들에게 전해지고 있는 것이다.

현대의 성경 신학이 가톨릭 학계에 미친 영향은 루돌프 슈나켄부르크(Rudolf Schnackenburg)의 *Gottes Herrschaft und Reich*(하나님의 다스림과 나라)에서 잘 볼 수 있다. 슈나켄부르크는 새로운 가톨릭 견해를 대변하는 그의 "점진적 구속사적"(progressive-heilsgeschichtlich) 해석을 구 가톨릭의 "교회사적" 견해와 대조시킨다. 하나님의 다스림(Gottesherr-schaft)은 근본적으로 종말론적이며 구속적이다. 그러나 그 종말론적 구원은 잠정적이긴 하지만 진정한 의미에서, 감추어진 형태로, 예수 자신과 그의 사역 속에 임재하고 있다. 성경적 견해를 묘사해주는 가장 좋은 용어는, 슈나켄부르크의 생각에는, 약속, 성취, 그리고 완성(Verheissung, Erfüllung, Vollendung)이다.[145] 하나님 나라의 성취는 미래로 남아 있으며 종말론적이다. 그러나 하나님의 나라 그 자체는 그리스도 안에서 나타난 메시야적 성취의 때에 임재해 있다.[146] 현재의 그 나라를 교회와 동일시해서는 안된다. 교회는 그 나라의 백성이요, 그 나라는 예수 안에서, 그리고 예수를 통하여 역사했듯이, 교회 안에서, 그리고 교회를 통하여 역사한다. 슈나켄부르크는 다만 교회의 본질, 베드로의 수위권(首位權, primacy)과 그 계승의 문제에 대해서만 개신교 신학자들과 의견의 차이가 있을뿐, 그 이외에는 브라운(F. M. Braun)이 하나님 나라의 성격과 교회와의 관계에 대한 개신교 학자들 사이

---

145) 본서의 구조는 Schnackenburg의 책을 입수하기 훨씬 전에 계획된 것이다. N. Q. Hamilton, *Int*, XIV (1960), pp. 141ff.에서 이 3중적인 개념을 보라.

146) R. Schnackenburg, *God's Rule and Kingdom* (1963), pp. 116, 128. *Biblische Zeitschrift* (Spring, 1967), pp. 141-143에서 본서의 초판에 대한 그의 논평을 보라.

의 "새로운 의견의 일치"라고 불렀던 그것의 타당성을 인정한다.[147] 슈나켄부르크는 복음서의 범위를 넘어서 초대 교회의 설교, 바울, 그리고 후기 신약의 저작들에까지 연구를 진행시킨다.

독일 신학의 가장 중요한 발전 가운데 하나는 귄터 보른캄(Günter Bornkamm)의 *Jesus von Narareth*(나사렛 사람 예수)이다.[148] 보른캄은 불트만의 가장 유능하고 영향력 있는 제자 가운데 한 사람으로 명성이 높은 사람이지만, 불트만의 극단적인 역사적 회의주의를 거부하고, 그의 책에서 역사적 예수를 진보된 독일 학계가 한 세대 동안 감히 시도하지 못한 방식으로 묘사하고자 한다. 보른캄은 흔히 불트만의 견해를 따르지만, 한 가지 결정적인 점에서 그와 입장을 달리한다. 보른캄에게 있어서, 예수의 종말론적 견해를 만들어낸 것은 바로 하나님의 임재에 대한 중압감이었다. 보른캄은 이러한 "중간에 매개물이 없는 직접적인 임재"(unmittelbare Gegenwart)에 대한 의식을 현재에 실재하는 하나님의 나라로 보는 것이다. 바실레이아는 하나님 자신과 동의어로 사용될 수가 있기 때문에,[149] 하나님의 임재에 대한 감각 그 자체가 바로 하나님의 나라인 것이다. 그리하여 문자적으로 서로 동일하게 나타나는 요한의 선포와 예수의 선포 사이의 차이점은 곧 11시와 12시의 차이와도 같다. 예수는 시대의 전환이 이미 왔으며, 하나님의 나라가 자신의 말씀과 행위 속에서 이미 밝아오고 있다[150]고 선포했다. 사람들은 이제 새 시대를 대면하는 것이며, 따라서 결단을 내려야 한다.[151] 예수 자신 안에서 하나님의 나라가 사건이 된 것이다.[152]

그러나 보른캄은 불트만처럼 이 사건의 의미를 실존주의적으로 해석한다. "세상의 종말"은 종말론적 드라마를 의미하는 것이 아니라 오히려 사람들이 하나님이 직접적인 임재가 되시는 한 사건과 대면하는 것을 의미하며, 그 대

---

147) *Ibid.*, p. 161

148) 1956; 영역본, *Jesus of Nazareth* (1960).

149) *Ibid.*, p. 200.

150) *Ibid.*, p. 67.

151) *Ibid.*, p. 68.

152) *Ibid.*, pp. 169f.

면의 결과로 "세상의 종말"이 오는 것이다. 구원과 심판의 두 갈래 길이 그들 앞에 놓여 있다. 사람들은 그들의 과거와 미래 모두와 새로운 관계를 갖게 된다. 이런 의미에서, "때"의 종말이 다가온 것이다. 그러므로 모든 사람이 새로운 현재를 받아들이게 된다. 왜냐하면 모든 사람의 삶과 세상과 실존이 이제 다가오시는 하나님의 실체와 그 임재의 직접적인 빛을 받는 상태로 서 기 때문이다. 하나님 나라의 시작은 이 때와 이 세상에서 보이지 않는 상태 로 일어나는 사건이며, 이로써 시간과 세상이 종말을 맞게 된다. 하나님의 새로운 세상이 이미 활동 중에 있기 때문이다.[153]

1950년 헤르만 리델보스(Herman Ridderbos)는 하나님 나라에 관한 한 저서를 출간했는데, 드 종스트(H. de Jongste)가 이를 화란어에서 영어로 번역하여 *The Coming of the Kingdom*(하나님 나라의 도래, 1962)라고 제 목을 붙였다. 이 책에서 리델보스는 본서와 기본적으로 동일한 구조를 취한 다. 그는 하나님의 나라를 역사 속에서 활동하는 하나님의 통치로 이해한다. 그 하나님의 통치는 구약의 소망이 예수의 역사적 사역에서 성취되는 것으 로서 예수의 파루시아 시에 종말론적인 완성을 맞게 된다.

큰 흥미를 불러일으키는 것은 노만 페린(Norman Perrin)의 *Rediscovering the Teaching of Jesus*(예수의 가르침의 재발견, 1967)인 데, 이 책에서 그는 하나님 나라에 대해서 길게 다루고 있다.[154] 이 책은 특히 예수의 가르침을 "재발견"하는데 급진적인 양식 비평을 사용하고 있는 점이 주목된다. 페린은 "상이성(相異性)의 기준"(the criterion of dissimilarity) 을 강변한다. 즉, "유대교 사고나 후기 [기독교] 공동체의 개념들과 맞아 떨 어지지 않는 것을 순수한 자료로 받아들일 수가 있다"는 것이다.[155] 필자가 보기에 이것은 대단히 임의적이며 지나친 기준이다. 예수의 가르침이 당시 의 유대교의 관용어와 사상을 전혀 사용하지 않았을 것으로 보는 것은 가당

153) *Ibid.*, p. 74.
154) 그는 전에 그의 박사 학위 논문, *The Kingdom of God in the Teaching of Jesus* (1963)을 출간했었는데, 이 책의 제목은 잘못 붙여졌다. 제목이 시사해주는 그런 내용 을 주로 다루는 것이 아니라 해석사를 다루기 때문이다. 이 책에 대한 필자의 비평에 대

치 않으며, 초대 교회가 예수의 가르침 가운데 일부를 재산출하지 않았으리라는 견해도 비합리적일 수밖에 없다. 이것은 정말이지 역사적으로 납득할수가 없다. 여기서 복음서에 나타난 예수에 대한 묘사의 순수성을 변호할 수는 없다. 그 문제는 "과학적인" 문제와 더불어 교리적인 문제까지 개재되어있는 문제이다.[156] 여기서는 다만 페린이 자신의 급진적인 비평을 통해서 얻은 결론들에 대해서만 살펴보기로 한다.

놀랍게도, 그의 결론들은 필자의 결론들과 매우 비슷하다. "하나님의 나라"는 무엇보다도 하나님의 역동적인 활동이며 또한 "이러한 간섭을 통해서확보된 구속 받은 자들을 위한 상태"이기도 하다(p. 60). 또한 예수가 하나님의 최종적인 결정적 활동으로서의 종말론적 하나님의 나라를 선포했다는 것도 분명하다(p. 56). 더 나아가서 페린은 하나님 나라를 현재의 축복으로 본다(pp. 67, 74). 우리는 또한, 그 나라가 임재해 있으므로 그 나라는 경험할수 있는 무엇이라는 것에 대해서도 페린과 동의한다. "이런 상황에서 하나님의 실체와 그의 사랑이 새롭고도 결정적인 방식으로 계시되고 있었고, 따라서 구원의 때에 있는 기쁨이 그것을 그렇게 오랫동안 그렇게 진지하게 고대해온 자들에게 갑자기 임하였다"(p. 97). 예수의 사역을 특징지어주는 말로자주 사용되는 밥상 교제(table-fellowship)는 "그 현재의 기쁨을 누리며 미래의 완성을 예상하는 것이었다"(p. 107).

그러나 페린은 세 가지 중요한 점에서 오류를 범하고 있다. 그는 종말론에관한 말씀들을 포함해서 인자에 관한 말씀을 모두 교회가 창안해낸 것들로보는데, 이런 견해를 주장하는 학자들은 몇 명 되지 않는다. 필자의 판단으로는, 예수가 "인자"라는 칭호를 자기 자신에 대하여 사용했다는 사실을 비평을 통해서 입증하지 못한다면, 사실상 비평이 입증할 수 있는 것이 거의없다고 본다.[157] 둘째로, 페린은 하나님 나라의 임재를 오해한다. 페린은 하

해서는 *The Pattern of New Testament Truth* (1968), pp. 58-63을 보라.

155) *Rediscovering the Teaching of Jesus*, p. 43.

156) G. E. Ladd, "A Search for Perspevtive," *Int*, XXV (1971), pp. 41-62.

157) 필자의 *A Theology of the New Testament*, 제11장을 보라.

나님 나라의 임재를 "종말론적 갈등"의 상황 속에서(마 12:28) 올바로 인식하면서도, 그 임재가 개개인의 경험 속에 실재한다는 점을 강하게 주장한다 (pp. 67, 74). 큄멜도 이 오류를 인정했다. "하나님 나라의 임재를 예수 자신에게서 분리시키고 인간의 경험에 국한시킨다 … . 페린의 해석에서는 이 임재에 대하여 예수 자신이 갖는 의의는 전혀 나타나지 않는다."[158] 이 점은 아무리 강조해도 지나침이 없을 것이다. 우리는 하나님의 나라가 예수 자신과 그의 행위와 말씀 속에서 사람 가운데 임하였다는 큄멜의 견해에 동의한다. 오로지 그 나라가 예수 안에서 임재했기 때문에 그 나라를 그의 제자들이 경험할 수 있게 된 것이다.

셋째로, 페린은 하나님 나라의 미래성의 의미에 대한 해석을 시도하면서 다시 한 번 오류에 빠진다. 예수의 많은 말씀들을 문맥에서 이끌어내어서 아주 놀랍게 표현하고 있는 것이다. 비유들 가운데 몇 가지는 현재의 시작과 미래의 완성에 관한 것으로 본다(p. 158). "하나님에 대해서 강조하고 있으며, 그가 현재 행하고 계신 것과 장차 행하실 것에 대해서 강조하는 것이다" (p. 158). 하나님은 예수의 사역 안에서 활동하셨고, "하나님이 시작하신 것을 그가 승리로 귀결시킬 것이다"(p. 159). 그러나 페린은 우리는 이 미래를 과거에서 현재로 움직이는 "서구적인 직선적 시간 개념"을 근거로 생각해서는 안된다고 말한다(p. 204). 오히려, "예수의 가르침에 나타나는 시간"은 "하나님이 채우시고 성취하시는 무엇"이다(p. 206). 시간이 하나님이 한 순간 혹은 한 시간을 채우실 수 있다는 사실에서 그 의미를 찾는다는 것은 사실이다. 그러나 그렇다고 해서 그 때문에 시간의 직선적인 의미가 사라지는 것은 아니다. 쿨만은 신약 신학이 유대교의 직선적 시간 개념 — 이 시대와 다가올 시대 — 에 그 근거를 두고 있음을 입증한 바 있다.[159] 이 점에서, 페린은 비역사적이요 따라서 잘못되었다는 큄멜의 말은 옳다 하겠다.[160] 페린은 "하나님의 현재가 된 현재가 모든 미래가 하나님의 미래가 될 것을 보장해준

---

158) *JR*, XLIX (1969), p. 62의 W. G. Kümmel의 논평을 보라.

159) O. Cullmann, *Christ and Time* (rev. ed. 1964).

160) W. G. Kümmel, *op. cit.*, p. 65.

다"(p. 205)라고 말했는데, 이로써 그는 이미 성경적 신학자임을 포기한 것이다.

하나님 나라를 이해함에 있어서 그 현재적인 면과 미래적인 면을 종합하는 작업은 다른 주제들을 다루는 다른 수많은 학자들의 저작들에서도 볼 수 있다. 이처럼 종합시키는 작업이 광범위하게 나타나기 때문에,[161] 우리는 이

---

161) J. A. Baird, *The Justice of God in the Teaching of Jesus* (1963), pp. 122ff 을 보라. (Baird는 미래의 종말론 논의는 미래적인 면과 현재적인 면을 결합시킨 입장을 취하게 될 것으로 본다); C. K. Barrett, "New Testament Eschatology," *SJTh*, VI (1953), p. 231; H. Bietenhard, *Die Reichgottes-Erwartung im Neuen Testament* (1945); J. Bright, *The Kingdom of God* (1953), 제8장; F. F. Bruce, "Eschatology," in *Baker's Dictionary of Theology* (E. E. Harrison, ed.; 1960), pp. 189-193; E. C. Colwell, *An Approach to the Teaching of Jesus* (1947), p. 121; *Jesus and the Gospel* (1963), pp. 24, 33; C. E. B. Cranfield, *The Gospel according to Saint Mark* (1959), pp. 63-68; P. E. Davies, "Jesus and the Role of Prophet," *JBL*, LXIV (1945), pp. 241-254; G. S. Duncan, *Jesus, Son of Man* (1949), 제4, 13장 (Duncan은 종말론적 요소에 대해서 다소 우유부단한 태도를 보인다); O. E. Evans, "Kingdom of God," *IDB*, III, pp. 20-23 (Evans는 현재의 성취와 미래의 완성을 논한다); F. V. Filson, *Jesus Christ: The Risen Lord* (1956), 제5장; R. N. Flew, *Jesus and His Church* (2nd ed., 1943), 제1장; F. J. Foakes-Jackson and K. Lake, *The Beginnings of Christianity* (1920), I, p. 280; S. M. Gilmour, *The Gospel Jesus Preached* (1957), 제6장; S. E. Johnson, *Jesus in His Own Times* (1958), p. 122; E. Käsemann, *ZTK*, LI (1954), pp. 150-151; J. Lindblom, "The Idea of the Kingdom of God," *ET*, LI (1939-40), pp. 91-96; H. K. Luce, "Kingdom of God," *HDB* (rev. ed. by F. C. Grant and H. H. Rowley, 1963), p. 99; C. F. D. Moule, *The Birth of the New Testament* (1962), p. 99; O. Piper, *God in History* (1939); Herman Ridderbos, "Kingdom of God," in *The New Bible Dictionary* (J. D. Douglas, ed.; 1962), pp. 693-697; 또한 Ridderbos, *Coming of the Kingdom* (1962)을 보라. 이 책은 매우 중요한 책인데 너무 늦게 입수해서 본서에서는 사용하지 못했다; H. Roberts, *Jesus and the Kingdom of God* (1955), 제1장; J. M. Robinson, "Jesus' Understanding of History," *JBR*, XXIII (1955), pp. 17-24; "The Formal Structure of Jesus' Message" in *Current Issues in the New Testament Interpretation* (W. Klassen and G. F. Snyder, eds.; 1962),

것으로 학자들의 의견이 점차 일치되고 있다고 인식하지 않을 수가 없는 것이다.

결론

이 비평적인 개관을 통해서 몇 가지 결론을 얻게 된다. 첫째로, 학계에 점점 대두되고 있는 일치된 견해는 슈바이처의 철저 종말론을 거의 보편적으로 수정하는 경향을 통해서 지지를 받고 있다. 하나님 나라 그 자체의 현재성을 계속 부인하는 자들 가운데서 많은 이들이 최소한 그 나라가 사람들 가운데서 활동하고 있으며, 그 권능이 작용하고 있다는 사실은 최소한 인정한다. 그러므로 기본적인 정의의 문제가 가장 중요한 문제가 되는 것이다. 만일 하나님의 나라가 미래에 올 종말론적인 구원의 시대라면, 그것이 동시에 현재성을 지닌다는 것은 납득하기가 어렵다. 그러나 하나님의 나라를 미래의 영역만이 아니라 그 영역에서 역사하는 하나님의 능력으로 정의하는 오토의 견해가 옳다면, 그 미래의 나라의 능력이 역사한다는 것은 사실상 그 나라 자체의 임재를 의미하는 것이 될 것이다. 그러므로 정의의 문제는 가장 근본적인 문제가 아닐 수 없다.

둘째로, 하나님 나라의 임박성의 문제가 새롭게 중요시 되었다. 스코트로부터 큄멜에 이르기까지 최근의 많은 연구서들은 하나님 나라의 임박성이 지니는

---

pp. 97ff.; J. D. Smart, *The Interpretation of Scripture* (1961), pp. 110f.; V. Taylor, *The Life and Ministry of Jesus* (1954), 제14장; H. E. W. Turner, *Jesus Master and Lord* (1953), 제9장; R. McL. Wilsom in *Peake's Commentary on the Bible* (M. Black and H. H. Rowley, eds.; 1962), p. 801; I. W. Bardorf, *Interpreting the Beatitudes* (1966), pp. 99ff.; E. Linnenmann, *Jesus of the Parables* (1963); J. D. Kingsbury, *The Parables of Jesus in Matthew 13* (1969), pp. 17ff.; R. P Berkey, "Realized Eschatology and the Post-Bultmannians," *ET*, LXXXIV (1972-3), pp. 72-77; John Reumann, *Jesus in the Church's Gospels* (1968), pp. 154ff.

현재적 의의를 찾는데 주의를 기울이고 있기 때문이다. 그 나라는 이미 볼 수도 있고 느낄 수도 있을 정도로 매우 가까이 있는 것이다. 와일더는 종말론적 나라의 임박성의 사실이 슈바이처가 재구성한 종말론의 핵심적인 요점이라고 보면서,[162] 현대의 학자들 가운데 이러한 결론에 반대하는 사람은 거의 없다고 한다. 그러나 여기서 한 가지 심각한 난제가 발생하는데, 필자의 판단으로는 이 난제에 대해서 적절히 취급하지 못했다고 본다. 만일 우리 주님이 하나님의 나라를 현재의 능력으로 느끼게 된 것이 바로 이 임박성에 대한 느낌 때문이었다면, 그런데 그 나라는 사실상 임박한 것이 아니었다면, 하나님 나라를 현재의 실재로 보는 예수의 가르침은 망상에 근거한 것이 되고 만다. 그리고 그것이 사실이라면 어떻게 그 가르침이 예수에게나 우리에게 타당성을 지닐 수 있는지 납득하기가 어려워진다. 몇몇 학자들은 예수의 임박성에 대한 감각을 윤리적 혹은 영적인 것으로 풀이함으로써 이 문제점을 해결하려 했다(윌리엄 맨슨, 루돌프 불트만, 큄멜). 그러나 이런 방식은 종말론의 진정한 의의를 완전히 없애버리는 경향이 있다. 다른 사람들은 슈바이처처럼, 예수의 종말론이 현대의 사고에는 거치는 것이라는 것을 인정했다. 마틴 디벨리우스(Martin Dibelius)는 한 마디로 예수는 기괴한 망상의 희생자였다고 말한다.[163] 왜냐하면 그의 메시지가 전혀 일어나지 않은 한 사건에 그 핵심을 두고 있었기 때문이다. 더 나아가서, 만일 예수가 시간적인 임박성에 대한 감각 때문에, 하나님 나라 자체가 그렇게 가까이 임하여 있어서 그 나라의 권능들이 이미 사람들 가운데서 역사하고 있다는 확신을 갖게 되었다면, 그런데 그 나라가 사실상 가까이 임하여 있지 않았다면, 그 소위 임박한 나라의 이런 권능들에 대한 의식은 그 자체가 망상에 속한 것일 뿐이다. 이 문제의 어려운 난제는 지금까지 완전히 인정되지 못했다. 만일 예수가 그의 핵심적인 사명에 대해서 크나큰 오류를 범했다면, 종교적 교사로서의 그의 순수성이나 그의 권위가 어떻게 유지될 수 있는지 이해하기가 어려운 것이

162) A. N. Wilder, *Eschatology and Ethics in the Teaching of Jesus* (1950), p. 38. 앞의 p. 48, n. 143을 보라.
163) *Jesus* (1949), p. 70.

다. 만일 예수가 하나님의 나라는 그의 생애 내에 세상이 종말하는 것을 의미한다고 분명히 생각했다면, 우리는 그가 오류를 범했다는 것을 인정하여야 하며 또한 그의 메시지 전체가 망상에 근거한 것임을 인정할 수밖에 없다. 구속의 활동은 오로지 케리그마 안에서만 나타나며 예수의 사실(Dass)이 그 자체를 정당화하면 그것으로 족하다는 불트만의 입장을 취할 수는 없는 것이다.

셋째로, 묵시론의 역할의 문제에 대해서는 여전히 논란이 있다. 위에서 살펴보았듯이, 종말론과 묵시론을 구분하여 전자를 예수의 것으로 보고 후자는 예수의 것이 아닌 것으로 보려는 노력이 있어왔다. 슈바이처 학파는 예수를 유대교 묵시론자의 한 사람으로 해석한다. 고구엘과 큄멜 같은 학자들은 묵시론적 사색과 종말론적 교훈을 서로 구분하며 예수를 후자의 종류의 가르침을 추구한 사람으로 본다. 보우맨과 워터맨 등은 예언적 형태의 종교와 묵시론적 형태의 종교를 서로 배타적인 것으로 규정하고서 모든 묵시론을 배격하며, 예수를 예언적 형태의 종교에 속하는 인물로 본다. 한편, 도드나 와일더 등은 묵시론의 용어는 영원한 실체 혹은 말로 설명할 수 없는 실체들을 상징하는 것이며 따라서 문자적으로 취할 것이 아니라고 주장한다. 이 논의들은 예언적 종교와 묵시론적 종교의 정의가 과연 무엇이며, 예수는 이 두 형태의 가르침에 대해서 어떤 관계를 맺고 있느냐 하는 문제를 제기하며, 또한 이는 우리 주님의 가르침에 대한 논의의 배경이 되는 구약의 예언과 후기의 묵시론적 해석의 분석을 요한다.

마지막으로, 이 연구 전체에서 가장 중요한 요인은 출발점과 하나님 나라의 근본적인 정의라는 것이 분명해진다. 만일 하나님의 나라가 그 정의상 구속의 종말론적 영역, 곧 다가올 시대라면, 그런데 예수가 단순히 이 새 시대의 임박성을 선포했다면, 위에서 언급한 그 극복하기 어려운 난제들을 어떻게 회피할 수 있을지 납득하기가 어렵다. 반면에, 만일 그 나라가 주로 인간의 마음 속에서 하나님을 경험하는 것이요 개인과 하나님 사이의 인격적인 관계라면, 종말론적 요소나 묵시론적 요소들은 예수님의 가르침에서 설 자리를 잃게 될 것이며, 그것들은 예수께서 그 당시 일세기의 유대 동족들과 함께 공유했던 견해들로서 예수의 진정한 메시지나 또는 현대인에게 당위성이 없는 그런 견해들이 되어버리고 말 것이다. 그러나, 만일 하나님의 나라가 인간의 마음에서 뿐 아니라 예수 자신에게서와 인간 역사 속에서 역동적으로 역사하는 하나님의 통치라면, 하나님의 나라가 어떻게 해서 현재요 동시에 미래이며, 내적인 동시에 외적이며, 영적인 동시에 묵시론적일 수 있는지를 이해할 수가 있게 된다. 하나님의 왕으로서의 구속적인 활동은 여러 차례 결정적으로 역사할 수가 있으며, 신적인 목적을 이루기 위해서 여러 가지 방법으로 능력적으로 드러날 수가 있기 때문이다.

우리는, 이런 문제들을 염두에 두고서, 하나님 나라에 대한 구약의 선지자들의 기대를 추적하며, 중간사 시대의 문헌을 통해서 이러한 선지자들의 기대가 어떻게 발전되는지를 살펴보며, 그 다음 이것을 배경으로 해서 하나님 나라에 관한 우리 주님의 가르침과 사역을 재구성하도록 시도하여야 할 것이다.

제 2부

하나님 나라에 대한 약속

제 2 장

구약의 약속

최초의 복음서는 예수의 사역을 다음과 같은 말로써 소개한다: "예수께서 갈릴리에 오셔서 하나님의 복음을 전파하여 가라사대, '때가 찼고 하나님 나라가 가까왔으니 회개하고 복음을 믿으라' 하시더라"(막 1:14-15). 예수님의 메시지의 핵심은 하나님의 나라였지만, 그는 어디서도 그 용어를 정의하신 일이 없다. 누군가가 예수께 "하나님의 나라"가 무슨 뜻이냐고 물었다는 기록도 없다. 그는 이 개념이 너무도 친숙한 것이기 때문에 새삼스레 정의할 필요가 없다고 생각하신 것이다. 예수의 말씀을 들은 사람들에게 하나님의 나라가 무슨 의미로 받아들여졌느냐 하는 것을 발견하기 위해서는 먼저 구약의 약속을 개관해야 하며, 그 다음에 묵시 문헌에 나타나는 바 그 약속에 대한 유대교의 해석을 살펴보아야 할 것이다. 우리의 목적은 이 개념의 역사와 발전 과정을 추적하는 것이 아니고,[1] 다만 신약의 메시지의 배경이 되는 선지자들의 소망을 분석하는 것일 뿐이다. 우리의 관심사는 다음의 몇 가지 질문으로 축약될 수 있다: 유대교는 구약의 소망을 어떻게 해석했는가? 선지자들의 메시지와 묵시론의 메시지는 서로 어떤 차이가 있는가? 하나님 나라에 대해 예수께서 선포한 내용은 선지자들의 전통과 묵시론적 전통과 어떤 관계를 가졌는가? 그는 선지자였는가, 아니면 묵시론자였는가? 그러므로 우리는 먼저 하나님 나라에 대한 선지자들의 소망을 분석하여 그 독특한 특징들을 파악하고, 그 다음 묵시문학이 어떻게 그 구약의 소망을 수정했는지를 살펴보기로 한다.

---

1) J. Bright, *The Kingdom of God* (1953)을 보라.

"하나님의 나라"라는 표현은 구약에 나타나지 않는다. 그러나 그 관념은 선지서 전체를 통틀어서 계속 나타나고 있다.[2] 하나님을 이스라엘(출 15:18; 민 23:21; 신 33:5; 사 43:15)과 온 땅의 왕으로(왕하 19:15; 사 6:5; 렘 46:18; 시 29:10; 47:2; 93; 96:10; 97:1이하; 99:1-4; 145:11 이하) 묘사하는 경우가 자주 나타난다. 하나님이 물론 현재 왕이시지만, 다른 구절들에서는 그가 장차 왕이 되셔서 그의 백성을 다스리실 것으로 말씀하기도 한다.[3] 이처럼 간략하게 하나님이 왕이시라는 관념에 대해서 슬쩍 보기만 해도 구약 전체의 개념을 개관할 수가 있다. 하나님이 온 땅의 왕이시지만, 그는 특별한 의미에서 그의 백성 이스라엘의 왕이시다. 그러므로, 선지자들은 이스라엘만이 아니라 온 세계가 하나님의 다스림을 충만히 경험하게 될 날이 올 것을 기대한다. 우리의 주요 관심사는 하나의 소망으로서의 하나님의 나라이다. 브라이트는 하나님의 나라를 하나님의 백성에 대한 하나님의 통치로 정의하며, 특별히 그 통치와 그 백성이 역사의 종말에 영광 가운데서 이루어질 것으로 본다.[4]

역동적인 소망

구약의 개념에서 첫째로 두드러지는 특징은 그것이 하나님 중심이요 (theocentric) 역동성을 갖는다는 점이다. 그것은 하나님의 다스림이다. 더 나아가서, 그것은 사건들의 상태나 만물의 최종적 질서에 대해서 강조점을 두는 것이 아니라 하나님이 다스리실 것이라는 사실에 강조점을 두는 것이다. 마지막으로 나타날 사건들의 상태는 다만 그 하나님의 다스림이 최종적으로 실현되어 나타나는 필연적인 결과일뿐이다.

하나님 나라의 추상적인 혹은 역동적인 성격이 중심을 이룬다는 사실은

---

2) P. Voltz in *Festschrift für Georg Beer* (A. Weiser, ed.; 1935), p. 72.
3) 참조. 사 24:23; 33:22; 52:7; 습 3:15; 옵 21; 슥 14:9 이하. 또한 G. von Rad in *TWNT*, I, p. 567을 보라.
4) *The Kingdom of God* (1953), p. 18.

히브리어 단어 말쿳이 구체적인 의미보다는 주로 역동적인 의미를 지닌 것으로 일차적으로 통치, 다스림, 혹은 권위를 가리키며, 통치가 시행되는 영역이라는 뜻은 다만 부차적인 의미에 지나지 않는다는 사실에서 잘 드러난다. 심지어 **말쿳**이 인간의 나라들에 대해서 사용될 때에도 그 주된 의미는 왕의 다스림 혹은 통치이다. 우리는 " … 의 나라 … 년에"라는 표현은 자주 접하게 되는데, 이는 특정한 왕의 통치를 지칭하는 표현이다.[5] 왕의 실제의 통치 뒤에는 그가 행사하는 권위가 자리를 잡고 있는 것이다. 솔로몬의 "나라가 심히 견고하니라"(왕상 2:12)라는 말은 곧 그의 통치의 권위가 든든히 자리를 잡았다는 의미이다. 사울의 나라가 다윗에게로 돌려졌는데(대상 12:23), 이는 곧 사울이 행사했던 권위가 다윗에게로 넘어갔다는 의미요, 그 결과로 다윗이 통치권을 받아서 왕이 되었다는 의미이다. 와스디의 "왕후의 위"(말쿳)가 에스더에게 주어졌을 때에(에 1:19), 에스더는 왕후의 권위를 받은 것이다. 이러한 **말쿳**의 추상적인 관념은 그것이 권세, 권능, 영광, 권위 등의 추상적인 개념들과 함께 병행되어 나타날 때에 더욱 분명히 드러난다(단 2:37; 4:34; 7:14).[6]

말쿳이 하나님에 대해서 사용될 때에는 거의 언제나 하늘의 왕으로서의 그의 권위나 그의 통치를 가리킨다. "저희가 주의 나라의 영광을 말하며 주의 능을 일러서 … . 주의 나라는 영원한 나라이니 주의 통치는 대대에 이르리이다"(시 145:11, 13). "여호와께서 그 보좌를 하늘에 세우시고 그 정권으로 만유를 통치하시도다"(시 103:19).

왕이신 하나님의 역동적인 개념은 그의 백성을 하감하시사 그의 왕적인 목적들을 사람들 가운데서 성취하시는 하나님의 개념과 밀접하게 연관되어 있다. 이러한 사실은 소위 "제왕" 시(enthronement psalms)에서 잘 드러난

5) 대상 26:31; 대하 3:2; 15:10; 스 4:5; 7:1; 8:1; 에 2:16; 렘 52:31; 단 1:1; 2:1; 8:1 을 보라 (이것이 전부는 아니다). 어떤 곳에서는 말쿳을 "왕노릇"(reign)을 번역하기도 한다. 대하 29:19; 스 4:5, 6; 느 12:22; 렘 49:34를 보라.
6) 우리는 또한 **말쿳**이 왕이 통치하는 영역을 지칭하는 뜻으로도 사용된다는 점을 인정하여야 한다. 예를 들어서, 대하 20:30; 에 3:6; 단 9:1; 11:9; 렘 10:7을 보라. 이 사실은 신약에 나타나는 그 개념을 분석할 때에 더욱 중요해진다.

다.

> 모든 나라 가운데서 이르기를 여호와께서 다스리시니
> 세계가 굳게 서고 흔들리지 않으리라
> 그가 만민을 공평하게 심판하시리라 할지로다
> 하늘은 기뻐하고 땅은 즐거워하며
> 바다와 거기에 충만한 것이 외치고
> 밭과 그 가운데에 있는 모든 것은 즐거워할지로다
> 그 때 숲의 모든 나무들이
> 여호와 앞에서 즐거이 노래하리니
> 그가 임하시되 땅을 심판하러 임하실 것임이라
> 그가 의로 세계를 심판하시며
> 그의 진실하심으로 백성을 심판하시리로다
>
> 시편 96:10-13

즐거워하는 이유는 하나님이 이 땅 위에서 높이 올라 하늘에서 왕으로서 보좌에 앉으신다는 사실에 있는 것이 아니라, 하나님이 장차 이 땅에 임하셔서 사람들을 판단하시며 지금 그 사실을 인정치 않는 사람들 가운데 그의 통치를 효과적으로 세우실 것이라는 사실에 있는 것이다. 이처럼 왕께서 임하셔서 다스리실 것이라는 사상은 시편 98:8-9에서도 다시 나타나고 있다:

> 여호와 앞에서 큰 물은 박수할지어다
> 산악이 함께 즐겁게 노래할지어다
> 그가 땅을 심판하러
> 임하실 것임이로다
> 그가 의로 세계를 판단하시며
> 공평으로 그의 백성을 심판하시리로다 [7]

---

7) S. Mowinckel은 이 시편을 신년의 축제에 비추어서 해석한다. 매년마다 야훼가 "보좌에

이처럼 "임하시는 하나님"[8]이야말로 하나님에 대한 구약의 가르침에 나타나는 중심적인 특징 가운데 하나이며, 이 개념이 역사와 종말론을 함께 연결시켜준다. 시내산에서 나라가 탄생한 때로부터 하나님의 나라 안에서 최종적으로 구속함을 받기까지의 이스라엘의 역사 전체는 하나님의 강림에 비추어서 바라볼 수가 있는 것이다. 하나님은 광야에서 그의 백성들에게 찾아오셔서 그들을 존재케 하셨고 그리하여 그들의 왕이 되셨다.

> 여호와께서 시내 산에서 오시고
> 세일 산에서 일어나시고 바란 산에서 비추시고
> 일만 성도 가운데에 강림하셨고
> 그의 오른손에는 그들을 위해 번쩍이는 불이 있도다 … .
> 여수룬에 왕이 있었으니
> 곧 백성의 수령이 모이고 이스라엘 모든 지파가 함께 한 때에로다.
>
> 신명기 33:2, 5

이러한 하나님의 강림하심은 권능의 신현(神現, theophany) 현상으로 묘사되었다. 창조주 하나님이 이 땅을 찾아오실 때에, 그의 피조물이 그의 권능과 영광 앞에서 떨었던 것이다.

오르는 것"을 기념하는 것이라는 의미로서 이것은 죽음과 부활, 그리고 주신(主神)의 등극에 대한 고대 동방의 신화에서 빌려온 것이라고 주장한다. *Psalmenstudien*, II (1922); *He That Cometh* (1956), pp. 80ff; W. R. Taylor and W. S. McCullough in *IB*, IV, pp. 502ff을 보라. 그러나 Snaith가 지적하듯이 이 해석은 역사적 지식이나 건전한 본문 주해에 근거하는 것이 아니라 특정한 종교사적 전제에 근거를 두는 것이다. N. H. Snaith, *The Distinctive Ideas of the Old Testament* (1944), pp. 18-19; C. R. North, *The Old Testament Interpretation of History* (1946) pp. 121-125; 특히 N. R. Snaith, *The Jewish New Year Festival* (1947), pp. 204ff 을 보라.

8) 이 주제에 대한 연구서로서는 George Pidoux, *Le Dieu qui vient* (1947)을 들 수 있다.

여호와여 주께서 세일에서부터 나오시고
에돔 들에서부터 진행하실 때에
땅이 진동하고
하늘이 물을 내리고
구름도 물을 내렸나이다
산들이 여호와 앞에서 진동하니
저 시내 산도 이스라엘의 하나님 여호와 앞에서 진동하였도다

사사기 5:4-5 (참조. 시편 68:7-8)

하박국서 마지막 부분의 기도에서, 저자는 악한 시대를 대면하고서 스스로 하나님이 과거에 행하신 놀라운 강림을 회상함으로써, 특별히 "하나님이 데만에서부터 오시며 거룩한 자가 바란 산에서부터 오시"는 것을 기억함으로써 스스로 위로를 삼는다.

산들이 주를 보고 흔들리며 … .
해와 달이 그 처소에 멈추었나이다 … .
주께서 노를 발하사 땅을 두르셨으며
분을 내사 여러 나라를 밟으셨나이다
주께서 주의 백성을 구원하시려고,
기름 부음 받은 자를 구원하시려고 나오사

하박국 3:3, 10, 11, 12-13

이는 시적인 언어가 분명하다. 그러나 이것은 단순히 시(詩)만은 아니다. 하나님이 시내산에서 이스라엘에게 임하셨을 때에, 유대인들은 그곳이 문자 그대로 진동한 것으로 믿었다. 지진이 땅을 흔들었고 산이 우뢰 소리에 메아리쳤으며, 번개가 번쩍였다. 뿐만 아니라 무서운 하나님의 불이 일어나고 기나긴 나팔 소리가 났는데, 이것은 정상적인 현상을 훨씬 넘어서는 것이었다 (출 19:16 이하).[9]

시내산에서 처음 나타난 신현 현상을 통한 하나님의 강림하심에 대한 이

러한 묘사는 그의 세계와 그의 백성들과 맺으신 하나님의 관계의 신학을 반영하는 것이다. 하나님은 이 땅을 초월하여 계신다. 그러나 그는 또한 하늘저 멀리 떨어져만 계시지 않고 그의 백성을 찾아오셔서 그들을 복주시고 그들을 판단하신다. 세계는 하나님의 피조물이요, 따라서 그 본질상 유한하며, 일시적인 것으로서 하나님에게 굴종하는 관계 속에 서 있는 것이다. 하나님이 임하실 때에 땅이 진동한다는 묘사는 하나님의 영광과 위엄을 나타낼 뿐아니라 피조 세계가 그 창조주에게 완전하게 의존하고 있음을 나타내는 것이기도 한 것이다.

위험으로부터 건지시는 하나님의 역사하심에 대한 놀라움을 나타낼 경우에도 이와 비슷한 언어로 순전히 시적인 표현을 써서 묘사할 수가 있다. 하나님의 종이 그 생명을 위협받고 있을 때에 여호와께 아뢰면, 하나님이 들으시고 그를 피하게 하시는 것이다. 그러나 시편 기자는 이러한 구원의 역사에 대해서 하나님을 찬양하면서 마치 놀라운 신현 현상이 일어난 것처럼 그런식으로 표현하는 것을 본다.

> 그가 그의 성전에서 내 소리를 들으심이여
> 그의 앞에서 나의 부르짖음이 그의 귀에 들렸도다
> 이에 땅이 진동하고
> 산들의 터도 요동하였으니
> 그의 진노로 말미암음이로다
> 그의 코에서 연기가 오르고
> 입에서 불이 나와 사름이여
> 그 불에 숯이 피었도다
> 그가 또 하늘을 드리우시고 강림하시니
> 그의 발 아래는 어두캄캄하도다 …

---

9) 시내 산에 화산의 활동이 있었다는 증거는 없다. J. Morgenstern in *JR*, I (1921), p. 241을 보라. 이런 이유 때문에 W. J. Phythian-Adams는 호렙의 장소가 아카바만 동쪽 미디안에 위치하는 것으로 추정한다(*The Call of Israel* [1934], pp. 140-154).

그 앞에 광채로 말미암아
빽빽한 구름이 지나며
우박과 숯불이 내리도다 …
이럴 때에 여호와의 꾸지람과 콧김으로 말미암아
물 밑이 드러나고
세상의 터가 나타났도다

시편 18:6-15

이 시편에서는 시내산 강림을 표현한 비유적인 표현들이 순전히 시적인 형식으로 하나님이 그의 종을 사망의 위협에서 구해내시기 위해서 강림하신 그 사실에 그대로 적용되고 있는 것이다.

이러한 신현(神現)의 언어는 하나님의 백성에 대한 역사적인 심판을 묘사하는데도 사용될 수가 있다. 미가는 사마리아(1:6)와 예루살렘(3:12)의 처절한 멸망을 다음과 같은 상징적인 언어로 미리 예언하고 있다.

여호와께서 그의 처소에서 나오시고
강림하사 땅의 높은 곳을 밟으실 것이라
그 아래에서 산들이 녹고 골짜기들이 갈라지기를
불 앞의 밀초 같고 비탈로 쏟아지는 물 같을 것이니

미가 1:3-4

어떤 사람들은 이 말씀들을 나중에 종말론적인 사상을 가진 편집자가 삽입한 것이라고 해석하기도 한다. 그러나 시편 18편조차도 하나님이 개인을 구원하시는 역사를 상징적으로 묘사하는 것이라면, 이 말씀을 그 문맥 속에서 보아서 하나님이 역사 속에서 행하시는 심판을 묘사하는 상징적인 표현들로 이해해서는 안될 분명한 이유가 없는 것이다.

마지막의 구원도 하나님의 강림하심으로 묘사되는 경우가 잦다. 스가랴는 모든 열방들이 모여 예루살렘을 대적하여 싸움을 벌일 "주의 날"을 예견하고 있다. 그 날에 "여호와께서 나가사 그 열국을 치시되 … . 여호와께서 임하실 것이요 모든 거룩한 자가 주와 함께 하리라"고 한다(슥 14:3, 5). "만군의 여호와께서" 이스라엘에게 임하사(사 29:6) 그 원수들에게서 구원하실 것이다. "보라, 너희 하나님이 오사 보수하시며 보복하여 주실 것이라. 그가 오사 너희를 구하시리라"(사 35:4). "구속자가 시온에 임하며 야곱 중에 죄과를 떠나는 자에게 임하리라"(사 59:20). 하나님의 강림하심은 또한 심판을 뜻하기도 한다. "보라, 여호와께서 그 처소에서 나오사 땅의 거민의 죄악을 벌하실 것이라"(사 29:21; 참조. 사 2:21; 63:1-6; 64:1 이하; 65:15-16; 습 3:8; 슥 14:3). 이 마지막 하나님의 강림 시에 이스라엘만이 아니라 이방인들까지도 구원받게 될 것이다. "시온의 딸아, 노래하고 기뻐하라; 이는 내가 임하여 네 가운데 거할 것임이니라. 그 날에 많은 나라가 여호와께 속하여 내 백성이 될 것이요, 나는 네 가운데 거하리라"(슥 2:10-11; 참조. 사 66:18 이하).

이러한 언어 이면에는 강림하시는 하나님에 대한 분명한 신학이 자리잡고 있다. 애굽에서 이스라엘에게 임하셔서 그들을 그의 백성으로 만드셨고, 그들의 역사 가운데서 거듭거듭 그들에게 임하셨던 하나님은 미래에도 악한 자들을 심판하시고 그의 나라를 세우시기 위하여 반드시 마지막으로 그들에게 임하실 것이다. 그러므로 이스라엘의 소망은 역사에 뿌리를 두고 있다. 아니, 오히려 역사 속에서 일하시는 하나님께 뿌리를 두고 있다고 하는 것이 옳을 것이다. 히브리적 역사관이 고대의 셈족의 세계에서 매우 독특한 것이었다는 것은 널리 인정을 받는 사실이다. 다른 셈족의 종교들은 자연 종교들로서 역사에 대한 감각을 발전시키지 못했다. 그러나 히브리인의 믿음은 역사 속에서 하나님의 활동을 경험한다는 신 개념 때문에 역사에 대한 관심을 발전시켰다.[10]

구약에 나타난 소망의 근본적인 근거는 역사 속에서 역동적으로 스스로를 계시하시는 하나님에 대한 믿음인 것이다. "인류에 대해서나 그 개개의 구성원에 대해서나 미래에 대한 소망을 분명히 해주는 근거에는 반드시 스스로를 계시하시고, 그리하여 그 계시가 그대로 이루어질 것임을 보장하시는 그런 하나님에 대한 믿음이 개재되어 있다. 그런 하나님이 바로 이스라엘이 믿

---

10) M. Noth, *Gesammelte Studien zum Alten Testament* (1957), p. 249를 보라.

는 야훼였으며 그런 개념은 기독교 이전 시대에는 독특한 것이었다 … . 하나님의 나라라는 성경의 개념은 그것이 하나님 자신에 대한 독특한 개념에서 비롯된 것이기 때문에 독특한 것이다."[11] 하나님은 이스라엘의 왕이시며 동시에 온 땅의 왕으로서 만유를 다스리시는 분이시다. 그러나 하나님의 왕으로서의 목적이 구체적으로 표현되는 특별한 강림의 때가 있으며, 그 가운데서도 가장 중요한 방문은 마지막으로 그의 뜻을 완성하시고 구원을 이루시기 위해서 행하시는 그의 최종적인 강림이 될 것이다.

종말론적 소망

뿐만 아니라, 하나님 나라에 대한 이스라엘의 소망은 종말론적인 소망이다. 그리고 그 종말론이야말로 이스라엘의 신관(神觀)에 필수적인 부속물인 것이다. 구 벨하우젠 학파의 비평은, 종말론은 뒤늦게 포로 후 시대에 가서야 비로소 일어나서 발전된 사상이라고 주장했다. 그들은 이러한 가정을 근거로 하여 포로 이전 시대의 선지자들의 글에 나타나는 종말론적인 구절들의 권위는 완전히 무시해버렸다. 그러나 최근 들어서 비평의 시계추가 정 반대 방향으로 옮아가서, 종말론이 근본적으로 이스라엘의 성격을 취하는 것임을 인정하게 되었다.[12] 종말론적 소망을 일으킨 것이 바로 구속 역사 속에서 이스라엘에게 구체적으로 관심을 가지신 하나님에 대한 개념이었다는 점을 인정하는 학자들의 숫자가 점점 늘어나고 있는 것이다.[13]

---

11) H. W. Robinson, *Inspiration and Revelation in the Old Testament* (1946), pp. 32f. Clarendon Press의 허락을 받아 인용하였음.

12) O. Baab, *The Theology of the Old Testament* (1949), p. 179; P. Voltz in *Festschrift für Georg Beer* (A. Weiser, ed.; 1935), p. 76. J. Bright, *Int*, V (1951), pp. 3-16을 보라.

13) G. E. Wright, *IB*, I, p. 372; *God Who Acts* (1952), p. 51; J. Bright, *The Kingdom of God* (1952), pp. 29f.; A. C. Knudson, *The Religious Teaching of the Old Testament* (1918), pp. 352ff.; G. Pidoux, *Le Dieu qui vient* (1947), p. 51; E Jacob, *Theology of the Old Testament* (1961), I, pp. 498ff.; H. W.

몇몇 학자들은 구약의 소망을 묘사하는데 "종말론적"이라는 단어를 사용하는 것을 반대한다. 그들은 종말론이란 정상적인 의미로 말해서, 이 세계의 시대가 끝나고 새로운 구원의 영원한 시대가 개시되는 그런 마지막 때의 엄청난 드라마의 관념과 떨어져서 존재할 수가 없다고 주장한다.[14] 바꾸어 말하면, "종말론"은 두 시대의 관념을 요하는데, 린드블롬(J. Lindblom)에 의하면, 이 관념은 이사야 65-66장에서밖에는 나타나지 않는다.[15]

이러한 사실은 역사와 종말론의 본질과 정의가 무엇이냐 하는 문제를 제기했으며, 이것은 아주 많은 논란을 불러 일으켰다. 그런데 학자들마다 "종말론"과 "묵시론"이라는 용어를 여러 가지 다양한 의미로 사용하기 때문에, 이 문제에 대한 논의에 많은 혼동이 일어났다. 모빙켈(S.Mowinckel)은 폴츠(P. Voltz)와 부세트(W. Bousset)의 견해를 따라서, 히브리-유대 문헌에는 두 가지 전혀 다른 형태의 소망이 나타나는데, 그 하나는 히브리 사상에 본래적으로 존재하는 것이며, 다른 하나는 외부로부터 영향을 받아서 생겨난 것이라는 이론을 고전적으로 표현하고 있다. "예언적"이라는 말과 "묵시론적"이라는 말이 아마도 이 두 가지 형태의 소망을 지칭하는 용어로서 가장 적합할 것이다. "예언적" 소망은 역사에 뿌리를 박고 있다. 하나님은 역사의 주로서 이 땅에서 역사를 완성시키실 것이다. 하나님의 나라는 역사 속에서 역사적 사건들에 의해서 성취될 것이다. 즉, 다윗 가문의 왕이 일어나 회복된 이스라엘을 다스리며 온 땅에 평화를 가져올 것이다. 이처럼 진정한 히브리인의 예언적 소망은 메시야적 구원이 이스라엘을 통해서 이루어질 것으로 본다는 점에서 역사적이며, 지상적이며, 민족적이다.

그러나 이 예언적 소망은 이루어지지 않았다. 유대인들이 팔레스타인으로 복귀했으나 이로써 하나님의 나라가 세워진 것이 아니다. 하나님의 통치를

Robinson, *Inspiration and Revelation in the Old Testament* (1946), pp. 28-33; T. C. Vriezen, *An Outline of Old Testament Theology* (1958), p. 229을 보라.

14) G. Hölscher, *Die Ursprünge der jüdischen Eschatologie* (1925), p. 3.

15) J. Lindblom, *The Servant Songs in Deutero-Isaiah* (1951), p. 96; S. Mowinckel, *He That Cometh* (1956), p. 125.

받는 대신, 이스라엘은 차례로 악한 민족의 압제 아래서 고통을 받았고, 그리하여 하나님의 나라가 역사 속에서 임한다는 것에 대해 절망이 생기기 시작했다. 역사는 악에 다스림을 받는 것으로 나타나기 때문에, 더 이상 역사를 하나님 나라의 현장으로 생각할 수가 없게 된 것이다. 그러므로 역사 속에 이루어질 지상적인 나라에 대한 예언적 소망은 사라지고, 그 대신 역사를 초월하는 나라에 대한 묵시론적 소망이 생겨나게 되었다. 이러한 전환은 부분적으로 페르시아와 이란의 이원론의 영향에 기인한다. 역사는 이제 끝이 나버렸다. 하나님의 나라는 이제 오로지 초역사적인 권능이 역사 속으로 뚫고 들어와서 초월적인 비(非) 지상적인 질서를 세움으로써 임하게 될 것이다. 지상적인 다윗 가문의 메시야는 사라지고, 그 대신 구름을 타고 임하여 새로운 질서를 세우게 될 천상의 초월적인 인자(人子, Son of Man)가 등장하게 되었다.[16] 이 두 가지 형태의 종말론 — 예언적 종말론과 묵시론적 종말론 — 은 자연적인 발전의 결과로 대두된 것이 아니라, 이 두 가지는 서로 질적으로 전혀 다른 사고인 것이다. 모빙켈은 이 두 가지 종말론을 함께 결합시키는 시도는 모두 "역사에 대한 학문적 성과를 후퇴시키는 일"(a retrograde step in historical scholarship)로 간주한다.[17]

이 논의를 혼란케 하는 한 가지 요인은, 이미 시사한 바 있지만, 학자들끼리 용어의 의미를 달리 본다는 사실이다. 모빙켈은 "종말론"이라는 용어를 사용해서 초기 유대인의 소망을 묘사하면서도, 린드블롬과 함께 종말론은 현재의 질서를 완전히 변혁시키는 대재난의 관념을 포함한 일종의 이원론을 전제로 한다고 주장한다(p. 53, n. 15). 그는 "초기 유대인의 소망"에 대해서 말하면서 거기에는 예언 이전, 혹은 예언적 종말론이 전혀 나타나지 않는다

16) W. Bousset, *Die Religion des Judentums im späthellenistischen Zeitalter* (1926), 12, 13장; P. Voltz, *Die Eschatologie der jüdischen Gemeinde* (1934). 23장을 보라. 이는 또한 W. O. E. Oesterley and T, H, Robinson, *Hebrew Religion Its Origin and Development* (1937), 39장; R. Bultmann, *Primitive Christianity in Its Contemporary Setting* (1956), pp. 79-86; 특히 S. Mowinckel, *He That Cometh* (1956), 8-10장에서도 볼 수 있다.
17) S. Mowinckel, *He That Cometh* (1956), p. 267.

고 강변한다. 그러나 반면에, 부세트나 폴츠, 그리고 불트만은 "종말론"이란 용어를 초기 민족주의적 소망을 지칭하는 의미로 사용한다. 불트만은 민족주의적 종말론과 우주적 종말론을 구분한다. 그리고 부세트는 이원론적 견해를 "묵시론적"이라는 용어를 사용하여 논하는데, 이를 모빙켈은 종말론이라고 칭한다. 모빙켈이 과연 어떻게 정상적인 의미에서의 종말론과 묵시론적 종말론을 서로 구분하는지 분명치가 않다. 논의를 분명히 하기 위해서, 우리는 모빙켈이 사용한 의미보다는 부세트-폴츠-불트만이 사용한 의미를 따르며, 하나님의 구원의 최종적 완성을 역사의 틀 속에서 생각하는 예언적 견해들을 종말론으로 보고자 한다.[18]

이 두 가지 다른 종류의 종말론의 개념 — 하나는 지상적이요 다른 하나는 이원론적인 — 으로 인해서 하나님의 나라를 역사 속에서 생각하여야 하는가, 아니면 역사를 초월해서 생각하여야 하는가 하는 문제가 제기된다. 몇몇 학자들은 역사가 진정한 의미를 갖기 위해서는 하나님의 나라는 반드시 역사 속에서 실현되어야 하며, 마땅히 엄밀한 역사적 사건들에 의해서 이루어져야 한다고 주장했다. 만일 하나님의 나라가 오로지 하나님이 역사 바깥으로부터 역사 속으로 꿰뚫고 들어오셔야만 성취될 수 있는 것이라면, 역사 자체에는 아무런 목표가 없는 것이 되고 만다. 하나님의 손길을 역사 속에서 인지할 수는 있지만, 이것은 전적으로 신앙의 영역이요 해석의 문제에 속하는 것이다. 하나님은 역사 속에서 역사를 통하여 활동하시며, 절대로 역사적 인과 관계의 사슬을 끊으시지 않는다. 역사 속에서 활동하는 것으로 믿어지는 진화적 과정 속에서 하나님을 볼 수가 있는 것이다.[19]

---

18) J. Lindblom은 후에 "종말론"이라는 용어의 타당성을 인정했다; *StTh*, VI (1953), pp. 79-114. 그는 두 시대라는 용어 자체는 아니더라도, 포로기 이전 시대의 선지자들에게서 두 시대의 관념이 나타난다는 사실은 인정했다; *Prophecy in Ancient Israel* (1962), pp. 360, 364, 367. Fohrer는 선지자들에게 두 시대의 개념이 나타나는 것을 인정했으나, 그것을 이원론적인 의미로 이해하지 않았다. Geroge Fohler, *TLZ*, LXXXV (1960), col 401-420.

19) 이 입장에 대한 탁월한 진술로서는 C. C. McCown, in *HTR*, XXXVIII (1945), pp. 151-175을 들 수 있다.

이 현대의 용어 정의에 따르면, 소위 예언적 종말론은 "역사 내에" 있는 반면에, 묵시론적 종말론은 "역사를 초월하여" 있는 것이라 할 수 있는데, 이는 하나님의 나라 자체가 역사를 초월하여 있을 것이기 때문만이 아니라 그 나라가 역사적인 사건들이 아니라 오로지 하나님이 직접 개입하시는 대재난을 통해서만 성취될 수 있기 때문이다.

그러나 이러한 분석에 모든 학자들이 다 동의해온 것은 아니다. 이런 상황에서 우리는 이 문제에 대해 서로 놀라우리만큼 비슷한 결론을 얻고 있는 두 사람의 독자적인 연구를 동시에 접하게 되는데, 이는 참으로 다행한 일이다. 스탠리 프로스트(Stanley B. Frost)는 구약의 묵시론에 대해서 상세한 연구를 했는데, 선지서를 비평적으로 다루는 그의 태도에 대해 동의를 하든 하지 않든, 미래의 소망의 형태에 대한 그의 결론들은 매우 인상적이다. 프로스트는 히브리-유대 사상에는 미래에 대한 네 가지 다른 개념들이 있음을 보았고, 그 개념들을 그는, 더 나은 시대(the Better Age), 황금 시대(the Golden Age), 미래의 시대(the Future Age), 그리고 다가올 시대(the Age to Come)로 이름을 붙였다. 첫 번째 더 나은 시대는 순전히 "역사적인" 기대로서 역사적 사건들이 정상적으로 이어져서 일상적으로 경험할 수 있는 그런 평화와 번영이 이스라엘에게 임하는 그런 좋은 때를 기대하는 것이다. 이것은 아모스의 시대에 대중적으로 퍼져 있던 기대로서 종말론적인 기대가 아니라 예언 이전의(preprophetic) 기대이다.[20] 네 번째 종류 — 다가올 시대 — 는 초역사적인 세계에 속한 초월적인 질서를 지칭한다. 프로스트는 이 네 번째 종류의 기대는 구약이 아니라 후기의 유대교 묵시론에 가서야 비로소 발전되었다고 본다. 선지자들이 가졌던 소망은 황금 시대에 대한 소망이나(아모스, 스바냐, 예레미야), 혹은 미래의 시대에 대한 소망이다(에스겔). 황금 시대는 "역사 속에 크나큰 변혁이 결정적으로 일어나서" 그 결과로 생기는 것이다. "그 황금 시대는 최종적이어서 그 이후에는 다른 후속 효과가 나타나지 않는다. 역사가 정말로 종말을 맞게 되는 것이다. 이 세상에서의

20) S. B. Frost, *Old Testament Apocalyptic* (1952), pp. 48, 114, 236f.
21) *Ibid.*, p. 48.

삶이 계속 이어지지만, 그 삶은 전혀 새로운 질을 지닌 삶이다."[21] 미래의 시대는 현재의 질서와 더 큰 대조를 이룬다. 그러나 그 시대는 여전히 이 땅에 존재하는 것이요, 초월적인 천상의 영역에 존재하는 것이 아니다.

프리젠(T. C. Vriezen)도 독자적인 연구를 통해서 이와 동일한 개괄적인 발전 과정을 제시하고 있다. 그는 네 가지 미래의 소망을 "전 종말론적"(pre-eschatological), "원시 종말론적"(proto-eschatological), "실제적 종말론적"(actual-eschatological), 그리고 "초월적 종말론적"(transcendental-eschatological)이라는 용어로 묘사한다. 순전히 역사적이며 지상적인 축복에 대한 소망은 아모스 시대에 널리 퍼져 있던 소망으로서 "전 종말론적"이다. 초월적 종말론은 발전된 이원론에 속하는 것으로서 선지자들에게서는 나타나지 않으며 오로지 구약 정경 이후의 기록들에서만 나타난다. 이사야와 그 당시의 선지자들에게서 나타나는 "원시 종말론"은 "역사적인 동시에 초역사적이다. 그것은 역사의 틀 속에서 일어나지만 역사를 초월하는 힘에 의해서 기인하기 때문에 그것으로 인하여 형성되는 것은 바로 만물의 새로운 질서요, 그 속에서 하나님의 영광과 그의 성령이 스스로 나타난다(사 11장)."[22] "실제적 종말론"은 제2 이사야에게서 나타나는 것으로서 옛 질서와 새 질서 사이의 대조가 훨씬 더 명확하다는 점에서 "원시 종말론"과 다르다.

이 두 가지 분석들은, 세계를 새롭게 만들고 또한 오로지 초역사적인 힘에 의해서만, 즉 하나님의 직접적인 활동에 의해서만 이루어질 하나님 나라에 대한 소망이 포로 이전 시대의 선지자들 속에 확고하게 뿌리를 박고 있음을 시사해준다. 이것은 진정으로 종말론적 소망이라고 부를 수 있을 것이다. 왜냐하면 그것이 바로 에스카톤 — 하나님의 구속의 목적이 완성되는 시대 — 이기 때문이다. 그러므로 린드블롬 같은 학자들이 주장한 바와 같이, 종말론

22) T. C. Vriezen, "Prophecy and Eschatology," *Supplements to Vestus Testamentum*, I (1953), p. 222. 이러한 발전에 대한 매우 다른 방식의 논의는 C. Steuernagel in *Festschrift Alfred Bertholet* (W. Baumgartner, et al., eds.; 1950), pp. 478-487에서 볼 수 있다. 그는 민족적, 개인적, 보편적 종말론으로 발전되어간 것으로 본다.

이 그 정의상 반드시 두 시대의 교의를 내포하는 것이라고 볼 이유가 전혀 없는 것이다.

아모스 시대의 이스라엘 사람들은 역사 속에서 도래하며 또한 역사적 세력에 의해서 세워질 한 나라를 기대했다. 그런 대중의 기대는 다윗 왕국의 영화가 회복되며 이스라엘이 그 원수들에게 완전한 승리를 얻게 되는 날, 곧 이스라엘의 성공과 축복과 번영의 날에 대한 기대였다. 이것이야말로 엄밀하게 "이 세상적이요" "역사적인" 구약의 유일한 하나님 나라의 개념이다. 그러나 선지자들은 이 개념을 공유하지 않았다.[23] 사실상, 아모스는 이것을 거짓된 견해라고 정죄했다. 여호와의 날은 어두움이요 빛이 아니며, 심판이요 신원이 아니며, 진노의 날이요 축복의 날이 아니다(암 5:18-20). 아모스가 선포한 여호와의 날은 물질적인 질서의 대변혁을 가져올 것이다. 즉, 그 날에 하나님 자신이 우주적인 대격변을 일으키실 것이다. 하나님의 심판에 대한 중압감으로 땅이 진동할 것이며 혼돈으로 돌아갈 것이다. 온 땅이 바다가 되며 마치 나일강처럼 흘러 넘칠 것이다. 그 날에는 심지어 하늘에서도 대재난이 있을 것이다. 해가 대낮에 빛을 잃고 땅은 어두움 속에 빠질 것이다(암 8:7-9; 9:5-6). 이것이 자연적인 재난 이상의 것을 시사한다는 사실은 물이 먼저 바다를 삼키고 이어서 육지를 삼키는 것에서 분명히 드러난다(암 7:4). 이것은 도저히 진압할 수가 없을 정도로 번진 단순한 산불이 아니라 "묵시론적인" 불이다.[24] 몇몇 학자들은 이런 언어가 단순히 시적인 환상에 불과하다고 보지만,[25] 다른 사람들은 진짜 종말론이 여기서 나타나고 있는 것으로 인식한다. "이것을 그저 찬란한 시적인 묘사 정도로 치부해서는 안된다. 아모스는 우주적인 규모로 일어나는 자연의 대 재난을 목도하는 것 같아 보인다. 이것은 순수한 종말론이다."[26] 프로스트는 아모스가 역사로부터 일

23) T. C. Vriezen, *op. cit.* p. 226; S. B. Frost, *Old Testament Apocalyptic*, p. 237.
24) A. C. Knudson, *The Religious Teaching of the Old Testament* (1918), p. 359.
25) J. Lindblom, *StTh*, VI (1953), p. 102.
26) C. R. North, *The Old Testament Interpretation of History* (1946), pp. 126f.

어나는 한 날을 선포하는 것이 아니라, 역사에 종말을 가져오는 대재난이 역사 속에 발생하는 것을 함축하고 있는 종말론을 선포하는 것이라고 본다.[27] 그러나 존 브라이트(John Bright)와 발터 아이히로트(Walter Eichrodt)[28]는 심지어 야훼의 날에 대한 대중의 기대조차도 종말론적이라고 믿었다. 즉, 하나님이 역사 속으로 개입하셔서 그의 원수들을 심판하시고 그의 다스림을 확고히 하실 것임을 믿는 믿음이 연루되어 있다고 보는 것이다.

만일 아모스의 종말론에 대한 이런 해석이 기본적으로 올바르다면, 가장 이른 선지자들의 종말론이 여호와의 날이 하나님의 대 재난을 통한 강림의 날로 기대했다고 결론을 내려야 마땅할 것이다. 곧, 하나님이 역사 속으로 개입하셔서 구원은 물론 심판으로 그의 다스림을 분명히 드러내시고 역사와 자연의 현 질서를 깨뜨리시는 그런 날로 기대한 것이다. 이러한 요소들은 다른 초기의 선지자인 스바냐에게서 더욱 분명히 그려지고 있다. 쾰러(L. Koehler)는 아모스의 경우에는 우주적 요소가 그저 우연하게 나타나는 것으로 보면서도, 스바냐는 여호와의 심판을 선포한 최초의 진정한 선지자로 본다. 여호와의 날은 온 땅과 거기에 속한 모든 피조물의 파멸을 의미한다. 그럼에도 불구하고, 남은 자가 그 재난을 피하여 아무런 상처를 받지 않고 하나님의 궁극적인 구원을 누리게 될 것이다.[29]

포로기 이전의 두 선지자들을 이처럼 간략하게 개관함으로써, 한 가지 중요한 점이 대두된다. 선지자의 기대는 "역사적"이라거나 "이 세상적"이라고 표현할 수가 없다. 왜냐하면 하나님의 나라를 역사적 힘의 산물로 기대하지 않기 때문이다. 하나님의 나라의 근원은 초역사적이다. 하나님 자신이 반드시 그의 백성에게 임할 것이다. 심지어 가장 오래된 개념에서조차도, 하나님

---

27) S. B. Frost, *op. cit.*, p. 48.

28) J. Bright, *The Kingdom of God* (1953), p. 60; 또한 "Faith and Destiny," *Int*, V (1951), pp. 9ff.; W. Eichrodt, *Theology of the Old Testament* (1961), I, p. 479를 보라. Kuhl은 아모스가 시대의 종말을 기대했다고 생각한다 (C. Kuhl, *The Prophets of Israel* [1960], p. 63). 이와 매우 다른 해석에 대해서는 J. D. W. Watts, *Vision and Prophecy in Amos* (1958), pp. 68-84를 보라.

29) L. Koehler, *Old Testament Theology* (1957), pp. 222f.

의 왕권은 절대로 오로지 현재의 질서가 종말을 고하고 무언가 새로운 것이 세워지는 크나큰 변혁을 수반하고서만 실행될 수 있는 것으로 나타나는 것이다. "파괴가 없는 종말론이란 없다."[30] 로올리(H. H. Rowley)의 신중한 진술에 의하면, 여호와의 날은 "하나님이 역사를 깨뜨리고 놀랍게 임하는 때이다. 하나님은 언제나 역사의 현장에서 활동하며 자연과 사람을 사용하여 그의 목적을 이루시지만, 여호와의 날은 그의 활동이 더욱 직접적이며 더욱 분명하게 드러나는 날로 생각되었다." 선지자들의 예언은 "현재와 그저 임의적으로 연관을 맺는 것이 아니라 미래에 관한 것이다."[31] 역사가 하나님 나라를 산출하는 것도 아니요, 역사가 하나님의 활동의 도구가 되는 것도 아니다. 오직 하나님의 직접적인 강림만이 하나님의 목적을 완성케 하며 현재의 질서를 하나님의 나라로 변형시켜주는 것이다.

이로 볼 때에, 역사 속에서든 역사를 초월해서든 하나님의 나라에 대한 현대의 논의의 방식은 성경의 시각을 흐리게 만들어버리는 경향이 있다는 것을 알 수 있다. 역사와 종말론을 서로 너무 날카롭게 이간시키는 것이다. 그러나 구약에서는 역사와 종말론 사이의 분리는 절대로 급진적인 것이 아니다. 역사의 종말에 권능의 신현(theophany) 속에서 자신을 드러내실 그 하나님은 역사의 과정 속에서 자신을 이미 드러내 오신 것이다.[32] 마지막 강림을 종말론적인 강림으로 볼 수 있을 것이다. 이 최종적인 강림을 통해서 어떤 형식의 존재가 나타나든지간에 그것을 **최종적인 것**으로 생각해야 한다. 즉, 그것은 하나님의 구속적인 목적이 그 궁극적인 완성에 도달하는 것을 의미하는 것이다.

지상적인 소망

---

30) E. Jacob, *Theology of the Old Testament* (1958), p. 318.

31) H. H. Rowley, *The Growth of the Old Testament* (1950), p. 179.

32) E. Jacob, *Theology of the Old Testament* (1958), pp. 318f.

구약의 소망을 종말론적 소망으로 말할 수 있지만, 그 소망은 동시에 지상적인 소망이다. 구속에 대한 성경의 관념에는 언제나 땅이 포함된다. 히브리 사상은 사람과 자연이 서로 본질적으로 연합되어 있는 것으로 본다. 선지자들은 땅을 단순히 사람이 그의 일상적인 사명을 수행하는 하나의 장(場)으로만이 아니라 하나님의 영광의 구체적인 표현으로 생각한다.[33] 구약은 어디서도 헬라인들이 생각하듯이 육체 없는, 비물질적인, 순전히 "영적인" 구속에 대한 소망을 견지하지 않는다.[34] 땅은 하나님이 제정하신 인간 실존의 현장이다. 더 나아가서, 땅에는 죄로 인하여 초래된 악들이 내포되어 있다. 사람의 도덕적인 삶과 자연 사이에 상호 관계가 있으며,[35] 그러므로 땅도 하나님의 최종적인 구속을 공유하여야 마땅한 것이다. 인간의 마음, 인간의 사회, 그리고 모든 자연 전체에서 악의 효과들이 제거되어야 하며, 그리하여 하나님의 영광이 그의 피조 세계에서 완전히 드러나야 하는 것이다.

이 점은 구약에 나타난 미래에 대한 가장 진보된 묘사에서도 그대로 나타난다. "보라, 내가 새 하늘과 새 땅을 창조하나니 이전 것은 기억되거나 마음에 생각나지 아니할 것이라"(사 65:17; 참조. 66:22). 새로운 우주가 창조되어 옛 우주를 대신하게 될 것이다. 이것은 새로운 사상이 아니라 선지자들의 신학의 모든 면을 종합하는 것이다.[36] 그러나 이사야서에 나타나는 새로운 질서는 새 땅의 질서요, 하나님 나라의 생명에 대한 묘사도 역시 물질적인 축복으로 나타나는 것이다.

종말론 이면에는 땅과 및 그것에 대한 사람의 관계에 관한 선지자의 시각이 있다. 땅은 단순히 인간이 존재하는 무대(舞臺) 이상의 의미를 지닌다. 사람과 세상은 함께 창조 질서에 속하며, 진정한 의미에서 세상이 인간의 운명에 동참한다. 세상이 인간의 죄로 말미암아 영향을 받는 것이다. 세상은 하

---

33) Adam C. Welch, *Kings and Prophets of Israel* (1952), pp. 254f.

34) 참조. J. Pedersen, *Israel, Its Life and Culture*, I–II (1926), p. 334.

35) H. W. Robinson, *Inspiration and Revelation in the Old Testament* (1946), pp. 30f.

36) 참조. J. Skinner, *The Book of the Prophet Isaiah* XL–LXVI (1917), p. 240.

나님의 영광을 반영하고 복된 삶의 환경을 제공하도록 고안되었다. 그러나 죄로 인하여 악이 세상을 오염시켰다. 이러한 긴밀한 관계는 때때로 시(詩)적으로 표현되기도 한다. 인간의 악함으로 인하여, "이 땅이 슬퍼하며 무릇 거기 거하는 자와 들짐승과 공중에 나는 새가 다 쇠잔할 것이요 바다의 고기도 없어지리라"(호 4:3). 하나님의 심판은 사람만이 아니라 세상에게까지도 임한다는 것이다. 그러나 이것은 단순히 시(詩)만이 아니라 세상과 악에 대한 선지자의 해석을 시의 형식으로 표현한 것이다.

죄가 이 세상에 초래한 결과는 참으로 지독한 것이어서 하나님의 능력적인 강림을 통해서만이 최종적으로 세상을 구원할 수가 있다. 죄로 저주받은 피조 세계가 구속받아야 할 필요가 있다는 이러한 관념이 하나님의 초월성과 영광의 개념과 뒤섞여서 종말론적 강림의 특수한 형식을 제공해주는 것이다.

하나님이 역사 속에서 사람들에게 임하실 때에는, 땅이 진동하며, 하나님이 심판과 구원을 위하여 마지막으로 이 땅에 임하실 때에는 인간 사회만이 떠는 것이 아니라 세상의 구조 자체가 무너질 것이다. "하늘이 연기 같이 사라지고 땅이 옷 같이 해어지리라"(사 51:6). 하나님이 악인의 죄과를 벌하실 때에, 하늘은 떨며 땅은 그 자리에서 떠날 것이다(사 13:13). 하나님이 악한 나라에게 진노를 퍼부으실 것인데, 그 때에 "하늘의 만상이 사라지고 하늘들이 두루마리 같이 말리되 그 만상의 쇠잔함이 포도나무 잎이 마름 같고 무화과나무 잎이 마름 같으리라"(사 34:4). 그 심판을 예견하고서, 땅이 떨 것이요 애굽의 강이 넘치는 것처럼 솟아오를 것이요 해가 대낮에 캄캄해질 것이다(암 8:8-9). 하나님이 만국은 물론 하늘과 땅과 바다와 마른 땅까지 진동시키실 것이다(학 2:7). 구속이 땅의 변혁을 포함하듯이, 하나님의 심판도 사람들의 열국에만 임하는 것이 아니라 세상에도 함께 임하게 될 것이다. 이것은 단순한 시적인 상징법이 아니라 구체적인 현실적 표현인 것이다.[37]

자연 질서가 와해되는 것은 멸망시키기 위함이 아니라 불완전한 옛 질서

37) 참조. H. W. Robinson, *Inspiration and Revelation in the Old Testament* (1946), pp. 29-30.

에서부터 일어나는 새로운 완전한 질서에 길을 마련해주기 위하여 고안된 것이다. 하나님은 새 하늘과 새 땅을 창조하실 것이요(사 65:17; 66:22), 거기에는 완전한 기쁨과 번영과 평화, 그리고 의가 있을 것이다. 하나님의 최종적인 강림하심은 세상의 구속을 의미할 것이다. 왜냐하면 구속 받은 땅은 미래의 하나님 나라의 장(場)이 될 것이기 때문이다. 선지자들은 피조물이 "썩어짐의 종노릇하는 데서" 구원받는 것을 거듭거듭 기대하고 바라며, 이 일에 대해서 단순한 물질적인 표현을 써서 묘사하는 경우가 많다. 광야가 열매를 맺을 것이며(사 32:15), 사막이 무성하게 꽃을 피우며(사 35:2), 슬픔과 탄식이 달아날 것이다(사 35:10). 뜨거운 사막이 변하여 못이 될 것이며 메마른 땅이 변하여 원천이 될 것이며(사 35:7), 평화가 동물 세계에 돌아와서 해됨도 없고 상함도 없어질 것이며(사 11:9), 이 모든 일은 여호와를 아는 지식이 땅에 충만할 것이기 때문에 그 결과로 일어나는 현상이다(사 11:9).

이런 표현들을 어느 정도나 문자적으로 취하며 어느 정도나 상징적으로 취하여야 하는가 하는 문제가 일어난다. 우리는 이미 하나님의 현현의 언어가 시내산에서의 하나님의 강림을 되돌아 보는 시적인 묘사로서 하나님이 그의 종의 개인적인 위험에서 건지시기 위하여 강림하시는 것을 묘사할 수도 있고, 또한 죄악을 범하는 백성들에게 심판을 베풀기 위하여 행하시는 역사적인 강림을 묘사할 수도 있다는 사실을 살펴본 바 있다. 그렇다면, 세상이 진동하며 하늘이 무너져 내리는 등의 종말론적인 사실에 대한 표현 전체를 최종적인 하나님의 현현의 말할 수 없는 영광을 시적인 언어를 사용하여 묘사하고 있다고 해석할 이유가 충분히 있지 않은가? 이 용어가 이 시대의 막을 내리고 다가올 시대를 개시하는 우주적인 재난을 바라보는 신약의 종말론의[38] "묵시론적" 개념을 구성하는 자료를 제공해준다는 사실을 볼 때에, 이 용어를 어떻게 해석하느냐 하는 문제는 대단히 중요한 것이다. 그런 언어는 하나님의 위엄을 묘사하기 위해서 사용되는 구약의 전통적인 시적인 언어 이상의 의미를 지니는 것은 아닌가?

---

38) 막 13:24와 그 병행구절들; 행 2:19-20; 벧후 3:11-13; 계 6:12-17; 20:11; 21:1을 보라.

그런 "묵시론적" 언어에 시적인 요소가 존재한다는 것은 부인할 수 없는 사실이다. 이 하나님의 현현을 묘사하는 언어는 하나님의 영광과 위엄, 그리고 그의 피조물에 대한 그의 초월성을 찬양하기 위해서 전혀 상징적인 의미로 사용될 수도 있기 때문에(시 18편; 미 1장), 우리는 문자적 이해만을 고집하는 태도에 대해서는 경계를 해야 마땅하다. 그러나, 이 용어 이면에 신학이 자리 잡고 있으므로, 이 언어를 전적으로 시적인 것으로만 보아 넘길 수도 없다. 하나님의 종말론적 강림을 묘사하는 신현(theophany)의 언어는 하나님의 영광과 위엄, 그리고 창조주에 대한 피조물의 굴종과 의존의 상태를 표현하는 것일 뿐만 아니라, 심오한 창조와 피조 세계에서의 인간의 위치에 대한 심오한 신학적 표현이기도 하다. 사람은 피조물이요 그렇기 때문에 다른 모든 피조물과 진정으로 연대하는 상태에 서 있다. 사람과 자연은 모두 그들의 존재 자체를 하나님께 의존하는 것이다. 그러나, 사람은 하나님의 형상으로 창조되었고, 그리하여 하나님과의 관계를 누린다는 점에서 다른 피조물들과는 구분된다. 그렇다고 해서 사람이 피조물의 상태를 초월한다는 뜻은 아니다. 죄의 뿌리는 바로 피조물이라는 현실과 그 함축된 의의들을 인정하기를 원치 않는데 있는 것이다. 사람이 물질적인 피조물이라는 사실이 그의 죄성을 재는 척도가 되는 것이 아니며, 따라서 피조물의 상태가 사람이 구원받아서 벗어버려야 할 그런 상태도 아니다. 오히려 스스로 피조물임을 인정하고 창조주 하나님께 완전하고도 철저하게 의존하는 상태에 있음을 고백하는 것이야말로 사람의 참된 실존에 필수적인 것이다. 사람은 자신이 피조물임을 인식하고 하나님의 신실하심에 생명을 의존하는 자로서 또한 그의 창조주를 섬기고 경배하는데 최고의 기쁨을 찾는 그런 존재로서 갖는 낮은 역할을 인정할 때에 비로소 진정으로 자신을 아는 것이며 진정한 자아를 인식하는 것이다. 죄의 뿌리는 사람이 피조물의 위치를 벗어나서 자신을 하나님보다 높이며, 창조주에게 드려서 마땅한 경배와 순종을 드리기를 거부하는 목적을 품는데 있는 것이다.

사람을 구원한다는 것은 피조물의 위치에서 구해낸다는 의미는 아니다. 왜냐하면 피조물의 위치가 악한 것이 아니요 사람의 진정한 존재에 필수적이며 영구한 요소이기 때문이다. 구원은 육체적인 피조물의 존재에서 도피시키는 것이 아니다. 오히려 그 반대로 궁극적인 구속은 전인(全人)의 구속을 의미할 것이다. 그렇기 때문에 몸의 부활이 성경의 소망의 핵심적인 부분을 차지하는 것이다.[39]

이 사실의 결과로서 필연적으로 나타나는 것은 피조물 전체가 반드시 구속의 축복들을 함께 나눌 것이라는 사실이다. 구약의 소망에는 헬라의 이원론이나 영지주의가 전혀 없다. 세상은 그 자체가 악한 것도 아니요, 그렇기 때문에 사람이 자신의 진정한 생명을 찾기 위해서 반드시 도피해야 할 그런 영역도 아니다. 하나님이 세상을 창조하셨을 때에, 하나님 보시기에 그것이 선했다(창 1:31). 그런데 그런 선한 자연이 죄로 말미암아 손상된 것이다. 이 땅은 사람을 위해서 저주를 받아서 가시와 엉겅퀴를 내며, 사람으로 하여금 땀을 흘리고 수고하여 생명을 유지하게끔 된 것이다. 그러나 그렇다고 해서 자연 속에 본래적인 도덕적 악이 존재하는 것은 결코 아니다. 피조 세계가 선에서 악으로 타락했고 그리하여 그 창조주를 거스리게 되었다는 의미가 아니다. 세계는 하나님의 영광을 위하여 창조되었다(시 19:1). 그러므로 피조 세계의 궁극적인 목표와 운명은, 사람과 마찬가지로 창조주를 영화롭게 하며 그를 찬양하는 것이다(시 98:7-9). 세상은 사람이 자신의 유한한 존재의 드라마를 연출하는 일시적인 무대가 아니며, 사람이 반드시 구원을 받아 벗어나야 할 죄와 악의 실체도 아니다. 세상은 하나님의 세상이었고, 계속 하나님의 세상으로 남아 있다. 그러므로 세상은 하나님의 구속의 목적이 완성될 때에 일정한 역할을 감당하도록 되어 있는 것이다.

그러나, 사람의 죄로 말미암아 자연에 저주가 내려져 있으므로, 그런 상태의 자연이 급진적으로 변혁되지 않고서는 하나님의 나라가 최종적으로 실현되는 현장이 될 수가 없다. 그렇기 때문에 하나님 나라의 새 시대는 새로운

---

39) 구약은 부활에 대해서 거의 언급하지 않는데, 이는 개인의 운명에 대해서보다는 역사 속에 나타나는 하나님의 백성에 대한 하나님의 목적에 대해서 더 많은 관심을 쏟기 때문이다. 그러나, 몸의 부활에 대한 가르침이 유대교와 신약 성경에서 똑같이 나타난다는 사실은 선지자적인 인간론의 논리적인 귀결이라 하겠다. 참조. T. C. Vriezen, *An Outline of the Old Testament Theology* (1958), p. 230. 부활에 대한 가르침에 대해서는 Robert Martin-Achard, *From Death to Life* (1960)을 보라.

사물의 질서가 구성될 정도로 완전히 달라지는 것이다. 하나님의 나라는 정
상적인 사건들의 흐름을 통해서 산출될 수가 없으며, 스탠리 프로스트가 주
장했듯이 오로지 하나님이 역사 속으로 대재난과 함께 개입하심으로써만 이
루어지는 것이다. 그리고 그 결과로 나타나는 질서는 구체적이고도 지상적
인 질서이면서도 동시에 세속을 초월하는(supramundane) 질서가 될 것이
다. 아이히로트가 말한 바와 같이, "기대하는 세계의 질서는 현재의 질서와
는 종류 자체가 다르며, 이 사상은 '현 시대'와 '다가올 시대'라는 표현이 있
기 오래 전에 이미 이것이 생겨난 것이다."[40]

역사와 종말론

구약의 소망은 또한 역사적인 성향을 지닌 소망이다. 이 말은 곧, 하나님
이 통치가 확립되는 것을 역사 속에서의 그의 활동의 완성으로 보는 것뿐만
이 아니라, 궁극적인 종말론적 소망이 바로 앞의 역사적 미래와 직접 관련을
맺고 있다는 뜻이다. 현대인은 연대기나, 시간적인 전후 관계에 관심을 갖는
다. 그러나 선지자들은 보통 그런 문제보다는 오히려 현재의 위치에 서서 미
래를 하나님의 구속적인 역사가 펼쳐지는 하나의 위대한 캔버스로 보고 그
높이와 넓이를 파악하며, 그러면서도 그 깊이에 대해서는 분명한 시각을 갖
지 못했다. 선지자들은 보통 하나님의 최종적인 종말론적 강림을 뒤에서 바
라보았다. 그러나 그들 스스로 현재의 하나님의 백성들에 대한 하나님의 뜻
이 무엇이냐 하는 것에 주로 관심이 있었기 때문에, 그들은 연대적으로 엄밀
하게 구분하는 것이 없이 바로 앞에 있는 미래를 궁극적인 미래와 연관지어
서 바라보았으며 그리하여 하나님의 궁극적인 뜻을 당시 그 현장의 하나님
의 백성을 향하여 선포한 것이다.

철저하게 분석적인 접근법에서는 구약적인 안목에 나타나는 이 두 가지

---

40) W. Eichrodt, *Theology of the Old Testament* (1961), p. 491. 또한 E. Jacob,
   Theology of the Old Testament (1958), p. 318을 보라.

요소를 — 바로 앞의 미래에 대한 소망과 궁극적인 완성에 대한 소망을 — 서로 구분하여, 이 두 가지를 서로 대조를 이루는 전혀 다른 형태의 소망으로 보려 할 것이다. 그러나 이런 식의 비평적 분석적 접근법은 구약의 안목을 오히려 흐리게 할 뿐 아무런 도움이 되지 않는다. 선지자들에게는 바로 앞의 역사적 미래와 궁극적인 종말론적 미래를 동시에 포괄하는 한 가지 소망밖에는 없었다. 선지자들의 예언에 이상스럽게도(우리가 보기에) 연대기적인 관심이 결여되어 있는 것은 바로 이스라엘의 소망이 하나님 중심적인 (theocentric) 성격을 지녔기 때문이다. 그들의 소망은 미래에 있었던 것이 아니라 하나님 자신에게 있었다. 가까운 미래에 역사하셔서 그의 구속의 목적을 이루실 그 하나님은 또한 반드시 궁극적으로 역사하셔서 그의 목적을 완성시키실 것이다. 그러므로 선지자들은 대개 한 가지 단일한 소망을 — 물론 복잡하기는 하지만 — 갖고 있었던 것이다.

이러한 시각을 다른 방식으로 표현한다면, 미래가 현재와의 긴장 상태에 있다고 말할 수 있을 것이다. 종말론은 그 자체가 목적으로서 시간의 수평선 위에 멀리 동떨어져서 서 있는 것이 아니다. 종말론의 의의는 주로 역사와의 관련성에서 찾아진다. 왜냐하면 종말론이나 역사나 모두 하나님의 백성을 위한 하나님의 뜻에 주로 관심을 갖는 것이기 때문이다. 선지자들은 보통 구체적인 역사적 상황의 한가운데 위치해서 그 상황에 대하여 말씀을 던졌다. 그들은 궁극적인 미래에 대한 하나님의 뜻을 선포하였고, 그 궁극적인 뜻에 비추어서 지금 여기서 활동하는 백성들에 대한 하나님의 뜻을 선포하였다. 그들은 바로 앞의 미래를 하나님의 궁극적인 목적에 근거하여 해석하였던 것이다. 하나님 나라의 소망은 그것만 별도로 연구하거나 사색적으로 추측할 수 있는 그런 주제가 아니었다. 뿐만 아니라 하나님 나라의 소망은 그 자체가 중요한 그런 주제도 아니었다. 선지자들은 철학자도 신학자들도 아니었다. 그들은 하나님의 뜻을 전하는 자들이요 이스라엘이 하나님과 올바른 관계를 맺도록 하는 사명을 지닌 사람들일 따름이었다.

그렇다고 해서 예언의 미래에 대해 말씀하는 면을 최소한으로 줄여서 결국 선지자들을 한낱 도덕론자들에 지나지 않는 사람들로 만들어야 한다는 뜻은 아니다.[41] 미래의 일에 대한 예언은 선지자의 메시지에서 큰 부분을 차지하며 또한 매우 중요한 역할을 행하는 것이었다. 문제는 선지자의 메시지의 무게 중심이 어디에 있었으며, 그들의 관심의 초점이 무엇이었느냐 하는 것이다. 선지자들의 주 관심사는 미래 그 자체가 아니라 오히려 하나님의 뜻이었고 또한 그의 백성의 운명이었다. 하나님의 나라를 그 백성에게 궁극적으로 임하게 하실 하나님은 바로 현재에도 그들에 대해서, 또한 그들의 현재의 죄성(罪性)에 대해서 관심을 가지시는 하나님이신 것이다.

이러한 역사적 관심은 어디서나 나타난다. 선지자들은 보통 스스로 이름을 밝히며 그들의 메시지가 이스라엘을 향한 것인지 유다를 향한 것인지를 분명히 하며, 때로는 그들의 메시지의 연대를 왕의 통치의 연수를 기준으로 분명히 명시하기도 한다. 그들의 주 목적은 현재를 미래에 비추어서 해석하는 것이다. 그들의 말씀이 역사적 인물들이나 사건들, 혹은 나라들과 맞추어서 선포되는 것을 보게 된다. 구체적인 미래의 사건들이 예언될 경우, 선지자들의 주요 관심사는 이스라엘에게 그 때에 어떻게 행하여야 할지를 신적으로 정해진 미래에 근거하여 제시하는데 있었다.

선지자들은 바로 가까운 미래에 하나님의 강림을 예견하는 경우가 많으며, 그리하여 그들은 여호와의 날에 대해서 자주 말씀하는 것을 보게 된다. 아모스 시대의 사람들은 정치적 안정과 경제적 번영에 대한 밝은 소망을 가졌고, 이것을 여호와의 날이라 불렀다. 그러나 아모스는 이러한 얄팍한 불신앙적인 소망을 여지없이 깨뜨려 버렸다. 그는 미래에 안정이 임하는 것이 아니라 재난이 임할 것임을 선포한 것이다. 심판이 다메섹과 그 인근의 백성들에게 임할 것이며, 또한 유다와 이스라엘의 죄를 인하여 그들에게도 심판이 임할 것이며(암 2:5), 앗수르와 애굽이 이스라엘을 약탈할 것이다(3:9-11). 바로 이것이 여호와의 강림이 될 것이라고 한다(4:12). "여호와께서 시온에서 부르짖으시며 예루살렘에서부터 음성을 발하시도다"(1:2). 그러므로 이것이 여호와의 날이다(5:18-20). 하나님이 애굽에 있는 이스라엘 백성에게 과

41) A. S. Peake in *The Servant of Jahweh and Other Lectures* (1931), p. 83; H. H. Rowley, *The Relevance of Apocalyptic* (1947), p. 13 등의 탁월한 논의를 보라.

연 임하셨었고, 그렇기 때문에 하나님은 다시 그 백성에게 임하셔서 그들에게 심판을 베푸사 그들을 교정하시는 것이다(3:2).

그러나 아모스는 미래를 바라보면서, 임박한 여호와의 강림 그 다음에 있을 강림을 보고 있다. 곧 종말론적인 여호와의 날이 그것이다. 미래에 우주적인 심판의 날이 있을 것이며(암 7:4; 8:8-9; 9:5), 또한 그 날 이후에 다윗의 집이 회복되며 땅에 축복이 임하며 이스라엘이 회복되는 구원의 날이 있을 것이다(9:11-15).[42]

이러한 두 가지 강림, 곧 가까운 미래에 있을 강림과 머나먼 미래의 강림은 편의상 역사적인 강림과 종말론적인 강림으로 부를 수 있는데, 이것들은 서로 시간적으로 구분되는 것이 아니다. 사실상, 어떤 경우에는 이 두 가지가 마치 같은 날에 이루어지기라도 하듯이 서로 뒤섞여 나타나기도 한다. 이사야 13장에서는 바벨론에 강림하는 날을 여호와의 날이라고 부른다. 여호와께서 전투를 위하여 만군을 모으시며(13:4-6), 메대 사람들을 격동시켜 바벨론을 치게 하실 것이다(13:17). 그러므로 사람들은 "애곡할지어다. 여호와의 날이 가까웠으니 전능자에게서 멸망이 임할 것임이로다!"(13:6). 그런데 이러한 역사적 여호와의 날은 종말론적 여호와의 날을 배경으로 하여 묘사되고 있다. 여호와의 날에는 이 땅에 재난이 임할 것이며 하늘의 질서가 무너질 것이다(13:9-13). 심판이 자연의 세계와 사람들에게 임할 것이며(13:7), 그 때에 하나님이 악을 인하여 세상을 징벌하시며, 죄를 인하여 악인

---

42) 많은 학자들은 암 9:8하-15이 순수하지 못하다고 본다. 왜냐하면 거기에 나타나는 소망의 메시지가 9:1-4의 심판의 선포와 너무나도 날카롭게 대조를 이루기 때문이다. 그러나 존 브라이트의 다음과 같은 말이 여기서 아주 적절한 것으로 보인다: "과연 하나님은 이스라엘을 그의 다스림을 받는 백성으로 부르셨는데 이스라엘은 터무니 없이 불순종하여 타락하여 정죄를 받는 지경에 이르렀다. 그러나 선지자의 신학에서는 그 사실로 인해서 하나님의 승리가 무시될 수가 없었다. 그렇게 되면 인간의 실패가 곧 하나님의 실패가 되고 말 것이기 때문이다. 그리고 어느 선지자도 그런 실패에 대해서 이야기할 꿈을 꾸지 않았다"(*The Kingdom of God* [1953], p. 87). 그러므로 물론 아모스 9장에 나타난 서로 다른 두 가지 관점이 예리하게 대비된다는 사실은 인정해 마땅하지만, 마지막의 낙관적인 말씀은 선지자가 이스라엘의 실패에도 불구하고 하나님이 궁극적으로 역사하시리라는 확신을 표현한 것으로 얼마든지 볼 수가 있는 것이다.

을 징벌하실 것이다(13:11). 이것은 우주적인 심판에 대한 묘사다. 여호와의
날은 역사적으로 바벨론을 심판하시는 날이다. 여호와의 날은 또한 인류에
대하여 종말론적인 심판이 임하는 날이다. 그러나 이 두 날이 마치 한 날인
것처럼, 하나님이 한 번 강림하시는 것처럼 묘사되고 있는 것이다.

스바냐는 여호와의 날(1:7, 14)을 이름이 밝혀지지 않은 원수들의 손에 의
하여 역사적인 재난이 임하는 날로 묘사한다(1:10-12, 16-17; 2:5-15). 그러
나 그는 그 날을 모든 피조물들이 지면에서 사라져서(1:2-3) 아무것도 남지
않게 되는(1:18) 세계적인 재난으로 묘사하기도 한다. 그러나 우주적인 대재
난 가운데서 구속함을 받은 남은 자가 살아나올 것이요(2:3, 7, 9), 또한 심판
을 넘어서 이스라엘과(3:11-2) 이방인들에게(3:9-10) 구원이 임할 것을 말
씀한다. 조지 아담 스미스(George Adam Smith)는 스바냐를 "최초로 묵시
론의 기미"가 나타나는 것으로 묘사한다.[43] 예언을 철저하게 분석적이며 비
평적으로 다루는 접근법에서는 역사적인 것을 종말론적인 것에서 분리시켜
서 후자를 후기에 나타난 전승으로 취급하려 한다. 노만 갓월드(Norman K.
Gottwald)는 스바냐가 역사적 재난을 생각했는데 후대에 가서 그 주제가 발
전되어 거기에 희생제사의 절기가 세계의 종말의 사건의 일부가 되어버리는
초자연적인 영역이 끼어들게 되었다고 보았다.[44]

그러나 이 극심한 분석적 접근법은 선지자들의 시각에 존재하는 본질적인
한 가지 요소를, 곧 종말론과 역사 사이의 긴장을 희생시켜버린다. 선지자들
을 이십 세기의 사고 양식에 억지로 끼워 맞추려해서는 안되는 것이다. 그들
은 바로 앞의 역사적 미래를 궁극적인 종말론적 목표를 배경으로 하여 바라
볼 수 있었다. 왜냐하면 그 두 가지 미래가 모두 그의 백성을 심판하시고 구
원하시기 위한 이스라엘의 하나님의 강림을 구체화시키는 것이기 때문이다.
그들의 관심의 초점은 하나님의 활동하심이지 미래의 구체적인 연대적 사실
이 아니었던 것이다.

요엘은 여호와의 날의 강림을 무서운 메뚜기 재앙과 가뭄 재앙으로 예언

43) *An Exposition of the Bible* (1907), IV, p. 574.
44) *A Light to the Nations* (1959), p. 333.

하며(1:4-12) 또한 우주적인 종말론적 심판으로도 묘사한다(2:10-11; 3:11-
15). 자연적 재난에 대한 묘사가 어디에서 끝나고 종말론적 심판에 대한 묘
사가 어디서부터 시작하는지를 결정하기가 실제로 불가능하다. 심판 이후에
는 구원이 있다. 이스라엘은 하나님의 영을 받아서(2:28-29) 땅을 회복하며
구속함을 받은 땅의 축복을 누리게 된다(3:16-21). 요엘서가 초기의 책이든
후기의 책이든, 종말론과 역사 사이의 이러한 긴장이 선지자적 안목의 본질
적인 요소임이 분명히 드러나는 것이다.

　이 모든 예언들에서 역사와 종말론은 서로 뒤섞여 있어서 실제로 서로 구
분할 수가 없을 정도이다. 그러나 때로는 종말론적인 날이 먼 지평의 배경
속에 서 있는 경우도 있다.[45] "말일에" 이사야는 의와 평강이 충만한 최후의
시대를 본다(사 2:2 이하). "말일에" 이스라엘이 여호와와 그들의 왕 다윗에
게로 돌아올 것이다(호 3:5). "말일에" 이스라엘이 회복될 것이며 곡의 악한
군대에 의해서 침략을 당할 것이다(겔 38:16). "날이 이르리니" 하나님이 이
스라엘의 운명을 안정과 축복으로 회복시키실 것이다(암 9:13 이하). "날이
이르리니" 의로운 가지가 다윗에게서 돋아나서 공평과 정의를 시행할 것이
며, 유다가 구원을 받고 예루살렘이 안전히 거할 것이다(렘 33:16). "날이 이
르리니" 하나님이 이스라엘과 및 유다와 새 언약을 맺고 그의 법을 그들의
마음 속에 새기사 그들로 하여금 하나님에 대한 완전한 지식을 갖게 하실 것
이다(렘 31:31 이하). "그 때에" 하나님이 이 땅의 모든 백성들 가운데서 유다
의 운명을 회복시키실 것이다(습 3:20). "그 날에" 하나님이 임하사 땅을 심
판하실 것이다(사 2:20 이하). "그 날에" 하나님이 그의 백성을 회복시키사
그들로 하여금 여호와와 그들의 왕 다윗을 섬기게 하실 것이다(렘 30:8 이
하). "그 날에" 하나님이 영원토록 그들 위에서 왕노릇하실 것이다(미 4:6 이
하).

　이처럼 의미가 불명확한 용어들은 가까운 미래에 있을 역사적 강림에 대
해서도 사용되며,[46] 이 사실은 역사와 종말론 사이의 긴장을 강조해주는 역

---

45) H. H. Rowley, *The Unity of the Bible* (1953), p. 110을 보라.
46) 여호와의 날에 대해서는 참조. 렘 46:10; 겔 7:19; 13:5; 30:2-3; 욥 15; "날이 이르리

할을 한다. 하나님은 역사의 주(主)이시다. 그의 주되심은 심판과 구원을 위한 역사적인 강림들을 통해서도 드러나며, 또한 마지막 심판과 구원을 위한 종말론적 강림을 통해서도 드러난다. 하나님은 현재에도 임하며 후에도 임하실 왕이시다. 미래가 현재와 관련을 맺는 것은 현재와 미래의 강림 모두가 그 백성을 위하시는 동일하신 하나님의 활동이기 때문이다. 현재는 미래에 비추어서 이해되며, 미래의 하나님의 강림에 대한 선포는, 역사적인 강림이든 종말론적인 강림이든, 모두 하나님의 백성으로 하여금 현재에 하나님의 뜻에 합하여 행하도록 하기 위해서 행해지는 것이다.

구약의 소망의 이러한 몇 가지 면들은 서로 밀접한 관련을 맺고 있다. 이는 에드몽 자콥(Edmond Jacob)의 다음과 같은 진술에서 놀랍게 드러난다.

> 물론 구약의 종말론적 개념에서 이 우주적인 면이 중요한 위치를 차지하기는 하지만, 그것이 결정적인 요인이 되는 것은 아니다: 세상의 종말에 대한 관념은 언제나 야훼의 강림에 대한 관념보다 부차적인 것이며, 세상이 종말을 맞고 있기 때문에 야훼께서 강림하시는 것이 아니라 그의 강림이 세상의 종말, 또는 더 정확히 말하자면 한 시대의 종말을 가져오는 것이며, 그 이후에 세상에 새로운 시대가 이어질 것이다. 야훼께서 생명을 창조하시는 하나님이시므로 종말론의 대 심판의 면이 그의 강림의 최후의 목적은 결코 아니다. 여기서 새 창조와 회복의 개념이 아주 본질적인 위치를 차지하는 것이다. 그렇기 때문에 역사와 종말론 사이의 이반(離反) 현상은 결코 급진적인 것이 아니다. 왜냐하면 한편으로 마지막 때에 그 웅대한 신현(神現, theophany)을 통해서 자신을 계시하실 그 하나님은 이미 역사의 모든 과정 속에서 자신을 드러내셨고 계속해서 자신을 드러내고 계시기 때문이며, 또 한편으로 모든 역사적 사건들이 이미 영원한 의의를 지니게 되었기 때문이다.[47]

니"에 대해서는 참조. 암 4:2; 렘 7:32; 19:6; 48:12; 51:47, 52; "그 날" 혹은 "그 날에"에 대해서는 참조. 미 2:4; 사 3:18; 5:30; 7:18, 20, 21, 23; 렘 4:9; 48:41; 50:30; 겔 7:6, 7, 10, 12.

47) *Theology of the Old Testament* (1958), pp. 318f.

윤리적 소망

선지자들의 약속의 마지막 특징은 윤리적인 강조에서 볼 수 있다. 이스라엘은 언제나 현재와 미래 사이의 윤리적 긴장 속에 서 있다. 미래는 오로지 하나님께 신실한 자들에게만 소망과 약속의 날이다. 그러므로 이스라엘에게 그들의 죄에서 돌이켜서 하나님께 복종하라는 윤리적 명령이 계속해서 주어진다. 과거의 역사를 뒤돌아보며 미래의 사건들을 미리 제시하는 예언의 주요 목적은 이스라엘을 현재에 하나님과 화목케 만들기 위하여 그들에게 윤리적이요 종교적인 요구를 제시하는데 있었다. 과연 선지서의 많은 구절들에서 역사적인 사실과 미래에 대한 예언이 나타나지 않고 이스라엘에게 하나님의 당면한 뜻을 제시하며 그들에게 도전을 주는 내용으로 가득차 있는 것을 보게 된다. 심판을 말하든 구원을 말하든 미래를 묘사할 때에는, 하나님의 백성으로 하여금 회개하게 하고 그리하여 그 심판을 피하도록 만들며 의로운 행실에 대하여 하나님의 축복을 약속함으로써 그들에게 용기를 주고자 하는데 그 목적이 있었던 것이다.

예언의 이러한 윤리적 성격은 구약 성경 가운데 가장 "묵시론적" 성격이 강한 부분에 나타나는 심오한 윤리적 종교적 관심사에서 예리하게 나타난다. 에스겔은 편협한 민족주의적 사고와 기괴한 묵시론을 지녔다고 해서 자주 비판을 받는다. 그러나 그야말로 온 시대를 통틀어서 가장 위대한 영적인 인물로 인정받아왔으며,[48] 워터맨(LeRoy Waterman)은 그를 가장 위대한 윤리적 선지자들 가운데 한 사람으로 꼽고 있다.[49]

분명히 말해서, 에스겔의 주된 종말론적 관심사는 이스라엘의 미래에 있었다. 중생함을 받고 정결케 된 이스라엘(겔 36:25-27)이 그 땅에 회복될 것이며(11:7-20) 두 왕국이 통일될 것이다(34:23 이하; 37:24 이하). 다윗 가문에 속한 한 왕의 통치 때에(34:23; 37:24-25) 회복된 성전과 함께(40절 이

---

48) W. F. Albright, *From the Stone Age to Christianity* (1946), p. 248.
49) LeRoy Waterman, *The Religion of Jesus* (1952), pp. 22, 27, 32. Waterman은 예언적 종교와 묵시론적 종교는 서로 배타적인 형태의 종교라고 주장한다.

하), 이스라엘은 우주적이요 영원한 의와 평강의 나라의 축복들을 누리게 될
것이다(37:26-28; 36:28-30). 그러나 이것은 절대로 "편협주의"가 아니다.
왜냐하면 그 나라에 참여할 수 있는 여부가 이스라엘의 혈족에 속한다는 사
실에 달린 것이 아니라, 도덕적이요 종교적인 원리에 근거하는 것이기 때문
이다. 에스겔은 다른 선지자들보다도 훨씬 더 개인의 자유와 책임에 대해서
가르쳤다(11:17-20; 18:23, 30-32; 33:11). 어느 누구도 택함 받은 백성의
일원이라는 이유로 하나님의 축복의 수혜자가 될 수는 없다. 누구나가 다 개
인적으로 하나님께 책임을 지고 있으며, 그가 이스라엘 사람이기 때문이 아
니라 그의 의로움 혹은 그의 죄스러움 때문에 살기도 하고 죽기도 하는 것이
다. 에스겔은 그 가르침을 스스로 적용시키지 않았을지 몰라도, 그런 가르침
은 분명히 보편적인 종교를 암시하는 것이다. 이러한 강조를 통해서 에스겔
은 "모든 도덕적인 삶의 기초"를 놓은 것이다.[50]

이사야 24-27장에는 대재난을 동반하는, 즉 묵시론적인 형태의 종말론이
나타나기 때문에 많은 비평가들은 이사야가 그 부분을 기록했을 수가 없고
그보다 훨씬 후기의, B. C. 3세기경의 사람이 기록한 것이 분명하다고 주장
한다. 그런데 거기에는 선지자의 윤리적 강조가 주를 이루고 있다. 하나님이
진노하심으로 이 땅에 강림하실 때에(26:20 이하), 크나큰 심판의 재난이 물
질적 질서에 임하며(24:1, 17-20) 새로운 축복의 질서가 뒤따라 올 것이다
(27:2-5). 그 때에 하나님은 모든 백성을 위하여 큰 잔치를 배설하시고 슬픔
의 그림자를 그들에게서 제거하실 것이다(25:6-7). "사망을 영원히 멸하실
것이라. 주 여호와께서 모든 얼굴에서 눈물을 씻기시며 그 백성의 수치를 온
천하에서 제하시리라. 여호와께서 이 같이 말씀하셨느니라"(25:8). 그러나
이 약속은 육신적인 이스라엘에게가 아니라 오직 중생함을 받은 백성에게
주어진 것이다. 이스라엘의 제사장과 백성 모두에게 심판이 임할 것인데
(24:2), 이는 율법과 율례와 언약을 그들이 파했기 때문이다(24:5). 구원이
유다에게 임할 것이나(24:23), 오로지 의의 나라가 되어 믿음을 지키는 유다

---

50) G. A. Cooke, *A Critical and Exegetical Commentary on the Book of Ezekiel*
(1936), p. xxx.

에게만 임할 것이다(26:2). 그 나라에서는 큰 재난에서 피한 열방의 남은 자들이 하나님께 충성을 다할 것이다. 모든 원수된 것이 종말을 고할 것이며, 시온은 온 세상의 축복의 중심이 될 것이다.[51] 조지 아담 스미스의 다음과 같은 진술은 옳다 하겠다: 이 장(章)들은 "복음적 예언의 전면에 서 있다. 신앙 체험에 대한 묘사와 하나님의 백성을 특징적으로 나타낸 것과 믿음에 대한 표현과 선교적 소망과 불멸의 소망에 있어서, 묘사가 매우 풍성하며 또한 많은 유익을 준다."[52]

선지서 가운데서 가장 묵시론적인 성향을 띤 구절들에서 취한 이 몇 가지 실례들은 선지자들의 주요 관심이 윤리적인데 있다는 사실을 입증하고도 남음이 있다. 선지자들은 이스라엘의 죄와 그들의 불신앙에 대해서 매우 민감했다. 그들은 현재의 역사적 상황에서는 물론 미래의 종말론적인 날에 하나님의 심판이 이스라엘에게 임하는 것을 본다. 그들은 회복이 있을 것으로 예견하지만, 그것은 오직 정결케 되어서 의롭게 된 백성에게만 있을 것이다. 선지자들이 진노와 축복에 대한 메시지를 이스라엘에게 전한 것은 그 백성들이 그들의 죄악된 상태에 대하여 경계를 받아 하나님께로 돌아오도록 하기 위함이었다. 종말론은 윤리적이며 종교적으로 조건지워진 것이다.

선지자들의 이러한 윤리적 관심을 통해서 나타나는 가장 의미깊은 결과는 아마도 종말론적인 하나님 나라에 들어가는 것이 육신적인 이스라엘이 아니라 오직 믿음이 있고 정결케 된 남은 자일 것이라는 그들의 확신일 것이다. 이 남은 자라는 개념은 구약의 소망의 기본적인 윤리적 성격을 잘 꼬집어서 보여주는 동시에 교회와 이스라엘이라는 신약의 개념을 위해서도 대단히 중요한 것이다.[53]

마지막 구원을 경험하게 될 회복된 이스라엘은 오로지 이스라엘 민족 전

51) A. F. Kirpatrick, *The Doctrine of the Prophets* (1910), pp. 486ff.

52) *An Exposition of the Bible* (1907), III, pp. 723f.

53) H. H. Rowley, *The Faith of Israel* (1956), pp. 117f.; *The Biblical Doctrine of Election* (1950), pp. 70ff.; E. Jacob, *Theology of the Old Testament* (1958), pp. 323f.; J. Bright, *The Kingdom of God* (1953), pp. 89-92, passim; V. Herntrich, *TWNT*, IV, pp. 200-215; G. H. Davies, *TWBB*, pp. 188-191.

체 가운데 한 일부요 나머지 부분에 불과할 것이다. 아모스는 과거의 이스라엘을 불에서 건져낸 부지깽이에 비유하며, 미래의 이스라엘을 사자의 입에서 구원받은 몇 마리 양에 비유한다(암 3:12). 이사야는 그의 한 아들의 이름을 스알야숩이라 하였는데(사 7:3; 또한 11:11-16을 보라), 이는 "남은 자가 돌아올 것이다"라는 뜻이다. 미가는 "야곱의 남은 자"라는 어구를 실제로 이스라엘과 동의어로 사용하였다(미 5:7-8). 예레미야는 다윗의 의로운 가지가 다스릴 때에 유다와 이스라엘이 구원받을 것을 예언하였다. 그러나 이 구원받은 이스라엘은 멀리 흩어져있던 양 떼들의 남은 자들일 뿐이다(렘 23:3-6; 또한 31:7을 보라).

이처럼 미래의 이스라엘은 믿음이 있는 신실한 남은 자들로 구성될 것이다. 선지자들이 남은 자들의 회개의 결과로 그 회복이 있을 것으로 보았는지, 아니면 그들이 먼저 그 땅에 회복되어 그 사실이 그들을 회개케 하는 근거가 되는 것으로 보았는지는 판단하기가 매우 어렵다. 어쨌든, 회복된 남은 자들은 그들의 죄를 사함받을 것이며(미 7:18-19) 눈물과 회개로(슥 12:10 이하) 여호와께 돌아올 것이다(사 10:20-23). 이사야는 믿음이 없는 나라의 멸망을 무너진 나무에 비유한다. 그러나 그 나무에 한 그루터기가 남아있으며, "거룩한 씨가 이 땅의 그루터기니라"(사 6:13). "그 날에 여호와의 싹이 아름답고 영화로울 것이요 그 땅의 소산은 이스라엘의 피난한 자를 위하여 영화롭고 아름다울 것이며 시온에 남아 있는 자, 예루살렘에 머물러 있는 자 곧 예루살렘에 있어 생존한 자 중 녹명된 모든 사람은 거룩하다 칭함을 얻으리니 이는 주께서 그 심판하는 영과 소멸하는 영으로 시온의 딸들의 더러움을 씻으시며 예루살렘의 피를 그 중에서 청결케 하실 때가 됨이라"(사 4:2-4).

미래의 구속함을 받은 자들이 종말론적 구원을 경험하게 되는 것은 그들이 이스라엘 사람이기 때문이 아니라 그들이 신실하고 거룩하며 의롭기 때문이다. 이러한 기대 이면에는 그보다 더 깊은 개념이 존재하는데, 이것은 구약에서 분명히 드러나는 예는 거의 없으나 늘 암시되고 있는 것으로서 참된 이스라엘은 육신적인 이스라엘이 아니요 영적인 이스라엘이라는 것이다. 사실상 구약 역사 전체는 다음과 같은 바울의 진술로 정리되는 것이다: "이

스라엘에게서 난 그들이 다 이스라엘이 아니요"(롬 9:6). 오직 노아와 그의
식구들의 남은 자만이 홍수에서 구원을 받았다. 이삭과 그의 후손만이 아브
라함에게 주어진 약속을 유업으로 받았다. 이스라엘 중에서 오직 여호수아
와 갈렙만이 그 약속의 땅에 들어갔다. 엘리야는 바알에게 무릎을 꿇지 아니
한 칠천명이 있다는 여호와의 말씀을 들었다. 예레미야는 육체적으로 할례
를 받은 자들과 마음에 할례를 받은 자들을 구분했다(렘 4:4; 또한 신
10:15-16을 보라). 여기서 이스라엘 내에 이스라엘이 있다는, 즉 민족적인
이스라엘 내에 영적인 이스라엘이 있다는 개념이 분명히 드러나는 것이다.
남은 자들은 불신앙적인 민족 내에 속한 신실한 백성으로서 별도의 구별된
백성을 구성하는 것이 아니다. 존 브라이트가 지적하듯이, 남은 자는 민족
내에서 "교회"를 구성하는 것이다. 육신적인 이스라엘과 참된 이스라엘을,
현실적인 이스라엘과 이상적인 이스라엘을 서로 구분하기 시작하는 것이
다.[54] 그 구분은 혈통적인 민족이나 의식, 혹은 인종에 근거한 것이 아니라
믿음에 근거한 것이다. 그 구분은 근본적으로 영적인 관계를 뜻하는 것이다.

구원을 경험하게 될 그 이스라엘은 민족이기 보다는 "교회"이며, 육신적인
이스라엘이라기보다는 영적인 이스라엘이다. 그러나, 민족적이며 육신적인
요소들이 완전히 제거되는 것이 아니라, 영적인 요인들에 종속되는 것이다.

선지자들의 윤리적인 관심과 그들의 종말론적인 안목은 서로 밀접한 관계
를 맺고 있다. 선지자들은 주로 종말론적 구원의 때가 언제냐 하는 것이나
그 구원 그 자체에 대해서는 큰 관심을 가지지 않았다. 그들은 오히려 그 시
대의 하나님의 백성들의 상태에 대하여, 그리고 그 백성들을 향하신 하나님
의 뜻에 대하여 관심을 기울였다. 그들이 현대의 비평적인 기준에서 볼 때에
혼동을 일으키고 심지어 오류가 있는 것처럼 보이는 그런 안목을 가진 것은
바로 이 윤리적인 관심 때문이다. 선지자들은 임박성에 대한 언급을 자주하
는데, 이는 현대의 분석적인 연대 계산의 관점에서 볼 때에 전혀 잘못된 것
인 것처럼 보이는 것이다. 그들은 마치 세상의 종말이 바로 코 앞에 다가오
기라도 한 것처럼 여호와의 날이 가까웠다고 말씀하는 것이다(사 13:9; 습

---

54) J. Bright, *The Kingdom of God* (1953), p. 94.

1:7, 14; 욜 1:15; 3:14; 옵 15).

그러나, 구약에서는 이러한 임박성에 대한 언급은 선지자들의 안목의 본질적인 요소로서 현대의 연대 계산의 관념에 억지로 끼워 맞추려 해서는 안 되며 그 자체의 정황 속에서 해석하여야 마땅한 것이다. 선지자들에게 있어서 여호와의 날이란 역사 속에서 기대할 수 있는 하나님의 급박한 활동이며 동시에 궁극적인 종말론적 강림이기도 한 것이다. 선지자들은 보통 여호와의 날의 이 두 가지 면을 서로 구분하지 않았는데, 이는 그 두 가지 모두 동일하신 하나님의 활동이기 때문이다. 그 두 사건들을 마치 하나인 것처럼 바라보는 것이다. 더 나아가서, 선지자들의 주된 관심은 연대 계산의 문제가 아니라 미래가 현재에 미치는 윤리적인 영향이었다. 그러므로 여호와의 날이 가까웠다는 경고는 시간에 관한 말씀이 아니라 하나의 윤리적인 권면의 성격을 더 많이 함축하는 것이다. 그러므로 그들이 과연 연대 계산적으로 실수를 저질렀느냐 하는 질문을 던진다면 그것은 잘못된 질문이며 선지자들 자신의 사고 방식을 올바로 이해하지 못한 소치에서 나오는 것일 뿐이다.

하나님은 과연 활동하셨다. 여호와의 날은 과연 임하였다. 그러나 동시에 여호와의 날은 계속해서 미래에 속한 종말론적 사건으로 남아 있다. 이러한 임박한 미래와 궁극적인 미래 사이의 긴장, 역사와 종말론 사이의 긴장이 선지자들의 안목에서 나타나는 윤리적 관심사의 핵심인 것이다. 왜냐하면 중요한 것은 어떤 일이 일어날 것이며 그것이 언제 일어날 것이냐 하는 것이 아니라, 가까운 미래와 머나먼 미래의 주(主)이신 하나님이 현재의 그 백성을 향하여 가지신 뜻이 과연 무엇이냐 하는 것이기 때문이다.

제 3 장

약속에 대한 묵시론적 해석

바벨론에서 회복된 다음의 여러 세기 동안 유다 백성들은 역사적 신학적 딜레마에 빠져서 그 암울한 의미를 쉽게 해석하지 못하고 있었다. 선지자들은 이스라엘의 배도와 불순종에 대하여 하나님이 역사 속에서 그들을 심판하실 것을 선포했었으며 동시에 회개와 회심, 그리고 하나님 나라에 대한 소망을 선포했었다. 유다 백성들은 고향으로 돌아와서 과거의 우상 숭배를 버렸고, 전에 없이 전심으로 율법에 순종하고 헌신하였으며, 인근의 이교도들을 따라가는 죄악된 행위도 완전히 버렸다(느 8-10장). 또한 마카베오 시대만큼 이스라엘이 율법에 영웅적으로 헌신했던 때가 없었다. 수많은 열심 있는 유대인들이 하나님과 율법에 대한 헌신을 저버리기보다는 차라리 고난과 순교를 당하기를 기뻐하였던 것이다(마카베오 2서 5-7장).

그러나, 이스라엘의 신실함에도 불구하고, 하나님의 나라는 임하지 않았다. 그 대신 셀레우코스의 왕국이 도래했고, 율법에 대한 유대인들의 광적인 헌신을 말살하고 헬라인의 관습을 억제로 따르게 하고자 하는 결연한 의지가 시행되었다. 이 피비린내 나는 시기가 지난 후 일세기 동안의 유대인의 독립 상태가 이어졌다. 그러나 하스모네 왕조의 통치자들에게 세속성과 헬라적 관습을 사랑하는 성향이 점점 증가되었으므로 이 상태가 하나님의 나라가 아니라는 사실을 입증해주었다. 마지막으로, B. C. 63년 폼페이가 팔레스타인에 나타나면서 유대인의 주권 국가에 대한 소망은 로마의 철 발굽에 완전히 무너져버렸다. 신약 시대 동안에는, 경건한 유대인들은 예루살렘에 휘날리는 로마의 깃발들을 볼 때마다 누구나, 하나님의 나라가 하늘에 존재하는지는 모르지만, 이 땅은 로마의 나라가 지배한다고 생각했다.

하나님이 그의 의로운 백성을 다스리시는 것이 아니라 사악한 이교도 국가들이 그들을 통치한다는 이 불가사의한 일은 A. D. 일세기의 한 묵시론자의 슬픔에 가득찬 절규에서 잘 표현되고 있다. "세상이 정말로 우리를 위해서 창조되었다면 어째서 우리가 세상을 유업으로 소유하지 못하는 것인가?" (에스라 4서 6:59). 참으로 난감한 사실은 선지자들의 약속들이 모두 허사가 되어버린 것으로 나타났다는 점이다. 이스라엘은 이제는 배도한 타락한 백성이 아니었다. 그들은 하나님께 헌신했고 그의 율법에 순종했다. 그들은 우상 숭배를 버렸고 스스로 부정에 물들지 않도록 세심한 노력을 기울였다. 주위의 이교도들은 이러한 열렬한 유대인들의 비합리적인 종교를 실천하는 비이성적인 행실을 보고서 조롱했다.[1] 그러나 여전히 그 나라는 오지 않았다. 역사는 온통 악한 것들로 가득차 있었는데, 이에 대해서 선지자들의 해명도 전혀 없었다. 이러한 곤란한 사실 앞에서 그들은 하나님 나라에 대한 소망을 새로이 해석하지 않을 수가 없었고, 묵시문학이 바로 그런 재해석을 제공해 주었던 것이다.

"묵시론"(apocalyptic)이라는 낱말은 신약 성경 계시록 1:1에서 비롯된 것으로서 현대의 학자들은 이 낱말을 B. C. 200년부터 A. D. 100년 사이의 기간 동안에 나타난 유대인의 기록의 한 가지 특징적인 형태를 뜻하는 말로 사용한다. 그러나 "묵시론"에 대한 대부분의 논의들은 그 낱말이 두 가지 서로 다른 역사적 현상 — 문학의 한 장르, 그리고 이 문학에 구체화되어 나타나는 특수한 종류의 종말론 — 을 묘사하는 뜻으로 사용된다는 점을 지적하지 못하고 있다.[2]

먼저 이 문학이 속한 종교적 상황에 대한 문제를 생각하지 않을 수 없을 것이다. 최근에 이르기까지 우리는 이 문제에 답변할 수 있을 만큼의 역사적 정보를 실제로 갖지 못했었다. 그리하여 이 기록들이 과연 일세기 유대교 내

---

1) Juvernal, *Satires*, XIV, 96ff.

2) H. H. Rowley, *The Relevance of Apocalyptic* (1947), p. 23; W. Bousset in *The New Schaff-Herzog Encyclopedia*, I, pp. 209-210; E. Lohmeyer in *RGG* (2nd ed.), I, col. 402-404에서도 이렇게 구분하는 것을 볼 수 있다. 불행하게도 Rowley는 묵시론의 특징에 대한 설명에서 이런 구분을 지속시키지 않는다.

에서 어떠한 역할을 했는지에 대해서 학자들의 의견이 각양 각색이었다.[3] 소위 쿰란 문서 속에서 일세기 유대교에 대한 방대한 새로운 정보가 입수되었으나 또다른 문제들이 새로이 제기되었다. 그러나 쿰란 공동체가 묵시론적 기록들을 소중히 여겼다는 한 가지 사실만은 분명하다. 이 점은 그 책들의 단편들이나 몇 개의 묵시들의 원자료의 단편들이 발견되었다는 사실로 입증된다. 그 단편들 속에는 요벨서(Jubilees, 희년)의 필사본 10개의 단편들, 전 다섯 부분으로 되어 있는 에녹서(Enoch) 가운데 네 부분의 필사본 10개의 단편들, 그리고 레위의 언약서(Testaments of Levi)와 납달리의 언약서(Testaments of Naphtali)의 원자료들의 단편들이 포함되어 있다.[4]

이런 사실 때문에 몇몇 학자들은 쿰란 공동체 — 아니, 차라리 그것이 하나의 공동체로 소속하고 있었던 원 에세네파(proto-Essenes)라고 하는 것이 좋을 것이다 — 가 묵시 문헌들을 만들어내어 보존했다고 보고, 따라서 이 문헌들은 이 공동체의 사상이라는 삶의 정황(Sitz im Leben) 속에서 해석해야 한다고 결론짓게 되었다.[5] 그러나, 링그렌(H. Ringgren)은 묵시 문헌의 기원이 에세네파에 있다는 논지의 가능성밖에는 인정하지 않는다.[6] 묵시들의 종말론적 관념들과 기타 쿰란 문서들이 서로 많은 유사점을 갖고 있으나 서로간의 차이점도 매우 크다는 것이다.[7] 만일 우리가 이 문서들을 장

3) W. F. Albright (*From the Stone Age to Christianity* [1946], p. 287)는 유대인들이 묵시자들로 가득 찼다고 주장한 반면에, G. F. Moore (*Judaism*, I, p. 127)는 매우 작은 부류의 종교적 열광주의자들만이 그들을 알고 있었을 뿐 대다수의 사람들과 종교 지도자들에게는 실제로 무시당했다고 보았다. W. D. Daivies, *Christian Origins and Judaism* (1962), pp. 19-30; Josha Bloch, *On the Apocalyptic in Judaism* (1952)의 건전한 논의를 보라.
4) J. T. Milik, *Ten Years of Discovery in the Wilderness of Judaea* (1959), pp. 32-35를 보라.
5) F. M. Cross, Jr., *The Ancient Library of Qumran and Modern Biblical Studies* (1957), pp. 147ff.; W. Foerster, *Neutestamentliche Zeitgeschichte* (1959), pp. 78-84; H. H. Rowley, *Jewish Apocalyptic and the Dead Sea Scrolls* (1975) 등을 보라.
6) "Jüdische Apokalyptik" in *RGG* (3rd ed.), I, col. 464.

악하여 충분히 연구 검토하여 에세네파의 이백년 역사를 명확하게 재구성해
낼 수 있을 정도가 된다면, 아마도 이 문제는 곧 해결될수 있을 것이다. 그러
나, 쿰란에서 발견된 것은 묵시들이나 그 원자료들의 단편들밖에는 없으며,
그리하여 크로스(F. M. Cross)는 현재 형태의 묵시들이나, 바룩 2서(II
Baruch), 에녹의 비유(the Similitudes of Enoch), 에녹 2서(II Enoch), 에
스라 4서(IV Ezra), 모세의 승천(the Assumtion of Moses), 열두 족장들의
언약서(the Testaments of the Twelve Patriarchs) 등의 후기의 묵시 문
헌들은 쿰란에서는 발견되지 않았다고 믿는다.[8]

그러므로 우리는 현재 형태의 묵시들에서 나타나는 견해들이 에세네파의
견해를 대변한다는 식으로 무비판적으로 결론지을 수는 없는 것이다. 그러
므로 묵시들을 있는 그대로 다루어야 하며, 그 역사적 정황에 대해서는 더
상세한 사료가 발견되어 그 문제에 빛이 비치기까지 기다려야 하는 것이다.

문학 장르로서의 묵시문학은 선지자들의 문헌과는 구별되는 몇 가지 특질
을 지니고 있다.[9] 그러나 이 두 가지 형태를 명확하게 구분하는 기준은 없다.

---

7) Millar Burrows, *The Dead Sea Scrolls* (1955), p. 261을 보라. 이러한 유사점과 차
   이점 가운데 몇 가지는 다음에 이어지는 논의에서 지적될 것이다. W. S. LaSor,
   Studies and Essays in Honor of Abraham A. Neuman (Meir Ben-Horin et
   al., eds.; 1962), p. 364의 "쿰란의 종말론은 묵시론적이라기 보다는 메시야적이었
   다"라는 결론을 보라.
8) F. M. Cross, Jr., *The Ancient Library of Qumran and Modern Biblical
   Studies* (1957), p. 150.
9) 이 특징들을 잘 정리해 놓은 표준적인 연구서로서 註 2에서 언급한 것 이외의 것으로는 다
   음과 같은 것들을 들 수 있다. H. W. Robinson in *A Companion to the Bible* (T.
   W. Manson, ed.; 1939), pp. 307f.; A. C. Zenos in *Hasting's Dictionary of
   Christ and the Gospels*, I, pp. 79-94; R. H. Charles in *HDB*, I, pp. 109-110;
   Encyclopaedia Biblica, I, col. 213ff.; Leslie Fuller in *The Abingdon Bible
   Commentary* (1929), pp. 188-190; I. T. Beckwith, *The Apocalypse of John*
   (1919), pp. 166-197; P. Voltz, *Die Eschatologie der jüdischen Gemeinde im
   neutestamentlichen Zeitalter* (1934), pp. 4-10; J. Paterson, *The Goodly
   Fellowship of the Prophets*, pp. 256-270; H. Ringgren in *RGG* (3rd ed.), I,
   col. 464-466; J. B. Frey, "Apocalyptique," *Supplement au Dictionaire de*

이사야 24-27장도 특정한 대재난의 형식의 종말론을 취한다고 하여 그것을
묵시문학으로 부르는 경우가 많다. 그러나 묵시문학의 다른 특징들은 거의
거기에 나타나지 않는다. 요엘서와 스가랴 9-14장에서는 선지서 문헌들 대
부분에서 나타나는 것보다도 묵시문학적 종말론의 대재난의 특징이 한층 더
강하게 강조된다. 다니엘서는 보통 묵시의 효시라고 불리어진다. 그러나 다
른 묵시들에서는 전혀 나타나지 않는 예언적 특질들이 거기에 나타난다는
사실을 볼 때에, 다니엘서는 정경 이외의 문헌들과 대조적인 것으로 보아야
마땅하다. 왜냐하면 다니엘서는 선지자들의 예언 기록과 완전히 발전된 묵
시 문헌의 사이에 서 있기 때문이다.

계시적 성격

문학 장르로서의 묵시문학의 첫 번째 특징은 그 낱말 자체가 시사해준다.
곧, 특별하고도 전문적인 의미에서 계시적이라는 것이 그것이다. 묵시문학
의 계시 개념을 선지자들의 계시 개념과 비교하고 대조해보면 그 독창성을
이해할 수 있을 것이다. 선지자들의 경우, 계시의 중심적인 내용이 하나님의
뜻이었고, 계시의 주요 수단이 여호와의 말씀이었다. 선지자들은 미래의 하
나님의 활동을 예고했으며, 그것에 비추어서 현재에 하나님의 뜻을 행하라
고 요구할 수가 있었다. 더 나아가서 선지자들이 꿈이나 이상을 통하여 계시
를 받기도 했지만(예컨대, 사 6장; 겔 1장; 렘 24장), 이것들은 그들의 주요
"상품"이 아니었다. "여호와의 말씀", 살아 계신 하나님의 역동적인 메시지
가 그들의 경험의 핵심을 이루었던 것이다. 꿈과 이상이 그 자체로서 끝나는
법은 한 번도 없었고, 언제나 그것을 설명해주는 말씀이 거기에 수반되었다.
"나타나는 것은 언제나 말로써 나타났으며 계시적이다 … . 눈에 보이는 부
분은 사라지지만 말씀은 그대로 남아 있다. 거의 모든 이상이 다 그러하다.

---

la Bible (1926), I, col. 325-254. 그 특징들의 목록은 몇 가지 분석에서 달리 나타난
다. 필자는 몇 가지 독자적인 결론에 이르게 되었다.

이상 가운데 나타나는 계시는 또한 말로 나타나는 계시인 것이다."[10] 꿈이나
이상이 없이 말씀만 임하는 경우가 자주 있으나, 이 경우 강력한 내적인 음
성이 선지자를 완전히 압도하는 것이다. 하나님의 말씀이 "나의 중심에 있어
서 불붙는 것 같아서 골수에 사무치니 답답하여 견딜 수 없나이다"(렘 20:9).

그러나 묵시론자들의 경우에는 관심의 중심이 다른 데 있다. 하나님의 살
아 있는 말씀은 완전히 사라지고 계시와 이상이 주를 이루는 것이다.[11] 하나
님은 더 이상 그의 영으로 선지자에게 말씀하시지 않는다. 선견자는 꿈이나
이상을 통해서, 또는 천사의 인도를 받아 하늘을 떠다님으로써, 악의 문제와
하나님 나라의 강림에 대해서 해결책을 얻는다. 묵시론자들은 이런 매개물
을 수단으로 해서 감추어진 세계의 비밀들과 의인이 이 땅에서 고난을 당하
는 이유와 하나님의 나라가 언제 어떻게 임할지에 대해서 해결을 얻는 것이
다.

이것과 때를 같이하여, 유대교에서는 선지자들을 통한 하나님의 살아 있
는 음성을 더 이상 듣지 못한다는 의식이 있었다. 이 사실은 미카베오 시대
의 역사(마카베오 1서 4:46; 9:27; 14:41)와, 요세푸스와,[12] 랍비 문헌에서[13]
잘 드러난다. 쿰란 공동체가 성령의 영감을 대단히 강조하지만,[14] 그렇다고

---

10) L. Koehler, *Old Testament Theology* (1957), p. 103. 또한 T. C. Vriezen, *An Outline of Old Testament Theology* (1958), pp. 233-253을 보라.

11) "여호와의 말씀"이라는 말이 스가랴와 에스겔 등 구약의 "묵시" 서에 아주 빈번하게 나타나는 반면에 계시의 수단이 되는 이 말이 정경 외의 묵시들에서는 거의 나타나지 않는다는 점이 주목된다. 묵시에 나타나는 하나님의 말씀에 대해서는, 에녹서 14:24; 59:2; 61:9; 69:29; 102:1; 104:9; 106:13; 바룩의 묵시록 10:1 등을 보라. 이 점에서는 다니엘서가 선지서보다는 묵시에 더 가깝다.

12) *Adv. Apion*, I, 8.

13) Eduard Schweizer, *BKW: Spirit of God* (1961), p. 13; (Kittel의 *TWNT*, VI, pp. 383-384를 보라); Strack and Billerbeck, *Kommentar*, I, pp. 127ff.; G. F. Moore, *Judaism*, I, p. 237 등에 언급된 것을 보라. 랍비들은 하나님이 때로는 하늘의 음성(바트 콜)을 통해서 말씀하셨다고 믿었다. 그러나 성령을 통한 하나님의 직접적인 말씀이 없는 상태에서 그것을 대신하여 나타난 것에 불과했다(Strack and Billerbeck, *Kommentar*, I, pp. 125).

해서 선지자의 은사가 되살아난 것으로 이해할 수는 없다. 왜냐하면 쿰란 분리주의자들은 여호와께로부터 직접 말씀을 받은 것이 아니라 그들 스스로 성령에 의해서 영감을 받아서 구약 성경의 감추어진 참된 의미를 찾았다고 믿었기 때문이다. 그리하여 우리는 하박국서 주석(the Commentary on Habakkuk)에서 "하나님이 하박국에게 후 세대에 일어날 일들을 기록하라고 말씀하셨으나, 그 때의 완성에 대해서는 그에게 알려주지 않으셨다. 하나님이 읽는 자가 쉽게 읽을지니라고 말씀하신 것에 대해서 설명하자면(페쉐르) 이것은 하나님이 그의 종 선지자들의 말씀의 신비한 것들(라짐)을 모두 알게 하신 바 의의 교사(the Teacher of Righteousness)를 일컫는 것이다."[15]

하나님은 그의 비밀들(라짐)을 선지자들에게 계시하셨지만, 이 비밀들에 대한 참된 설명 또는 주해(페쉐르)는 마지막 때에 성령께서 의의 교사, 곧 쿰란 공동체의 창시자에게 영감을 주셔서 이 신비한 것들을 꿰뚫어 보고서 마지막 때의 사건들에 대하여 이해하고 가르치도록 하실 때가 되기까지 보존하셨다는 것이다.[16] "찬송 속에 그려진 계시는 그 내용으로 볼 때에 율법과 선지자들을 연구하여 얻을 수 있는 그런 지식과 동일한 것이다."[17]

율법과 선지서에 대한 영감을 받은 해석을 통해서 마지막 때의 비밀을 찾는 이러한 "묵시론적 주해"[18]는 묵시론자들의 계시와는 전혀 다르다. 쿰란의 교사들은 오래 전에 주어진 계시의 참된 이해를 추구하였던 반면에 묵시론자들은 하나님으로부터 직접 새로운 계시를 받았다고 선포했던 것이다.[19] 그들은 당대의 비극적인 악한 상황을 해명하고 그것이 최종적으로 해결된다는

---

14) 찬송 2:11-13; M. Mansoor, *The Thanksgiving Hymns* (1961), p. 174를 보라.

15) A. Dupont-Sommer, *The Essene Writings from Qumran* (1961), p. 262를 보라. Basil Blackwell, Oxford의 허락을 받아 인용하였음.

16) F. F. Bruce, *Biblical Exegesis in the Qumran Texts* (1959), pp. 7-17을 보라.

17) Otto Betz, *Offenbarung und Schriftforschung in der Qumransekte* (1960), p. 118.

18) 이 용어는 F. M. Cross, Jr., *The Ancient Library of Qumran and Modern Biblical Studies* (1957), p. 82에서 취한 것이다.

19) Millar Burrows, *The Dead Sea Scrolls* (1955), p. 162.

소망을 불어넣어주는데 관심이 있었다. 예를 들어서, 에녹서는 사람들 가운데 그렇게 무서운 악이 존재하는 것은 타락한 천사들이 있어서 그들이 사람들에게 불의의 비밀들을 드러내 보여주어서 보편적인 부패가 생겨난 것이라고 해명한다(에녹 9:6). 악의 문제는 현 시대에서는 해결될 수 없고, 오직 여호와께서 "그의 천만 거룩한 자들과 함께 임하셔서 만인을 심판하시고 모든 불의한 자들을 멸하실" 그 때에 가서야 비로소 해결될 것이다(에녹 1:9) 하늘의 세계의 비밀과 종말론적 대단원의 비밀들이 묵시론자들이 이상과 꿈, 혹은 천상계의 여정을 통해서 받은 새로운 계시들의 두 가지 핵심 주제였던 것이다.

우리는 보통 묵시론적이라고 불리는 책들 가운데 이런 묵시론적 성격과 다른 계시들이라는 점에서 진정한 묵시라고 할 수 없는 것들이 있다는 점을 주목해야 한다. 열두 족장들의 언약서에는 묵시론적 성격의 종말론이 들어 있으나, 그 책의 전반적인 문학 형식으로 볼 때에 그것은 묵시론의 장르에 집어 넣을 수가 없다. 열두 족장들 각자의 생애에 대한 간략한 서술이 나타나고, 그것에 대한 도덕적인 적용이 나타나며 보통 그 족장의 자손들의 미래에 대한 간단한 예언이 나타나는 것이다. 형식상으로 볼 때에 그 책은 묵시에 속한다기 보다는 예언을 모방한 것이라 할 수 있을 것이다. 그 주된 관심사도 종말론적이 아니라 윤리적인 데 있으며 거기에 나타나는 보편구원론(universalism)도 묵시론에서 보통 나타나는 것과는 전혀 이질적인 것이다. 우리는 글라슨(T. F. Glasson)의 견해대로 이 책을 묵시의 장르에 포함시켜서는 안된다고 본다.[20]

솔로몬의 시편도 묵시가 아니다. 즉 계시적이 아니며 구약의 시편의 패턴을 그대로 모방하고 있다. 그 가운데 두 개의 시가 메시야의 강림과 하나님 나라의 강림을 예견하고 있기 때문에(솔로몬의 시편 17, 18편) 보통 그것들을 유대교 묵시문학 속에 속하는 것으로 보는 것이다. 시빌의 신탁(Sibylline Oracles)은 한 이교도 여선지자의 입을 통해서 하나님의 나라의 강림을 포

---

20) T. F. Glasson in *London Quarterly and Holborn Review* (1952), pp. 104-
   110.

함하여 미래에 관한 예언을 제시하는 것으로서 가장 넓은 의미에서 묵시의
형태에 속한다고 볼 수 있을 것이다. 그러나 이 신탁에서는 종말론의 역할이
극히 미미하게 나타나며, 따라서 이 신탁은 묵시문학보다는 차라리 변증문
학에 속하는 것으로 보아야 할 것이다.

이 마지막 세 권의 책들은 묵시문학과 묵시론적 종말론이 서로 동일한 것
이 아니라는 사실을 잘 보여준다. 묵시론 형태의 종말론이 성격상 묵시가 아
닌 그런 문학 형태 속에서도 표현되는 것을 보게 되는 것이다.

인위적 성격

묵시문학의 두 번째 특징은, 그 계시의 주도적이며 인위적인 성격에서 드
러난다. 이 점은 구약 정경에 속한 선지자들의 이상이 순수하게 하나님께 종
속되어 경험한 것이라는 점과 대조를 이룬다. 신학에서는 전통적으로 선지
자들의 경험에 초월적인 요인이 있어서 때로는 심리적인 이상을 매개로 하
여 작용하지만, 때로는 그것들을 초월해서 작용하기도 했다는 사실을 인정
해왔다. 많은 학자들은 이 경험들을 순전히 심리적인 경험으로만 보고서 그
것을 비정상적인 영역에 호소하여 해명하려 한다. 그러나 도무지 파악할 수
가 없는 한 가지 요인이 남아 있는 것이다.[21] 어떻게 설명하든지 간에, 선지
자들은 자주 이상과 꿈을 경험한 다음 여호와의 말씀을 백성들에게 선포했
다. 또 어떤 선지자들은 황홀경의 요소를 거의 드러내보이지 않고 다만 하나
님의 말씀에 감동을 받아서 깊은 내적인 확신 가운데서 말씀을 전하기도 했
다.

그러나 묵시 문헌에는 이와는 전혀 다른 분위기가 팽배해 있다. 이상과 꿈
이 하나의 문학 형식이 되어 버린 것이다. 몇몇 묵시자들도 악의 문제에 대

---

21) O. Eissfeldt in *The Old Testament and Modern Study* (H. H. Rowley, ed.;
    1951), pp. 134-145의 최근의 비평에 대한 개관을 보라. 또한 J. Lindblom,
    Prophecy in Ancient Israel (1962), Abraham J. Heschel, *The Prophets*
    (1962)를 보라.

해서 곰곰이 생각하던 끝에 일종의 황홀경의 상태를 경험했을 수도 있을 것이다.[22] 그러나 "묵시에 묘사되어 있는 이상들의 거의 대부분이 절대로 진짜 이상이 아니라 문학적인 허구라는 점은 의심의 여지가 없는 사실이다"[23]라는 포터(F. C. Porter)의 말이 옳은 것이다. 그러나 그렇다고 해서 묵시자들이 선지자들처럼 자기들이 고난 당하는 신실한 백성을 구원해내는 문제에 대해서 하나님으로부터 정말로 메시지를 받았다고 믿었다는 것을 부인하는 것은 아니다.[24]

그러나 거기에는 커다란 차이가 있다. 선지자들은 정말로 경험하고난 다음 하나님의 뜻을 가지고 백성들을 대면하여 미래에 대한 하나님의 목적들을 선포함으로써 그들에게 도전을 주었다. 그러나 묵시자들은 선지자들의 성취되지 않은 약속들에 대해서와 그들 당대의 악에 대해서 곰곰히 생각하고서, 이상을 구원이 임박했음을 확신시켜주는 하나의 문학적인 기법으로 사용하고 있다. 선지자들은 근본적으로 민족 앞에 나서서 의를 선포한 설교자들이었다. 그러나 묵시자들이 공적인 사역에 임했는지는 알 길이 없다. 그들은 글을 쓴 사람들이었지, 설교자들이 아니었다. 그러므로 묵시자들은 선지자들의 문헌에 나타나는 이상들을 모방하여 주관적으로 체험한 이상을 하나의 문학 장르로 변이시킨 것이다.

타인 명의 전용(Pseudonymity)

묵시문학의 세 번째 특징은, 타인의 명의를 전용한다는 점에 있다. 묵시자들은 보통 자기들의 계시를 정당화하는 수단으로 자기들의 저작에 구약 성도들의 이름을 붙였다. 많은 비평 학자들은 이 저작들의 참 저자들이 이 열렬한 허구를 통해서 독자들을 속일 의도가 전혀 없었다고 본다. 그러나 타인

---

22) G. H. Box, *The Ezra-Apocalypse* (1912), p. lxvii를 보라

23) F. C. Porter, *The Messages of the Apocalyptcal Writers* (1905), pp. 40f.

24) H. H. Rowley, *The Relevance of Apocalyptic* (1947), p. 14.

의 명의를 사용한 이유에 대하여 현재 주류를 이루는 해석이 타당하다면, 저
자들은 그들의 경건한 사기 행위가 진지하게 받아들여질 것으로 기대한 것
으로 보아야 한다. 어떻게 하면 그런 계시들에 사람들이 귀를 기울이게 할
수 있을까? 계시의 시대는 이미 지났다. 하나님은 이제 살아 있는 음성으로
말씀하시지 않는다. 그러므로 묵시자들이 선지자로 자처하고서 "여호와께서
이렇게 말씀하셨느니라"라고 말씀할 수는 없었다. 그리하여 그들은 구약 성
도들의 이름을 빌려서 그들이 이상을 본 것으로 만들었고, 그리하여 그 이름
을 통해서 그들의 저작에 권위를 부여하려 했던 것이다.

이와 관련해서 우리는 다니엘서가 타인의 명의를 전용한 것이 아니라는
사실을 직시하여야 한다. 다니엘은 어떤 책에 권위를 부여하는데 사용할 수
있을 만한 구약 성도의 이름이 아니기 때문이다. 다니엘서의 이야기 이외에
는, 다니엘은 전혀 존재하지 않은 인물(nonentity)이다. 이러한 사실은 다니
엘서의 저작 연대를 언제로 보든지 간에, 그 책은 포로 시대에 살았던 한 역
사적 인물에 대한 전승들을 구체화시킨 것이라는 견해에 신빙성을 더해 주
는 것이다.[25]

사이비 예언(Pseudo-prophecy)

묵시문학의 네 번째 문학적 특징은, 그것이 사이비 예언이라는 점에서 드
러난다. 묵시자는 구약 성도의 이름을 빌려서 그를 그 책의 저자로 만들 뿐
만 아니라, 그가 이름을 전용한 그 저자의 시대로부터 그 자신의 시대에 이
르기까지의 이스라엘의 역사를 다시 기록하면서 그것을 예언의 형식으로 제
시한다.

선지자들은 그들의 청중들에게 알려진 사람들로서 그 자신들의 역사적 정

---

25) Rowley 교수는 통상적인 타인 명의 전용 이론을 약간 수정하여 다니엘서는 진정한 의미
    에서 타인 명의를 전용한 것이 아니라는 사실을 인정하는 것으로 보인다(*The
    Relevance of Apocalyptic* [1947], pp. 37f.).

황 속에서 위치를 지켰으며 다가올 하나님의 나라를 배경으로 삼아서 그들 자신의 세대들에게 메시지를 선포했다. 선지자들의 글은 모두가 그 자신의 시대의 사건들을 그대로 반영하고 있어서 그 책의 연대를 알기 위해서는 그 것들을 반드시 연구하지 않을 수가 없을 정도다. 그러나 동시에 아직 미래에 속한 역사적 사건들을 미리 말씀하기도 했다. 반면에 묵시자들은 그들 자신을 머나먼 과거에 위치시키며 자기들의 시대까지 내려오는 역사를 마치 예언인 것처럼 다시 기록하며, 가짜 저자에게 가짜 예언을 돌리는 것이다. 역사적 사건들에 대한 예언이 모호해진다든지 하나님의 나라가 임할 것으로 기대될 때에는, 실제의 저자 자신의 시대에까지 내려오는 그 가짜 예언에서 제시하는 과정을 그대로 따르는 일이 얼마든지 가능한 것이다. 이런 기법이 주는 분명한 이점은 저자 자신이 역사를 그 자신의 특정한 관심사에 따라서 역사를 재해석하고, 악이 만연한 현상이나 의인이 고난을 당하는 현실에 대한 이유를 임의로 해명하며, 신실한 자들에게 구원이 임박했으며 하나님의 나라가 가까웠다는 것을 확신시킬 수가 있다는 점이었다.

상징법

묵시 장르에 나타나는 마지막 특징은, 하나님의 백성을 위한 하나님의 뜻을 선포하는데 상징법을 사용한다는 점이다. 이 점은 선지자들에게서도 나타나는 특징이다. 이스라엘의 부패상의 실례를 보여주기 위하여 예레미야는 세마포 허리띠를 파묻어서 썩기까지 그대로 감추어 두었다(렘 13:1-11). 두 광주리 무화과에 대한 그의 이상은 하나님의 백성을 위한 하나님의 미래의 목적을 보여주는 상징이었다(렘 24장). 뼈가 가득히 쌓여 있는 골짜기에 나타난 부활에 대한 에스겔의 이상은 미래에 이스라엘이 귀환하여 국가로서의 생명을 회복할 것을 그리는 것이다(겔 37장). 호세아의 비극적인 결혼 생활의 경험은 하나님과 그의 음란한 백성과의 관계를 상징하기 위하여 하나님 께서 명하신 것이었다(호 1장). 스가랴에게서는 상징적 이상들이 새로운 차원에 이르게 된다. 처음 여섯 장에서는 여덟 가지 이상이 나타나는데, 각 이

상마다 발전된 상징법이 사용되고 있음을 볼 수 있다. 그 마지막 이상에서는 붉은색, 검정색, 흰색, 회색의 말이 끄는 네 대의 병거가 나타나는데, 그것들은 땅의 사방을 순찰하기 위하여 구리로 된 두 개의 산의 한가운데에서 나온 것이다(슥 6:1-8). 이 병거들은 하나님의 뜻이 온 땅에서 성취될 것을 상징한다. 그것들은 구체적인 역사적 사건들이나 인물들을 나타내기 위한 것이 아니다. 더 나아가서 이 여섯 장에 나타나는 이상들은 미래보다는 그 당대의 사건들에 더 관심을 갖는다. 스가랴서의 종말론적 장들(9-14장)에는 앞의 장들에서보다는 상징법이 덜 나타난다.

상징법을 사용함에 있어서 다니엘서는 다른 선지서를 훨씬 뛰어 넘는다. 그는 상징법을 사용하여 역사상의 사건들을 묘사한다. 금과 은과 구리와 철로 된 거대한 신상(神象)은 7장에 나타나는 네 가지 짐승과 마찬가지로 하나님의 나라가 임하기 전에 역사적으로 연이어 나타날 네 나라를 뜻한다(단 2장). 이런 기법은 그 이후에 나타나는 묵시들에서 아주 정교하게 만들어진다. 에녹서의 꿈과 이상(에녹 85-90장)에서는 역사의 과정을 진짜 동물들을 통한 상징법으로 다시 제시한다. 날개가 열 둘이며 머리가 셋이며 서로 반대편에 붙은 날개가 여덟인 독수리에 대한 에스라의 상징은 로마와 연결되는 역사적 사건들을 상징한다(에스라 4서 11장). 그런 상징법이 언제나 사용되는 것은 아니다. 칠 주야에 대한 에녹의 묵시(에녹 91:12-17; 93:1-10)와 모세의 승천에서는 묵시적 상징법을 사용하지 않고서 역사의 과정을 추적한다.

이제 우리는 묵시문학적 종말론의 특징들을 검토해야 하겠다. 묵시문학에 표현되어 있는 세계관은 하나의 분명한 역사 철학이다.[26] 그 종말론은 선지자들의 약속이 성취되지 않는 것으로 보이는 문제와 하나님의 나라의 연기의 문제, 그리고 의인들이 율법을 신실하게 준수하는데도 불구하고 악이 역사를 장악하는 문제 등에 대해서 하나의 해명을 시도하는 것이다.

---

26) F. C. Burkitt, *Jewish and Christian Apocalypses* (1914), pp. 32f.

이원론

묵시문학적 종말론의 첫 번째 특징은 이원론이다. 이 이원론이라는 용어
는 고대 종교학에서 몇 가지 서로 다른 종류의 사고를 지칭하는 뜻으로 사용
되기 때문에 혼동을 줄 수도 있다.[27] 그 의미를 명확히 하기 위해서 다음과
같이 그 사고들을 요약하는 것이 필요할 것이다. (1) 단순한 윤리적 이원론이
있는데, 이는 구약에 나타나는 것으로서 의를 불의와, 생명을 죽음과 대비시
키는 것이다(신 30:19). (2) 물질적-형이상학적 이원론이 있는데, 이는 두 가
지 형태를 취한다. 성경의 사고에서는 창조주가 그의 피조 세계를 상대로 서
있다. 그러나 피조 세계는 하나님의 세계이며 따라서 그 자체가 악한 것이
아니다. 그러나 플라톤적 사고에 있어서는 이 형이상학적 이원론이 좀더 절
대적인 형태를 취하여 이상계(noumenal world)와 현상계(phenomenal
world)가 서로 대조를 이룬다. 후기의 영지주의 사고에서는 현상계를 어두
움과 악, 그리고 죄의 영역으로 보았다. (3) 우주론적인 이원론이 있는데, 이
는 선과 악, 혹은 빛과 어두움이라는 두 가지 궁극적인 원리들이 우주 안에
서 서로 싸우는 것으로 보는 것이다. 조로아스터교(Zoroastrianism)의 사고
에서는 이 우주적 이원론이 선의 원리와 악의 원리 — 빛의 원리와 어두움의
원리 — 가 아리만(Ahriman)이라는 악한 영과 아후라 마즈다(Ahura
Mazda, 오르마즈드[Ormazd]라고도 한다)라는 선한 영으로 구체화된다. 이
들은 그 기원은 같으나 똑같이 영원한 것은 아니다. 궁극적으로 악이 어둠을
정복하고 그것을 멸할 것이기 때문이다. (4) 종말론적 이원론은 현재의 악과
고통과 죽음의 때를 미래의 의와 생명의 때와 대비시킨다. 아주 발전된 조로
아스터교의 교리는 조로아스터의 씨에서 난 영웅인 — 그러므로 신은 아니
다 — 사오쉬안트(Saoshyant)가 죽은 자들을 모두 일으켜서 복된 불멸의 상
태 — 완전한 지상적 삶으로 묘사된다 — 로 그들을 이끌어갈 것이라고 가르

27) G. Mensching in *RGG* (3rd ed.), II, col. 272-272; R. Marcus in *Biblical Research*, I (1957), p. 34; H. W. Huppenbauer, *Der Mensch zwischen zwei Welten* (1959), pp. 103-115) 이들은 이원론의 여러 가지 형태에 대한 분석에 있어서 서로 의견을 약간씩 달리 하며, 용어도 서로 달리 사용한다.

쳤다.[28] 그러므로 완성이란 곧 전 인류의 최종적 복귀였다. 그 동안 오르마즈드는 최종적으로 아리만과 싸워 이길 것이다. 그러므로 조로아스터교에서는 우주론적 이원론이 종말론적 이원론 가운데서 표출된다.

쿰란 문헌의 발견을 통해서 유대교 사상에 나타나는 이원론에 대한 연구를 위한 새로운 전기가 마련되었다. 후펜바우어(H. W. Huppenbauer)의 책, *Der Mensch zwischen zwei Welten*(두 세계 사이의 인간)은 전적으로 쿰란 문헌에 과연 이원론이 나타나느냐 하는 문제를 다룬다. 헬라식의 물질적-형이상학적 이원론에 대해서는 거의 논의할 필요가 없다. 왜냐하면 묵시론적 이원론은 보통 피조 세계에 대한 유대교의 전통 속에 그대로 남아 있으며 절대로 피조 세계를 악의 영역으로 보는 헬라의 이원론으로 화하는 법이 없기 때문이다.[29] 묵시들과 쿰란 문서 등 유대교 문헌에 나타나는 이원론은 세상을 두 가지 서로 싸우는 영들, 곧 하나님과 사탄(또한 벨리알[Belial], 벨리아[Beliar], 마스테마[mastema] 등으로도 불린다)에게 붙들려 있는 것으로 보는 우주론적 이원론과, 이 두 세력들 사이의 갈등을 현 시대에로 한정시키며 다가올 시대에는 하나님의 완전한 승리가 있을 것으로 보는 종말론적 이원론을 하나로 결합시킨다.

많은 학자들은 유대교에서 발전된 이 이원론적 사고는 조로아스터교와 영지주의의 영향을 받은 결과로 본다. 우리는 몇몇 학자들의 경우에는 이런 이질적인 영향력들로 인해서 순수한 히브리인의 소망과는 본질적으로 다른 형태의 종말론이 유대교 사고에 들어오게 된 것으로 본다는 점을 이미 살펴본 바 있다(p. 333ff.). 그러나 이것은 어디까지나 가정으로서, 당연한 것으로 받아들일 수는 없는 것이다. 위에서 개관한 조로아스터교의 종말론은 분다히쉰(Bundahishn)에서 나타나는데, 이것은 마호메트(Muhammad)보다도 후 시대의 것으로서 기독교 이전 시대의 관념들을 표방할 수도 있고 그렇지 않을 수도 있다. 어쨌든 조지 무어(George Foot Moore)가 지적했듯이, 만

28) R. C. Zaehner, *The Teaching of the Magi* (1956), 제 10장; *The Dawn and Twilight of Zoroastrianism* (1961), 제 15장.
29) 이러한 헬라적 영향을 시사하는 힌트가 될 만한 것으로는 요벨서 23:31; 에녹서 103:3-4; 솔로몬의 지혜서 3:1-4; 8:13을 들 수 있을 것이다.

일 그런데서 영향을 받았다고 해도 그런 영향력은 이미 유대교의 사고 속에 본래적으로 존재하고 있던 개념들을 더욱 예리하게 만드는 역할 정도밖에는 하지 않았을 것이다.[30]

그러므로 우리의 문제는 유대교 문헌에, 구체적으로 말하면 묵시들에 나타나는 이원론과 선지자들의 글 속에 나타나는 이원론이 서로 어떤 관계에 있는가를 알아내는 것이다.

선지자들은 하나님의 세계와, 자연과 역사의 세계 사이의 대조를 잘 의식하고 있었다. 자연과 역사가 하나님의 주권 아래 있지만, 그 둘 모두 죄의 저주와 악의 굴레 속에 있는 것이다. 하나님의 나라는 오직 하나님이 역사를 꿰뚫고 들어오셔서 현 질서를 도덕적으로 물질적으로 변혁시키실 때에야 비로소 이루어질 것이다.

역사적으로 경험되는, 설명되지 않는 악의 문제로 인해서 묵시자들은 인간의 세계와 하나님의 세계, 그리고 현재의 죄악된 질서와 미래의 하나님 나라의 구속함을 받은 질서 사이의 이러한 대조를 더욱 확장하고 예리하게 만들었다. 그들은 이미 구약에서도 나타나는 악령과 사탄의 개념을 발전시켜서,[31] 예리한 이원론을 형성시켰다. 그러나 묵시나 쿰란 문헌이나 근본적인 유일신론은 버리지 않았다. 하나님은 벨리알을 창조하셨을 뿐 아니라 결국 그를 멸하실 것이다.[32] 그러나, 묵시자들은 세상에 악이 존재하는 것에 대한 유일한 설명은 바로 악령이 지배하고 있다는 것이라고 느끼는 경우가 많았다. 단의 언약서(the Testament of Dan)는 현세를 "원수의 나라"로 묘사한

---

30) *Judaism*, II, pp. 394f. Moulton은 "두 종교의 고차원적인 교리들 사이의 유사점의 대부분은 순전히 우연한 것이다"라고 생각한다 (J. H. Moulton, *Early Zoroastrianism* [1913], p. 309). 또한 Ralph Marcus (*Biblical Research*, I, [1957], p. 45, n. 89)는 M. P. Nilsson을 인용하여 이 문제야말로 "이 기간의 종교사에 있어서 가장 희미하고 가장 어려운 문제"라고 본다.

31) H. H. Rowley, *The Faith of Israel* (1956), p. 80; T. C. Vriezen, *An Outline of Old Testament Theology* (1958), p. 156; E. Jacob, *Theology of the Old Testament* (1958), pp. 70–72를 보라.

32) 전쟁 두루마리 13:11을 보라.

다(6:4). 훈련 교범(the Manual of Discipline)은 이 시대를 "벨리알의 지배"의 시대로 말하며(1:17, 23; 2:19), 전쟁 두루마리(War Scroll)도 똑같이 말한다(14:9). 악을 무너뜨리고 하나님의 나라를 세우는 일은 오직 하나님이 대재난을 통하여 개입하심으로써만 이루어질 수가 있다. 이러한 묵시론적 강림에 대한 가장 생생한 묘사는 에녹의 비유[33]에서 볼 수 있다. 거기서는 천상의 인자가 영광 가운데 강림하심으로써 종말이 올 것이며, 그 때에는 현 질서가 하나님 나라의 영광스러운 질서로 변화하게 된다고 한다.

그러나 이러한 "초월적" 성격이 더 강한 형태의 하나님 나라에 대한 견해와 정교한 천사론이 반드시 서로 관련이 있다고 볼 필요는 없다. 이는, 타락한 천사들에 의해서 나타난 악행을 크게 강조하는 에녹서 첫부분에서는 하나님의 나라를 지상적인 질서로 그리는데 반해서(10:16-22), 종말론적 이원론이 가장 강하게 드러나는 에녹의 비유와 에스라 4서에서는 타락한 천사들이 아주 미미한 정도의 역할 밖에는 하지 않는다는 사실로 입증된다.[34]

이러한 이원론적 종말론은 점차 "이 시대"와 "다가올 시대"의 용어로 발전되었다. 에녹서에서는 이 용어가 암시되고 있으나, 에스라 4서, 바룩서, 피르케 아봇(Pirke Aboth), 그리고 신약에서는 명확하게 제시되고 있다.[35] 그

---

33) 에녹서 가운데 에녹의 비유만이 유독 쿰란 문서에 들어있지 않다는 사실 때문에 이 책의 저작 연대에 대한 논란이 재개되었다. 많은 학자들은 이 사실로 인해서 현재의 형태로 된 에녹의 비유가 유대인 기독교 공동체에서 만들어낸 것이라고 결론을 지었다. 그러나 Burrows는 이 점에 대해서 유보의 입장임을 표명한다(*More Light on the Dead Sea Scrolls* [1958], pp. 71f.). 필자가 보기에는 이 비유가 유대교의 환경 속에서 나온 것으로 볼 수 없는 근거가 전혀 없다는 사실은 그대로 남아 있다. 이 비유는 "분리된 작품이었을 가능성이 많으며… 쿰란에는 알려져 있지 않았고 후일에 가서야 비로소 그 책의 나머지 부분과 합쳐졌을 것으로 보인다"(Burrows, *loc. cit.*). 또한 H. H. Rowley, *Jewish Apocalyptic and the Dead Sea Scrolls* (1957), pp. 8-9를 보라.

34) 에녹서 65-69장에 나타나는 정교한 천사론은 노아서(a Book of Noah)에 속한다(R. H. Charles, *The Book of Enoch* [1912], pp. 129ff.를 보라). 노아서의 단편들이 쿰란에서 발견된바 있다(D. Barthélemy and J. T. Milik, *Discoveries in the Judean Desert* [1955], I, pp. 84-86을 보라).

35) 에녹서 16:1, "이 시대가 완성되리라"; 48:7, "이 불의의 세상"; 71:15, "그가 네가 다

러나 폴츠가 지적하는 바와 같이, 용어 자체보다는 그 용어를 통해서 표현되는 개념이 더 오랜 것이며, 따라서 우리는 이 두 시대의 이원론적인 개념이 그 용어보다도 먼저 나타난 것으로 생각할 수 있을 것이다.

그 두 시대의 관념은 구약에까지 거슬러 올라간다. 하나님 나라의 강림은 현 질서의 변화를 의미하며, 현 질서가 너무도 부패하였기 때문에 그 질서가 변화한다는 것은 결국 새로운 질서가 생기는 것과 마찬가지가 된다. 단순히 지상적인 하나님 나라 개념에서 그것과는 전혀 다른 초월적인 하나님 나라의 개념으로 바뀌어 가는, 점진적인 진화 과정을 추적한다는 것은 불가능하다. 게다가 하나의 종말론이나 단일한 발전 계통이 있었던 것도 아니고 여러 가지 서로 다른 종말론들이 있었다. 요벨서와 에녹서 1-36장에서는 메시야에 대한 묘사는 없이 그저 지상적인 나라만을 묘사한다. 에녹서 1-36장에서는 그 나라를 물질적인 표현으로 묘사한다. 의인이 살아서 수천의 자녀들을 낳을 것이며, 땅이 열매를 맺고 풍성한 포도주와 수천 배의 곡식을 수확할 것이며, 모든 부정(不淨)이 땅에서 사라지고 만국이 하나님을 경배할 것이라고 한다(10-16:22). 솔로몬의 시편 7-18편에서는 다윗의 자손 메시야가 사람들 가운데서 일어날 것을 묘사하는데, 그는 초자연적인 능력을 힘입어서 그 원수들을 멸하고 예루살렘을 수도로 하는 지상의 나라를 건설하게 될 것이라고 한다.

가올 세상의 이름으로 평강을 선포하노라"; 에스라 4서 7:50, "지극히 높은 자가 한 시대가 아니라 두 시대를 만드셨도다"; 7:113, "심판의 날이 이 시대의 종말이 될 것이요 다가올 시대의 시작이 될 것이라"; 8:1, "지극히 높은 자가 이 시대는 다수의 사람들을 위해 만드셨으나 다가올 시대는 소수의 사람들을 위해 만드셨도다"; 또한 바룩의 묵시록 14:13; 15:17; 피르케 아봇 4:1, 21, 22; 6:4, 7 등을 보라. 이 구절들 가운데 가장 이른 것도 A. D. 일세기 말 이후의 것으로 보인다. 다른 구절들에 대해서는, P. Voltz, *Die Eschatologie der jüdischen Gemeinde* (1934), p. 65를 보라. Voltz는 힐렐(Hillel)의 문헌을 가능한 것으로 인용하지만(B. C. 약 30년경), 분명한 것은 못된다. 에스라 4서가 A. D. 일세기 후반에 속하므로, 이런 두 시대라는 이원론적인 용어는 복음서에 처음 나타나는 것으로 보인다. 그리고 만일 예수께서 그 용어를 사용하셨다면 — 그럴 가능성이 가장 높다 — 그가 이 용어를 사용한 것이 이 용어를 사용한 최초의 기록된 실례가 될 것이다.

에녹의 비유 37-71장(앞의 p. 115f.를 보라)은 메시야에 대해서 약간 달리 묘사한다. 곧, 메시야를 창조 이래로 하늘에 계시던 선재(先在)한 초자연적인 인자로서 장차 영광의 보좌에 앉아서(47:3; 51:3; 62:5) 살아 있는 자들과 부활한 죽은 자들을 심판하실 것으로(51:1-5) 묘사하는 것이다. 부활을 초월적인 언어로 묘사하면서도(62:16), 구속함을 받은 자들이 변화된 지상에 거할 것이라고 한다. "내가 땅을 변화시켜서 축복으로 만들리라. 내가 나의 택한 자들로 거기에 거하게 할 것이라"(45:5). "그 날에 산들이 양들처럼 뛰놀며, … 땅이 즐거워하며, 의인이 거기에 거할 것이요 택함 받은 자들이 거기서 행하리라"(51:4-5). 이것은 초월적인 이원론이 아니라 이사야 65:17과 66:22을 따라서 급진적으로 발전된 일종의 선지자의 사상이다.

초월적 종말론은 에녹서의 제5권(92-105장)에서 나타난다. 최종적인 구속이 이루어질 때에 새 하늘이 나타나지만 새 땅은 나타나지 않는다(91:16). 의인이 스올에서 일어나지만(92:3-5) 육체적으로 부활하는 것은 아니다. 하늘의 입구가 그들에게 열리며(104:2), 그들이 천군의 동료가 될 것이다(104:6). "의로운 가운데서 죽었던 너희 영혼들이 살아서 즐거워할 것이요, 그 영들이 멸망치 아니할 것이라"(103:4).

이처럼 간략하게 살펴본 결과, 우리는 여러 묵시자들이 미래에 대한 여러 가지 다양한 구약의 묘사들을 근거로 삼았으며, 어떤 이들은 그 가운데 한 면을 강조했고, 다른 이들은 다른 면을 강조한 것을 볼 수 있다. 어떤 선지자들은 미래를 사람들에게 친숙하게 지상적인 표현을 써서 묘사한 반면에, 이사야 65, 66장은 새 하늘과 새 땅으로 부를 수밖에 없는 그런 전혀 다른 새로운 질서를 바라보았다. 어떤 묵시자들은 구약의 소망의 지상적인 면을 강조해서 때로는 그것을 매우 감각적인 표현으로 묘사하기도 했다. 또 어떤 묵시자들은 새 하늘과 새 땅의 함축된 의미들을 생각하여 이 변화된 질서가 어떨지를 묘사한다. A. D. 일세기의 두 묵시자들은 지상적인 나라와 새 창조의 관념을 결합시켜서 전자 후에 후자가 이어지는 것으로 묘사했다(에스라 4서 7장; 바룩의 묵시록 29-30장). 이 개념들은 오래 전 이사야 65, 66장에서 이미 그 씨앗의 형태로 원칙적으로 존재했던 것들이라는 찰스(R. H. Charles)의 말은 참으로 옳은 말이다.[36]

종말론적 이원론과 다가올 시대의 성격의 문제는 쿰란 문헌의 종말론에
의해서 아주 날카롭게 드러난다. 물론 두 시대라는 용어는 나타나지 않지
만,[37] 쿰란 공동체는 자신들이 종말의 때에 살고 있다고 확신했고, 따라서 하
나님의 나라가 곧 세워질 것으로 믿었다. 히폴리투스(Hippolytus)는 에세네
파가 세상이 종말의 때에 불로 멸망할 것이라고 믿었다고 전해주는데,[38] 이
러한 가르침이 쿰란 문서에서 발견되는 것이다.[39] 논리적으로 보면, 그런 큰
화재 이후에 이어지는 나라의 형태만이 초월적인 천상의 질서일 것이라고
생각할 수 있을 것이다. 그러나 논리가 묵시론적 사고를 결정짓는 것이 아니
다. 우주적인 대 화재를 통해서 새롭게 갱신된 지상적 질서가 나올 것이다.
시편 37편 주석은 말하기를, "그들이 이스라[엘]의 그 거룩한 산을 소유할 것
이요 그의 거룩함 [가운데서] [영구한] 기쁨을 맛볼 것이다"라고 한다.[40] 찬송
(the Hymn 13:12)은 기존의 사물들이 멸해진 이후에 나타날 새 창조에 대
해서 말씀한다.[41] 제 1, 4, 5 동굴에서 발견된 단편들에는 이적적으로 새롭게
된 땅에 회복된 성전이 세워질 것을 상세히 묘사한 내용이 포함되어 있는 것
으로 보인다.[42]

---

36) R. H. Charles, *The Apocalypse of Baruch* (1896), p. 81) 이 두 가지 형태의 나라
　　들은 랍비 문헌에도 나타나는데, 거기서는 "메시야의 날"과 "다가올 시대"라고 부른다.
　　이 문제 전반에 대한 논의를 보려면, Joseph Klausner, *The Messianic Idea in
　　Israel* (1955), pp. 339-348, 354-365, 408-419를 참조하라. 또한 사 65, 66장에
　　나타나는 두 시대 개념의 뿌리에 대해서는 W. D. Davies, *The Setting of the
　　Sermon on the Mount* (1964), pp. 115, 121을 보라.
37) H. W. Huppenbauer, *Der Mensch zwischen zwei Welten* (1959), p. 111, n.
　　471.
38) *Refutation*, 9, 22.
39) 찬송 3:19-39.
40) Dupont-Sommer, *The Essene Writings from Qumran* (1961), p. 272의 번역이
　　다. 또한 F. M. Cross, Jr., *The Ancient Library of Qumran and Modern
　　Biblical Studies* (1957), p. 62, n. 53을 보라.
41) 또한 훈련 교범 4:25를 보라.
42) M. Mansoor, *The Thanksgiving Hymn* (1961), p. 178. 또한 Millar Burrows,
　　More Light on the Dead Sea Scrolls (1958), p. 351; Matthew Black, *The*

우리는, 유대교 문헌(에녹서 91-105장은 예외일 가능성이 있다)에서는 초월적 이원론이 나타나지 않는다고 결론지을 수 있다. 다가올 시대의 하나님 나라는 새롭고 변화된 질서이지만 그것은 새롭게 갱신된 지상의 질서이다. 그리고 다가올 시대의 삶은 모든 부패와 악이 없는 지상적 존재를 의미한다. 이러한 구속받은 질서에 대한 묘사는 새 하늘과 새 땅에 대한 이사야의 약속에 함축된 의미들을 묵상하여 나온 결과라고 볼 수 있을 것이다.

역사와 종말론

묵시문학적 종말론의 두 번째 특징은, 선지자들의 역사관과는 다른 역사관을 지녔다는 점이다. 선지자들의 주된 관심사는 현재의 역사적 상황 속에서 하나님이 이스라엘을 어떻게 다루시느냐 하는 문제였다. 그들은 하나님의 은혜로우신 역사하심과 이스라엘의 불신실함을 실제적으로 보여주기 위해서 줄곧 이스라엘 역사를 거론했으며, 바로 앞의 미래에 하나님의 심판이 임할 것을 선포하였다. 그들은 또한 하나님의 목적이 성취될 종말론적인 여호와의 날을 멀리서 바라보았다. 그러나 과거와 미래를 인용하여 말하는 것은 그것들이 현재의 문제와 직결되기 때문이었다. 선지자의 메시지는 구체적인 역사적 상황 속에서 이스라엘에게 전달되었으며, 그리하여 현재와 미래가 종말론적인 긴장 속에서 함께 묶어졌던 것이다.

그러나 묵시자들에게서는 역사와 종말론 사이의 이러한 긴장이 나타나지 않는다. 현재와 미래는 서로 아무런 관련이 없다. 묵시자들은 현재의 역사적 경험을 하나님의 백성들의 배도로 인하여 하나님이 그들에게 베푸시는 심판으로 해석하는 선지자들의 사고를 이해할 수가 없었다. 왜냐하면 이스라엘은 더 이상 불신앙적이지 않았기 때문이다.

주께서 이스라엘 이외에 또다른 나라를 알았사옵니까? 아니 이 야곱의 지파들처

Scrolls and Christian Origins (1961), p. 136을 보라.

럼 주의 언약들을 믿은 지파가 어디에 있사옵니까? 그런데도 저희의 받을 상급이 아직 나타나지 아니하였고 그들의 수고가 아무런 열매도 맺지 못하였나이다! 제가 열방을 두루 다녀 보니 저희가 주의 계명을 생각지 아니하였으나 그들이 부귀를 누리는 것을 보았나이다. 그러하오니, 이제 우리의 불의와 세상 거민들의 불의를 저울에 달아 보옵소서. 그리하시면 저울이 어느 쪽으로 기울게 될지를 알 수 있을 것이옵니다. 이 땅의 거민들이 주의 목전에서 죄를 범치 아니한 때가 어느 때이옵니까? 어느 나라가 주의 계명을 그렇게 잘 지켰나이까? 주의 계명을 잘 지킨 개인들은 찾을 수 있을지언정 나라들 가운데서는 찾지 못하리이다.

에스라 4서 3:32-36

이 말씀은 묵시자들의 문제를 생생하게 그려주고 있다. 이스라엘은 하나님의 율법을 받아서 지켜왔다. 그런데 어째서 하나님의 백성이 하나님을 모르는 이방인들의 말 발굽에 밟히는 고난을 당하는 것인가? 이 일은 하나님이 행하시는 것이라 할 수가 없다. 이에 대하여 제시된 유일한 해답은 하나님의 방법은 측량할 수가 없다는 것이다. 다른 대답이 없다. "이미 썩은 세상에서 닳아버린 사람이 어떻게 썩지 아니하는 것을 깨달을 수 있나이까?"(에스라 4서 4:11). 이에 대한 에스라의 대답은 완전한 절망, 바로 그것이다. "우리가 여기에 와서 불경건함 속에서 살며 고난을 당하고 그 이유를 깨닫지 못하기보다는 차라리 여기에 없는 것이 더 나으리로다"(에스라 4서 4:12). 여기서 제시되는 유일한 해답은 하나님이 현재의 악을 정리하시기 위해 반드시 역사하실 것이라는 것이다. 이 시대는 결국 종말을 맞게 될 것이요, 하나님이 의의 새 시대를 개시하실 것이라는 것이다.

그러나 이러한 하나님의 최종적인 구속 활동은 현재에는 아무런 의미를 주지 못한다. 현재에는 하나님이 구속 활동을 하시지 않으시는 것이다. 하나님은 장차 오실 하나님이실 뿐(에스라 4서 5:56; 6:18; 9:2) 현재에는 역사 속에서 그의 백성들에게 임하시지 않으시는 것이다. 묵시자들은 하나님 나라의 강림을 역사 속에서 항상 활동하시는 하나님의 최종적인 활동으로 보지 않는다. 오히려 그 반대로, 그들의 기록들은 하나님이 고난 당하는 그의

백성들을 구원하시는데 실패하신 이유에 대하여 신학적인 해결점을 제시하
는 것이다. 그러므로 이 묵시들은 진정한 의미에서 역사적인 문서들이 아니
며, 다만 선지자들의 안목으로는 도저히 해석할 수 없는 역사의 불가사의를
해결하고자 하는 신학적 논고들인 것이다.[43]

　역사관에 있어서 다니엘서는 선지서에 가깝다. 다니엘서 첫부분은 역사적
사건들과 역사 속에서 하나님의 종들을 보살피시는 하나님의 배려를 서로
연관짓는다는 점에서 후기의 묵시들과 전혀 성격을 달리 하는 것이다. 다니
엘서는 왕에게 직접 고하는 말씀을 통해서 "지극히 높으신 자가 인간 나라를
다스리시며 자기의 뜻대로 그것을 누구에게든지 주시며 또 지극히 천한 자
로 그 위에 세우시는 줄을" 왕에게 가르친다(단 4:17; 참조. 5:21). 느부갓네
살에게 왕권을 베푸신 것이 바로 하나님이셨으며(2:37), 그 왕을 낮추셔서
그가 "지극히 높으신 자가 인간 나라를 다스리시며 자기의 뜻대로 그것을 누
구에게든지 주시는 줄을"(4:32) 배워서 알도록 하신 이도 바로 하나님이셨
다. 다니엘서의 하나님은 역사의 하나님이신 동시에 완성의 하나님이신 것
이다.

비관론(Pessimism)

　선지자적 역사 개념의 상실에 나타나는 한 가지 중요한 요소가 세 번째 특
징이라 할 수 있는데, 이를 "비관론"이라 부를 수 있을 것이다. 어떤 학자들
은 이 용어를 사용하는 것을 반대하기도 한다.[44] 이들은 묵시자들의 궁극적

43) 쿰란 문서에서는 "예언이 종말론이 된다"는 F. M. Cross의 논평을 보라(*The Ancient Library of Qumran and Modern Biblical Studies* [1957], p. 55, n. 35a). 사독 문서 단편(Zadokite Fragments)에서는 다른 말씀이 나타나는데, 거기서는 의의 교사 의 출현과 공동체의 등장을 하나님이 역사 속에서 활동하신 결과로 된 것으로 규정한다 (1:7; 2:9; 8:3; ed. R. H. Charles).

44) Adam C. Wech, *Visions of the End* (1922), pp. 43f.; H. H. Rowley, *The Relevance of Apocalyptic* (1947), p. 36.

인 안목을 비관적인 것으로 보는 것은 잘못된 것이라고 보는데 이에 대해서
는 우리도 동의한다. 그들은 하나님이 결국 승리를 거두실 것이라는 신념을
잃어버리는 경우가 절대로 없기 때문이다. 그들은 흔들리지 않는 신앙에서
나온 하나의 궁극적인 낙관론을 소유하고 있었다. 과연 그들이 기록한 문서
들의 목적이 바로 하나님의 백성들로 하여금 하나님이 그들을 정말로 버리
신 것이 아니라는 점을 확신하도록 하기 위함이었던 것이다.

그러나, 우리가 말하는 비관론이란 이런 의미가 아니다. 묵시자들은 이 시
대를 비관적으로 보았다. 이 시대에는 하나님 나라의 축복들을 경험할 수가
없다. 왜냐하면 이 시대는 악과 고난에 버려져 있기 때문이다. 열렬한 유대
인들은 그들의 악한 처지에 대한 유일한 해명으로서 이러한 신학을 억지로
라도 지닐 수밖에 없었다. 악의 문제에 대한 해결은 전적으로 미래에 있을
뿐이다. 현재는 도저히 돌이킬 수 없을 만큼 악으로 팽배해 있다. 그러므로
의인은 이 악한 시대가 끝나고 하나님 나라의 새 시대가 올 때에 구원이 반
드시 임할 것이라는 확신을 가지고서 현재의 고난을 인내로 견디는 수밖에
는 없는 것이다.

이 묵시론적 비관론의 실례를 들어보기로 하자. 에녹서 6장에서는 이 시대
의 악한 성격을 타락한 천사들의 탓으로 돌린다. 타락한 천사들에 의해서 악
이 이 땅을 지배하게 되었고 부패하게 된 것이다. 그러나 하나님은 그의 주
권을 완전히 포기하시지 않으셨다. 유대교 신학에서는 그런 사상을 절대로
용인할 수가 없었던 것이다. 하나님은 계속해서 자연을 다스리신다(2:1; 5:1,
2; 84:3). 그는 만물에 대해서 권세를 지니고 계시는 것이다(9:5). 그는 만세
의 왕이시며(12:3; 22:14; 25:7), 열왕 중의 왕이시며(63:4), 온 세상의 하나
님이신 것이다(84:2). 그러나 그는 본질적으로 "이신론적인"(理神論的,
deistic) 하나님이 되어버렸다. 하나님이 악을 보시고 허용하시는 동안 그는
그것이 아무런 구속을 받지 않고 마음껏 이 땅에 영향력을 행사하도록 내버
려 두신다. 타락한 천사들이 저지른 하나님의 목적과 반대되는 무서운 악을
열거한 후에, 에녹은 다음과 같이 불평한다: "주는 이 모든 것들이 일어나기
전부터 다 아시며, 이것들을 보시며 고난을 당하시는데도, 이것들을 대하여
어떻게 하여야 할지를 우리에게 말씀하지 않으시나이다"(9:11). 악이 고삐가

풀려서 마음대로 행하는데도 하나님은 마지막에 있을 구원에 대한 약속만 하실 뿐 현재의 무서운 고난에 대해서는 그 백성에게 한 마디도 말씀하지 않으신다는 것이다.

이 시대의 소망 없는 그 악한 성격은 에녹의 비유의 한 구절에서도 볼 수 있다. 지혜가 사람들과 함께 거하려고 하늘의 처소에서 내려왔으나, 있을 곳을 찾지 못하고 하늘로 다시 돌아가서 천사들 가운데 좌정하고서 메시야의 때를 기다릴 수밖에 없었다. 그러나, "불의가 그 방에서 나아갔고, 지혜가 그 불의를 찾지 않았으나 불의를 만났으니, 불의가 사람들과 함께 거하고 있었다"(에녹의 비유 42:3; 참조. 48:1; 91:10; 94:5).

또한 에녹의 꿈 또는 이상에서는 하나님이 바벨론 포로기까지의 이스라엘의 역사 전체의 경험들을 인도하여 보여주신다. 그 후에 하나님은 인도하시던 자리에서 물러가셔서 성전을 내버려 두시고 그 백성을 맹수들에게 넘기셔서 찢어지고 먹히게 하셨다. 그러나 하나님은 "꼼짝도 하지 않으시고 다만 그 광경을 보기만 하셨고, 그들이 먹히우고 삼키우고 난도질을 당하는 것을 즐거워하시며 그들이 온갖 맹수들에게 먹히도록 그냥 내버려 두셨다"(에녹 89:58). 그 후에 하나님은 나라의 운명을 칠십인의 목자들에게 넘기시면서 그들에게 죽임 당할 유대인들의 숫자를 가르쳐주셨다. 그러나 그 목자들은 자기만을 위하는 불신앙적인 자들이어서 하나님의 지시하신 것을 무시하고 무서운 악이 하나님의 백성들에게 떨어지도록 허용하고 말았다. 목자들의 악행에 대한 보고가 하나님께 전해지자, 하나님은 그들을 제쳐두시고는 그냥 멀리서 꼼짝도 하지 않으셨다(89:71, 75). 이스라엘이 구원을 받게 될 심판의 날에 천사들을 징벌하도록 그 천사들의 불신실한 행위에 대한 기록을 만들어 두는 것이 고작이었다. B. C. 586-165년의 기간 동안 하나님은 이스라엘의 운명에 대해서 아무런 활동도 하지 않으신 것으로 본다. 하나님의 백성은 스스로 불신실한 천사들의 긍휼을 구할 수밖에는 달리 방도가 없었다. 메시야의 시대 이전에는 아무런 구원도 기대할 수가 없었던 것이다.

마지막으로, 이러한 비관론은 에스라 4서에서 생생하게 그려지고 있다. 이 책에는 역사 속에서 하나님이 활동하신다는 교리가 형식적으로 포함되어 있다. 이스라엘의 고난은 악한 천사에게서가 아니라 하나님의 손에서 오는

것이며(3:27, 30; 5:28) 그들의 죄 때문에 오는 것이다(3:25). 신학적으로 에
스라는 이스라엘이 죄악된 백성임을 시인하여야 했다. 그러나 바로 여기에
그의 문제가 있다. 이스라엘만이 홀로 하나님의 율법을 받아 지켰으며
(6:55-59), 이방인들은 그것을 거부한 것이다(3:31-34; 7:20-24). 그러므
로, 하나님이 불의한 자들을 남겨두시고 그 원수들을 보존하셨지만 그의 백
성을 멸하지는 않으셨기 때문에(3:30), 에스라는 처절한 절망에서 나오는 해
결할 수 없는 한 가지 문제에 봉착하게 된다. 그는 자신이 나지 않았으면 좋
겠노라고 불평한다(4:12). 고난 당하는 의인의 처지가 자기의 운명조차 생각
하지 못하는 말 못하는 짐승의 처지보다도 못하기 때문이다(7:66).

유일한 소망은 미래에 있다. 하나님의 작정에 따라서 두 시대가 있다. 현
재의 시대는 소망이 없을 정도로 악하나, 미래의 시대에는 악의 문제가 완전
히 해결을 보게 될 것이다(4:26-32; 7:50; 8:1-3). 그러므로 의인은 다가올
시대에 있을 해결을 확신하고서, 현재의 악한 상황을 인내로 견디며, 무수한
무리들이 망하더라도 흔들려서는 안된다. 하나님께서도 악인의 죽음에 대하
여 요동치 않으시는 것이다(7:60, 61, 131; 8:38, 55). 이 시대는 악하며, 소
망은 오로지 다가올 시대에만 있는 것이다.

다니엘서에는 이러한 비관적인 기미가 전혀 나타나지 않는다는 점에서도
후기의 묵시들과 전혀 다르다. 다니엘서의 후반부가 하나님 나라의 강림에
대해 초점을 맞추고 있다 해도, 그것은 저자가 역사 속에서 나타나는 하나님
의 활동에 대해 절망하기 때문이 아니다. 오히려 그 반대로, 하나님의 구원
이 역사 속에 나타나기 때문인 것이다. 하나님은 그의 종들을 맹렬한 풀무
속에서 구원하셔서 느부갓네살에게 자신이 과연 하나님이심을 증명해 보이
셨다. 그는 다니엘을 사자굴에서 건지셔서 다리오왕에게 하나님 자신의 영
광스러운 권세를 보여주셨다. 느부갓네살을 보좌에 세우신 것도(단 2:37),
벨사살을 제거하신 것도(5:24-28) 모두 하나님이셨다. 다니엘서에 나타난
하나님은 후일에 모든 권세들을 무너뜨리실 것이며(2:44), 동시에 역사적 활
동을 통해서 자신의 주권을 드러내시는 것이다. 하나님은 종말의 주(主)이신
동시에 현재 역사의 주이시다. "그는 때와 기한을 변하시며 왕들을 폐하시고
왕들을 세우시며 지혜자에게 지혜를 주시고 지식자에게 총명을 주시니"

(2:21) 과연 하나님의 이름이 영원히 복되다 할 것이다. "인간 나라를 다스리시며 자기의 뜻대로 그것을 누구에게나 주시는"(4:25) 지극히 높으신 자가 이 땅의 나라들의 흥망성쇠를 주관하시는 것이다. 다니엘서의 중심 주제는 바로 하나님이 살아계신 하나님이시요, "그의 나라는 망하지 아니할 것이요 그 권세는 무궁할 것이며 그는 구원도 하시고 건져내기도 하시며 하늘에서든지 땅에서든지 이적과 기사를 행하시는 자"(6:26)이시라는 것이다. 하나님은 절대로 역사의 무대를 버려두지 않으신다. 그는 언제나 만유의 주로서 역사하시는 것이다. 과연 그가 언제나 역사의 주로 계시기 때문에 그는 마지막으로 이 땅에 그의 나라를 세우실 것이다.

결정론(determinism)

네 번째 특징은 결정론이다. 곧, 이 시대의 과정은 이미 예정되어 있으므로 그 과정을 따라서 완성에 이를 것이라는 것이다. 의인이 하나님 나라에 들어가는 것이 아무리 합당할지라도 그 나라는 오지 않는다. 그 나라가 오기 전에 정해진 일정 기간이 먼저 지나가야 하기 때문이다. 그러므로 그 나라는 정해진 때를 기다려야 임한다. 이 정해진 때 가운데서 역사하셔서 그의 목적을 수행해 가시는 주권자 하나님에 대해서는 거의 강조하지 않는다. 오히려 하나님이 자신이 정해 놓으신 그 때가 지나가기를 기다리고 계시는 것으로 보는 것이다. "그가 시대를 저울에 달아보셨고, 때를 측량하셨으며 숫자로 때를 세셨으므로, 그 때가 이르기까지 움직이지도 아니하시며 그들을 부추기지도 아니하실 것이다."[45] 인간 역사의 과정 전체가 하늘의 책에 이미 기록되어 있는 것이다(에녹 81:1-3; 103:1-2).

종말의 때가 결정되어 있기 때문에, 현 시대가 가끔 미리 정해진 몇 가지 특정한 기간들로 나뉘어지는 것으로 생각한다. 에녹의 꿈, 혹은 이상은 포로

---

45) 에스라 4서 4:36-37. 또한 에녹서 81:2과 R. H. Charles, *The Book of Enoch* (1912), pp. 91f.의 논평을 보라.

기로부터 종말에 이르기까지의 때를 칠십 기간으로 나누고 그 동안 이스라엘이 칠십 목자들에게 맡겨진 것으로 본다(에녹 89:72; 90:1, 5). 그 칠십 기간이 지나간 후에야 비로소 종말이 올 수가 있다. 묵시자들은 보통 그 정해진 기간들이 거의 다 지나갔다고 보며, 종말이 이제 임박했다고 믿는다.

윤리적 소극성(ethical passivity)

마지막 특징은 윤리적 소극성이라 할 수 있을 것이다. 묵시자들은 강한 도덕적 혹은 복음적 긴박성으로 말미암아 동기를 부여받지 않았다. 그러나 선지자들은 계속해서 이스라엘에게 회개하고 죄에서 돌이켜 하나님께로 돌아올 것을 촉구했다. 심판이 죄악된 나라에 임할 것이지만, 의로운 남은 자를 위하여 언젠가는 하나님의 나라가 임할 것이다. 묵시자들의 문제는 이스라엘이 그 의로운 남은 자라는 확신이 있는데도 불구하고 그들이 하나님의 나라를 유업으로 받지 못했다는 사실에서 비롯되었다. 의에 대한 묵시론적 정의는 랍비들의 정의와 기본적으로 동일하다. 곧 율법에 순종하는 것이 그것이다. 이 점은 에스라 4서와 바룩의 묵시록에서 명확하게 드러난다.[46]

이에 대하여 두 가지 두드러진 예외가 있는데, 열두 족장들의 언약서와 에녹서의 마지막 부분(92-105장)이 그것이다. 열두 족장의 언약서는 내적인 의와 사랑의 윤리에 대한 강조가 두드러지는등 윤리적 강조가 강하게 나타난다. 그러나 그렇기 때문에 이 책은 보통의 묵시 문학의 분위기와 상당히 동떨어진다. 이 책은 사실상 형식상으로 볼 때에 묵시가 아니다(p. 105를 보라).[47] 에녹서의 마지막 부분은 의를 율법에 대한 순종으로 정의하며(99:2, 14) 엄밀한 의미에서 묵시적인 면이 거의 나타나지 않는다. 묵시문학에 강한 윤리적 강조가 나타난다고 주장하는 학자들은[48] 정경에 속한 두 권의 묵시와

---

46) H. M. Hughes, *The Ethics of Jewish Apocryphal Literature* (n. d.), pp. 125-133. 이 입장은 W. D. Davies의 글, "Apocalyptic and Pharisaism" in *Christian Origins and Judaism* (1962), p. 22에서도 지지를 받는다.

47) *Ibid.*, pp. 51-62.

열두 족장의 언약서에서 그 실례를 이끌어 낸다. 그러나 이러한 윤리적 관심에서의 차이야말로 다니엘서와 계시록을 다른 묵시들과 구분짓는 중요한 요인인 것이다.[49]

윤리적 권면이 결여되어 있는 이유는 스스로 죄를 짓고 있다는 의식이 없기 때문이다. 묵시자들의 문제는, 참된 이스라엘이 율법을 지키며 따라서 의로운데도 여전히 고난을 당하고 있다는 사실에 있다. 에스라 4서는 이 진술에서 예외인 것 같다. 왜냐하면 그 저자가 여러 군데에서 죄성에 대한 깊은 의식을 표현하고 있기 때문이다(4:12; 7:118). 그러나 이러한 죄 의식은 하나님의 백성이 율법을 받았고(3:32; 5:29; 8:29) 그것을 지켰으며(3:35; 7:45) 따라서 하나님 앞에서 행위의 보고(寶庫)를 지니고 있다는 식의(6:5; 7:77; 8:33) 하나님 백성의 의로움에 대한 의식으로 상쇄되고 만다. 에스라의 문제는 신학적인 것이다. 예루살렘의 멸망에 대한 성경적인 해석에 의하면 하나님의 백성의 죄악성을 인정치 않을 수가 없다. 왜냐하면 큰 죄만이 그런 무서운 심판에 합당하기 때문이다. 이 원리에 대해 생각하는 동안 에스라는 혼란에 빠진다. 이스라엘은 큰 죄를 짓고 있는 것이 분명하다. 최근의 역사에 대한 선지자적 해석에 의하면 이렇게 결론지을 수밖에 없다. 이것이 에스라가 물려받은 신학이다. 그러나 사실상 이스라엘은 죄가 없지 않은가! 이스라엘은 율법을 지키지 않았는가! 이 문제는 저자의 마음 속에 갈등을 일으켰고 이로 인하여 그는 깊은 절망 속에 빠지며(7:118) 그의 백성에게 은혜를 베풀어 달라고 하나님께 간곡히 간구한다(8:6). 그러므로 죄에 대한 에스라의 확신은 깊은 확신이라기보다는 이론적 신학에 더 가깝다. 이 책 전체를 통틀어서 우리는 율법을 지킨 의로운 소수(이스라엘)와 하나님이 그들의 운명에 전혀 관심을 가지지 않으시는 멸망하게 될 다수의 무리들과의 대조를 계속해서 만나게 되는 것이다(6:56; 7:61; 7:131; 8:38).

다니엘서는 또 한 가지 점에서 후기의 묵시들보다도 선지자들에게 더 가

48) R. H. Charles, *A Critical History of the Doctrine of a Future Life in Israel, in Judaism, and in Christianity* (2nd ed.; 1913), pp. 190-193; H. H. Rowley, *The Relevance of Apocalyptic* (1947), pp. 172f.

49) G. E. Ladd, *EQ*, XXIX (1957), pp. 98-100을 보라.

까이 서 있다고 할 수 있다. 다니엘은 이스라엘이 하나님의 언약 백성이며 따라서 하나님의 축복을 받을 자격이 있기 때문에 그들에게 구원이 있을 것이라고 말씀하지 않는다. 하나님의 언약은 조건적이며, 하나님의 축복은 오직 "주를 사랑하고 주의 계명을 지키는 자"(단 9:4)들이 누릴 수 있는 것이다. 그는 죄에 대해서 예리하게 의식하였다. 따라서 그의 기도는 선지자들의 윤리적 성실함을 그대로 토로해 내는 것이다. 이스라엘은 의로운 백성이 아니다. 율법을 저버렸으며 선지자들의 말씀을 무시했으며(9:5f.) 따라서 그런 죄로 말미암아 고난을 받아 마땅한 것이다. 다니엘은 오로지 죄의 용서를 근거로 하나님의 긍휼을 구할 수밖에 없었다(9:17f.). 이러한 윤리적 강조는 심지어 이방인에게까지 확대된다. 다니엘은 왕에게 "공의를 행함으로 죄를 속하고 가난한 자를 긍휼히 여김으로 죄악을 속하소서 그리하시면 왕의 평안함이 혹시 장구하리이다"(4:27)라고 권면한다. 여기에 선지자적인 말씀이 나타난다. 만일 왕이 여호와께로 돌아오면, 그는 하나님의 축복을 누릴 것이다. 하나님은 사람의 자유로운 결단을 귀히 여기시고 그들의 행실에 합당한 운명을 그들에게 주시는 것이다. 유대교 묵시론자들에게서는 이런 말씀이 나타나지 않는 것이다.

이제 우리가 발견한 내용들을 정리할 때가 되었다. 묵시론적 종말론은 선지자적 종말론이 역사적으로 발전한 것으로 이해할 수 있다. 묵시론적 종말론은 마카베오 이후 시대의 역사적 악을 배경으로 하여 해석하여야 한다. 선지자적 종말론과 묵시론적 종말론 모두 하나님의 직접적인 역사 개입을 통해서만 하나님의 나라가 세워지는 것으로 보며, 그 역사 개입에는 대재난이 수반된다. 두 종말론 모두 하나님의 나라를 새롭고 변화된 질서, 즉 모든 부패와 악이 사라진 상태로 본다. 묵시론적 이원론은 선지자들에게서 나타나는 개념들을 더욱 예민하게 전개한 결과로 나타나게 된 것이다.

그러나 묵시론적 종말론에는 역사 속에서 구속 활동을 계속하시는 역동적인 하나님 개념이 결여되어 있다. 묵시자들은 선지자들과는 반대로 역사에 대해서 절망감을 느끼며 역사가 악에 의해서 완전히 지배당하고 있는 것으로 생각했다. 소망은 오로지 미래에만 있을 뿐이었다. 묵시자들은 B. C. 1, 2세기 동안 처절한 악을 경험하고서 하나님이 역사 속에 강림하신다는 개념

에 대해서 비관적인 사상을 갖게 되었다. 하나님이 그 백성을 악에서 구원하
시기 위해서 강림하시는 일은 오직 역사의 종말에만 있을 것이다. 그리하여
그들의 사상에는 선지자들에게 있던 종말론과 역사 사이의 긴장이 또한 결
여되어 있다. 하나님은 오로지 미래의 하나님이실 뿐이다. 그가 현재의 하나
님이시라는 것은 그저 이론적으로만 그럴 뿐이다. 구속사는 종말론이 되어
버리며, 종말론은 하나님의 백성으로 하여금 하나님의 뜻을 대면하게 하는
하나의 윤리적인 메시지가 아니라, 그저 궁극적인 구원을 보장해주기만 하
는 것이 되어버린 것이다.

제 3 부
약속의 성취

제 4 장

완성에 이르지 않은 성취

세례 요한의 선지자적 약속

"그 때에 세례 요한이 이르러 유대 광야에서 전파하여 가로되, '회개하라
천국이 가까왔느니라' 하였으니"(마 3:1, 2). 유대인들은 요한의 출현을 마음
으로부터 환대했다. 그 당시 메시야 운동들이 일어난 일이 있으나 거의가 정
치적 성격을 띠는 것들이었다.[1] 쿰란 분리주의자들은 하나님의 뜻에 대한 새
로운 계시를 받기 위해서 유대인 사회를 떠났다. 그러나 그 계시는 "여호와
께서 이렇게 말씀하셨노라"고 선포하는 선지자들에게서 온 것이 아니라 율
법과 선지자들에 대한 영감된, 따라서 올바른, 해석에서 왔다. 그 분리주의
집단은 하나님께로부터 신선한 계시를 전해줄 한 선지자가 일어나면 그 때
에 신명기 18:18이 성취된다고 보고서 그 날을 기다렸다. 그 때가 되기까지,
"그들은 토라의 모든 경륜에서 떠나지 않을 것이다."[2] 묵시론자들은 선지서

---

1) W. R. Farmer, *Maccabees, Zealots and Josephus* (1956); T. W. Manson, *The Servant- Messiah* (1953)을 보라.

2) 훈련 교범 9:9. (William Hugh Brownlee, *The Dead Sea Manual of Discipline* [1951], *in loc.*을 보라.) 몇몇 학자들은 의의 교사는 스스로를 선지자로 칭한 것으로 믿는다. 그러나 마카베오 1서 4:44와 마찬가지로 이 구절은 그 선지자의 출현을 미래에 속하는 것으로 말씀한다. Oscar Cullmann, *The Christology of the New Testament* (1959), pp. 19-21; A. Dupont-Sommer, *The Essene Writings from Qumran* (1961), pp. 94-95, n. 3; F. M. Cross, Jr., *The Ancient Library of Qumran and Modern Biblical Studies* (1957), pp. 168-169 등을 보라.

들을 탐구하고 현 역사의 악한 상황을 이리저리 생각한 끝에 위로의 메시지를 전함으로써, 의인들이 비록 버린 바 된 것 같지만 하나님이 곧 개입하셔서 그들을 구원하시고 그가 약속하신 구원의 날이 오게 하실 것이라는 확신을 주고자 했다.

그런데, 세례 요한에게서 하나님의 말씀이 다시 한 번 선포되었다. 요한은 이사야 40:3의 예언을 성취하는 선지자로 나타났다. 그의 약대털로 만든 겉옷과 가죽 허리띠는 의심할 나위도 없이 엘리야의 차림새(왕하 1:8)를 상기시키기 위하여 의도된 것이었다. 누가는 "하나님의 말씀이 빈들에서 … 요한에게 임하니라"라고 기록하고 있다(눅 3:2). 백성들은 요한에게서 성령에 감동함을 받은 새로운 선지자를 본 것이다(막 11:32).

새로운 일이 일어났다. 하나님이 다시 한 번 말씀하신 것이다. 예언의 영이 이스라엘 가운데서 다시 한 번 활동한 것이다. 요한의 출현이 이스라엘 전체에 가져다 주었을 흥분의 상태는 생생한 상상력이 없이도 얼마든지 생각할 수가 있다. 복음서에 나타나는 희미한 언급만으로는 정치적인 혁명가나 분리주의자도 아니요 글을 쓰는 묵시론자도 아닌 새로운 선지자로서의 그의 출현이 얼마나 큰 영향력을 주었을지에 대해서 잘 알 수가 없다. 요한은 고대 선지자들의 역할을 다시 회생시킨 것이었다. 그는 구약 성도의 권위를 주장하지 않았다. 그는 하나님의 백성들이 당하는 고난의 난제를 해결해 주는 묵시론자의 말씀을 되뇌이지도 않았다. 그는 임박한 이스라엘의 확실한 구원을 선포하지도 않았다. 그는 종말론적 사건들의 시간적인 전후 관계에 대한 청사진을 제시하지도 않았으며 새로운 질서에 대해서도 아무런 언급도 하지 않았다.

이런 문제들에 있어서 그는 묵시론자들에게서 동떨어져 있었고, 선지자들과 같은 입장을 취했다. 요한이 한 때 "광야"에 있는(막 1:4) 쿰란 공동체에 소속되어 있었다고 보는 것도 불가능한 것은 아니다. 그러나 만일 그렇다 하더라도, 새로운 방식으로 감동하시는 성령의 역사에 따라서 그는 그 공동체를 떠났다고 할 수 있다. 쿰란 분리주의자들이 스스로 성령의 영감을 받아서 성경의 참된 의미를 깨닫는다고 믿고 있었지만,[3] 그는 더 이상 그 비밀스런 해석에 만족할 수가 없었다.

쿰란 분리주의자들에게는 하나님에게서 직접 내려온 선지자적 말씀이 없었을 뿐 아니라 이스라엘 전체를 향한 메시지도 갖고 있지 못했다. 그들은 오로지 자기들의 분리주의적인 그룹을 위해서 성경의 참된 의미를 찾는데만 관심이 있었던 것이다. 그러나 요한은 과거의 선지자들과 마찬가지로 온 이스라엘을 위한 하나님의 직접적인 메시지를 갖고 있었다. 그의 메시지는 바로 하나님이 곧 활동하시리라는 선언이었다. 하나님이 다시 그의 백성에게 찾아오실 것이다. 하나님 나라가 가까이 왔으며, 오로지 오실 자라고만 지칭되는 한 메시야적인 인물로 말미암아 그 나라가 시작될 것이다. 요한이 그를 메시야라고 부르지 않는다는 것은 복음서 기록이 역사적으로 신빙성이 있다는 한 가지 증거가 된다. 메시야라는 칭호는 여러 양식 비평 학자들이 주장하듯이 역사적 전승이 기독교 신앙에 의해서 완전히 재구성된 뒤에나 기대할 수 있는 그런 칭호였던 것이다. 오실 자의 주요 사명은 사람들을 분리시키는 일이 될 것이다. 그리하여 의인은 성령으로 세례를 베풀 것이요, 악인은 불로 세례를 베풀 것이라는 것이다(마 3:11; 눅 3:16).

요한의 선포가 과연 순수한 것이냐 하는 의문이 자주 제기되어 왔다. 성령 세례를 거론하는 요한의 언급 형식이 후기 기독교인들의 오순절 경험을 반영하는 것이라고 생각하며, 요한의 선포는 심판만을 선언한 것이라고 해석해왔다.[4] 그러나, 마지막 때에 성령을 부어주신다는 것이나(사 44:3-5; 32:15; 겔 37:14; 36:27; 욜 2:28-32) 마지막 때에 불로 심판한다는 것(말 4:1; 사 30:27f., 33; 나 1:6)은, 물론 후자의 개념은 묵시문학에서 장황하게 발전되기는 했지만, 모두 선지자들이 선포한 개념들인 것이다. 더 나아가서, 이 두 가지 메시야의 사역의 성격은 Q 문서의 말씀에서도 해석되고 있다(마 3:12 = 눅 3:17). 오실 자가 그의 타작 마당을 정결케 하고 알곡은 곳간에 들이고(구원) 쭉정이는 불에 던져 태워 버릴 것이다(심판). 그 불이 "꺼지지 않는 불"이라는 사실은 그것이 종말론적인 개념임을 보여준다. 구약에서는 성

---

3) 쿰란에 관한 논의에 대해서는 앞의 pp. 360 이하를 보라. J. A. T. Robinson, *Twelve New Testament Studies* (1962), pp. 11-27을 보라.
4) Carl H. Kraeling, *John the Baptist* (1951), pp. 58ff.

령 세례를 메시야의 사역으로 보지 않는다는 것을 근거로 반론을 제기한다면,[5] 불로 심판하는 일도 메시야가 행하는 기능이 아니라는 점을 지적해야 할 것이다. 말라기는 불로 심판하는 일을 가장 생생하게 그리지만, 거기에 메시야는 없다. 이사야 32:1은 메시야적인 왕을 묘사한다. 그러나 그 메시야적인 왕에게는 성령의 은사(32:15)가 주어지지도 않으며 불로 심판하는 일(30:27, 33)도 행하지 않는다. 요한이 그 중 한 가지 기능을 오실 자에게 부여할 수 있었다면, 다른 기능 역시 그에게 부여할 수 있었을 것이다.[6] 그러므로 요한의 이중적인 선지자적 선포의 내용을 거부할 합당한 이유가 없는 것이다.

더 나아가서, 요한이 선지자로서 구약의 약속의 성취를 말씀하기는 하지만, 그의 선언의 내용은 그 이전의 선지자들이 선포한 내용에서 한 걸음 더 나아간다. 그는 오실 자가 메시야적 구원과 심판을 행하실 자라고 선포하기 때문이다. 구약에서는 메시야적 왕은 이 세상에 하나님의 통치를 세우지 않는다. 그는 하나님이 그의 통치를 효과적으로 세우신 이후에 비로소 통치하는 것이다.

요한이 하나님 나라에 대해서 역동적인 개념을 가지고 있었다는 점을 주목하는 것이 중요하다. 하나님의 나라가 가까웠다. 이 말을 그 문맥 속에서 해석하면 하나님이 곧 활동하실 상태에 있다는 뜻이다. 하나님이 그의 백성을 방문하셔서 그들에게 구원과 심판을 주실 것이다. 요한의 선포의 주된 강조점은, 메시야 시대가 다가왔다는 것도 다가올 시대도 아니다. 사실상, 요한은 메시야로 말미암아 이루어지는 일들의 상태에 대해서 아무런 묘사도 하지 않는다. 하나님의 나라는 오히려 현재의 질서에 심판을 가져오게 될 하나님의 활동인 것이다. 하나님의 활동에는 긍정적인 면이 있고 동시에 부정적인 면도 있다. 하나님의 나라는 구원을 의미하는 동시에 심판을 의미하는 것이다.

요한은 종말론적 사건들에 관해서 구체적인 청사진을 제시하지도 않았다.

---

5) Vincent Taylor, *The Gospel according to St. Mark* (1952), p. 157.
6) C. E. B. Cranfield, *The Gospel according to Saint Mark* (1959), pp. 49-51.

그는 오실 자가 행하실 이 두 가지 메시야적인 활동의 상호 관계에 대해서도 아무런 암시도 주지 않았다. 그의 메시지를 풀어서 설명한다면 다음과 같을 것이다: "하나님의 나라가 가까웠고, 하나님이 곧 그의 백성에게 임하려 하신다. 이 하나님의 강림은 오실 자로 말미암아 성취될 것인데, 그는 종말론적인 구원과 심판을 행할 것이다." 요한은 이 두 가지 메시야의 사역이 한 가지 단일한 종말론적 사건 속에서 이루어질 것으로 기대한 것으로 보인다.

요한 자신도 예수께서 이 예언을 어떤 방식으로 성취시키셨는지에 대해서는 올바로 이해하지 못했다는 점을 후에 살펴볼 것이다(pp. 194ff.를 보라). 감옥에서 요한은 사람들을 예수께 보내어 예수가 과연 오실 자인지, 아니면 종말론적 구원을 실제로 행할 다른 사람을 또 기다려야 할지를 물었다(마 11:2-3). 물론 전형적인 선지자적 방식을 취하여 그 사건들의 때를 계산할 수 있는 구체적인 일정은 제시하지 않았지만, 요한은 종말론적 구원과 심판이 가까운 미래에 일어날 것이라고 믿었던 것이다.[7]

요한은 윤리적인 관심을 가짐으로써 당시의 유대교 교사들과는 다른 입장을 취했다. 다가올 나라는 다가올 초자연적인 사건이다. 그러나 동시에 그 사건은 깊은 윤리적 성격을 지닌다. 유대교는 하나님의 나라가 이스라엘에게 구원을 주며 그 원수들에게는 심판을 줄 것으로 믿었다. "지극히 높은 자, 곧 홀로 영원하신 하나님이 일어나실 것이요 그가 나타나사 이방을 벌하실 것이라 … 그 때에 이스라엘아, 너는 복될 것이니 독수리의 목과 날개 위로 오르리니 … 하나님이 너를 높이시리라"(모세의 승천 10:7-9).[8] 몇 군데서는 (에녹서 50:1-3; 90:30; 91:14) 구원이 회개하는 이방인에게까지 확대된다. 그러나 그런 경우는 매우 드물다. 더 전형적인 것은 다음의 말씀에서 볼 수 있다: "내가 소수[이스라엘 사람들]를 기뻐하여 저들을 구원하리라 … 내가 멸망 당할 다수[이방인들]에 대해서 슬퍼하지 아니하리라"(에스라 4서

---

7) 요한복음에 기록되어 있는 세례 요한의 메시지(요 1:29)는 약간 달리 들린다: "보라, 세상 죄를 지고가는 하나님의 어린 양이로다." 만일 이 메시지가 해석이 아니라면, 요한복음과 공관복음서를 서로 비교하여 이것은 선지자적 통찰에서 나온 말씀으로서 그 함축된 의미를 요한 자신이 알고 있지 못했다고 결론지을 수밖에 없다.

8) 독수리는 로마를 가리킬 수도 있다.

7:61f.). 쿰란 공동체는 자기들만이 하나님의 나라를 유업으로 받을 것이며 전쟁 준비를 갖춘 천사들을 보강 받아서, 최후의 종말론적인 전쟁에서 배도한 유대인을 비롯하여 모든 원수들을 멸할 수 있을 것이라고 믿었다.[9]

요한은 하나님 나라가 임한다는 것은 곧 하나님의 집에서부터 심판이 시작되는 것을 의미한다고 선언했다. 그는 묵시문학에서 특징적으로 자주 나타나는 바 유대인들의 편협된 사고와 윤리적으로 소극적인 태도를 분명히 거부했다. 유대인의 혈통에서 났다는 것은 구원을 보장해주는 것이 아니었다. 서기관의 전통을 엄격하게 고집한다고 해도 그것은 아무것도 보장해주지 못하는 것이었다. 요한은 회개를 요구했다. 율법의 요구 사항을 수용한다는 유대교적인 의미에서가 아니라, 윤리적인 의미에서의 회개를 요구한 것이다. 곧 스스로 죄악되다는 것을 인정하고 행실을 바꾸는 것이다. 그런 회개의 증거로서 물로 세례를 받으라고 했다. 이 물 세례 의식의 근원이 무엇인가 하는 문제에 대해서는 많은 논란이 있다.[10]

그러나 가장 개연성이 높은 해결책은 요한이 의도적으로 유대인들이 개종자들에게 베풀었던 세례(Jewish proselyte baptism)를 취했고, 그리하여 결국 유대인들이 다가오는 메시야의 강림 앞에서 이방인과 동등한 위치에서 있다는 것을 드러내고자 한 것으로 보는 것이다.[11] 유대인이라고 해서 유리한 위치에 있는 것이 아니었다. 그도 아브라함의 자손이 아닌 자들과 마찬가지로 개인적인 회개를 경험해야만 하는 것이었다.

예수에게서 이루어진 성취

---

9) "War of the Sons of Light against the Sons of Darkness," translated in A. Dupont Sommer, *The Essene Writings from Qumran* (1961), 제 5장.
10) H. H. Rowley in *Hebrew Union College Annual*, XV (1940), pp. 313-334; "The Baptism of John and the Qumran Sect" in *New Testament Essays* (A. J. B. Higgins, ed.; 1959), pp. 218-229를 보라.
11) T. W. Manson, *The Servant-Messiah* (1953), pp. 44f.

"요한이 잡힌 후 예수께서 갈릴리에 오셔서 하나님의 복음을 전파하여 가라사대, '때가 찼고 하나님의 나라가 가까웠으니 회개하고 복음을 믿으라' 하시더라"(막 1:14, 15). 마태복음의 보도는 이보다 더 간결하다: "회개하라 천국이 가까웠느니라."[12]

복음서들은 세례 요한의 설교와 예수님의 설교를 동일한 말씀으로 정리하고 있다: "회개하라 천국이 가까웠느니라"(마 3:12; 4:17). 그들의 메시지가 본질적으로 서로 동일한 것이었다고 결론짓기가 쉬울 것이다. 곧, 두 사람의 메시지의 골자는 바로 그 종말론적 사건이 임박했고, 하나님이 임하셔서 다가올 시대의 하나님의 나라를 세우실 묵시론적 소망이 곧 성취될 것이라는 내용의 선포였다고 보기가 쉽다.

아무리 단어들이 비슷하다 할지라도 현대의 학자들은 이 두 사람의 메시지 사이에 근본적인 차이가 있는 것으로 본다. 이미 살펴보았듯이 귄터 보른캄(Günter Bornkamm)은 요한과 예수님 사이에 "11시와 12시의 차이와 같은 그런 차이가 있다. 예수는 시대의 변동이 현재 일어나고 있으며, 하나님의 나라가 이미 밝아오고 있다고 말씀하기 때문이다 … .예수의 말씀과 행위 속에서 그 나라가 이제 일어나고 있는 것이다"라고 말한다.[13] 이런 결론은 용어 자체만을 검토하여 내려진 것이 아니라 예수의 메시지와 사역 전체를 배경으로 그 의미를 연구한 결과로 내려진 것이다.

---

12) "하나님의 나라"와 "천국"('하늘나라,' 헬라어로는 '하늘들의 나라')은, 물론 후자가 그 나라의 초월적 기원과 성격을 다소 더 강조하기는 하지만, 서로 의미상의 차이는 없다. 그것은 하늘로부터 와서 이 세상으로 들어오는 나라다(H. D. Wendland, Eschatologie [1931], p. 15). 표현 상의 차이는 언어학적인 차이로서 복음서 전승의 셈어적인 요소와 헬라어적인 요소의 차이를 반영하는 것이다. "천국"은 셈어에서 사용되는 관용어로서 헬라인이 듣기에는 아무런 의미도 없다. 요 3:4의 어떤 사본의 예를 제외하고는 마태복음에만 이 셈어의 관용어가 나타난다(34회). "하나님의 나라"는 마가복음과 누가복음 전체에서 나타나고 마태복음 12:28; 19:24(?); 21:31, 43에 나타난다. 아마도 예수께서는 셈어의 표현인 "천국"을 선호하셨고, 그리하여 랍비들의 일상적인 용어 사용의 관례를 그대로 따르셨을 것이다.

13) Jesus of Nazareth (1960), p. 67; Jesus von Nazareth (1956), p. 61; 참조. 앞의 pp. 35ff.

요한과 예수님 사이의 차이는 예수의 메시지를 "때가 찼다"는 것을 의미하는 것으로 해석하는 마가의 보도를 통해서 나타난다(막 1:15). 예수님은 단순히 요한처럼 하나님의 강림의 임박성을 선포하는 것으로 그친 것이 아니다. 그는 이 강림이 실제적인 과정 속에 있으며 하나님이 이미 그의 백성에게 임하고 계신다는 것을 말씀하신 것이다. 선지자들이 가졌던 소망이 성취되고 있었던 것이다.

이러한 성취에 대한 언급이야말로 예수님을 유대교와 구별짓는 그의 메시지의 진정으로 독특한 요소인 것이다. 그것은 복음서에서 거듭거듭 나타난다. 누가는 예수님이 나사렛에서 행한 설교를 보도함으로써 그의 사역을 소개하는데, 그 설교의 주요 주제는 성취에 있다. 예수님은 이사야서 가운데서 메시야적 구원을 바라보는 약속의 부분을 읽으셨다. "주의 성령이 내게 임하셨으니 이는 가난한 자에게 복음을 전하게 하시려고 내게 기름을 부으시고 나를 보내사 포로된 자에게 자유를 눈먼 자에게 다시 보게 함을 전파하며 눌린 자를 자유케 하고 주의 은혜의 해를 전파하게 하려 하심이라"(눅 4:18-19). 그리고 나서 그는 "이 글이 오늘날 너희 귀에 응하였느니라"라고 말씀하심으로써 청중들을 놀라게 하셨다(눅 4:21).

예수님의 이 주장은 놀라운 것이었다. 요한은 하나님의 강림이 임박했음을 선언한 바 있다. 곧, 종말론적 소망이 성취되고 메시야의 시대가 도래할 때가 가까웠음을 선언한 것이다. 그런데 예수님은 이 약속이 실제로 성취되고 있다고 선포하신 것이다. 이것은 묵시론적 하나님의 나라가 아니라 현재의 구원이다. 예수님은 청중들에게 더 나은 미래를 약속한 것도 아니고 그들이 곧 하나님 나라에 들어갈 것이라고 확신을 준 것도 아니었다. 오히려 그는 하나님의 나라(Herrschaft)가 이미 그들에게 임하였음을 담대히 선언하신 것이다. 그 나라의 임재는 "하나의 해프닝, 곧 하나의 사건이었고, 하나님의 은혜로우신 활동"이었다.[14] 그 약속은 예수님의 활동에서 성취되었다. 곧 가난한 자에게 복음을 선포하며, 포로된 자를 해방시키고, 눈먼 자의 시력을 회복시키며, 눌린 자를 자유케 하는 활동을 통해서 성취된 것이다. 이것은

14) G. Bornkamm, *Jesus of Nazareth* (1960), p. 77.

새로운 신학도, 새로운 관념도, 새로운 약속도 아니었다. 그것은 역사 속에 나타난 새로운 사건이었다. "불쌍한 자들이 복음을 듣고, 감옥 문이 열려 있고, 눌린 자가 자유의 공기를 마시고, 눈먼 순례자가 빛을 보며, 구원의 날이 바로 여기에 있는 것이다."[15]

이것은 그야말로 예기치 못하던 깜짝 놀라게 만드는 선언이었고, 이에 대한 청중들의 첫 반응은 호의적인 것이었다. 그러나 그들은 자기들의 이웃에 사는 한 사람 — 어린 시절부터 잘 알고 있는 사람 — 이 그런 하나님의 은혜의 메시지를 선포할 수 있었다는데 대해서 놀라움을 금치 못했다. 예수는 랍비처럼 훈련을 받지도 않았고 평신도에 불과했다. 그런데 어떻게 그가 메시야 시대가 임하는 것을 감히 선포할 수가 있단 말인가?[16]

성취에 대한 암시는 금식에 관한 문제에 대한 예수님의 답변에서도 나타난다. 예수께서는 그와 그의 제자들이 어째서 유대인들의 통상적인 금식의 관습을 따르지 않는지를 다음과 같은 말씀으로 해명하셨다: "혼인 집 손님들이 신랑과 함께 있을 때에 금식할 수 있느냐? 신랑과 함께 있을 동안에는 금식할 수 없나니"(막 2:19). 신랑이라는 은유는 그 당시에 메시야를 가리키는 표현으로 통용되던 표현은 아니었다. 그러나 이스라엘과 하나님의 관계가

---

15) J. Jeremias, *The Parables of Jesus* (1954), p. 94. Jeremias는 이것들을 예수의 진정한 말씀으로 인정한다. 이보다 앞서 출간된 *Jesus als Weltvollender* (1934)에서 Jeremias는 이 나사렛에서의 사건을 "Weltvollender in der Niedrigkeit"(겸손한 가운데 처한 세상의 완성자)로서의 예수를 보여주는 최초의 실례로 본다(pp. 12ff.). 또한 N. B. Stonehouse, *The Witness of Luke to Christ* (1951), pp. 76-85의 상세한 분석을 보라. "하나님 나라의 강림은… 그의 권능의 활동을 통하여 실현되기 시작한다" (p. 85). G. Duncan, *Jesus, Son of Man* (1949), p. 38: "예수에게는 약속의 시대가 성취의 시대로 바뀌었다."

16) J. Jeremias, *Jesus' Promise to the Nations* (1958), pp. 44f. 또한 A. R. C. Leaney, *A Commentary on the Gospel according to St. Luke* (1958), p. 119 를 보라. Jeremias는 무리가 분을 낸 것은 예수께서 이방인들에 대하여 심판의 말씀을 하지 않았기 때문이었다고 생각한다. J. W. Bowman, *The Intention of Jesus* (1943), pp. 92-97을 보라. 그는 "은혜의 말씀"이 예수의 메시지가 아니라 그의 말씀을 선포하는 태도를 지칭하는 것으로 본다.

혼인 관계로 묘사되었으며(호 2:20; 겔 16:8ff.), 어떤 경우에는 메시야의 구원을 비슷한 표현을 사용하여 묘사할 때도 있었다(호 2:19-20; 사 54:1ff.; 62:4f.을 보라). 그리하여 혼인 잔치는 유대교에서는 메시야의 완성을 뜻하는 은유가 되었다.[17] 예레미야스(J. Jeremias)는 신랑이라는 은유가 메시야를 의미하는 것이라는 것이 예수 자신에게까지 거슬러 올라가지는 않는다고 본다. 왜냐하면 당시의 청중들이 그 은유를 그런 식으로 메시야와 연관지어서 이해하지 않았기 때문이다. 그러나 그럼에도 불구하고 예레미야스는 예수께서 메시야의 구원의 시대가 임하여 있음을 선포했다는 것은 인정하였다. "이미 새 시대를 누리고 있는" 제자들에게 있어서 금식은 무의미한 것이었다.[18] 성취의 때가 이미 여기에 임하여 있는 것이다.

마태복음과 누가복음에서 각기 다른 문맥 속에서 나타나는 한 가지 말씀이 이러한 구약의 소망의 성취에 대한 핵심적인 사실을 드러내주고 있다. "너희의 보는 것을 보는 눈은 복이 있도다. 내가 너희에게 말하노니 많은 선지자와 임금이 너희 보는 바를 보고자 하였으되 보지 못하였으며 너희 듣는 바를 듣고자 하였으되 듣지 못하였느니라"(눅 10:23-24 = 마 13:16-17). 마가복음이나 누가복음이 이 말씀을 비유에 관한 기사 가운데 포함시키지 않고 있으므로, 마태복음이 그것을 새로운 문맥 속에 집어 넣은 것으로 보는 것이 합당할 것이다. 그러나 이 비평 상의 문제는 우리의 목적에는 별로 중요한 것이 아니다. 마태복음과 누가복음 모두 이 말씀을 하나님의 나라와 연관짓고 있으며, 두 복음서 모두 이 말씀이 과거 세대들의 소망이 이제 현실적인 경험이 되었음을 뜻한다는 데 동의한다. 많은 선지자들과 임금들이 무언가를 고대했다 그러나 그것이 그들에게 임하지 않았다고 해서 그들의 기대가 헛된 것은 아니었다. 그들이 기다리던 그것이 이제 사람들에게 임했다.

---

17) J. Jeremias, *TWNT*, IV, p. 1004; Strack and Billerbeck, *Kommentar*, I, p. 517.

18) J. Jeremias, *The Parables of Jesus* (1954), p. 42, n. 82. 또한 *Jesus als Weltvollender* (1930), pp. 21ff.를 보라. 예수께서 신랑의 은유를 메시야적 의미로 사용하셨다는 논지에 대해서는 V. Taylor, *The Gospel according to St. Mark* (1952), pp. 210f.을 보라.

그리고 그것은 다름이 아닌 약속하신 메시야의 구원이었다.[19]

성취에 대한 사실은 요한이 오실 자에 대한 자신의 메시지가 과연 옳은지에 대해 혼란스러워 할 때에 예수께서 대답하신 말씀에서도 다시 한 번 분명히 인증된다. 예수께서는 이사야 35:5-6의 메시야의 구원에 대한 약속의 말씀을 반영하는 그런 말씀으로 요한에게 답변하셨다. "너희가 가서 듣고 보는 것을 요한에게 고하되, 소경이 보며 앉은뱅이가 걸으며 문둥이가 깨끗함을 받으며 귀머거리가 들으며 죽은 자가 살아나며 가난한 자에게 복음이 전파된다 하라"(마 11:4-5; 참조. 눅 7:22). 이 말씀 가운데서 예수께서는 메시야의 구원의 축복들이 현재 임재해 있음을 주장하신 것이다.

요한이 혼란스러워한 데에는 그만한 이유가 있다. 그가 예상하는 방향으로 성취가 일어나지 않고 있기 때문이었다. 종말론적 완성이 멀리서라도 나타나야 할텐데, 그것이 나타나지 않는 것이다. 예수님의 답변의 요점은 종말론적 완성은 아직 이루어지지 않으나 그럼에도 불구하고 성취가 일어나고 있다는 것이다. 그러므로 예수께서는 메시야의 성취의 그런 성격으로 인해서 실족하지 않는 자들에게 특별한 복을 선포하신 것이다(마 11:6). 성취가 과연 일어나고 있다. 그러나 전혀 기대하지 않는 그런 모습으로 이루어지고 있는 것이다. 마지막 때의 약속과 종말론적 구원에 대한 약속이 지금 성취되고 있다는 것이다.[20]

완성에 이르지 않은 성취

앞의 논의는 복음서의 관련 구절을 전부 다룬 것이 아니라, 구약의 소망이 현재 성취되고 있음을 시사하는 가장 중요한 구절들만을 선별적으로 추려서

---

19) T. W. Manson, *The Sayings of Jesus* (1949), p. 80; W. C. Kümmel, *Promise and Fulfilment* (1957), p. 112.

20) W. C. Kümmel, *Promise and Fulfilment* (1957), pp. 111f. 그러나 Kümmel은 더 나아가서 "메시야적 완성의 임재"(Heilsvollendung)에 대해서 논하기까지 한다. 복음서는 성취와 완성을 혼동하지 않는다. 이 구절은 후에 pp. 194ff.에서 더 상세히 논의될 것이다.

다룬 것에 불과하다. 예수님의 사역 전체는 이 사실에 의해서 해석하여야 한다. 왜냐하면 성취는 새로운 가르침이나 새로운 방식의 삶이나 하나님에 대한 새로운 개념에 있는 것이 아니라 그것은 하나의 새로운 사건에 있기 때문이다. 구약의 약속을 성취하는 그 어떤 일이 예수님 자신과 그의 사역에서 일어난 것이다. 그러므로 우리의 연구는 예수님의 말씀에만 한정해서는 안되며, 그의 사역 전체를 고려하여야만 하는 것이다.

그러나, 이 성취의 메시지에는 미래적이요 종말론적인 하나님 나라에 대한 시각이 수반된다. 역사 속에서 성취될 것에 대한 말씀들과 함께 미래에 하나님 나라가 묵시론적으로 임할 것이라는 중요한 말씀들도 있는 것이다. 이러한 종말론적 메시지는 몇 가지 구절들을 증거로 드는 것보다는 예수님의 가르침의 근본적인 이원론적 구조를 통해서 해명하는 것이 가장 좋다. 복음서는 예수께서 하나님 나라에 대한 구약의 약속이 현재 성취되는 과정 속에 있으나 그 완성은 오직 다가올 시대에 가서야 비로소 이루어질 것으로 가르치신 것을 보도하는 것이다.

우리는 선지자들의 종말론에서도 이원론적 구조가 함축되어 있는 것을 살펴본 바 있다. 그들은 자연과 역사를 포함한 현재의 질서가 악으로 인해서 더럽혀져 있는 것으로 보았고, 그리하여 그들은 하나님의 구속적인 개입으로 말미암아 임할 새로운 질서를 추구했다. 이 새 질서는 모든 악이 사라진 질서요 하나님의 백성과 그들이 거하는 땅이 구속함을 받은 질서다. 이처럼 함축되어 있는 이원론은 신구약 중간 시대의 여러 가지 문서들 가운데 다소간 명확하게 드러나며, 그리하여 에스라 4서와 랍비의 전승에서 "이 시대"와 "다가올 시대"라는 전문적인 용어로써 표현되게 된 것이다.

복음서 기자들은 그 두 시대의 이원론적인 구조와 이원론적 용어를 모두 예수께서 말씀하시는 것으로 기록하고 있다. 더 나아가서 두 시대의 용어는 Q를 제외한 복음서 전승의 각층에서 나타난다.[21] 두 시대의 용어는 또한 바울 서신에서도 발견된다.[22] 이러한 점들은 몇 가지 매우 흥미있는 사실들을

---

21) 마가복음(막 4:19; 10:30), M(마 13:39-40; 28:20), L(눅 16:8), 마 24:3; 12:32; 눅 20:34-35.

제시해준다. 이 이원론적 용어가 나타나는 가장 최초의 문헌은 바울 서신이다.[23] 그리고 복음서들이 예수님의 가르치신 언어를 정확하게 보존하고 있다면, 예수님이 이 용어를 최초로 사용한 것이 될 것이다.[24]

비평적인 관점에서 볼 때에 이 말씀들 가운데 가장 중요한 것은 마가복음 10:30이다. 젊은 사람이 예수께 어떻게 하여야 영생을 얻을 수 있느냐고 물었는데(막 10:17), 그 때에 그 사람은 요한복음의 의미처럼 생명을 현재에 소유하는 것으로 생각하지 않았다. 그는 자신의 미래의 운명에 대해서, 다가올 시대에 대해서 관심을 가진 것이다. 아마도 그는 "땅에 티끌 가운데서 자는 자 중에 많이 깨어 영생을 얻는 자도 있겠고 수욕을 받아서 무궁히 부끄러움을 입을 자도 있을 것이며"(단 12:2)라는 다니엘서의 말씀을 염두에 두었을 것이다. 그 후에 제자들과 나눈 대화 가운데서 예수께서는 영생을 하나님의 나라와 동등한 것으로 말씀하며, 또한 다가올 시대와도 동일한 것으로 말씀하셨다(막 10:23-25). 이 시대에서,[25] 그의 제자들은 주께서 원하시는 희생

22) 갈 1:4; 롬 12:2; 고전 1:20; 2:6, 8; 3:18; 고후 4:4; 엡 1:21을 보라. 바울의 이원론에 관한 논의에 대해서는 G. E. Ladd in *EQ*, XXX (1958), pp. 75-84를 보라.

23) "A. D. 70년 이전의 [랍비 문헌에 나타나는] 증거들은 매우 희귀하며 또한 불확실하다"(H. Sasse in *TWNT*, I, p. 207).

24) 우리는 이 용어가 랍비적 유대교에서 존재했을 가능성과 바울이 그 용어를 빌어와 기독교 전통 속에 집어넣었을 가능성을 인정해야 한다. 그러나, 이에 대한 증거는 없다. 우리의 원 자료들 속에 그 용어가 나타난다는 사실에 비추어 볼 때에 그 용어가 예수님의 가르침을 통해서 기독교 전통 속에 들어왔으며, 바울 역시 당시 랍비적 유대교에서도 관용어로 사용되기 시작한 이 용어를 함께 사용한 것으로 보는 것이 더 좋을 것이다.

25) 헬라어로는 카이로스로서 "때"라는 뜻이다. "이 시대"라는 관용어에 아이온 대신 카이로스를 사용한 경우는, 유대교나 기독교 문헌 전체에서 여기밖에 없는 것 같다. 그러나 신약의 다른 종말론적 문맥 속에 나타나는 구절들에서는 카이로스가 아이온과 동의어로 사용되기도 한다: 히 9:9(에네스토스 카이로스)와 롬 3:26; 8:18; 11:5; 고후 8:14(호 눈 카이로스). (H. Sasse in *TWNT*, I, p. 206; G. Delling in *TWNT*, III, p. 463을 보라.) 아이온과 카이로스, 그리고 코스모스가 서로 혼용된다는 사실은 에스라 4서에서 Saeculum, tempus, 그리고 mundus의 용례에서도 잘 드러난다(H. Sasse, *TWNT*, I, p. 206; Strack & Billerbeck, *Kommentar*, IV, pp. 844ff.를 보라). 최근 James Barr (*Biblical Words for Time* [1962])가 제기한 방법론상의 문제점은 여기서는 다

을 감수하는 대신 특정한 상급들을 누리게 되지만, 동시에 핍박도 받게 된다
(막 10:29, 30). 그러나 가장 고귀한 선물인 영생은 다가올 시대에 속한 것이
다. 이 말씀만을 따르면 다가올 시대가 아니고서는 하나님의 백성이 영생을
경험할 수가 없는 것이다.

이원론적인 용어는 마가복음 4:19의 씨뿌리는 자의 비유에서도 나타난다.
"이 시대(한글 개역 성경에는 '세상'으로 번역되어 있음 — 역주)의 염려," 재물, 생
활의 안정, 명예에 대한 관심은 이 시대를 특징짓는 것으로서 하나님 나라의
말씀을 대적해서 그 말씀을 막아서 열매를 맺지 못하게 만드는 것이다. 누가
복음에 나타나는 한 말씀은 "이 시대의 아들들"을 "빛의 아들들"과 대비시킨
다(눅 16:8). 이 표현들은 랍비 문헌에는 나타나지 않으나, 쿰란 문서에서는
"빛의 아들들"과 "어두움의 아들들"을 서로 대비시키는 것을 볼 수 있다. 공
관복음서에서는 그다지 많이 나타나지 않으나(마 5:14; 눅 22:53), 요한복음
에서는 빛과 어두움을 서로 대비시키는 것이 예수님의 가르침의 중심 주제
로 나타나는 것을 볼 수 있다.

예수께서 사두개인들과 부활에 관하여 토론하는 사건에 대한 누가복음의
보도에서, 누가는 마가복음의 원자료에 다음과 같이 이원론적인 용어를 첨
가시킨다. "이 시대(한글 개역 성경은 '세상'으로 번역함 — 역주)의 자녀들은 장
가도 가고 시집도 가되 저 시대와(한글 개역 성경은 '저 세상과'로 번역함 — 역
주) 및 죽은 자 가운데서 부활함을 얻기에 합당히 여김을 입은 자들은 장가가
고 시집가는 일이 없으며 … "(눅 20:34-35). 이것이 마가복음에서 비롯된
이차적인 말씀이라 할지라도 이것은 예수님의 사상을 표현해주는 것이라 할
수 있다. 죽음은 이 시대에 속한 것이며, 따라서 혼인은 절대적으로 필요한
제도인 것이다. 그러나 다가올 시대는 영생의 시대요 사람들이 죽지 않고 영
원 불멸의 새로운 수준의 존재로 들어가게 될 시대인 것이다.

마태복음만이 유일하게 "시대의 완성"이라는 표현을 사용하고 있다. 이 시
대는 인자의 파루시아를 통해서(마 24:3), 의인이 악인과 분리될 사람들에
대한 심판을 통해서(13:39f.) 종결될 것이다. 동일한 표현이 부활하신 예수께

룰 필요가 없다.

서 제자들에게 자신이 그들과 함께 시대의 완성 때까지 함께 하시겠다고 약속하신 말씀 속에서도 나타난다(마 28:20). 이 말씀은 그의 파루시아와 하나님의 나라가 임하여 새 시대가 이룰 때까지 함께 하시겠다는 뜻이다.

많은 학자들은 복음서가 예수님의 말씀을 올바로 기록하고 있지 못하다고 보며, 또한 예수께서는 두 시대의 용어를 사용하셨을 수가 없다고 믿는다. 물론 복음서의 어구들 가운데 이차적인 것들도 있다는 것은 분명한 사실이나, 그렇다고 해서 그 두 시대의 용어가 사실상 예수께서 말씀하신 것이 아니라는 식의 결론을 내릴 만한 설득력 있는 근거는 없는 것이다. 달만(G. Dalman)은 말하기를, "만일 예수께서 정말로 '이 시대,' '미래의 시대' 라는 관념을 가지셨다 하더라도 그것들은 예수의 어휘 가운데서 별 중요한 것들이 아니었던 것이 분명하다 … '하나님의 주권' 이라는 관념이 '미래의 시대' 의 관념의 자리를 가득 채우고 있었기 때문이다"라고 한다.26) 그가 앞에서 "하나님의 주권이라는 관념은 **말쿳 쇼마임**이라는 유대교적 관념과 유사한 것이 아니라, '미래의 시대' 혹은 '미래의 시대의 생명' 이라는 관념과 유사한 것이다"27)라고 진술한 사실과 비교할 때에, 그가 이런 진술을 했다는 것은 참으로 의아스러운 일이다. 그러나, 만일 두 시대의 관념이 예수님의 가르침 속에 나타난다면, 우리는 강한 반대의 이유가 없는 한 그 용어의 개연성을 인정하여야 마땅한 것이다. 다음 장에서 보게 되겠지만, 하나님의 나라가 본래 하나님의 주권을 뜻한다는 달만의 진술은 옳다. 그러나 하나님의 주권적인 다스림은 이 시대를 종말에 이르게 하며, 다가올 시대를 개시하여 하나님의 백성들을 그리로 들어가게 할 것으로서 종말론적으로 드러날 것이다.

불트만은 그 용어를 뒤에 붙인 것으로 보면서도 두 시대로 표현되는 사고 패턴의 순수성은 인정한다.28) 테일러 역시 마가복음 10:30의 골자가 순수하다는 것은 인정한다. 그러나 그는 그 표현의 형식 그 자체는 후대의 것이라고 본다.29) 그러나 마가복음 10:30에서 영생을 다가올 시대와 연관짓는 것에

26) *The Words of Jesus* (1909), p. 148) 또한 W. G. Kümmel, *Promise and Fulfilment* (1957), p. 49의 긴 각주를 보라.
27) G. Dalman, *The Words of Jesus* (1909), p. 135.
28) *Jesus and the Word* (1934), p. 156.

대한 빈센트 테일러의 반론은 별로 설득력이 없어 보인다. 왜냐하면 그 용어
와 그 용어 이면에 담겨 있는 사고 패턴의 의의를 바로 이 점에서 찾게 되기
때문이다. 종말론적 개념들을 "강조하는" 성향에 기울어지지 않는 자세를 보
이는 맨슨(T. W. Manson)의 말을 빌면, "파루시아와 심판은 현 시대와 다가
올 시대를 구분짓는 분기점이 된다. 그것들은 '하나님의 나라' 혹은 '생명'
이라고 묘사되는 바로 그것에로 인도하는 것이다. 이 두 가지 용어는 서로
혼용되는 것으로 보인다."[30] 여기에 한 마디를 더 첨가한다면, 하나님의 나라
와 영생은 다가올 시대에 속한다는 것이다. 우리는 예수의 가르침에서 영생
을 다가올 시대와 연관된다는 것에 대한 반론은 오로지 예수의 가르침에서
의 종말론적 요소의 중요성이 겉으로 드러나 보이는 것보다 훨씬 덜할 때에
만 성립이 된다는 크랜필드(C. E. B. Cranfield)의 견해에 동의하여야 할 것
이다.[31]

예수님의 가르침에 나타나는 이원론의 요소는 이 시대에서의 사탄의 역할
에 대한 가르침에서도 나타난다. 사탄이라는 관념의 뿌리는 욥기 1장에서 볼
수 있는데, 거기서는 "하나님의 아들들" 가운데 하나가 여호와 앞에서 욥의
순전한 믿음에 대하여 의문을 제기하며 그에게 온갖 형태의 악을 베풀 것을
허락 받는다. 이 악령은 성도들을 참소하는 자일 뿐만 아니라 인간사(事)에
그의 영향력을 행사할 수 있는 능력을 지닌 존재인 것이다.[32] 하나님의 백성
들의 복지를 대적하는 초자연적인 영이라는 초보적인 관념은 후기 유대교에
서 정교한 마귀론으로 발전되었다. 곧, 타락한 악한 천사들의 무리가 있는
데, 어떤 경우에는 우두머리가 있고, 어떤 경우에는 우두머리가 없이 나타난
다는 것이다. 이러한 마귀론은 신약에서는 유대교 문헌의 경우보다는 훨씬
더 절제된 형태로 나타난다.[33]

바울은 사탄은 "이 시대의 신"으로서 사람들을 불신앙의 어두움 속에 붙잡

29) *The Gospel according to St. Mark* (1953), p. 435.
30) *The Teaching of Jesus* (1935), p. 276.
31) *The Gospel according to Saint Mark* (1959), p. 333.
32) G. von Rad, *TWNT*, II, pp. 42ff.를 보라.
33) 사탄에 대한 구약의 가르침에 대해서는 앞의 p. 114, 각주 31을 보라.

아 둠으로써 그들을 자기의 통제하에 계속 잡아두려는 목적을 갖고 있다고 말씀함으로써(고후 4:4) 이런 상황의 특징을 잘 드러내 주고 있다. 이런 패턴은 예수께서 사탄에게 시험을 받으신 사건에서도 잘 드러난다. 사탄은 순식간에 예수님에게 이 세상의 만국을 상상 가운데 보여주고서 말하기를, "이 모든 권세와 그 영광을 내가 네게 주리라. 이것은 내게 넘겨준 것이므로 나의 원하는 자에게 주노라"(눅 4:6)라고 한다. 그러나 이런 사탄의 말을 궁극적인 의미로 받아들일 수는 없다. 성경에는 페르시아의 절대적인 이원론 같은 것은 절대로 없는 것이다. 하나님은 영원히 "만세의 왕"이신 것이다(딤전 1:17).

그러나 예수님의 가르침을 포함하여 신약 전체에 걸쳐서, 이 시대를 하나님의 주권적인 목적 속에서 사탄이 사람들을 비극적으로 통치하도록 허락을 받은 것으로 바라보는 것이다. 사탄은 자기 집을 지키는 강한 무사(武士)로 표현되기도 한다(막 3:27). 사람들은 그의 권세에서 구원받아야만 한다(마 6:13).[34] 그는 사람들의 의지를 소유하여 그들로 하여금 악한 행위를 영속화시키도록 할 수도 있다. 주를 배반한 유다의 경우에서 이 점을 잘 볼 수 있다(눅 22:3). 사탄은 예수님의 제자들을 시험하려고 혈안이 되어 있으며(눅 22:31) 하나님 나라가 사람들 가운데 역사하지 못하도록 방해하려는 목적을 늘 행동에 옮긴다(막 4:14; 마 13:39). 질병도 사탄에 결박되어 있는 것으로 묘사되기도 한다(눅 13:16). 마태복음 12:26(= 눅 11:18)은 사탄의 나라, 혹은 영역에 대해서 말씀하며 사람들을 사로잡을 수 있는 귀신들이 그 "사자들"이다(마 25:41). 하나님 나라의 축복을 받지 못하는 그 바깥의 사람들의 비극을 가리켜 "악한 자의 아들들"이라는 표현으로 묘사한다(마 13:38). 이는 특별히 죄가 가득한 상태를 가리키는 것이 아니라 다만 생명을 지배하는 원리에 관하여 그 근원이 하나님이 아니라 사탄에게 있다는 사실을 지적하는 것이다.

다가올 시대에야 비로소 사탄이 멸망하게 될 것이다. 복음서에는 묵시문

---

34) 투 포네루는 아마도 영어 표준역(RSV) 난외주의 번역처럼 "악한 자로부터"(from the evil one)로 번역되어야 할 것이다.

학의 경우와는 달리,[35] 사탄이 멸망하는 그 사건의 장소나 그 상태에 대한 묘사가 전혀 나타나지 않는다. 그러나 마귀와 그 사자들을 위하여 예비된 영원한 불을 언급한다(마 25:41; 참조. 계 20:10). 막 1:24에서 귀신들이 예수께 그가 그들을 멸하려고 왔느냐고 묻는 장면에서 이 심판에 대한 언급이 나타난다. 마귀를 멸하는 종말론적 사건에 대한 언급이 복음서에 별로 나타나지 않는 이유는 복음서의 관심의 초점이 미래가 아니라 현재에 있다는 중요한 사실 때문이다. 그러나 그 패턴은 분명히 나타난다. 사탄은 "이 시대의 신"이다. 하나님이 사탄과 그 권세를 멸하시기까지, 새 시대는 올 수가 없다. 아니, 하나님의 나라가 임할 때에 사탄이 멸망할 것이며, 이 악과 사망의 시대가 사라지고 다가올 영생의 시대가 임할 것이라고 말하는 것이 더 나을 것이다.

맨슨 교수는 이 이원론적인 구조에 다음과 같이 적절히 해명해 주고 있다. "예수의 사역과 바울의 신학을 둘 다 이해하는데 필수적인 것은 두 나라의 교의이다. 곧 하나님의 나라와 사탄의 나라가 그것이다. 사람들이 고통을 당하는 모든 악한 일들과 그들이 저지르는 온갖 악행들은 그 악한 나라의 권세가 역사 속에 드러난 것으로 생각할 수 있을 것이다. 미래 — 세상의 미래, 혹은 개인의 미래 — 에 대한 인간의 모든 소망은 하나님의 나라가 사탄의 나라에 대하여 승리를 거두는 것과 묶여져 있다. 그 승리가 올 때에 하나님의 나라가 권능 가운데 임하게 될 것이다."[36] 맨슨은 계속해서 말하기를, 예수의 독특한 점은, 물론 예상치 않은 방식으로 임하였지만, 진정한 의미에서 하나님의 나라가 이미 임하였다는 것이라고 했다. "우리가 예수의 사역이라고 부르는 그것이 바로 하나님의 다스림인 것이다."[37]

이것이야말로 복음서의 신학의 가장 중심적인 문제이다. 하나님의 나라는 사탄에 대한 미래의 종말론적인 승리이다. 그러나 그 나라는 동시에 현재의 사건이다. 하나님의 나라가 어떻게 미래이며 동시에 현재일 수 있는가? 어떻

---

35) 예컨대, 에녹서 21:7-10; 54:1-6; 56:1-5; 90:24-27.

36) T. W. Manson in *Law and Religion* (E. I. J. Rosenthal, ed.; 1928), p. 128. 사탄론의 신학적 의의에 대해서는 다음의 p. 74를 보라.

37) *Ibid.*, p. 129.

게 미래의 묵시론적 질서가 현재의 역사에 속한 것으로 생각할 수가 있는가? 예수의 사역을 어떻게 구약의 소망의 성취의 때를 소개하는 것으로 보며, 한편으로 그 완성의 때는 아직 미래에 속하여 있는 것으로 볼 수 있는가?

많은 학자들은 한 가지 중심적인 강조점을 취하고, 나머지는 부차적인 것으로 제외시켜 버려야 한다고 느껴왔다. 철저 종말론을 따르는 자들은 예수의 가르침의 의미는 성취의 시대가 가까웠고 너무 가까워서 그 표증과 권능들을 느낄 수 있을 정도라는 뜻이었고, 하나님 나라 그 자체는 임재하지 않는 것이었다고 주장한다. 다른 사람들은 종말론을 재해석하여, 이미 완전히 실현된 종말론에 대한 예수의 메시지를 초대 교회가 오해한데서 그런 미래적인 종말론이 생겨났다고 주장한다. 그러나 이 두 가지 강조점 — 현재성과 미래성 — 은 모두 예수님의 가르침에서 중요한 역할을 담당하고 있다. 그럼에도 불구하고 묵시론적 완성의 때는 아직 미래 속에 남아 있다. 현대의 성경 신학의 가장 중요한 임무 가운데 하나는, 어떻게 하면 하나님의 나라를 미래이면서 동시에 현재일 수가 있는 것으로 보아서 두 가지 말씀들 — 현재의 성취에 관한 말씀들과 미래의 완성에 관한 말씀들 — 을 모두 보존할 수 있느냐 하는 문제를 해결하는 열쇠를 찾는 것이었다. 우리가 믿기로는 이 문제에 대한 해결은 하나님 나라의 역동적 의미 속에서 발견되는 것으로 보인다.

제 5 장

하나님의 나라:
통치 그 자체인가, 통치 영역인가?

신약 학자들은 일반적으로 예수의 메시지의 핵심이 하나님의 나라였다는데 동의한다(막 1:15; 마 4:17). 그 동일한 메시지가 열두 제자들에게 위탁되었으며(마 10:7) 또한 후일의 전도 시에 칠십명의 무리들에게 맡겨졌다(눅 10:9, 11). 그런데, 결정적인 난제는 예수께서 어디서도 그 말이 무슨 의미인지를 정의하신 일이 없다는 사실에 있다. 예수께서 말씀하지 않으셨기 때문에, 우리로서는 그 어구의 내용이 당시 사람들이 일상적으로 잘 이해하고 있어서 예수께서 새삼스레 그 어구를 정의할 필요도 없었다고 보든지, 아니면 예수님이 선포하신 내용의 의미를 그의 사역과 활동 전반에 비추어서 해석해야 할 것으로 생각해야 한다. 우리가 이미 확증한 바와 같이, 예수님의 메시지에는 두 가지 중요한 강조점이 있었다. 그것은 선지자들이 미리 말씀한 메시야적 구원이 예수님 자신과 그 사역 가운데서 성취되고 있다는 것과, 그러면서도 메시야적 구원은 다가올 시대에 가서야 완전히 이루어지는 것으로서 그 종말론적 완성의 때는 아직도 미래에 있다는 것이 그것이다. 예수님의 메시지의 의미를 찾기 위해서는 이런 사실을 배경으로 해서 복음서에 나타난 "하나님 나라"의 용례를 점검해야 할 것이다.

복음서에 나타난 용례

복음서의 자료를 간략하게 개관해보면, 이 문제가 얼마나 어려운지를 잘 볼 수 있게 된다. 하나님의 나라라는 어구가 매우 다양한 문맥 속에 나타나기 때문이다. 우리는 최소한 네 가지 서로 다른 용례를 찾을 수가 있다. 첫째, 몇 군데에서는 하나님의 나라가 통치나 다스림 등 추상적인 의미로 사용되는 것이 분명히 드러난다. 영어 개정 표준역 성경(Revised Standard Version)의 번역자들은 이 점을 잘 인식하고서 누가복음 19:12, 15; 23:42에서는 바실레이아를 "kingly power"(왕의 권세)로 번역하고, 요한복음 18:36에서는 "kingship"(왕권)으로 번역하고 있다. 두 번째 구절들에서는 하나님의 나라를 의인이 이 시대의 종말에 들어가게 될 미래의 묵시론적 질서를 뜻하는 것으로 말씀한다. 그런 말씀들에서는 하나님의 나라가 다가올 시대와 혼용된다(막 9:47; 10:23-25; 14:25; 마 8:11 = 눅 13:28). 세 번째 그룹에서는 하나님의 나라가 사람들 가운데 실재하는 무엇으로 묘사된다. 가장 두드러지는 말씀은 막 10:15로서 하나님의 나라를 사람이 현재 받는 것으로 말씀하며, 또한 마 6:33 = 눅 12:31로서 하나님의 나라를 사람이 찾는 것으로 말씀하며, 마 11:12과 12:28에서는 하나님의 나라를 세상에서 역사하는 능력으로 말씀하며, 눅 17:21에서는 하나님의 나라가 현재 사람들 안에 있다고 말씀한다.[1] 네 번째 그룹의 경우는 하나님의 나라를 사람들이 지금 들어가는 현재의 영역으로 말씀한다(마 11:11 = 눅 16:16; 마 21:31; 23:13; 참조. 눅 11:52).

많은 비평 학자들은 하나님의 나라의 한 가지 의미를 선택하고 다른 모든 말씀들을 그 하나의 중심적인 강조점에 비추어서 해석하려 한다. 그 개념의 통일성이 상실되고 불행하게 그 개념이 손상을 입지 않도록 하려는 의도에서 그렇게 하는 것이다.[2] 철저 종말론을 수용하는 사람들은 하나님 나라의 실재에 대한 말씀을 나중에 덧붙여진 것으로 보든지 아니면 그 말씀을 하나님 나라 자체가 아니라 그 나라에 대한 현재의 표적들을 가리키는 것으로 해

---

1) 마 11:12에 관한 논의에 대해서는 다음의 pp. 195ff.를 보라. 마 12:28에 대해서는 pp. 173f.를 보라; 눅 17:21에 대해서는 p. 277, 각주 25를 보라.
2) S. Aalen, *NTS*, VIII (1962), p. 215.

석한다. 현재의 하나님 나라에 핵심적인 진리가 있다고 보는 사람들은 종말론적인 말씀들은 예수의 순수한 영적인 메시지를 초기 기독교인들이 묵시론적으로 오해한데서 비롯되었다고 보거나, 아니면 그 말씀들을 상징적인 의미로 해석해 버림으로써 그 말씀들의 진의(眞意)를 회피하는 경우가 많다. 그러나 예수께서는 미래의 완성을 배경으로 하여 현재의 성취를 가르치셨다. 그러므로, 이런 여러 종류의 말씀들이 단일하면서도 복잡한 하나의 관념의 여러 가지 다양한 면들을 반영하는 것으로 볼 수 있겠느냐 하는 문제가 제기된다. 하나님 나라에 있어서 가장 중심이 되는 관념은 과연 무엇인가? 그것은 하나님의 통치인가, 아니면 그가 통치하시는 영역인가? 동시에 그 두 가지를 모두 포괄하는 것으로 볼 수는 있는가? 그렇다면, 이 두 가지 요소들은 서로 어떤 관계에 있는가?

최근의 비평에서 제기하는 질문

이 질문이 어렵다는 것은 최근의 학자들이 서로 상이한 결론들을 내리고 있다는 사실이 잘 보여준다. 더욱이 이 문제를 해결하는 것만으로 족한 것이 아니다. 왜냐하면 철저 종말론과 비종말론적인 견해들이 이 두 가지 개념 — 통치와 영역 — 에 대해서 관심을 가져왔기 때문이다. 그러므로 우리는 하나님의 나라가 하나님의 통치인가 아니면 그가 통치하시는 영역인가를 물어야 하는 동시에, 통치와 영역의 문제가 현재와 미래의 문제와 어떤 관계에 있느냐 하는 것에 대해서도 의문을 제기해야 하는 것이다.

철저 종말론의 추종자들은 하나님의 나라를 하나님의 통치로, 또한 그의 통치 영역으로 해석했다. 불트만은 하나님의 나라를 하나님의 종말론적 활동으로 해석하며, 하나님이 그 활동을 통해서 새 시대를 개시(시작)하실 것으로 보았다. 그는 이 이적적이며 세계를 변화시키는 하나님의 활동의 본질적인 의미는 그 정의상 현재 실재하는 나라의 관념을 배제하는 것이라고 주

---

3) *Theology of the New Testament* (1951), I, p. 22. M. Dibelius, *Jesus* (1949),

장한다.[3] 철저 종말론을 따르는 다른 사람들은 하나님의 나라를 하나님의 종
말론적 강림이나 하나님의 통치가 최종적으로 개입하는 것으로 보지 않고,
다가올 시대의 새로운 질서로 본다. 모리스 고구엘(Maurice Goguel)은 하
나님의 나라를 정의하기를, "하나님의 활동으로 실현될 새로운 질서"라고 했
다.[4] 철저 종말론은 하나님의 나라를 최종적인 종말론적 강림으로 해석할 수
도 있고, 이 신적인 사건을 통해서 전개되는 새로운 질서로 해석할 수도 있
다.

이 두 가지 해석 모두 한 가지 심각한 문제를 제기한다. 철저한 역사가의
입장에서 보면 이 문제가 아무것도 아니지만 신학자로서는 이 문제를 정직
하게 받아들여야 마땅하다. 두 가지 견해 모두 하나님의 나라를 실재하는 그
무엇으로 말씀하는 구절들을 하나님 나라의 실재가 아니라 그 임박성을 뜻
하는 것으로 해석한다. 종말론적 사건이 너무도 가까이 있어서 그 권능을 실
제로 느낄 수 있는 정도라는 것이다. 사실상, 예수께서는 하나님의 통치가
이미 진행 중에 있으며, 이미 개입한 상태에 있고, 이미 밝아오고 있는 것으
로 보셨다.[5] 하나님 나라에 대한 표적들이 그 임박성을 입증해주는 것이다.
그 표적들은 그 나라가 실재한다는 것을 입증하는 것이 아니라, 그 나라가
너무도 가까이 있어서 하나님께서는 이미 현재의 실존의 저주를 변혁시키기
시작하고 계시다는 것을 입증하는 것이다. 다가올 그 나라의 광채가 이미 비
치고 있으며, 그 나라의 권능들이 이미 실재하고 있다. 그러나 그 나라 자체
는 아직 임하지 않은 것이다.[6]

---

pp. 64-88, 또한 R. H. Fuller, *Mission*, pp. 20-49에서도 동일한 견해를 볼 수 있
다.

4) *The Life of Jesus* (1933), pp. 563; 또한 pp. 312, 565를 보라. J. Conzelmann in
RGG (3rd ed.), III, col. 641-646; V, col. 912-918의 예수와 하나님 나라에 대한
글에서도 동일한 견해를 볼 수 있다.

5) R. Bultmann, *Theology of the New Testament* (1951), p. 7; M. Dibelius, *Jesus*
(1949), p. 69.

6) M. Dibelius, *Jesus* (1949), pp. 78f., 89f.; R. H. Fuller, *Mission*, pp. 34ff. 또한
E. F. Scott, M. Enslin, S. J. Case, E. Dinkler 등의 견해를 보라.

이런 해석들의 경우, 하나님 나라의 임박성을 예수님의 메시지의 중심적인 사실로 본다. 아모스 와일더(Amos N. Wilder)는 슈바이처의 주요 강조점에 대해서는, 즉, 예수께서 임박한 심판과 세상의 변혁을 가르치셨다는 것에 대해서는 반대할 사람이 거의 없을 것이라고까지 말한다.[7]

이 문제에는 단순히 과연 예수께서 미래의 나라의 시기에 대해서 실수로 잘못 말씀하셨을 수가 있느냐 하는 문제만이 아니라 그보다 훨씬 더한 문제가 개재되어 있다. 만일 오늘날 널리 주장하듯이 예수께서 그의 메시지의 주요 강조점에서 잘못을 범하고 있었다면, 만일 그가 그의 사명의 중심적인 목적 — 사람들에게 임박한 세상의 종말을 선포하고 대비시키는 것 — 에 대해서 잘못 알고 있었다면, 그의 종교적 메시지의 다른 요소들은 어떻게 신뢰성을 유지할 수 있는지 이해하기가 어렵다. 더욱이 만일 미래의 나라의 임박성 자체가 이미 그 나라가 개입하고 있다는 현재의 표적이라면, 그러나 사실상 예수께서 이 미래의 나라의 강림에 대하여 잘못 알고 있었다면, 그 미래의 나라에 대한 현재의 표적과 권능이 어떻게 타당성을 유지할 수가 있는지 이해하기가 어렵다. 그 표적들은 망상에서 나온 것으로서 허깨비 이외에 아무것도 아닐 것이다.

어떤 사람이 수평선 상에 아침이 밝아오는 발그스레한 징조를 미리 보고서 캄캄한 밤중에 길을 떠나서 이리저리 헤매고 다닌다고 상상해보라. 그것은 완전히 자기에게 속은 것이다. 그러므로 하나님 나라의 본질과 그 시기는 예수님의 사역에 대한 연구에 있어서 중심이 되는 문제들인 것이다. 만일 예수의 메시지에 대한 슈바이처의 분석이 옳았다면, 역사적 예수가 엄청난 실수에 희생된 자로서 20세기에는 거의 아무런 의미도 줄 수 없다고 본 그의 결론도 옳았을 것이다. 과연, "우리는 예수의 인격과 생애에 대한 역사적 지식을 찾는다 해도 오히려 신앙에 장애를 초래할지언정 아무런 도움을 얻지 못할 것이라는 것을 깨달을 채비를 갖추어야 한다."[8] "예수의 사역 전체의

7) *Eschatology and Ethics in the Teaching of Jesus* (1950), p. 38.
8) A. Schweitzer, *The Quest of the Historical Jesus* (1911), p. 399. Schweitzer는 "역사적 지식과는 전혀 상관없는 예수의 영원한 면"에 대해서 논했는데, 그가 의미하는 바는 온갖 종류의 "영지주의적" 해석이 가능하다.

근저(根低)에 엄청난 망상이 자리잡고 있었던 것으로 보인다."[9]

하나님의 나라는 철저한 비종말론적인 방식으로 하나의 영역으로 해석되어 왔다. 최근에는 하나님의 통치라는 역동적인 관념을 거부한 알렌(Aalen)이 이를 시도했다. 그는 유대교에 이런 역동적인 종말론적 의미가 나타난다는 것을 인정하면서도, 종말론적 문맥에서 하나님의 나라를 가리켜 나타나는 것으로 혹은 드러나는 것으로 말씀한다고 지적한다. 그러나 예수께서는 그 나라가 나타난다고 하지 않고 그 나라가 임한다고 말씀한다. 유대교에서는 이것이 하나님의 현현(epiphany)을 가리킨다. 그러나 예수의 언어는 그것과는 전혀 다른 관념을 전달해주는 것이다. 예수의 가르침은 항상 국지적인 영역과 매우 가까우며, 집이나 성(城), 또는 잔치 등 사람이 들어가는 하나의 영역을 지칭하는 것이다. 알렌은 종말론적 질서에 대해서도 이의를 제기한다. 그는 유대교 사상에 있어서 다가올 세계는 묵시론적인 의미로 이해해서는 안된다고 주장하는 것이다. 하나님 나라의 주된 관념은 구속과 구원의 영역이요, 이 새로운 구원의 영역을 예수께서 역사 속에서 사람들에게 가져다주셨다고 한다. 하나님의 나라는 구속의 실체들이 베풀어지고 받아들여지는 영역으로서, 역사의 현장에서 하나의 실재적인 현실이 되었다는 것이다.[10]

그러나 우리로서는 물론 하나님의 나라가 구원의 영역이라는 점에 대해서는 동의해야 하겠지만, 하나님의 역동적인 다스림 또는 통치로서의 하나님의 나라가 하나님 나라의 개념 정의 가운데서 가장 널리 인정을 받게 되었다는 의미심장한 사실 또한 잊어서는 안된다.[11] 그러나 그 개념에 대한 이러한

---

9) M. Dibelius, *Jesus* (1949), p. 70. 필자는 몇몇 학자들이 예수가 그런 망상의 희생자였음을 인정한다는 것을 알고 있다. 그러나 기독교 복음은 케리그마에 있는 것이지 역사적 예수의 메시지에 있는 것이 아니다. 그러나 예수를 복음과 분리시키게 되면 문제를 해결하기보다는 오히려 문제를 야기시키게 되며, 심지어 Bultmann의 제자들조차도 역사적 예수를 기독교 신앙에 합당하게 만들 방도를 찾고 있는 실정이다. 예수의 사역 속에 나타난 하나님의 나라와 케리그마에 나타난 하나님의 나라와의 관계에 대해서는 다음의 pp. 326ff.를 보라.

10) S. Aalen, *NTS*, VIII (1962), pp. 215-240.

11) Liddell, Scott, and Jones, *A Greek-English Lexicon* (1940), *in loc.*; J. H.

역동적인 해석은 아주 다양한 의미로 쓰이고 있다. 어떤 사람은 그 하나님의 통치를 인간의 마음 속에서 역사하는 하나님의 통치로 이해하여, 그것이 무시간적이며 지역적인 의미로 축소시킬 수 없는(beyond localization) 그런 개념으로 이해한다.[12] 이런 식의 해석은 하르낙의 신학을 따르는 것으로서 예수의 가르침에 기본적으로 나타나는 종말론적 이원론을 완전히 배제해버리는 경향을 띤다. 또 어떤 이들은 이 역동적인 해석을 현재와 미래 사이의 종말론적 긴장이 개재되어 있는 그런 방식으로 이해하기도 한다(p. 55, 각주. 161을 보라).

하나님의 나라가 통치를 의미하는가 아니면 통치 영역을 의미하는가 하는

Moulton and G. Milligan, *The Vocabulary of the Greek Testament* (1930), *in loc.*; W. F. Arndt and F. W. Gingrich, *A. Greek-English Lexicon of the New Testament* (1957), p. 134; K. L. Schmidt, *TWNT*, I, pp. 579ff.; E. Klostermann, **Das Matthäusevangelium** (1927), p. 35.; G. Dalman, *The Words of Jesus* (1909), pp. 91ff.; J. Schniewind, *Das Evangelium nach* **Matthäus** (1950), pp. 23ff.; G. S. Duncan, *Jesus, Son of Man* (1949), pp. 45ff.; A. M. Hunter, *The Work and Words of Jesus* (1950), pp. 68ff.; A. E. J. Rawlinson, *St. Mark* (1925), p. 13; C. J. Cadoux, *The Historic Mission of Jesus* (n. d.), pp. 111ff.; V. Taylor, *The Gospel according to St. Mark* (1960), p. 114 and references; J. Bright, *The Kingdom of God* (1953), p. 197; S. E. Johnson, *The Gospel according to St. Matthew* (1960), p. 32; G. E. Wright and R. H. Fuller, *The Book of Acts of God* (1957), p. 240; R. Schnackenburg, *Gottes Herrschaft und Reich* (1959); Alan Richardson in *A Theological Word Book of the Bible* (Alan Richardson, ed.; 1950), pp. 119f. 몇몇 과거의 책들은 이 역동적 개념을 복음서에 광범위하게 적용시키기를 분명히 거부한다. 참조. J. H. Thayer, *A Greek-English Lexicon of the New Testament* (1887), p. 97) 여기서는 새로운 사회가 영원한 구원의 축복들을 누리게 될 완전한 질서에 대해서 주로 강조점을 둔다; H. Cremer, *Biblico-Theological Lexicon of New Testament Greek* (1895), pp. 132ff., 659ff. 여기서는 눅 1:33; 고전 15:24; 눅 23:42; 마 16:28의 경우에만 "reign"(통치)의 뜻으로 본다. 또한 이러한 새로운 이해는 Cremer의 *Wörterbuch* (Julius Kögel, ed.; 1923) 제11판에 수록된 글에서도 볼 수 있다.
12) T. W. Manson, C. J. Cadoux, E. J. Goodspeed, 등의 해석에 대해서는 pp. 12ff.

문제를 결정지어야 할 필요성이 있다는 것은 큄멜의 탁월한 연구서인 *Promise and Fulfilment*(약속과 성취)에서 잘 볼 수 있다. 큄멜은 다른 어느 주석가보다도 "우리 주님의 가르침에 나타나는 실현된 종말론과 미래적 종말론을 순결하게 종합시키는" 작업에 가까이 다가간 학자로 인정받아왔다.[13] 탁월한 주해와 학문성에도 불구하고, 큄멜의 연구서는 독자들로 하여금 예수의 가르침에 나타나는 하나님의 나라는 과연 어떤 의미인가 하는 것을 이해하기가 매우 어렵게 만들어 놓는다. 이런 문제가 나타나는 것은 부분적으로, 큄멜이 결국 하나님의 나라가 무엇인가 하는 질문에 대한 답변을 정확하게 제시하지 못하는데 그 원인이 있다. 에스카톤이라는 그의 말은 과연 무슨 의미인가?[14] 신적인 종말론적 사건인가, 아니면 이 사건 ─ 다가올 시대 ─ 을 통해서 세워질 새로운 질서인가? 큄멜은 양쪽의 해석이 다 가능한 그런 모호한 언어를 사용한다. 그는 에스카톤을 하나님의 통치의 시작으로,[15] 하나님의 나라의 활동으로,[16] 하나의 사건으로[17] 이야기한다. 그러나 그는 에스카톤을 종말론적 구원의 질서로 말하는 경우가 더 많은 것으로 보인다. 확실히 말해서, 그는 예수께서 두 시대라는 이원론적 용어를 사용한 것으로 생각하지 않고,[18] 그가 하나님의 나라를 "존재케 되는 것"으로,[19] 또한 사람이 들어갈 미래의 영역으로 말씀하는 것으로 본다.[20] 더 나아가서, 하나님의 나라가 임한다는 것은 구(舊) 아이온(aeon)의 종말을 의미하며,[21] 이는 또한 에스카톤이 이제 곧 나타날 새로운 아이온임을 시사하는 것이다.

그러나, 만일 에스카톤이 종말론적 구원의 질서라면, 예수라는 분 속에 그 권능이 실재하기 때문에 하나님 나라 그 자체가 실재하고 있다고 실제로 말

를 보라.

13) G. R. Beasley-Murray, *Jesus and the Future* (1954), p. 103.

14) W. G. Kümmel, *Promise and Fulfilment* (1957), pp. 24, 49, 105, 143.

15) *Ibid.*, p. 91.

16) *Ibid.* pp. 124, 153.

17) *Ibid.* pp. 53, 111.

18) *Ibid.* p. 49, n. 98.

19) *Ibid.* p. 25.

20) *Ibid.* pp. 28, 52.

할 수 있을 정도라는 것을 어떻게 이해하여야 하는가?[22] 만일 하나님의 나라
가 그 정의대로 하나님의 다스림이라면, 우리는 하나님께서 그의 다스림을
예수님 자신과 그의 사역 속에서 드러내실 수 있으며, 또한 이 시대의 종말
에 가서도 그렇게 하실 수 있다는 것을 이해할 수 있다. 그러나 그 나라가 정
의상 종말론적 질서라면, 그 나라 자체가 어떻게 이미 실재하면서도 동시에
미래에 속하는지를 이해하기가 어려워진다. 큄멜의 제자 가운데 한 사람은
큄멜이 실재하는 것으로 해석한 것은 하나님 나라 자체가 아니라, 다만 그
나라의 임박성만을 실재하는 것으로 이해했을 뿐이라고 적절히 지적한 바
있다.[23] 큄멜은 하나님 나라가 가까이 왔다는 예수의 종말론적 선포의 의미
를 논의하면서 말하기를, "예수의 말씀의 특별한 의미는 그 미래의 종말론적
완성이 실재한다는 이 범상치 않은 선포에서 비롯되는 것이 분명하다"고 한
다. "하나님 나라가 가까이 오고 있다고 선언함으로써 이 미래를 동시에 이
미 현재의 실재로 만든다는데 예수의 사역의 의미가 있다."[24] 바꾸어 말하면,
하나님의 나라가 너무도 가까이 와있으므로, 구 아이온은 이제 종말을 맞을
순간에 있는 것이다. 하나님의 나라가 이제 나타나고 있기 때문이다.[25] 하나
님의 나라가 임박했다는 것은, 곧 이제 역사의 종말이 하나님이 정하신 그
목표를 향하여 진전함에 따라서 사람들이 그 종말을 대면하고 있다는 것을
의미한다.[26]

---

21) *Ibid*. pp. 121, 124.
22) 다음은 Kümmel의 전형적인 진술들이다: "하나님의 나라는 이미 예수 안에서 미리 효력
을 발생했다"(p. 35). "예수의 사역의 의미는 곧 하나님의 나라가 다가온다고 선언할 때
에 이 미래를 동시에 이미 현재의 실재로 만든다는데 있다"(p. 109). "하나님 나라가 예
수를 통하여 현재에 들어왔기 때문에 현재가 명확한 종말론적 성격을 지니게 된다"(p.
136). "하나님 나라의 강림이 예수의 인격과 그의 활동, 그리고 그의 메시지 안에서 이
미 스스로 실현되고 있다"(p. 153). "예수 안에서 하나님의 나라가 존재하게 되었고 예
수 안에서 완성될 것이다" (p. 155).
23) E. Grässer, *Das Problem der Parusieverzögerung* (1957), p. 7.
24) W. G. Kümmel, *Promise and Fulfilment* (1957), pp. 24, 49, 108, 109.
25) *Ibid*. p. 121.
26) *Ibid*. p. 152.

결론 부분에서 큄멜은 근거를 약간 변경해서, 임박성에 대한 언급을 미래성에 대한 언급과 분리시킨다 해도 예수의 메시지가 손상되지 않는다고 주장한다. 임박성은 하나님 나라의 강림의 확실성 자체를 표현하는 하나의 필요한 형식이 되어 버리는 반면에, 미래성의 요소는 본질적이며 필수적인 것으로 남아 있다. 곧, 이 임박성에 대한 메시지가 종말론적 완성에 대한 예수의 확신을 표현하는 하나의 방식이었고, 예수는 미래의 하나님 나라의 권능들이 예수 자신과 그의 사역 속에서 드러나고 있는 것으로 말씀함으로써 그런 확신을 표현한 것이다.[27] 즉, 종말이 가까이 임했기 때문에 그 권능들이 이미 스스로를 드러내고 있는 것이다.

큄멜의 연구서를 분석한 결과 우리는 하나님 나라에 대한 예수의 메시지에서 통치의 개념과 통치 영역의 개념이 서로 어떤 관계를 갖는지를 좀더 정확히 정의를 해야 할 필요가 있음을 보게 된다. 왜냐하면, 하나님의 나라가 종말론적 구원의 질서라면, 과연 그 나라가 어떠한 의미에서 현재의 실재일 수 있느냐 하는 점이 불명확한 상태로 남아 있기 때문이다. 더욱이, 우리는 임박성의 문제의 중요성을 다시 한번 대면하게 된다. 만일 하나님 나라의 권능이 예수의 사역 가운데 임재한다는 것이 그저 하나님 나라의 임박성에 대한 그의 감각을 반영하는 것에 불과하다면, 이 임박성에 대한 말씀을 그의 메시지에서 떼어 내어버리면 그 메시지 전체의 타당성이 손상을 입게 되고 말지 않겠는가? 그러면 어떻게 그 임박성에 대한 말씀을 제거할 수가 있겠는가? 만일 하나님 나라가 매우 가까이 있기 때문에 그 나라의 권능이 현재 역사하는 것인데, 실제로 그 나라가 전혀 가까이 와 있는 것이 아니라면, 하나님 나라의 권능이 실재한다는 메시지 그 자체가 완전히 망상에 불과한 것이 되어 버린다. 왜냐하면 그 메시지는 망상에 근거한 것이 되기 때문이다.

추상적 의미

---

27) *Ibid.* pp. 151–153.

대부분의 주석가들은 바실레이아의 핵심적인 의미는, 히브리어의 말쿳의 의미와 마찬가지로, 구체적인 통치 영역이라기 보다는 추상적이며 역동적인 통치, 다스림, 왕권이라는 관념이라는 사실을 인정해왔다. "그것들[신약과 구약]을 함께 묶어주는 끈은 하나님의 통치라는 역동적인 개념이다."[28] 우리는 이것이 구약 성경에 나타난그 단어의 중심적인 용례라는 것을 발견한 바 있다. 그러나 말쿳이 왕의 통치이며 동시에 그 왕이 다스리는 영역을 의미할 수도 있다는 것을 이미 살펴본 바 있다(p. 327, 각주 6을 보라). 말쿳의 이 두 가지 면이 서로 모순되는 점이 없으며 오히려 그 두 가지는 하나의 복합적인 관념에 속한 두 가지 불가분리의 부분들이라는 사실은 그 단어의 세속적인 용례에서 잘 볼 수 있다. 에스더서의 저자는 말쿳을 두 가지 의미로 사용한다. 에스더가 왕후가 되어 행사하는 통치권을 지칭하는 뜻으로도 사용하며(에 4:14), 또한 에스더의 남편이 왕으로서 다스리는 통치 영역을 지칭하는 뜻으로도 사용하는 것을 볼 수 있다(3:6, 8).

묵시 문헌이나 중간 시대의 다른 문헌에 "하나님의 나라"라는 표현이 거의 나타나지 않는다는 사실은 참으로 의외다. 그리고 그 표현이나 달리 변형된 표현이 나타날 경우에, 언제나 하나님이 다스리시는 영역이나 새로운 시대가 아니라, 하나님의 통치 그 자체를 지칭하는 것을 보게 된다. 솔로몬의 시편(17:23ff.)에서는 "나라"가 주의 기름 부음을 받은 자가 세울 메시야적 질서를 지칭하지 않는다. 그것은 하나님의 통치를 가리킬 뿐이다. "우리 하나님의 권능이 영원토록 긍휼과 함께 있으며, 우리 하나님의 나라가 영원토록 심판 가운데 열국 위에 있도다"(솔로몬의 시편 17:4). 하나님의 특별하신 다스림이 이스라엘 위에 있다(솔로몬의 시편 5:21). 의인이 하나님의 나라를 볼 때에(솔로몬의 지혜 10:10), 그에게 "거룩한 것들에 대한 지식"이 주어졌으며, 그는 하나님의 섭리가 역사하는 것을 깨달을 수 있게 되었다. 베냐민이 그 자녀들에게 그들의 미래의 죄악 때문에 "여호와의 나라가 너희 가운데 있지 아니하리라"고 말했는데(베냐민의 언약서 9:1), 이는 그 자녀들이 하나님

28) J. Bright, *The Kingdom of God* (1953), p. 107. 또한 앞의 p. 158, 각주 11을 보라.

이 인정하시는 다스릴 권한을 잃어버릴 것을 의미하는 것이다.

때때로 하나님의 나라를 하나의 종말론적 사건으로 말씀하기도 한다. 하나님이 역사 속으로 개입하셔서 악인을 징벌하시고 이스라엘을 구원하실 때에, "그의 나라가 그의 모든 피조 세계에 나타날 것이다"(모세의 승천 10:1). 하나님의 다스림이 온 세계 속에 세워지며 드러나게 될 것이라는 의미이다. 시빌의 신탁(Sibylline Oracles)은 이 종말론적인 사건을 다음과 같은 말로 묘사한다: "그 때에 멸하지 않을 왕의 강력한 나라가 사람들 위에 나타나리라"(3:47f.). 이런 구절들에서는, 하나님의 나라가 새 시대가 아니라, 그의 다스림이 효과적으로 드러나서 종말론적 질서가 세워지는 것을 의미한다.[29]

랍비 문헌에 나타나는 용례는 시사하는 바가 가장 크다. 하나님의 나라, 곧 그의 주권은 영원한 사실이다. "그의 왕적인 주권은 영원토록 있으리라."[30] 그러나 이 땅에서의 하나님의 주권은 아브라함이 하나님의 다스리심에 스스로 굴복했을 때부터 시작되었다. "우리 조상 아브라함이 세상에 들어오기 전에는, 하나님이 말하자면 하늘의 왕으로 계셨을 뿐이었다. 그러나 아브라함이 오자, 하나님은 천지의 왕이 되셨다." 시내산 사건 이후, 하나님의 주권은 이스라엘 속에서 이 땅에 드러났다. 이스라엘 사람들은 율법에 순종함으로써 하나님의 나라를 경험하였다. 신명기 6:4-10을 읽고 쉐마를 날마다 반복하는 일은 하나님의 주권의 멍에를 스스로 계속해서 지는 것을 의미하는 것이었다. 이방인이 유대인 회심자가 되어서 율법을 받아들이면, 그는 그로 말미암아 스스로 하늘의 주권을 지는 것이다.

그러나 하나님의 나라는 아직 나타나지 않았다. 미래의 어느 날, "그의 나라가 그 모든 피조물 속에 드러날 것이라. 그 때에 마귀가 종말을 맞게 될 것

---

29) 쿰란 문헌은 우리의 연구에 새로운 것을 덧붙여주는 것은 없으나, **말쿳**이 "다스림"을 의미하기도 하고(1QSb: 공동체 규범에 한데 묶여져 있는 것으로 3:5; 5:21을 보라; 전쟁 두루마리 19:8; 또한 전쟁 두루마리 12:7; 1QSb 4:26; 4Q 족장의 축복 2:4를 보라) 또한 "영역"을 의미하기도 한다(전쟁 두루마리 12:15; 19:7)는 사실을 실례로 보여준다.

30) 이것과 그 다음의 실례에 대해서는 G. Dalman, *The Words of Jesus* (1909), pp. 91-101을 보라. 또한 K. G. Kuhn in *BKW: Basileia* (1957), pp. 13ff.; G. F. Moore, *Judaism*, II, pp. 371-376; Strack and Billerbeck, *Kommentar*, I, pp. 172-184를 보라.

이요 슬픔이 사라질 것이라 … .이는 하늘에 계신 자가 그의 보좌에서 일어나 그의 거룩한 처소에서 나오시며, 그의 아들들에게 분노와 진노를 부으실 것임이라." 이처럼 하나님 나라가 나타난다는 것은 곧 물질 세계가 흔들리는 것을 의미하게 된다. 땅과 해와 달과 별들의 질서가 무너질 것이다. "지극히 높은 자, 곧 홀로 영원하신 하나님이 일어나실 것이요 그가 이방인들에게 복수하시며 그 우상들을 멸하기 위하여 공개적으로 오실 것이로다. 그 때에 이스라엘아, 그리고 독수리의 목과 날개 위로 솟아 오르는 자여, 너는 복이 있으리로다 … 하나님이 너를 높이사 별들의 하늘 위에, 그들의 처소에 붙게 하실 것이라. 너는 지극히 높은 곳에서 바라보며, 티끌 가운데 있는 네 원수들을 볼 것이요, 그들을 알아보고 즐거워할 것이며, 네 창조주께 감사하며 고백할 것이라."[31] 하나님의 주권이 이렇게 나타난다는 사상이 랍비 문헌에 반영되어 나타나는 것이다. 한 고대의 기도는 다음과 같은 간구로 끝을 맺는다: "그가 [하나님이] 이스라엘의 생애 동안, 이스라엘 온 집이 생존할 동안, 속히, 가까운 장래에, 그의 주권을 세우시기를 간구하나이다."

말쿳은 하나님의 주권이요, 하나님의 다스림이다. 하나님의 다스림은 원칙적으로(de jure) 우주적으로 천지 간에 존재한다. 그러나 이 시대에서는 현실적으로(de facto) 사람들이 스스로 하나님의 통치에 굴복할 때에만 존재하는 것이다. 하나님의 나라를 이 땅에 임하게 하는 주도권은 사람들에게 있는 것이다. 그러나 하나님의 나라는 종말론적으로도 나타날 것이다. 그리고 그 때에 하나님은 온 땅 위에 현실적으로(de facto) 그의 주권을 세우실 것이다. 이 종말론적 사건이 오기 전에, 하나님의 말쿳은 하나의 역동적인 개념이라기 보다는 추상적인 개념이라고 말하는 것이 더 정확할 것이다. 그것은 항상 "거기" 있어서 사람들이 그것을 받아들이고 그것에 굴복하기를 기다리고 있다. 그러나, 그것은 이 시대의 종말이 오기 전에는 "임하지" 않는다.[32]

간단히 정리해서 말하면, 유대교 문헌에서는 하나님의 나라가 거의 언제

31) 모세의 승천 10장. Manson의 번역. JTS, XLVI (1945), pp. 42-45.
32) Aalen 교수는 하나님의 나라가 "나타난다"는 개념과 "임한다"는 개념을 예리하게 구분하는데, 이 견해는 유지되기가 어려운 것으로 보인다(S. Aalen, NTS, VIII (1962), p. 221.

나 하나님의 통치라는 추상적인 의미로 사용된다고 말할 수 있다. 하나님의 통치 영역이라는 의미로 사용되는 것은 그렇게 자주 나타나지 않는다. 하나님이 그의 다스림을 온 땅 위에 나타내실 그 종말론적인 문맥 속에서는 하나님의 다스림이 하나의 역동적인 개념이 된다.

하나님 나라에 대해 예수께서 선포한 내용을 철저하게 이런 배경에서만 이해한다면, 불트만과 디벨리우스의 해석이 올바른 것이 될 것이다. 예수는 하나님의 종말론적 강림이 임박했음을 선포하였다. 곧 하나님의 통치가 마지막으로 분명히 세워지는 일이 곧 일어날 것이라는 것이며, 그 결과로 역사가 종말을 고하고 다가올 시대가 개시될 것이라는 것이다. 예수께서는 구약에서 예언했고 유대교 저자들이 곧 일어날 것으로 소망했던 그것을, 곧 왕의 최종적인 종말론적 강림을 주장한 것이 되는 것이다.

그러나, 예수의 메시지를 철저히 이런 유대교적 배경으로만 해석해야 된다고 주장한다면, 그것은 근거 없는 것이다. 왜냐하면 심지어 이런 접근법을 채용하는 사람들도 예수의 가르침에 독창적인 요소가 있음을 시인하기 때문이다. 수많은 학자들이 예수의 종말론적 가르침을 전형적인 유대교 묵시론적 사색과 대조를 이루는 것으로 보아왔다(pp. 286, 309를 보라). 또 다른 한 가지 중요한 점에서 예수는 묵시 문헌 및 랍비 문헌에 나타난 것에서 이탈하는 것을 볼 수 있다. 묵시 문헌 및 랍비 문헌과는 반대로, 예수는 "하나님의 나라"라는 용어를 사용하여 다가올 시대의 종말론적 구원을 지칭하고 있다. 유대교의 경우, 하나님의 나라를 사람이 들어가는 하나의 영역으로 칭하는 것은 한 번도 없다.[33] 예수의 가르침에 중요한 면에서 독창성이 있다면, 그의 메시지의 핵심을 유대교적인 환경을 근거로만 해석할 것이 아니라 그의 가르침의 핵심적인 부분에서 독창성을 인정하고 그것을 근거로 해석할 수 있는 가능성도 있음을 인정해야 마땅한 것이다. 그러므로, 우리는 하나님 나라에 대한 예수의 선포의 진정한 의미를 그의 메시지 전체를 근거로 찾아야 마땅한 것이다.

---

33) E. Percy, *Die Botschaft Jesu* (1953), pp. 21-22; S. Aalen, *NTS* VIII (1962), p. 220.

신약에 나타나는 추상적 용례

우리는 예수님의 메시지에 두 가지 중심적인 강조가 있음을 발견했다. 곧, 현재의 성취와 미래의 종말론적 완성이 그것이다. 그러므로 이제 우리는 하나님 나라에 관한 용어를 보다 면밀히 검토하여 그것이 과연 성취와 완성이라는 동일한 긴장 상태를 전달해주는지, 그렇지 않은지를 파악할 차례가 되었다.

무엇보다도 먼저, 우리는 바실레이아가 통치 영역이 아니라 통치 자체를 의미하는 경우가 복음서 이외에도 여러 곳에서 나타난다는 점을 주목해야 한다. 계시록에서는 "아직 나라(바실레이아)를 얻지 못한" 열 왕에 대해서 말씀하면서 그들이 곧 임금처럼 권세를 일시 동안 받을 것이라고 말씀한다(계 17:12; 참조. 17절). 바실레이아가 사람들의 모임체를 지칭하는 뜻으로 사용된 것이 분명한 신약의 한 구절에서는 구속함을 받은 자들을 가리켜 "나라"라고 부르는데, 이는 그들이 그리스도께서 통치하시는 영역이기 때문이 아니라 "저희가 땅에서 왕노릇할" 것이기 때문이다(계 5:10). 그들을 나라라고 부르는 것은 그들이 왕과 함께 통치할 것이기 때문이다. 또한 세상 나라가 우리 주와 그 그리스도의 나라[34]가 될 때에(계 11:15), 사람들이 행사하던 권세와 통치권이 그리스도의 손에 주어져서 "그가 세세토록 왕노릇하실" 것이다. 이 사실은 완성을 선포하는 음성에서 분명히 드러난다: "이제 우리 하나님의 구원과 능력과 나라와 또 그의 그리스도의 권세가 나타났으니"(계 12:10). 하나님 나라가 임한다는 것은 새 시대에 하나님의 다스림과 권세가 공개적이며 가시적이며 우주적으로 확장되는 것을 의미하는 것이다.

하나님 나라에 관한 바울의 고전적인 구절들에서도 동일한 추상적인 개념이 나타난다. 마지막 때에, 그리스도께서 "모든 통치와 모든 권세와 능력을 멸하시고 나라를 아버지 하나님께 바칠 때라. 그가 모든 원수를 그 발 아래 둘 때까지 반드시 왕노릇하시리라"(고전 15:24, 25). 그 때에 "아들 자신도 만물을 자기에게 복종하게 하신 이에게 복종하게 되니 이는 하나님이 만

---

34) 영어 흠정역의 "kingdoms"(나라들)는 부정확한 것이며 사본상의 근거도 매우 약하다.

유의 주로서 만유 안에 계시려 하심이라"(고전 15:28). 그리스도께서 그의
모든 원수들이 발 아래 놓일 때까지 왕노릇하시사 그의 왕적 권세를 시행하
시며, 또한 그 후에 그의 왕적 권세를 아버지께 바치실 것이라는 것이다.

예수께서 부활하신 후 제자들이 그에게 "주께서 이스라엘 나라를 회복하
심이 이 때니이까?"라고 물었는데(행 1:6), 이 때 그들은 무엇보다도 이스라
엘이 언약 백성으로서 이방에 대하여 갖는 주권에 대해서 관심을 둔 것이었
다. 여기서도 추상적인 의미가 분명히 드러나는 것이다.

복음서에 나타나는 추상적 용례

우리는 바실레이아의 추상적 의미의 실례를 보여주기 위해서 복음서 이외
의 구절들을 의도적으로 살펴보았다. 복음서도 동일한 용례를 따르고 있을
것으로 그저 무비평적으로 가정해버릴 수는 없지만, 최소한 복음서의 용례
를 살펴볼 수 있는 동시대의 용례의 배경은 발견한 셈이다.

첫째로, 하나님의 나라를 종말론적 사건으로 묘사하는 몇 가지 말씀들을
주목할 수가 있을 것이다. "주 하나님께서 그 조상 다윗의 위를 저에게 주시
리니 영원히 야곱의 집에 왕노릇 하실 것이며 그 나라가 무궁하리라"라는 마
리아의 선언(눅 1:32-33)은 바실레이아가 종말론적 문맥에서 추상적인 의미
로 사용되는 것을 잘 보여준다. 예수는 다윗 가문의 메시야적 왕의 다스림에
대한 약속들을 성취시키는 자가 될 것이다.

하나님 나라의 역동적인 종말론적 의미는 세례 요한의 선포에서도 나타난
다(pp. 133ff.를 보라). 요한은 하나님 나라가 임한다는 말씀의 의미를 역동
적인 표현을 써서 묘사하였다. 즉, 성령 세례와 불 세례 — 구원과 심판 —
가 그것이다. 하나님 나라란 하나님이 오실 자를 통하여 행하시는 권능의 활
동을 의미하며, 그 활동의 결과로 의인과 악인이 최종적으로 분리된다.

이러한 추상적인 종말론적 개념은 므나의 비유에서 잘 드러나는데, 이 비
유는 하나님의 나라가 곧 나타날 것이라는 대중의 기대를 교정시켜주는 역
할을 했다(눅 19:11). 사람들은 이제 하나님이 그의 왕적인 권능을 곧바로 드

러내시며 그의 영광스러운 통치를 세우실 것이라고 생각했다. 그들이 하나님의 통치가 묵시론적인 권능 가운데서 나타날 것이라고 생각했는지, 아니면 그 통치가 군사적 승리를 통하여 나타날 것으로 생각했는지는 분명치 않다. 예수께서는 "왕위를 받아가지고 오려고" 먼 나라로 간(눅 19:12) 어떤 귀인에 대한 비유를 통해서 이에 대해 답변하셨다. 이 비유는 당시 유대 역사를 배경으로 이해하여야 한다. 요세푸스는 헤롯 대왕이 죽을 때에 그의 통치 영역을 그 아들들에게 나누어 주었다고 보도한다.[35] 아켈라오가 로마 원로원에게서 유다 지방에 대한 그의 왕권을 인정받고자 로마로 출발했는데, 이 때에 유대인 대표단이 그의 왕권을 인정해 주는 것에 대해 반대하기 위해서 그의 뒤를 따라 로마로 갔다. 그 문제의 "나라"는 통치 영역이나 백성이 아니라 왕으로서 다스리는 권한을 의미하는 것이었다. 이 구절에 의하면 예수께서는 하나님의 나라를 신적인 왕권을 행사하는 것으로 말씀하셨다.

이러한 역동적인 종말론적 의미는 하나님 나라의 강림에 대한 바리새인의 질문에서도 나타난다(눅 17:20). 그들은 천국의 권능적인 역사가 임하여 로마의 무력을 무너뜨리고 이방인들을 징벌하며 이스라엘을 높이고 하나님의 통치를 온 세상에 세우는 일에 대하여 관심이 있었던 것이다. 예수님과 함께 십자가에 달려 죽어가는 강도가 "당신의 나라에 임하실 때에 나를 생각하소서"(눅 23:42)라고 요청했을 때에도 그 강도는 역시 같은 것을 생각하고 있었던 것이 분명하다. 그 강도는 예수님의 행실에 왕적인 위엄이 있는 것을 깨달았고, 자기 옆에서 비천한 가운데 죽어가고 있는 그 사람이 언젠가는 권세와 능력의 자리에 있을 것이라고 믿었던 것이다.

하나님의 나라를 종말론적인 통치의 뜻으로 사용하는 예는 예수님의 다른 말씀들에서도 분명히 나타난다. 예수께서는 제자들에게 "내 아버지께서 나라를 내게 맡기신 것 같이 나도 너희에게 맡기노니"(눅 22:29)라고 말씀하셨는데, 이 때 "나라"는 곧 "왕의 지위"(royal rank)를 뜻한다.[36] 이 약속은 종

---

35) *The Jewish War*, II, 6; *Antiquities*, XVII, 8-11.
36) W. F. Arndt and F. W. Gingrich, *A Greek-English Lexicon of the New Testament* (1957), p. 134; C. J. Cadoux, *The Historic Mission of Jesus* (n. d.), p. 290.

말론적인 의미를 지닌다. 왜냐하면 제자들은 "보좌에 앉아 이스라엘 열두 지
파를 다스림"으로써 그들의 왕적 지위를 시행할 것이기 때문이다(눅 22:30).
세상에서는 제자들이 비천한 상태를 경험했으나, 권세와 나라가 그들에게
주어질 날이 올 것이다.

"주님 가르치신 기도"에서 하나님의 나라가 임하실 것을 간구하는 내용은
하나님의 뜻이 완전히 실현되기를 구하는 것이다(마 6:10). 이러한 하나님
나라의 강림은 종말론적인 의미를 지닌다.[37] 그러나 그것은 미래의 영역이
아니라 신적인 활동이다. 이 간구의 내용은 유대인의 기도에서도 나타난다:
"그가 그대의 생애 동안 그의 나라를 세우시기를 구하나이다."[38] 이것은 하
나님의 다스림이 이 세상에 완전히 이루어질 미래를 바라보는 것이다. 그것
은 새 시대의 종말론적 질서를 이루시는 하나님의 활동인 것이다.

또한 다른 말씀들에서는 하나님의 나라가 종말론적 사건이 아니라 현재의
실체로서의 하나님의 다스림을 의미하기도 한다. 하나님의 나라는 사람들이
지금 여기서 추구할 수 있는 어떤 것이다(마 6:33 = 눅 12:31). 하비 맥아더
(Harvey K. McArthur)는 이 구절이 명확한 종말론을 내포하는 것으로 말
하는데,[39] 이는 본문에서 말씀하는 것보다 훨씬 더한 것을 주장하는 것이라
고 밖에는 말할 수 없다. 필슨(F. V. Filson)과 슈니빈트(J. Schniewind)는
하나님의 나라를 구하는 자들에게는 이생에 속한 다른 것들이 추가로 덧붙여
주어질 것이라는 것을 지적한다.[40] 더 나아가서, 하나님의 나라는 지금 여기
서 받아들일 그 무엇이다(막 10:15; 눅 18:17; 마 18:3). 받아들여야 하는 것

37) C. J. Cadoux, *The Historic Mission of Jesus* (n. d.), p. 201; W. G. Kümmel, *Promise and Fulfilment* (1957), p. 25; H. K. McArthur, *Understanding the Sermon on the Mount* (1960), p. 88; T. W. Manson, *The Sayings of Jesus* (1949), p. 169.

38) G. Dalman, *The Words of Jesus* (1909), p. 99) 심지어 Dodd 조차도 이러한 대비를 인정한다. *The Parables of the Kingdom* (1935), p. 42를 보라.

39) *Understanding the Sermon on the Mount* (1960), pp. 89f.

40) J. Schniewind, *Das Evangelium nach Matthäus* (1937), p. 95; F. V. Filson, *The Gospel according to St. Matthew* (1960), p. 34.

은 현재의 것이든 미래의 것이든 어떤 영역이 아니라 통치다. 하나님의 통치이며, 그 통치와 더불어 주어지는 축복들이다. 하나님의 나라를 받아들이는 것은 하나님의 주권의 멍에를 수용하는 것이다.[41] 이 역시 하늘의 **말쿳**을 스스로 지라는 랍비들의 말씀과 유사하다. 이 말은 곧, 율법을 철저히 지키라는 뜻이다. 하나님의 뜻이 토라 속에 구체화되어 있기 때문이다.

그러나 예수의 말씀은 다른 의미가 있었다. 그는 하나님 나라의 임재에 대한 유대인의 시각과 전혀 다른 시각을 갖고 계셨다. 하나님의 나라를 영접하는 일은 랍비들의 이해로는 "지혜롭고 총명한 자들"의 길이었다. 즉, 랍비들의 가르침을 따르는 자들의 길이었다.[42] 예수께서는 이러한 율법주의적 학식과 가르침을 배격하시고, 하나님의 다스림은 단순하고도 어린 아이 같은 자들이 영접할 수 있으며 또한 어린 아이 같은 순전한 순종과 신뢰를 통해서 하나님의 통치에 굴복해야 한다고 가르치셨던 것이다.[43]

하나님 나라가 현재에 받아누리는 축복이라는 관념은 보화와 진주의 비유에서도 나타난다(마 13:44-46). 이 두 비유에 대한 가장 자연스런 해석은 하

---

41) S. E. Johnson, *The Gospel according to St. Mark* (1960), p. 172.

42) C. H. Dodd, *The Parables of the Kingdom* (1935), pp. 41f.

43) E. Lohmeyer (*Das Evangelium des Markus* [1937], p. 204), W. G. Kümmel (*Promise and Fulfilment* [1957], p. 126)은 이 절을 인정하기를 거부한다. 왜냐하면 복음서에 그런 유례가 없기 때문이다. 그러므로 그들은 이 표현이 교회의 언어에 의해서 영향을 받은 것으로 보아야 한다고 본다. 그러나 신약의 나머지 부분 어디에 이 언어와 유사한 유례가 있는가? 사도행전과 서신서에 나타나는 하나님의 나라는 보통 종말론적이다. 그것이 현재적 실재일 경우, 그것은 전파되기도 하고(행 8:12; 19:8; 28:23, 31), 그 나라에 들어가기도 하며(골 1:13), 나타나기도 한다(고전 4:20). 그러나 어디에서도 그것을 받아들인다는 표현은 나타나지 않는다. 그러므로 이 말씀을 교회의 창작물로 취급하는 것은 합당한 것이 못된다. 더 나아가서 누가복음 10:8-11에서 동일한 사상이 나타나고 있다. 곧 제자들을 영접하는 것이 하나님 나라를 받아들이는 것과 동등한 것으로 나타나는 것이다. 뿐만 아니라 마가복음 9:37(= 마 18:5; 눅 9:48)은 예수의 이름으로 적은 소자 하나를 영접하는 것이 예수를 영접하는 것과 같으며, 예수를 영접하는 것은 하나님을 영접하는 것과 같다고 말씀하고 있다. Taylor는 마가복음 10:15의 순수성에 대해서는 아무런 문제가 있을 수 없다고 본다(그의 *The Gospel according to St. Mark* [1952], p. 424를 보라).

나님의 나라가 이 시대에 찾아질 수 있으며 경험할 수 있는 것이라는 뜻으로 보는 것이다. "하나님의 다스림을 받아들이는 자는 다른 모든 것을 그것을 위하여 포기할 자세가 되어 있는 법이다." "세상에서 소유한 것이 아무것도 없지만, 그에게는 진주가 있다! 이것은 사람들이 보통 생각하듯이 희생을 뜻 하는 것이 아니다. 이것은 오히려 가장 값어치 있는 것을 소유한 만족감이 요, 마음에 원하는 것을 얻었다는 성취감이다."[44]

지금까지의 내용을 정리하자면, 복음서에 나타나는 바실레이아의 추상적 의미가 랍비적 유대교에서 나타나는 것과 매우 유사하다는 것이다. 하나님 의 나라는 사람들이 현재에 받아들일 수 있고 또 받아들여야 하는 하나님의 다스림이다. 그러나 하나님의 다스림은 또한 미래에 종말론적으로 실현될 것이기도 하다. 현대의 몇몇 해석자들은 예수의 가르침이 사람들의 삶에서 역사하는 현재의 하나님의 통치와 미래의 종말론적 통치에 대한 랍비들의 사고 패턴과 대등소이한 것으로 본다. 한 가지 다른 점이 있다면, 하나님의 현재의 통치의 성격이 다를 뿐이다. 유대교에 있어서는 그 통치가 율법에 순 종하는 것이었으나, 예수께서는 이를 새로운 사랑의 윤리에 순종하는 것이 요 또한 자신에 대한 제자도를 의미하는 것이었다.

이 시대에 임하는 하나님의 나라

그러나 예수님의 가르침에는 유대교의 가르침과 대조를 이루는 또 다른 면이 있다. 앞에서 살펴보았듯이, 예수께서는 종말론적 완성이 이루어지기 전에 구약의 소망이 실제로 성취되는 일이 예수님 자신과 그의 사역 속에서 일어났다는 것을 가르치셨다. 이러한 현재의 성취에 대한 암시가 하나님 나 라가 이 세상에서 현재 임하며 역사하고 있다는 말씀 속에서 나타난다. 이를 토대로 우리는 다음과 같은 핵심적인 논지를 전개할 수가 있다. 곧, 이 시대의 마지막에 종말론적으로 나타나기 전에도, 하나님의 나라는 예수 자신과 그의 사역 속에

---

44) S. E. Johnson, *Jesus in His Own Times* (1958), pp. 118f.

서 사람들 중에서 역동적으로 활동하게 되었다는 것이다. 이 시대에 임하여 있는 하나님의 나라는 그저 사람들이 복종해야 할 하나님의 보편적인 통치라는 추상적인 개념만이 아니다. 그것은 오히려 사람들 가운데서 역사하는 하나의 역동적인 권능(power)이다. 이것은 우리 주님의 가르침을 유대교의 가르침과 구분지어주는 특징적인 요소일 뿐 아니라, 그의 선포의 핵심이요 그의 사역 전체의 열쇠가 되는 것이다. 하나님 나라가 묵시론적으로 임하며 새 시대의 하나님의 통치가 최종적으로 실현되기 전에, 하나님은 그의 통치를, 그의 나라를 드러내서서 사람들로 하여금 그의 구속적인 통치의 축복들을 종말론적 시대가 오기 전에 미리 경험하도록 하신 것이다. 철학적으로나 역사적으로나 주해상으로 볼 때에, 한 가지 동일한 궁극적인 구속의 목적을 이루기 위하여 하나님의 나라가, 하나님의 다스림이 두 시대에 두 가지 다른 방식으로 드러나지 못할 이유는 없다. 랍비들도 하나님의 말쿳에 대해서 두 가지 개념을 가지고 있었다. 하나님의 통치는 이 시대에도 받아들일 수 있으며, 또한 이 시대의 종말에 역동적으로 나타나기도 할 것이다. 예수께서는 이 기본 패턴을 그대로 따르시면서도 랍비들의 가르침을 넘어서서 하나님의 왕적 통치가 종말론적으로 나타나기 이전에 이미 이 시대 속에서 예수님 자신과 사역 속에서 역동적으로 그 스스로를 드러내고 있다고 가르치셨던 것이다.

이러한 논지는 몇 가지 본문을 근거로 세운 것이 아니라, 예수의 사역과 가르침 전체를 조심스럽게 살펴서 세운 것이다. 그러나, 어떠한 논지이든지 특정한 구절들을 조심스럽게 주해하는 것에 근거를 두어야 하는 것이다. 이러한 논지의 출발점으로서 우리는 하나님의 나라를 이 시대에 사람들 가운데 역동적으로 임재하는 것으로 명확하게 진술하는 한 가지 말씀을 살펴본 다음, 계속해서 보다 넓은 예수의 메시지와 사역에 비추어서 논지를 전개하기로 한다.

마귀들을 내어쫓으신 일을 지칭하시면서, 예수께서는 "내가 하나님의 성령을 힘입어 귀신을 쫓아내는 것이면 하나님의 나라가 이미 너희에게 임하였느니라(엡따센)"(마 12:28 = 눅 11:20)라고 말씀하셨다. 이 구절 전체에 대한 분석은 다음 장에서 행할 것이다. 여기서는 다만 우리 주님이 하나님 나라가 현재 임하고 있음을 분명히 말씀하신다는 사실을 주목하는 것으로 족할 것이다. 헬라어 동사 **프따노**의 옛 의미, 곧 "먼저 오다, 선행(先行)하다"가 데살로니가전서 4:15에서 나타난다. 그리스도의 파루시아 때에, 살아 있는 자들이 죽은 자들보다 "앞서지" 못할 것이며, 잠자는 형제들보다 앞서서 그리스도의 임재에 다가가지 못할 것이라고 한다. 죽은 자들과 산 자들이 다함께 이끌림을 받아서 주님과 함께 있게 될 것이다. 몇몇 주석가들은 이 "선행하다"라는 의미를 마태복음 12:28에 적용시켜서 거기의 동사는 임박성을 의미하는 것이지 실제로 그것이 임하여 경험할 수 있게 되었다는 것을 의미하는 것이 아니라고 주장한다. 그리하여 그 단어를 엥기켄과 거의 동의어로 취급하여, 그 나라가 "가까이 와 있어서" 접촉할 수 있을 정도가 되었다는 것을 의미한다고 본다. 그러나 그 나라를 실제로 경험하는 일은 아직 미래에 속한 것이라는 것이다. 마태복음 12:28은 "하나님의 나라가 너희에게 지금 막 임하였다"(the Kingdom of God has just reached you)로 번역할 수도 있다는 것이다.[45]

이 해석은 수정된 철저 종말론을 뒷받침하는데 사용되었다. 디벨리우스는 이 말씀이 하나님의 나라가 가까이 임하여 있어서 그 권능들이 이미 역사하지만 그 나라 자체는 아직 미래에 있다는 것을 뜻하는 것으로 해석하였다. 그 나라가 근접해 있다는 사실이 현재에 드러나는 것이다. "하나님은 이미 질병과 기타 암울한 처지들에서 나타나는 이 현재의 존재에 대한 저주를 축복으로 변혁시키기 시작하고 계신 것이다."[46]

이 해석에 대해서 몇 가지 사실들을 주목할 필요가 있다. 첫째로, 예수님의 사역이 하나님 나라가 실제로 임재해 있다는 표적이 아니라 다만 그 나라가 가까이 임하였다는 표적이라면, 예수님의 메시지와 사역 전체를 구름 속

---

45) 참조. K. Clark, *JBL*, LIX (1940), pp. 367-383. Clark는 엥기켄이 "이미 왔다"는 뜻이라는 Dodd의 해석을 반박한다.

46) M. Dibelius, *Jesus* (1949), pp. 78f. R. Bultmann, *Theology of the New Testament* (1951), I, p. 7; B. T. D. Smith, *The Parables of the Synoptic Gospels* (1937), pp. 78, 93; R. H. Fuller, *Mission*, pp. 25ff.; W. Michaelis, *Das Evangelium nach Matthäus* (1940) II, p. 26f.; C. Guignebert, *Jesus* (1935), p. 338; C. T. Craigg, *IB*, VII, p. 148.

에 집어넣게 만드는 신학적인 문제점을 피할 길이 없어진다. 만일 예수께서 자기를 통해서 역사되고 있는 것으로 생각하셨던 그 권능들이 실제로 하나님 나라가 가까이 와 있다는 망상에 사로잡힌 감각에 근거한 것이라면, 그 권능들 그 자체도 망상에 불과한 것이 되고 만다. 그렇게 되면, 과연 어떻게 예수님의 인격과 그의 메시지의 순수성을 그 완전한 망상에 사로잡혔다는 누명에서 벗어나게 할 수 있을지 도무지 납득이 되질 않는다.

둘째로, 하나님의 나라의 강림에 대한 이 진술이 하나님의 나라가 완전한 의미에서 임하였다는 뜻일 수가 없다는 디벨리우스의 주장에 대해서는 동의하여야 마땅하다. 큄멜은 "종말론적 완성이 임하였다"고 하면서 예수의 등장으로 "옛 예언이 종말을 맞았다"고 말했는데 이는 지나친 발언이라 아니할 수 없다.[47] 종말론적 완성과 옛 아이온의 종말은 아직 미래에 속한 사건으로 남아 있는 것이다. 세상은 아직 변화되지 않고 있었고, 옛 시대가 계속되고 있었던 것이 분명하다는 디벨리우스의 진술이 참으로 옳다 하겠다.[48]

셋째로, 디벨리우스 자신은 신학적으로 하나님 나라의 현재성을 부인하면서도 주해상으로는 그 나라의 임재를 받아들일 수밖에 없는데, 이것이야말로 참으로 의미심장한 일이다. "'내가 만일 하나님의 손을 힘입어 귀신을 쫓아내는 것이면 하나님의 나라가 이미 너희에게 그 임재를 알렸느니라'(눅 11:20). 이 말씀은 '하나님의 나라가 이미 너희에게조차 임하였느니라'로 번역할 수도 있는데, 이 말씀에서도 역시 하나님의 나라가 이미 거기에 있다고 말씀하지 않는다. 이처럼 귀신을 내어쫓은 사건 하나만으로는 그 나라가 임하였다는 증거가 될 수 없었을 것이다. 오히려 그런 놀라운 사건들의 풍성함 속에서 그 나라가 가까웠음이 선언되고 있는 것이다. 그러므로 귀신을 내어쫓은 일들은 다가오는 하나님 나라의 표적이기도 한 것이다."[49] 여기서 우리는 모순이 함축되어 있는 것을 보게 된다: "하나님의 나라가 너희에게조차 임하였느니라"; "하나님의 나라가 이미 거기에 있다고 말씀하지 않는다." 하

---

47) *Promise and Fulfilment* (1957), pp. 108, 121.
48) M. Dibelius, *Jesus* (1949), p. 88.
49) *Ibid.*, pp. 78f.

나님의 나라가 어찌 어찌 해서 사람들에게 도달했다면, 그 나라는 임재하고 있는 것이다. 그러나 만일 그 나라가 가까이 와 있는 상태에 있다면, 그 나라는 아직 사람들에게 도달한 것이 아니다. 그저 거의 도달한 상태에 있을 뿐이다. 사실상 디벨리우스가 주장하는 대로, 현재의 존재의 악한 것이 변화되는 과정 속에 있다면, 그것이 바로 하나님 나라의 권능들이요, 그러므로 하나님 나라 그 자체인 것이다. 만일 하나님의 나라가 그 정의대로 하나님의 역동적인 통치요 다스림이라면, 그 권능이 바로 하나님 나라 자체인 것이다.

마지막으로, 본문은 하나님 나라에 대한 역동적인 해석을 요한다. 엡따센 엡 후마스는 어떤 의미에서 가까이 와 있는 상태가 아니라 실제적인 임재를 의미한다. 로마서 9:31은 이스라엘이 의의 율법을 따랐지만, 그들은 율법에 도달하지 못했다고 말씀한다. 즉, 율법의 목적이요 목표인 의를 얻지 못했다는 의미이다. 고린도후서 10:14에서 바울은 말씀하기를, 그는 그리스도의 복음을 들고 "너희에게까지 이른" 최초의 사람이라고 한다. 이 말씀들에서 바울은 자신이 고린도에 다가가고 있는 것이 아니라 그가 고린도에 실제로 머물러 있는 상태를 묘사하는 것이다. 빌립보서 3:16에서 바울은 독자들에게 그들이 얻은 바를 신실하게 붙잡으라고 권면한다. 곧, 그들이 실제로 도달한 그것을 경험하는 수준을 신실하게 지키라고 하는 것이다. 이 구절에 나타나는 사상도 목표에 도달하여 그것을 성취하는 것에 관한 것이요, 그 목표에 그저 가까이 다가가는 것을 가리키는 것이 아니다.

데살로니가전서 2:16에서는 이 단어의 난해한 용례가 나타난다. 주 예수를 죽이고, 그를 따르는 자들을 대적한 유대인들을 지칭하면서, 바울은 다음과 같은 말씀으로 그들의 운명을 선언한다: 하나님의 진노가 "끝까지 저희에게 임하였느니라." 최근에는 이 말씀을 그 동사가 예변법적인(proleptic, 미래에 일어날 사실을 현재에 일어나는 사실로 묘사하는 수사적 기법 — 역주) 의미로 쓰인다는 것을 입증하는 구절로 취하여서, 바울의 말씀을 곧 하나님의 종말론적인 진노가 너무도 확실해서 마치 그것이 이미 임한 것처럼 말할 수 있을 정도라는 의미로 보기도 한다.[50]

---

50) R. H. Fuller, *Mission*, p. 26.

이에 대해서 두 가지를 말하여야 하겠다. 이 해석은 엡따센이 "임하였다"는 의미라는 것을 인정하는 것이다. 예변법적인 요소는 그 동사의 의미 자체에 있는 것이 아니라, 그 동사를 사용하는 용례에 있는 것이다. 둘째로, 바울은 마치 신자들의 종말론적 영화(榮化)가 이미 일어난 것처럼 그런 식으로 종말론적 실체들에 대해서 말씀하기도 한다는 점(예컨대, 롬 8:30)을 인정해야 할 것이다.

그러나, 아마도 이것이 데살로니가전서 2:16의 의미는 아닐 것이다. 왜냐하면 진노가 항상 미래의 종말론적 실체인 것만은 아니기 때문이다. 바울은 데살로니가전서 1:10에서 종말론적 진노에 대해서 말씀하면서 그는 다가올 진노(한글 개역 성경은 "장래 노하심"으로 번역함 — 역주)라고 하여 한정적인 술어를 거기에 덧붙이고 있다. 로마서 2:5에 나타나는 진노는 종말론적인 진노다. 그러나 로마서 1:18에 나타나는 것은 현재 사람들을 대항하여 나타나는 현재의 실체로서의 진노인 것이다. 그러므로, 우리는 데살로니가전서 2:16의 진노는 하나님의 진노가 지금 유대 민족에 임하여 있다는 의미라고 결론지어야 마땅한 것이다. 그런 점에서, 영어 개정 표준역(R. S. V.)은 이 구절을 올바로 번역하였다 하겠다.[51]

또 한 가지 중요한 사실을 아직 살펴보지 못했다. 만일 엡따센 엡 후마스가 과거의 예변법적 의미를 취하는 것으로서 "먼저 오다, 선행하다"라는 뜻이라면, 그것은 단순히 가까이 와 있다는 것만이 아니라 아직 미숙한 상태이기는 하지만 실제로 임하여 있다는 것을 지칭한다는 것이다. 곧, "하나님의 나라가 미리 너희에게 임하였느니라"라는 의미이다. 이 의미는 하나님 나라가 종말론적으로 임하기 이전에 그 나라의 실제적인 강림이 역사 속에서 일어났다(물론 그 나라의 강림의 성격이 아직 미숙한 상태이긴 하지만)는 현재 우

---

51) 엡따센의 의미는 헬라어 구약 성경에 나타나는 실례에서도 잘 드러난다. 대하 28:9은 진노가 "하늘에 도달했다"(엡따켄)고 하며, 아 2:12은 "노래할 때가 왔다"(엡따켄)고 한다. 단 6:24은 "보라 인자 같은 이가 하늘 구름을 타고 저리로서 왔고, 그가 옛적부터 계신 이에게로 왔다"(엡따센 헤오스, 테오도티온역)고 하며, 단 7:22은 "성도들이 그 나라를 받을 때가 왔도다"(엡따센, 테오도티온역)라고 한다. 이 모든 말씀 가운데서는 무언가가 그저 가까이 온 것이 아니라 실제로 도착한 것을 뜻한다.

리의 논지를 뒷받침 해준다. 종말론적 강림에 앞서서 미리 그 나라가 전혀 예상치 못한 상태에서 역사 속에 임하여 사람들 가운데서 역사하는 것이다. 이런 식으로 해석하면, 엡따센은 아직 미숙한 상태로 또한 예기치 못한 방식으로 실제로 도착하여 있고 정말로 임재해 있는 그런 상태를 의미하는 것이다. 그러나 이런 의미는 그렇게 설득력이 없어 보인다.

엡따센의 의미에 대한 이런 증거를 고려할 때에, 우리는 마태복음 12:28을 영어 개정 표준역을 따라서 "The Kingdom of God has come upon you" (하나님의 나라가 너희에게 임하였느니라)로 번역하여야 한다.

그 단어의 진정한 의미대로 하나님의 나라 자체가 임재해 있는 것이다. 여기서 임재한다고 말씀하고 있는 것은 그저 하나님 나라의 표적이나 하나님 나라의 권능들이 아니라 하나님 나라 그 자체인 것이다. 큄멜은 이 말씀의 명백한 의미를 최소화하거나 회피하는 모든 노력을 단호히 거부하는데, 이러한 그의 노력은 전적으로 옳은 것이다.[52] 뿐만 아니라 큄멜은 하나님의 나라가 예수 자신과 그의 활동 속에서 임재하고 있다고 인식하는데, 이 역시 옳은 판단이다. 그러나 과연 무엇이 임재해 있었는가? 하나님의 나라의 임재를 우리가 과연 어떻게 이해하여야 하는가? 하는 질문은 그대로 남는다. 디벨리우스는 종말론적 질서는 임재해 있지 않고 하나님 나라의 권능들이 임재해 있다고 주장하는데, 그런 그의 주장은 옳다. 임재해 있는 것은 하나님의 권능이요 하나님의 영의 활동이요 하나님 자신의 역사하심이었던 것이다. 사람들이 악의 권세에서 구원을 받고 있었고, 귀신들이 커다란 권능으로 말미암아 내어쫓김을 당하고 있었다. 예수께서는 이것이 바로 하나님 나라 자체가 임재한다는 뜻이라고 말씀하신 것이다.

이 말씀을 올바로 해석하기 위해서는 하나님의 나라를 역동적인 의미로 보아서 하나님의 통치나 다스림으로 이해하여야 한다. 하나님의 나라, 곧 하

---

52) *Promise and Fulfilment* (1957), p. 107) 엡따센과 엥기켄의 상호 관계에 대하여 Dodd교수와 그의 비평가들 사이에 있었던 논쟁을 재론할 필요는 없을 것이다. 그 논쟁은 W. G. Kümmel, *op. cit.*, pp. 105-109과 거기에 인용된 문헌에 잘 정리되어 있다. 여기서 Dodd의 실현된 종말론에서 주장하듯이 엡따센이 하나님 나라가 그 충만한 상태로 임하였음을 시사하는 것으로 이해할 필요는 없다.

나님의 통치는 이 시대의 종말에 능력적인 역사 개입을 통해서 임하여 다가올 시대의 완전한 질서를 열게 될 것이다. 그러나 하나님의 나라, 곧 하나님의 통치는 이미 예수 자신과 그의 사역 속에서 역사 속에 임한 것이다. 하나님 나라의 임재는 곧 하나님의 통치의 역동적인 임재를 의미한다. 그것은 곧 하나님이 더 이상 사람들이 그의 통치에 굴복하기를 기다리지 않으시고 먼저 주도권을 행사하셔서 새롭고도 예기치 못한 방식으로 역사 속에 개입하셨음을 의미한다. 하나님의 나라는 그저 하나님이 영원하신 왕이시요 만유를 다스리시는 분이시라는 하나의 추상적인 개념만이 아니다. 그것은 활동하시는 하나님이라는 역동적인 개념이기도 한 것이다. 이 시대의 종말에 임하여 하나님의 구속적인 목적을 이 세상 속에서 실현할 하나님의 통치가 예수 자신과 그의 사역을 통해서 인간 역사의 한가운데 임하여 있는 것이다. 내일 권능으로 역사하실 하늘의 왕이신 하나님이 오늘 예수 안에서 활동 중에 계신 것이다. 동일한 하나님이, 동일한 통치가, 동일한 나라가 역동적으로 사람들 가운데서 역사하고 있는 것이다.

하나님 나라에 대한 예수님의 가르침은 이런 말씀을 통해서 랍비들의 사고와 날카로운 대조를 이루는 면이 드러난다. 랍비들은 하나님의 통치를 원칙적으로(de jure) 계속 실재하는 것으로 생각했고, 사람들이 자발적으로 하나님의 통치에 머리를 숙일 때에 비로소 이 시대에서 그것이 현실적으로(de facto) 실재하게 되는 것으로 생각했다. 그리고 사람들이 하나님의 통치에 머리를 숙이는 것은 바로 율법의 멍에를 수용하는 것이라고 보았다. 하나님이 토라 속에서 그의 뜻을 표현하셨기 때문이다. 사람들이 율법에 굴복하여 그것을 순종할 때에, 그들은 하나님 나라의 멍에를 지게 된다. 즉, 하나님의 통치에 굴복하게 되는 것이다. 사람들이 율법에 구체화되어 있는 하나님의 뜻에 굴복하는 만큼 하나님의 다스림이 이 땅에서 현실적으로 확장되는 것이다. 이러한 시각에서 보면, 하나님 나라 그 자체는 아무런 활동을 하지 않는 것이라고 말할 수도 있다. 유대교 문헌에서는 하나님의 나라가 이 시대에 임하는 것에 대해서 아무런 언급도 하지 않는다. 하나님 나라를 실현하는 주도권이 사람들의 손에 달려 있기 때문이다. 하나님이 이스라엘에게 율법을 맡기셨으므로 율법을 사람들에게 전하여 실현시키는 것은 이스라엘의 책임이다. 주도권이 인간의 편에 있는 것이다. 하나님의 나라는 임할 것이다. 즉, 하나님은 이 시대의 종말에 가서야 비로소 주도권을 행사하실 것이다. 그 때에 하나님은 그의 권능을 놀랍게 드러내 보이실 것이며, 그의 나라를 온 땅에 실현시키실 것이다. 그리고 그 때에 죄와 악이 사라질 것이요 하나님의 뜻이 아무런 악의 방해를 받지 않고 통치하게 될 것이다.

그러나 마태복음 12:28의 예수님의 말씀은 이러한 유대교 사상과는 완전히 다른 입장을 취한다. 그는 지금, 이 시대에, 다가올 시대가 오기 이전에, 하나님이 활동하셨음을 말씀하였다. 이 현재의 시대에, 하나님의 나라가 전혀 예기치 못한 상태에서 예수님 자신 속에서 사람들 가운데 그 모습을 드러내고 있다는 것이다. 하나님의 나라가 이미 임하였다. 그러나 하나님의 나라가 임하여서 새 시대가 도래하는 것이 아니라, 다만 역사 속에서 예기치 못한 방식으로 그 나라가 활동하고 있는 것이다. 언젠가는 하나님의 통치가 새 시대를 열 것인데, 그 하나님의 통치가 이 시대에 사람들 가운데 임하여 구속 활동으로 역사하고 있는 것이다. 곧, 하나님이 주도권을 행사하신 것이다.

바로 이것이 하나님 나라에 대한 우리 주님의 다양한 말씀들을 이해할 수 있는 열쇠다. 그러나 이러한 기본적인 접근 방법을 상세하게 실행에 옮기며 예수님의 사역 전체를 하나님의 활동으로서의 하나님 나라의 개념을 사용하여 해석을 시도하는 일은 아직도 해결해야 할 과제로 남아 있다. 글뢰게(G. Gloege)는 말하기를, "하나님의 나라(Gottesherrschaft)는 하나님과 어느 정도 분리하여 이해할 수 있는 그런 것이 절대로 아니다. 그것은 오로지 하나님 자신을 더 함축성 있게 나타내는 표현일 뿐이다"[53]라고 하였다. 예수 안에서 하나님이 사람들 가운데 임재하였고 구속적인 역사를 행하였다. 하나님의 나라는 그 역동적인 의미로 볼 때 하나님 자신을 의미한다. 하나님은 그저 우주를 다스리시는 것만이 아니라 사람들 가운데서 능동적으로 그의 다스리심을 세우시는 것이다.

이제 우리는 "하나님 나라가 가까왔다"는 우리 주님의 말씀을 새롭게 이해

---

53) *Reich Gottes und Kirche im Neuen Testament* (1929), p. 36.

하게 되었을 것이다. 예수님의 메시지와 세례 요한의 메시지는 외형상으로 동일하다. 그것은 곧 "하나님이 이제 곧 행동하려 하신다"는 것이다. 이 두 사람의 진술의 의미는 각기 그 문맥 속에서 이해하여야 한다. 세례 요한은 하나님이 이제 곧 구원과 심판이라는 묵시론적 역사 속에서 활동하려 하신다고 이해하였다. 그러나 예수님의 진술의 의미는 그것과는 전혀 달랐다. 그의 메시지의 의미는 바로 다음과 같은 것이었다는 것이 우리의 논지이다: 하나님이 이제 곧 구원과 심판의 역사 속에서 활동하실 것이지만, 그것은 묵시론적인 실현이 아니요 그 묵시론적 실현에 앞서서 이루어질 하나의 필수적인 단계일 것이다.

여기서 다음과 같은 의문이 제기될 수 있을 것이다. 곧, 엥기켄이라는 동사의 의미로 볼 때에 이 해석이 불가능해지며, 그것을 큄멜이 입증한 대로 가까이 있기는 하지만 아직 실제로 임한 것은 아닌 그런 어떤 사건을 가리키는 것으로 볼 수밖에 없지 않은가 하는 의문이 그것이다.[54] 엥기켄과 엥구스가 종말론적인 의미로 사용되기도 한다는 사실을 부정할 수가 없으므로,[55] 하나님의 나라가 가까웠다는 예수의 선언을 철저하게 그 종말론적인 날이 시간적으로 가까웠다는 의미로 해석해야만 하지 않겠는가?

이에 대한 해답은 앞에서 선지자들이 가졌던 역사와 종말론 사이의 긴장 관계에서 찾을 수 있다. 선지자들이 선포한 여호와의 날을 분석함으로써, 우리는 그 용어가 직접적인 역사적 강림을 지칭함과 동시에 궁극적인 종말론적 사건을 지칭한다는 사실을 발견했다. 그러나 선지자들은 그 두 가지 강림을 서로 분명하게 연대기적으로 분리시키려 하지 않았다. 그들은 역사적인 강림의 날과 종말론적인 강림의 날을 한 날로 보았다. 왜냐하면 선지자들의 관심의 초점은 하나님의 구속적인 역사하심의 시간적인 순서가 아니라 역사와 종말론 속에서 구속 활동을 전개하시는 바로 하나님 자신에게 있었기 때문이었다(pp. 344ff.를 보라). 역사적인 강림을 실현된 종말론으로 보고, 종말론적인 강림을 완성된 역사로 말할 수 있을 것이다. 묵시론자들과 선지자

---

54) *Promise and Fulfilment* (1957), pp. 19-25.
55) 엥기켄에 대해서는 롬 13:12; 히 10:25; 약 5:8; 벧전 4:7을 보라. 그리고 엥구스에 대해서는 롬 13:11; 계 1:3; 22:10을 보라.

들 사이의 확실한 차이는 바로 이것이다: 묵시론자들에게는 이러한 역사와 종말론 사이의 근본적인 긴장 관계에 대한 의식이 전연 없다는 점이다. 역사는 악에 의해서 지배를 받고 있으며 하나님의 나라는 오로지 미래에만 속하여 있다. 하나님은 역사 속에서 더 이상 구속의 활동을 진행하시지 않는다는 것이 그들의 시각이었다.

그러나 예수님은 역사와 종말론 사이의 선지자들의 긴장을 그대로 재현하심으로써 묵시론자들과의 차이를 분명히 드러내셨다. "하나님의 나라"라는 말로써 그는 선지자들의 소망이 역사적 현재 속에서, 곧 예수님 자신과 그의 사역 속에서 성취되었음을 지칭하셨고, 동시에 이 시대의 종말에 그 소망이 종말론적으로 완성될 것을 지칭하셨다. 예수께서 그렇게 하실 수 있었던 것은 역사적 현재와 종말론적 미래 모두가 동일하신 하나님의 강림이요 동일한 하나님의 다스림의 실현으로서 동일한 구속의 목적을 이루는 것이었기 때문이다. 그러므로 "하나님의 나라가 가까왔다"는 선포를 "이 세상의 종말이 이제 곧 일어날 것이다"라는 뜻으로 이해한다면, 그것은 너무도 단순한 해석이라 할 수밖에 없다. 왜냐하면 예수님의 선지자적 메시지 속에 함축되어 있는 본질적인 요소를 파악하지 못하는 것이요, 그의 진술을 예수님 자신의 선지자적 상황에 비추어서 해석하기보다는 현대적인 분석적 범주에 근거하여 억지로 그를 이해하는 것이기 때문이다. 하나님의 나라는 가까이 왔다. 하나님이 그의 백성에게 임하였다. 선지자들의 소망이 성취되는 시대가 예수의 사역 안에서 이스라엘에게 밝아왔다. 그러나 최종적 완성의 날은 아직도 미래에, 역사의 종말에 그대로 남아 있는 것이다.

마지막으로, 우리의 중심적인 논지에 대한 한 가지 반대를 생각하여야 하겠다. 한스 빈디쉬(Hans Windisch)는 역사적 주해와 신학적 주해를 서로 날카롭게 구분하며, 복음서를 역사적으로 주해하여야 한다고 주장했다. 곧, 주어진 본문의 의미를 그 자체의 역사적 문맥에 의해서 발견하려고 노력하여야 하며, 그렇게 볼 때에 예수나 유대인들이나 모두 하나님의 나라를 동일한 것을, 곧 새로운 묵시론적 질서를, 의미하는 것으로 보아야 한다고 주장했다.[56] 역사적 주해의 관점에서 볼 때에, 예수의 메시지는 오늘날 거의 의미가 없다. 왜냐하면 예수가 임박했다고 선포했던 그 묵시론적 질서가 결국 임하지 않았기 때문이라고 한다. 신학적인 주해를 할 때에 하나님 나라를 하나님의 통치나 다스림으로 보는 랍비들의 개념을 사용할 수가 있으며, 이런 방법을 통해서 하나님의 나라가 오늘날 의미있는 것이 될 수가 있다. 이런 식으로 신학적 주해를 사용하면, 역사적으로 잘못된 것인 예수의 메시지가 신학적으로 당위성을 지니며 오늘날의 사람들에게 의미있는 것으로 재해석될 수가 있는 것이라고 한다. 만일 이러한 빈디쉬의 주장이 옳다면, 현재의 연구의 논지는 전혀 비역사적인 것이 되고 말 것이다.

그러나, 하나님의 나라를 하나님의 통치나 다스림으로 가르친 랍비들의 가르침도 묵시론적 개념들에 못지 않게 역사의 사실이요 예수의 종교적 환경에 속한 하나의 요인이었던 것이다. 더 나아가서, "하나님의 나라"가, 심지어 그것이 묵시 문헌에 나타날 때에조차도, 새로운 묵시론적 질서를 가리키는 것이 아니라 하나님의 통치의 현현을 가리킨다는 것은 역사적으로 입증된 사실이다. 마지막으로, 예수께서 하나님 나라에 대한 메시지를 그의 환경을 급진적으로 넘어서는 그런 의미로 선포했을 수도 있다는 가능성을 무시한다면 그것은 비평적인 역사적 방법론을 지나치게 경직되게 적용하는 것이다. 우리는 예수의 메시지의 관념적인 환경은 선지자들의 소망이었고, 묵시론적 개념이 아니었다는 것을 입증하려고 노력했다. 그러므로, 하나님의 나라를 하나님의 통치나 다스림으로 해석하는 것이 예수님의 선포가 갖는 올바른 역사적 의미라고 이해하여야 한다.

---

56) H. Windisch, *The Meaning of the Sermon on the Mount* (1951), pp. 28, 62, 193.

제 6 장

역동적 권능으로서의
현재의 하나님 나라

앞 장에서 우리는 마태복음 12:28을 근거로 예수께서 하나님의 나라가 진정한 의미에서 임재하여 선지자들의 소망을 성취시켰으나 완성의 시대는 미래에 남아 있는 것으로 가르치셨다는 것을 주해적으로 입증하고자 했다. 그는 하나님 나라의 임재를 하나님의 역동적인 통치가 현 시대 속으로 침입한 것으로, 그러면서도 현 시대가 다가올 시대로 변화하는 일은 아직 일어나지 않은 것으로 보신 것이다. 이제는 다른 말씀들을 예수님의 인격과 사역 전체의 맥락에서 해석하고 고려함으로써 이러한 논지를 뒷받침하여야 할 차례가 되었다.

사탄이 매임을 당함

먼저 우리는 마태복음 12:28의 정황을 조사하여야 하겠다. 귀신을 내어쫓은 일은 예수의 사역 가운데 가장 특징적으로 드러나는 활동 가운데 하나였다. 마가는 처음 서두에서부터 귀신을 내어쫓는 역사를 예수님의 사역의 주요 주제로 제시하고 있다(막 1:23-28). 열두 제자들의 전도(막 6:7)와 칠십인의 전도(눅 10:17)가 이 동일한 주제를 강조해 준다. 로빈슨(J. M. Robinson)은 이 귀신을 내어쫓는 일을 종말론적 하나님의 통치를 개시하기 위하여 역사 속에서 벌어지는 우주적인 싸움으로 보았다.[1]

이 싸움의 의미는 구속사(Heilsgeschichte)를 배경으로 해서 해석하여야
한다. 구약의 시각에서 볼 때에는, 하나님의 나라가 임한다는 것은 이스라엘
의 원수들과 불신앙적인 나라들의 패배를 의미하는 것이었다. 종말론적 전
쟁이라는 주제가 선지서에서 자주 나타나는 것을 볼 수 있다(미 4:11-13; 습
3:8; 사 31:4-9; 겔 38, 39장; 욜 3:9-15; 습 12:1-9; 14:1-3). 인간의 원수
들에 대한 승리를 바라보는 이러한 소망이 유대교 사상 속에 보존되었고, 그
리하여 하나님 나라의 강림에 대한 대중들의 소망의 중심 주제가 되었다. B.
C. 1세기의 무명의 저자는 여호와의 기름부은 자가 임하여 이스라엘의 운명
을 회복시키며 그 악한 로마 사람들을 예루살렘에서 쓸어버리며, 그 거룩한
성을 높이사 열방들이 땅끝에서부터 와서 그 성의 영광을 보게 해달라고 기
도하고 있다(솔로몬의 시편 17:23-27, 32-33). 또 다른 무명의 묵시론자는
하나님이 나타나셔서 이방인들을 징벌하시고 그들의 우상을 멸하시며, 이스
라엘을 태양의 위치로 높이실 것을 기다린다(모세의 승천 10:7-8). 최근 발
견된 쿰란 공동체의 문헌 속에 빛의 아들들(쿰란 분리주의자들을 뜻함)과 어
두움의 아들들 사이에 벌어질 종말론적 전쟁에 대한 기사가 포함되어 있다
는 사실로 인해서 유대교에서는 하나님의 나라를 정치적-민족적 승리를 뜻
하는 것으로 이해했다는 견해가 가속화되었다.[2]

이런 배경을 고려하면, 우리는 예수께서 보리떡과 물고기를 불려서 백성
들을 먹이신 이적을 베푸신 후에 유대 백성들이 예수님을 그들의 왕으로 삼
으려 애를 썼다는 사실을 십분 이해할 수가 있게 된다(요 6:15). 백성들은 하
나님으로부터 능력을 받은 왕적이며 군사적인 지도자가 있어서 그를 배경으
로 하면, 로마 사람들에 대한 승리가 이스라엘에게 보장되어 있는 것이라고
생각한 것이다.

예수께서는 선지자들의 소망을 군사적 싸움이 아니라 영적인 차원으로 재
해석하셨다. 하나의 종말론적 사건으로서의 하나님 나라의 강림은 인자의

1) James M. Robinson, *The Problem of History in Mark* (1957), p. 38; 참조. pp. 34, 42.
2) W. R. Farmer, *Maccabees, Zealots and Josephus* (1956)을 보라. 여기에는 전쟁 두루마리의 번역과 그 문제에 대한 논의가 수록되어 있다.

파루시아 때에 마귀와 그의 사자들을 영원한 불 속에 멸하는 것을 의미하는 것이다(마 25:41). 이 선과 악의 싸움, 빛과 어두움의 싸움, 하나님과 사탄의 싸움은 예수님의 가르침의 이원론적 구조의 근본적인 요소가 되는 것이다 (pp. 148ff.를 보라). 하나님 나라의 주요 대적자가 영적인 존재이므로, 하나님 나라의 승리 역시 무엇보다도 영적 승리인 것이다. 현대인이 이것을 "비신화화"해야 하겠다는 느낌을 갖든 갖지 않든, 성경의 구속 개념 속에 불가피하게 내포되어 있는 요소는 곧 사람은 영적인 권세에서 구원받아야 할 처지에 있으며 그 영적인 권세는 사람의 능력으로는 정복할 수가 없다는 사실이다. 하나님 나라가 궁극적으로 임하며 그의 통치가 우주적으로 세워진다는 것은 바로 영적인 영역에 속한 악의 원리 자체가 멸망한다는 것을 의미하는 것이다.

예수께서 귀신을 내어쫓으신 사건이 하나님 나라와의 관계 속에서 갖는 의미는 바로 이것이다. 즉, 하나님 나라가 악을 종말론적으로 정복하며 사탄을 멸하기 전에 하나님의 나라가 사탄의 영역을 침범하여 예비적으로 그러나 결정적으로 패배시켰다는 것이다.

강한 자에 대한 말씀에서 이 사실이 잘 나타나고 있다. 귀신을 내어쫓는 일을 하나님 나라의 권능으로 설명하시면서 예수께서는, "사람이 먼저 강한 자를 결박하지 않고야 어떻게 그 강한 자의 집에 들어가 그 세간을 강탈하겠느냐? 결박한 후에야 그 집을 강탈하리라"(마 12:29)라고 말씀하셨다. 이 말씀에 대한 누가의 기록은 싸움의 주제를 더 생생하게 강조한다: "강한 자가 무장을 하고 자기 집을 지킬 때에는 그 소유가 안전하되, 더 강한 자가 와서 그를 굴복시킬 때에는 그가 믿던 무장을 빼앗고 그의 재물을 나누느니라"(눅 11:21-22).

이 말씀은 복음서 이면에 암시적으로 깔려 있는 종말론적 이원론을 반영해주는데, 이러한 이원론은 여러 가지 점에서 명확히 드러난다. 사탄이 강한 자이다. 그의 처소나 집은 "이 악한 세대"이며(갈 1:4), 그의 "세간"은 그의 악한 영향력 하에 있는 남녀들이다. 그러나, 사탄이 그의 일을 아무 일 없이 처리하도록 그냥 내버려두지는 않는다. 더 강한 자, 곧 예수께서 그를 결박하고 그를 이기신 것이다. 강한 자를 결박하는 것으로 묘사하든(마태복음)

그의 무장을 빼앗는 것으로 묘사하든(누가복음) 모두 이러한 사탄에 대한 승리를 의미한다. 예수께서는 비유적인 언어를 통해서 자신이 사람들 가운데서 행하시는 사역을 악한 자를 물리치고 그를 정복하고 그에게서 세간을 빼앗기 위해서 사탄의 나라를 침략하는 것으로 해석하시는 것이다(마 12:26). 마지막에 언급된 목적은 사람들을 사탄적인 악의 권세에서 구해내는 것인데, 귀신을 내어쫓는 일이 이를 가장 극적으로 표현해주는 것이다.

이 귀신을 내어쫓는 일은 그 자체에 목적이 있는 것도 아니요 그것이 하나님 나라의 최종적인 목표가 아니라는 사실은 귀신을 내어쫓는 것으로 다된 것이 아니라고 하시는 예수님의 경계의 말씀에서 입증된다. 그저 한 사람을 사탄의 굴레에서 해방시키는 일만으로 그치는 것은 마치 집에서 그 거주하는 사람을 내어쫓아서 집을 비워두는 것과 마찬가지이다. 새로운 거주자를 입주시켜서 그것을 소유케 하여야 한다. 그렇지 않으면 그저 집을 텅비우게 만든 것 이외에 아무런 일도 이룬 것이 아니다(마 12:43-45; 눅 11:24-26). 사람이 하나님의 권세에 사로잡히지 않으면, 사탄에서 구원해낸 것이 그저 일시적인 구원일 수밖에는 없다. 그러므로 귀신을 내어쫓는 일은 내적인 영적 현실의 외형적이며 가시적인 면에 지나지 않는다. 곧, 사람의 인격을 악에서 구하여 내어서 하나님께서 소유하실 수 있도록 해놓은 것에 지나지 않는 것이다.

하나님 나라의 권세로 사탄을 정복하는 이런 일이 이 시대에, 종말론적인 하나님 나라가 임하기 전에 성취된다. 이러한 하나님 나라의 승리를 사탄의 패배를 완결지은 것으로 생각할 필요는 없다. 사실, 이런 생각은 거의 불가능하다. 왜냐하면 사탄이 그 이후에도 예수님의 사역 기간 동안 계속해서 활동했기 때문이다(막 8:33; 눅 22:3; 22:31). 오스카 쿨만이 아주 적절하게 표현했듯이, 사탄의 이러한 상태를 마치 사탄이 늘어나기도 하고 조여들기도 하는 느슨한 밧줄에 묶여 있는 것으로 생각할 수 있을 것이다.[3] 사탄을 결박하고 무장해제를 시킨다는 표현들은 하나의 영적 현실을 묘사하는 은유적 표현들이다. 하나님 나라의 권능들이 인간의 역사에 침입했다. 악의 권세가 패배를

---

3) *The State in the New Testament* (1956), p. 69.

당했다. 이 악한 권세가 인간의 삶의 영역에서 활동하고 있기 때문에, 영적인 악에 대한 하나님 나라의 승리는 반드시 인간의 역사 속에서 일어나야 한다. 로빈슨의 말과 같이, 그것은 역사 속에서 벌어지는 우주적 싸움인 것이다(p. 184, 각주 1을 보라).

현재 논의하고 있는 구절에서 두 가지 작은 문제들이 제기된다. 마태복음 12:29은 사탄에 대한 승리가 귀신을 내어쫓는 일이 있기 전에 일어난 것으로 말씀하는 것 같지 않은가? 만일 그렇다면, 그 승리가 언제 일어났으며, 그 때에 무슨 일이 있었는가? 몇몇 학자들은 이것이 사탄이 하늘에서 떨어졌다는 신화적인 일을 지칭한다고 보거나[4] 예수께서 사탄에게 시험 받았을 때에 사탄에게 승리한 것으로 지칭하는 것으로 본다.[5] 그러나, 사탄을 "결박한다"는 것은 은유적인 언어이므로 이것에 대해서 한가지 결정적인 사건을 찾으려고 애 쓸 필요는 없다. "가장 간단한 설명은 귀신을 내어쫓는 일 그 자체를 귀신과 그 나라와의 싸움에서 승리를 거둔 것으로 본다는 것이다. 귀신이 몸에서 쫓겨나간다는 것은 언제나 사탄이 패하여 그 세간을 늑탈당한 것을 의미하는 것이다"라고 한 레이베스타드(R. Leivestad)의 말은 아주 옳은 발언이다.[6]

마태복음 12:27에서 또 한 가지 문제가 제기된다. 바리새인들은 예수님에게 초자연적인 능력이 있음을 인정하면서도 그가 사탄 자신과 결탁하고 있다고 비난했다. 이에 대해서 예수께서는 그것은 절대로 불가능한 생각이라고 일축했다. 만일 그렇다면 사탄의 집이 스스로 갈라져서 서로 간에 싸움을 벌이는 것이 되기 때문이다. 그리고 나서 예수께서는, "내가 바알세불을 힘입어 귀신을 쫓아내면 너희 아들들은 누구를 힘입어 쫓아내느냐? 그러므로

---

4) R. Otto, *The Kingdom of God and the Son of Man* (1943), pp. 97-103.

5) W. Grundmann, *TWNT*, III, p. 404; T. Zahn, *Das Evangelium des Matthäus* (1922), p. 460; J. Jeremias, *The Parables of Jesus* (1954), p. 98.

6) *Christ the Conqueror* (1954), p. 47. 또한 참조. A. Fridrichsen, *Theology*, XXII (1931), p. 127: "귀신을 내어쫓을 때마다 예수는 사탄의 패배를 보았다." 또한 E. Hoskyns and N. Davey, *The Riddle of the New Testament* (1949), p. 121을 보라.

저희가 너희 재판관이 되리라"라고 덧붙이셨다. 이 말씀들은 자연적으로 다음과 같은 의문을 불러 일으킨다: 어째서 유대인 술사들이[7] 귀신을 내어쫓는 일에 대해서는 그것을 하나님 나라의 권능의 증거로 해석하지 않는가?[8]

이 난제처럼 보이는 의문에 대한 답변은 두 가지이다. 예수님의 말씀은 사람에게 하시는 논증(argumentum ad hominem)인 것으로 나타난다. 그는 바리새인들에 맞서서 그들의 방식대로 말씀하시는 것이며, 다른 이들이 귀신을 내어쫓는 일의 타당성에 대해서 개인적인 판단을 표현하신 것이 아니다. 여기서 중요한 사실은 오로지 바리새인들이 예수의 귀신 내어쫓는 일을 사탄의 권능으로 행하는 것으로 보면서도 그들의 동료 유대인들의 귀신 내어쫓는 일의 타당성은 그대로 인정했다는 것이다. 예수님의 말씀은, 바로 그것이 자가당착이라는 것이다. 바리새인들이 예수의 권능을 사탄적인 것으로 생각한다면, 유대인들의 귀신 내어쫓는 일도 사탄의 권능으로 되는 것으로 보아야 일관성이 있는 것이다.

더 나아가서, 유대인들의 귀신 내어쫓는 일과 예수님의 귀신 내어쫓는 일은 서로 분명한 차이가 있다. 바리새인들에게 큰 인상을 심어준 것은 단순히 예수께서 귀신을 내어쫓는 능력이 있다는 사실만이 아니었다. 오히려 그가 귀신을 내어쫓는 방식과 태도가 그들에게 큰 인상을 주었던 것이다. 그는 명령 한 마디로 귀신들을 내어쫓았다. 귀신들은 그의 말씀 앞에서 속수무책이었다. 유대인들이 놀랐던 것은 귀신을 내어쫓는 일 그 자체 때문이 아니라 예수님의 권위있는 행동 때문이었다(막 1:27). 이에 반해서 유대인들의 귀신 내어쫓는 일은 요세푸스의 유명한 기사에서 나타나는 대로(각주 7을 보라) 마술을 행함으로써 이루어졌던 것이다.

또 한 가지 사실이 드러난다. 유대인들의 귀신 내어쫓는 일은 일상적으로 있는 그런 일이 아니었다. 탈무드도 이에 대해서 거의 언급하지 않는다. 하나님의 나라가 사탄에 대하여 거둔 승리가, 예수님의 귀신 내어쫓는 일이 유

---

7) 참조. 행 19:13; Josephus, *Antiquities*, VIII, 2, 5.

8) W. G. Kümmel, *Promise and Fulfilment* (1957), p. 106; E. Klostermann, *Das Matthäusevangelium* (1927), p. 109.

대인들의 귀신 내어쫓는 일에 비하여 그 성격과 범위가 다르다는 사실에서
도 드러났던 것이다.

사탄의 떨어짐

다가올 시대 이전에 미리 하나님의 나라가 임재하여 악의 다스림을 전복
시켰다는 사실은 하나님 나라를 선포하고 병든 자를 고치기 위해 보냄을 받
았던 칠십인의 전도 사역에서도 잘 드러난다(눅 10:9). 그들은 예수께 돌아
와서 기쁘게 보고하기를 귀신들을 내어쫓는 놀라운 권능이 자기들에게 있는
것을 보았다고 했다. 이 때에 예수께서는 "사탄이 하늘로서 번개 같이 떨어
지는 것을 내가 보았노라"라고 답변하셨다(눅 10:18).
이 구절은 온통 난제들로 가득차 있다. 예수께서 정말로 사탄이 떨어지는
이상을 보았는가, 아니면 그저 비유적으로 말씀하는 것인가? 바이스(J.
Weiss)는 이 말씀은 예수께서 황홀경 속에서 사탄이 무너지는 것을 보았고
그리하여 종말론적인 나라의 강림이 임박했음을 확신하게 되었다는 것을 가
르쳐준다고 주장했다.[9] 많은 주석가들도 예수의 이 말씀이 사탄의 패망이 번
개 현상의 형태로 나타난 하나의 황홀경 속의 환상을 지칭한다는 주장을 수
용해왔다.[10] 루돌프 오토(Rudolf Otto)도 이 환상론을 근거로 예수에 대한
자신의 해석을 정립하지만, 바이스의 미래적 종말론에 대해서는 관심을 두
지 않는다. 예수께서는 하나님 나라가 하늘에서 사탄에 대해 승리를 거두는
환상을 보았다. 이 하늘의 승리로 인해서 그 권능의 커다란 파장이 이 땅에

---

9) *Die Schriften des Neuen Testaments* (4th ed., 1929), I, p. 446.
10) W. G. Kümmel, *Promise and Fulfilment* (1957), p. 113과 각주 27의 문헌들. 또
한 T. W. Manson, *The Sayings of Jesus* (1949), p. 258; S. M. Gilmour, *JB*,
VIII, p. 189; W. Manson, *The Gospel of Luke* (1930), p. 126; C. K. Barrett,
The Holy Spirit and the Gospel Tradition (1947), pp. 63f.; A. B. Higgins,
ET, LVII (1945-46), p. 293; C. A. Webster, *ET*, LVII (1945-46), pp. 52f.; A.
R. C. Leaney, *The Gospel according to Luke* (1958), p. 179)

까지 밀려왔다. 예수께서는 자신이 이 종말론적인 권능의 거대한 파도 속에 사로잡힌 느낌을 가졌다. 그의 사역은 이 권능의 움직임의 실현이었다. 그러 므로 "하나님 나라를 임하게 하는 것이 예수가 아니다 … , 하나님 나라가 예수를 임하게 하는 것"이라고 한다.[11]

오토는 하나님의 나라를 이처럼 역동적으로 해석함으로써 여러 가지 정확한 통찰들을 보여준다. 과연 이 크나큰 영적 싸움을 배경으로 하지 않고서는 하나님 나라에 대한 신약의 가르침을 해석할 수가 없다. 귀신의 권능에 대한 가르침은 몇몇 사람들이 주장하듯이[12] 예수님의 가르침 전체에서 아무런 뚜렷한 역할도 하지 못하는 비합리적인 요소에 지나지 않는 그런 것이 아니다. 하나님의 나라는 사람들이 그것을 받아들여야만 비로소 "임하는" 그런 하나님의 우주적인 뜻이라는 무시간적인 추상적 개념이 아니다. 만일 그렇다면, 주도권이 하나님에게가 아니라 사람에게 있는 것이 된다. 이것은 랍비들의 가르침이지 신약 성경의 가르침은 아니다. 하나님의 나라는 하나님의 역동적인 권능이요, 그것을 대적하는 영적 원수들이 — 인간적인 원수들과 초인간적인 원수들이 — 정말로 있기 때문에 그 나라는 반드시 "임하는" 것이다. 하나님 나라가 "임한다"는 것은 곧 사탄의 권세를 침입하여 그의 나라를 무너뜨리는 것을 뜻한다. 예수 안에서 하나님의 나라가 임하였다는 사실을 반드시 이 영적 권세들 사이의 크나큰 싸움을 배경으로 해석해야 마땅하다는 오토의 주장은 옳은 것이다. 쿤(K. G. Kuhn)도 이 사상을 다음과 같이 표현해준다: "하나님의 나라가 그 때에(then) 임하였다는 사실은 사탄의 나라와의 현재의(now) 싸움과 분리할 수가 없다. 예수께서 그의 말씀과 행동으로 사탄의 권세를 깨뜨린 그 만큼 하나님의 나라가 실제로 나타나게 되는 것이다 … .하나님의 나라는 묵시론적 미래를 지칭하는 개념도, 정체된 현재를 가리키는 개념도 아니다. 그것은 역동적인 종말론적 사건을 지칭하는 개념인 것이다."[13]

11) R. Otto, *The Kingdom of God and the Son of Man* (1943), p. 103.
12) J. W. Bowman, *The Religion of Maturity* (1948), p. 258.
13) *The Scrolls and the New Testament* (K. Stendahl, ed.; 1958), p. 111.

그러나, 오토는 복음서를 지나치게 종교사적(religionsgeschichtliche) 전제들에 맞추어 해석하며, 복음서 그 자체의 근거에 비추어 해석하는 면이 부족하다. 보우만도 이 문제의 동일한 중요한 면을 강조한 바 있다. 그는 사탄의 패망은 영원한 질서 속에서 일어난 사건만을 가리키는 것이 아니라, 하나님의 나라가 역사적 정황 속에 임하였음을 가리키는 것이라고 한다.[14] 여기서 복음서에 나타나는 한 가지 본질적인 사실을 보게 된다. 곧, 초역사적인 것과 역사적인 것이 구속사(Heilsgeschichte) 속에서 불가분리의 관계로 서로 얽혀 있다는 사실이다. 우리는 오토가 했듯이 하나님 나라의 승리를 예수 자신과 분리시켜서는 안된다. 그리고 그의 사역을 하늘의 권세가 전복된 결과로 나타난 일종의 파장으로 보아서도 안된다. 신약 성경은 하나님의 나라를 예수님 자신과 그의 사역 속에 위치시킨다. 예수께서 하나님 나라를 임하게 하셨다. 예수님을 떠나서는 하나님 나라도 없었을 것이다. 귀신에 대한 승리는 영적인 세계에서 일어난 승리이다. 그러나, 그 일은 예수께서 역사 속에 오셔서 악을 무너뜨리시고 사람들을 그 굴레에서 구원하셨기 때문에 일어난 것이다.

그러므로, 예수께서 황홀경 속에서 환상을 보았다는 다른 증거가 나타나지 않으며 또한 누가복음 10:18의 "보았노라"라는 단어의 목적어를 반드시 환상으로 보아야 할 이유도 없다는 사실을 볼 때에,[15] 우리는 사탄이 떨어지는 것을 보았다는 말씀을 비유적으로 해석하는 입장을 취하는 사람들에게 합류해야 할 것이다.[16]

이 결론은 문제를 해결해주지 못한다. 만일 이 말씀이 환상을 가리키는 것이 아니라면, 사탄이 떨어진 일이 언제 일어났느냐 하는 문제가 그대로 남는

---

14) J. W. Bowman, *The Religion of Maturity* (1948), p. 257.

15) W. Michaelis, *TWNT*, V, p. 345, n. 161.

16) K. H. Rengstorf, *Das Evangelium nach Lukas* (1949), p. 133; J. Schmid, *Das Evangelium des Lukas* (1951), p. 153; N. Geldenhuys, *Commentary on the Gospel of Luke* (1950), pp. 302, 305; C. G. Montefiore, *The Synoptic Gospels* (1927), II, pp. 461f.; R. Leivestad, *Christ the Conqueror* (1954), p. 49.

다. 잔(T. Zahn)은 사탄의 패배가 예수께서 시험을 받으셨을 때에 일어났다고 강하게 주장한다. 그는 사탄이 떨어진 사건은 제자들이 나아가 전도하면서 귀신을 내어쫓는 역사를 행하기 이전에 이루어졌다고 본다.[17] 그러나 이 주장은 신빙성이 없다. 시험 받으실 때에는 사탄이 예수를 공격했다. 그러나 누가복음 10:18과 마태복음 12:28 등의 말씀들은 사탄이 예수께 공격을 당하는 것으로 묘사한다.[18] 그러므로, 이 말씀들은 예수님의 사역 그 자체를 통해서 사탄이 영적으로 패배한 것을 의미하는 것으로 해석할 때에 그 의미를 찾을 수가 있다.

몇몇 학자들은 누가복음 10:18을 종말론적 관점에서 해석하기도 한다. 칠십인의 전도의 성공을 사탄이 최종적으로 패배할 종말론적 완성의 때가 다가오는 것을 보여주는 하나의 표적으로 보는 것이다. 생생한 선지자적 상상력으로 예수는 이 종말을 이미 성취된 사실로 보았다. 하나님 나라의 강림의 확실성이 그렇게 분명하며, 그 때가 임박했다는 표적들이 그렇게도 확실히 나타나고 있으므로 그 때가 이미 일어났거나 아니면 일어나고 있다고 말한다는 것이다.[19]

풀러(R. H. Fuller)는 예수께서 종말론적 사건을 가리키셨다는 자신의 주장을 뒷받침하기 위해서 계시록 12:9의 환상을 거론한다. 그러나 계시록 12장에 나타나는 하늘의 전쟁은 종말론적 사건을 가리키는 것이 아니라 그리스도께서 이미 사탄에 대해서 얻은 승리를 신화적인 언어로 생생하게 그리고 있는 것이라 할 수 있다. 사탄을 하늘에서 제거하는 일은 구속적인 사건이다. 그것은 곧 "형제들을 참소하던 자"의 패배를 의미한다. 사탄이 어린 양의 피로써 정복을 당한 것이다(계 12:10-11). 그러므로, 계시록 12장과 누가복

---

17) *Das Evangelium des Lukas* (1913), pp. 420f.; C. J. Cadoux, *The Historic Mission of Jesus* (n. d.), p. 66; H. B. Swete, *The Gospel according to St. Mark* (1927), p. 67; J. Jeremias, *The Parables of Jesus* (1954), p. 98.

18) David Bosch, *Die Heidenmission in der Zukunftsschau Jesu* (1959), p. 50; E. Percy, *Die Botschaft Jesu* (1953), p. 183.

19) R. H. Fuller, *Mission*, p. 27; A. Richardson, *An Introduction to the Theology of the New Testament* (1958), p. 208.

음 10:18은 예수 안에 있는 하나님의 나라로 말미암아 사탄의 나라에 대하여 이루어진 동일한 승리를 가리키는 것으로 보인다.[20] 유대교 사상에서 이 시대의 종말에 있을 것으로 보았던 사탄에 대한 승리가 어떤 의미에서 예수님의 전도 사역을 통해서 역사 속에서 이미 일어난 것이다.

우리는 예수께서 칠십인의 성공적인 전도 사역에서 사탄이 패배한 증거를 보신 것으로 결론지을 수 있을 것이다. 사탄이 언제 결박을 당했느냐 하는 질문을 할 수 없듯이(마 12:29), 사탄이 과연 정확히 언제 내어쫓김을 당했느냐 하는 질문은 문제의 초점에서 벗어난 것이다. 제4 복음서는 예수의 죽으신 때를 사탄이 패배한 때로 본다(요 12:31; 16:11; 참조. 히 2:14). 그리고 이제 살펴보게 되겠지만, 공관복음서는 예수의 죽음을 하나님 나라의 강림에 필수적인 하나의 사건으로 제시하고 있다. 사탄을 패배하게 만든 것은 예수님의 사역 전체이다. 사탄이 떨어진 것이 칠십인의 전도 사역 이전에 일어났느냐, 아니면 그들의 전도 사역 가운데 일어났느냐 하는 것은 논의할 필요가 없다. 제자들이 사탄을 패배시켰다는 것을 도저히 생각할 수조차 없는 일이라는 반론이 있으나,[21] 이에 대해서는 제자들 자신이 아니라 예수께서 그들에게 맡기신 권위(눅 10:19)가 사탄을 패배시킨 것이라는 사실이 적절한 해답을 준다. 그들은 그들의 권능을 오직 예수의 이름으로 시행한 것이다. 그들의 권위는 위임 받은 권위였다. 이 구절이 하나님 나라의 권능이 제자들의 사역을 통해서 인간 역사 속에 들어왔다는 것을 가르쳐준다는 보우만의 주장은 매우 적절하다 하겠다.[22]

이 귀신들을 내어쫓은 일들의 더 깊은 의미는 누가복음 10:20에서 볼 수 있다. 예수께서는 제자들에게 무엇보다도 그들의 이름이 하늘에 기록되었다는 사실에 대하여 기뻐하라고 말씀하셨다. 악의 세력을 무너뜨린 것은 다만

---

20) W. Foerster, *TWNT*, II p. 79.

21) T. Zahn, *Das Evangelium des Lukas* (1913), p. 420.

22) *The Religion of Maturity* (1948), pp. 244f.; 또한 참조. T. W. Manson, *The Sayings of Jesus* (1949), pp. 258f.; J. Bright, *The Kingdom of God* (1953), p. 231; D. Bosch, *Die Heidenmission in der Zukunftsschau Jesu* (1959), p. 50; S. Gilmour, *IB*, VIII, p. 189,

목적을 이루는 하나의 수단에 지나지 않는다. 하나님 나라의 싸움은 다만 하나님 나라의 평화를 위하여 여지를 마련해주는 역할밖에는 하지 못한다. 악을 멸하는 일은 인류의 구원의 일부에 지나지 않는 것이다. 기뻐해야 할 진정한 이유는 그들에게 주어지는 구원에 있는 것이다.[23] 바로 하나님의 나라가 악의 권세를 무너뜨렸기 때문에 구원이 이루어지는 것이다.

하나님 나라의 역동적인 역사(役事)

이렇게 하나님의 나라를 종말론적인 완성에 앞서서 세상에서 행해지는 하나님의 통치의 역동적인 역사(役事)로 이해하게 되면, 그 자체로서만 보면 매우 난해한 또 하나의 말씀을 이해하는 문맥을 얻게 된다. 우리는 이미 마태복음 11:2-6에서 예수의 사역을 통해서 메시야적 성취의 때가 개시되었다는 증거를 보았다(pp. 141f.를 보라). 비록 기대하지 못한 방식으로 임하긴 했으나, 이사야를 통해서 약속한 메시야적 구원의 시대가 이미 임하였다. 세례 요한이 혼란을 느낄 만한 이유가 있었다. 예수께서 과연 오실 자라면, 세례 요한이 기대한 대로 그의 메시야적 활동을 통해서 종말론적 심판이 일어나고 다가올 시대가 임하여야 할텐데 그렇지가 않았다. 그러나, 예수께서는 이사야 35장의 약속을 지목하심으로써 자신이 메시야의 구원을 이루었다고 분명히 밝히셨다. 그러면서도 그 다음에 그는 "누구든지 나로 인하여 실족하지 아니하는 자는 복이 있도다"라고 덧붙이셨다(마 11:6). 바꾸어 말하면, 요한의 제자들은 예수께서 메시야이심을 요한에게 다시 확인시켜주어야 했다. 그러나 한편 예수의 메시야적 사역이 요한이 기대한 것과는 다른 것이라는 것도 전해주어야 했다. 사람들이 실족할 만한 이유가 있었다. 그리하여 예수께서는, 비록 전혀 예상치 못하던 그런 형식으로 되긴 했으나 선지자들의 소망이 성취되었다는 것을 인식할 수 있는 자들에게 복이 있다고 특별히 말씀

23) T. W. Manson, *The Sayings of Jesus* (1949), pp. 258f.; W. Manson, *Studiorum Novi Testamenti Societas: Bulletin*, III (1952), p. 13.

하신 것이다.

요한의 보낸 자들이 떠난 후 예수께서는 무리들에게 한마디 설명의 말씀을 덧붙이셨다. 율법과 선지자의 시대는 요한으로 끝났다. 요한 이후로 새 시대가 개시된 것이다.[24] 이 새 시대의 특징은 바로 이 사실에 있다: "세례 요한의 때부터 지금까지 천국은 침노를 당하나니 침노하는 자는 빼앗느니라(비아스타이 하르파주신 아우텐)"(마 11:12).

이 말씀에는 두 가지 문제가 있다. 이 말씀이 하나님 나라의 임재를 증거해주는가? 만일 그렇다면 어떤 의미에서 그런가? 천국을 어떻게 이해하여야 하는가? 문제는 비아제타이라는 동사를 중간태로 보아서 "힘을 행사하다"로 이해할 수도 있고, 수동태로 보아서 "강제로 대해지다"라는 뜻으로 이해할 수도 있다는데 있다. 수동태로 볼 경우, 이 말씀은 다음과 같이 여러 가지의 해석이 가능하다:

1. 천국이 거기 속한 자들에 의해서 강제로 점거 당한다. 열정적인 무리들이 달려가 힘으로 그것을 취한다는 뜻이다.[25] 이것도 그럴듯한 해석이다. 그러나 최근의 주석가들은 이 해석을 그다지 지지하지 않는다. 이렇게 해석하면, 이 구절의 후반부가 동일한 사상을 반복하게 되며, 비아스타이가 그 나라를 강제로 격렬하게 점거하는 선한 사람들을 의미하게 된다.

2. 슈바이처는 베르너(M. Werner)의 견해를 따라서,[26] 이 말씀이 예수께서 그의 설교를 통해서 사람들 가운데 일어날 것으로 기대했던 회개의 운동(the movement of repentance)을 가리키는 것으로 본다. 이러한 이스라엘의 회개가 종말론적인 나라를 하늘에서 끌어내려서 강림하도록 만들었다는 것이다. 그러나 이런 관념은 종말론적 하나님 나라의 근본적인 성격에 맞지

---

24) 이 새로운 시대에 대한 더 상세한 논의에 대해서는 8장을 보라.

25) J. H. Thayer, *A Greek-English Lexicon* (1886), 및 A. Plummer, H. A. W. Meyer, H. Alford, R. A. Micklem 등의 주석들을 보라. 또한 R. Leivestad, *Christ the Conqueror* (1954), pp. 31f.를 보라.

26) A. Schweitzer, *The Quest of the Historical Jesus* (1911), pp. 355f.; *The Mystery of the Kingdom of God* (1913), pp. 110-112; M. Werner, *The Formation of Christian Dogma* (1957), pp. 70f.

않는다. 그것은 순전히 이적이요 전적으로 하나님의 손에 달려 있는 것이다. 사람으로서는 그 나라를 억지로 임하게 할 수도, 그 나라가 임하는 것을 막을 수도 없다. 후기의 몇몇 랍비들이 이스라엘의 회개와 신앙 회복으로 그 나라의 강림이 빨리 올 수가 있다고 가르친 것은 사실이다.[27] 그러나, 이 가르침은 종말론적 소망이 아니었고, 다만 사람들로 하여금 율법을 순종하도록 하여 신앙을 갱신시키기 위해서 사용한 하나의 수단이었을 뿐이다.

3. 몇몇 사람들은 이 구절이 무력으로 지상적인 민족적-정치적 하나님 나라를 세우려 애썼던 열심당원들의 그릇된 열심을 가리키는 것이라고 본다. 격렬한 사람들이 그 나라를 장악하려고 애쓰며, 비합법적인 수단을 통해서 그 나라가 오도록 강제력을 행사한다. 이 예수의 말씀에는 그 당시 혁명을 위해 애쓰던 그 열심당원들의 그릇된 견해에 대한 비난이 함축되어 있다는 것이다.[28] 그러나 이 해석에 대해서는 두 가지 강한 반론을 제기할 수가 있다. 예수께서 요한이 보낸 사자들에게 답하시면서 구태여 열심당 운동에 대한 말씀을 하실 마땅한 이유가 전혀 없었고, 마태가 이 문맥에서 열심당에 대한 말씀을 삽입해야 할 이유도 전혀 없다. 더 나아가서, 예수께서는 세례 요한의 때 이후에 비로소 일어나고 있는 무언가 고귀한 것에 대해서 말씀하시는데 반해서, 지상적인 나라를 건설하기 위한 열심당의 혁명 운동은 그보다 훨씬 일찍부터 있어온 것이다.[29]

4. 어떤 학자들은 이 말씀이 영적 싸움을 지칭하는 것이라고 주장한다. 예수께서는 종말론적 나라를 선포하셨는데, 그 나라가 매우 가까이 와 있어서

27) Strack and Billerbeck, *Kommentar*, I, pp. 599f.; G. F. Moore, *Judaism*, II, pp. 350f.
28) T. H. Robinson, A. H. McNeile, B. T. D. Smith, C. G. Montefiore 등의 주석들을 보라. 또한 J. Klausner, *Jesus of Nazareth* (1925), p. 206; O. Cullmann, *The State in the New Testament* (1956), pp. 20f.; G. Bornkamm, *Jesus of Nazareth* (1960), p. 66; J. Weiss, *Die Predigt Jesu vom Reiche Jesu* (2nd ed.; 1900), pp. 195-197; G. Gloege, *Reich Gottes und Kirche im Neuen Testament* (1929), p. 132; D. Bosch, *Die Heidenmission in der Zukunftsschau Jesu* (1959), p. 44.
29) G. Schrenk, *TWNT*, I, p. 610.

그 권능을 느낄 수 있을 정도였으며, 크나큰 종말론적 사건이 일어날 채비를
갖추고 있는 상태였다. 그러나 그 나라의 강림을 악한 영적 세력, 즉 "이 시
대의 임금들," "어두움의 주관자들"이 가로막고 있었다는 것이다.[30] 이 해석
에는 큰 난제가 있다. 복음서는 예수님이 악과의 초자연적인 싸움을 하고 계
신 것으로 묘사하기는 한다. 사탄은 하나님 나라의 원수요 그 나라가 사람들
가운데 역사하지 못하도록 온갖 방법을 동원하여 애쓰고 있다(마 13:19;
13:39). 그러나, 사탄이 하나님의 나라를 공격한다거나 하나님 나라 그 자체
를 대적하여 그 권능을 행사한다는 관념은 찾아볼 수가 없다. 그는 다만 하
나님 나라의 아들들을 대항하여 싸움을 벌일 수 있을 뿐이다. 사탄과 하나님
나라 사이의 싸움에서 하나님이 공격하시는 분이요, 사탄은 언제나 방어적
인 위치에 있다. 사탄이 예수님을 시험한 것은 분명한 사실이다. 그러나 사
탄이 시험하는 자로서 역할을 한다는 것은 고통을 주는 자로서의(as
tormentor) 사탄의 관념과는 전혀 다른 주제인 것이다.[31] 싸움의 표현이 나
타날 때에는, 언제나 하나님의 나라가 사탄의 나라를 공격하는 것으로 나타
난다.[32] 예수께서는 사탄과 그의 졸개들과의 싸움에 대해서 여러 번 말씀하
셨는데, 그 때마다 언제나 패배하는 것은 그들이라고 하셨다. 더 강한 자가
강한 자의 집을 침입하며(마 12:28), 사탄이 하늘에서 떨어지며(눅 10:18), 귀
신들이 예수님 앞에서 주눅이 들어 버리는 것이다(막 1:24). 하나님 나라 그
자체가, 종말론적으로 임하는 경우든 이 시대를 침투하는 경우든, 악령들의

30) M. Dibelius, *Die urchristliche Überlieferung von Johannes dem Täufer* (1911), pp. 24-29; *Jesus* (1949), pp. 65f.; C. H. Kraeling, *John the Baptist* (1951), pp. 156f.; A. N. Wilder, *Eschatology and Ethics in the Teaching of Jesus* (1950), pp. 58, 149-150, 182; W. Manson, *Studiorum Novi Testamenti Societas; Bulletin*, III, p. 13; A. Richardson, *An Introduction to the Theology of the New Testament* (1958), p. 210; A. Fridrichsen in *Theology*, XXII (1931), p. 128. W. G. Kümmel, *Promise and Fulfilment* (1957), p. 123은 두 가지 가능한 의미 가운데 이것을 논의한다.
31) R. Leivestad, *Christ the Conqueror* (1954), p. 52.
32) 이는 요한 계시록 12장의 신화적 전쟁에도 그대로 적용된다. 미가엘과 그의 천사들이 사탄을 대적하여 전쟁을 벌이는 것이다.

손에 격렬한 침략을 당한다는 생각은 이러한 복음서의 기본적인 사상과는 전혀 어긋나는 것이다. 큄멜은 "예수의 설교의 틀 속에서는 하나님을 대항하여 폭력을 행사한다는 것을 도무지 생각할 수조차 없는 일이다"라고 말했는데, 이는 과연 옳은 지적이라 하겠다.[33]

5. 가장 널리 지지를 받는 해석 중에 하나는 하나님 나라의 종들이 하나님 나라의 원수들에 의하여 핍박을 당할 때에 하나님의 나라가 그 종들 가운데서 폭력을 당한다고 보는 것이다. 폭력적인 사람들이 다른 하나님 나라의 사람들을 강탈한다는 의미에서 하나님의 나라가 폭력을 당하는 것이다.[34] 헤롯이 그 비아스타이 가운데 한 사람이며, 세례 요한이 그의 손에 폭력을 당하였다. 이 해석을 뒷받침하기 위해서, "악한 자가 와서 그 마음에 뿌리운 것을 빼앗나니(하르파제이)"(마 13:19), "너희는 천국 문을 사람들 앞에서 닫고"(마 23:13) 등의 말씀들을 동원한다. 그러나, 현재 논의하고 있는 말씀은 이 말씀들과는 전혀 다르다. 이 말씀은 사람들에 대해서 폭력을 행사하는 것이 아니라 하나님 나라에 대해서 폭력을 행사하는 것에 대해서 말씀하는 것이다. 만일 예수께서 "하나님 나라의 아들들"이 폭력을 당하는 것으로 말씀하려 하셨다면, 그 점을 분명히 하셨을 것이다. 다른 의미기 전혀 불가능한 경우가 아니면, 이런 설명의 말을 삽입하여 이해하는 식의 해석을 취해서는 안되는 것이다. 더욱이 하르파제인이라는 동사를 이런 의미로 보는 것도 분명한 것이 아니다.[35]

6. 지금까지의 다섯가지 가능한 해석은 모두 비아제타이를 수동태로 취급하는데, 모두가 각기 난제를 제기했다. 그러나 비아제타이를 중간태로 취하여, 천국이 "그 강제력을 행사한다"(exercise its force) 혹은 "그 길을 능력

33) *Promise and Fulfilment* (1957), p. 123.
34) G. Dalman, *The Words of Jesus* (1909), pp. 141f.; G. Schrenk, *TWNT*, I, p. 610. W. Michelis, *Der Herr verzieht nicht die Verheissung* (1942), pp. 69f.; W. G. Kümmel, *Promise and Fulfilment* (1957), p. 123; H. D. Wendland, *Eschatologie*, pp. 47f.; R. H. Fuller, *Mission*, p. 32; F. V. Filson, *The Gospel according to St. Matthew* (1960), pp. 138f.
35) W. Foerster, *TWNT*, I, p. 472.

적으로 진행해간다"(makes its way powerfully)고 번역하는 것도 얼마든지 가능하다. 이런 번역은 언어학적으로는 전혀 장애가 없다.[36] 그리고 주해상의 문제점은 문맥 속에서 결정해야 할 것이다.

이 해석에 대해서 두 가지 반론이 제기된다. 첫째로, 몇몇 학자들은 비아제타이를 비아스타이가 천국에 대하여 행하는 활동에 대해서 말씀하는 그 다음 부분에 비추어 이해하여야 한다고 주장한다. 두 번째 부분을 첫 번째 부분을 확장시켜 진술한 것으로 취해야 한다는 것이다. 비아제타이에 나타나는 문제의 폭력은 천국의 폭력이 아니라 폭력적인 사람들(비아스타이)이 천국을 대항하여 행하는 폭력으로 이해하는 것이다.[37] 둘째로, 비아스타이라는 낱말은 좋은 의미로 쓰이는 경우가 별로 없고 항상 폭력적이고 악한 행동을 지칭한다. 그러므로 비아제타이는 천국이 어떤 의미에서 악한 자들에게 폭력을 당한다는 뜻으로 보아야 한다.[38]

이 반론은 정말 설득력이 강하다. 큄멜은 이 반론을 결정적인 것으로 생각한다.[39] 그러나 이 반론에 대해서 해명이 전혀 불가능한 것은 아니다. 두 번째의 반론을 먼저 다루자면, 비아스타이는 그것이 반드시 악한 사람들을 가리킨다고 분명히 확정지을 만큼 신약 성경에 충분히 언급되는 낱말이 아니다. 알렉산드리아의 클레멘트는 비아스타이를 천국을 부여잡는 선한 사람들로 이해하는데 아무런 어려움을 느끼지 않았다. "또한 하나님의 나라는 잠자는 자들과 게으른 자들에게 속한 것이 아니며, '그것을 힘으로 부여잡는 사람들'에게 속한 것이다. 그 힘은 오직 선한 힘으로서 하나님에게 역사하는 것이요 하나님에게서 생명을 취하는 힘이다 … 이는 하나님이 기꺼이 그런 경쟁(contest)에서 패배하시기를 즐겨하시기 때문이다."[40] 예수께서는 하나님 나

---

36) A. Deissmann, *Bible Studies* (1901), p. 258; G. Schrenk, *TWNT*, I, p. 609, n. 3; E. Percy, *Die Botschaft Jesu* (1953), p. 196, n. 7; W. F. Arndt and F. W. Gingrich, *A Greek-English Lexicon of the New Testament* (1957), *in loc*.

37) R. H. Fuller, *Mission*, pp. 31-32.

38) Schrenk, *TWNT*, I, pp. 608-610.

39) *Promise and Fulfilment* (1957), p. 122.

40) *The Rich Man's Salvation*, XXI (Butterworth's translation: Loeb Classical

라에 대한 사람들의 반응을 묘사하시면서 물리적인 폭력을 일컫는 그런 극단적인 은유적 표현들을 사용하셨으므로, 비아스타이를 하나님 나라를 영접하는 자들의 급진적인 반응으로 해석하는 것은 그의 가르침과도 일치하는 것이다.

첫 번째 반론에 대해서는, 한 문장의 두 부분이 반드시 동일한 것, 즉, 폭력으로 천국을 대하는 것을 묘사한다고 보아야 할 이유가 전혀 없다. 사실상, 이 문장의 두 부분이 각기 서로를 보충해주는 것으로 보면 의미가 더 잘 통한다. "천국이 폭력을 당하며 폭력을 행하는 자들이 천국을 공격한다"는 말은 불필요하게 내용을 두 번씩 반복하는 군더더기일 뿐이다.[41] "천국이 능력적으로 활동하며 또한 능력적인 반응을 요구한다"고 보면 훨씬 뜻이 잘 통한다.[42] 예수님의 가르침은 바로 이런 점에서 랍비들의 유대교와 분리되는 것이다. 랍비들은 반드시 사람들이 하나님 나라의 멍에를 져야 하며 율법을 하나님의 뜻의 규범으로 받아들여야 한다고 가르쳤다. 그러나 예수께서는, 하나님이 행동하셨으므로, 그의 나라의 역동적인 권능이 세상을 침입했으므로, 사람들은 급진적인 행동으로 반응을 보여야 한다고 가르치셨다. "만일

Library: Clement of Alexandria, p. 315. 또한 A. E. Brooke, *The Commentary of Origen on St. John's Gospel* (1896), I, p. 133에서 Origen이 이 단어를 사용하는 것을 보라.

41) T. Zahn, *Das Evangelium des Matthäus* (1922), p. 427.

42) T. Zahn, *loc. cit.*; R. Otto, *The Kingdom of God and the Son of Man* (1943), pp. 108ff.; N. B. Stonehouse, *The Witness of Matthew and Mark to Christ* (1944), pp. 247-248; T. W. Manson, *The Sayings of Jesus* (1949), pp. 134-135; G. Duncan, *Jesus, Son of Man* (1949), p. 100; E. Percy, *Die Botschaft Jesu* (1953), p. 106; S. E. Johnson, *IB*, VII, pp. 382-383; A. T. Cadoux, *The Theology of Jesus* (1940), p. 249; M. Black, *ET*, LXIII (1952), p. 290; R. Schnackenburg, *Gottes Herrschaft und Reich* (1959), p. 90; A. M. Hunter, *Introducing New Testament Theology* (1957), p. 18 등이 이 해석을 지지한다. T. W. Manson은 처음에는 이 말씀을 혁명적인 열심당에 대한 하나의 경고로 해석했으나(*The Teaching of Jesus* [1935], p. 124, n. 2), Otto의 영향을 받아서 이 해석을 철회하고 역동적인 해석을 취했다(Ibid., p. 331).

네 손이 너를 범죄케 하거든 찍어 버리라 … .만일 네 눈이 너를 범죄케 하거든 빼어버리라. 한 눈으로 하나님의 나라에 들어가는 것이 두 눈을 가지고 지옥에 던지우는 것보다 나으니라"(막 9:43, 45, 47). 이런 행동들이 바로 하나님 나라에 들어갈 사람들에게 요구되는 격렬한 행동인 것이다.

다른 말씀에서도 예수께서는 그의 제자가 될 사람들에게 격렬한 행동을 요구하셨다. "무릇 내게 오는 자가 자기 부모와 처자와 형제와 자매와 및 자기 목숨까지 미워하지 아니하면 능히 나의 제자가 되지 못하리라"(눅 14:26). 그는 또한 자신이 평화가 아니라 검을 주러 이 세상에 왔다고 말씀하셨다(마 10:34). 비유들 가운데서, 그는 하나님의 나라를 확보하기 위해서는 사람이 자기의 모든 소유를 기꺼이 바쳐야 한다고 가르치셨다(마 13:44ff.). 부자 청년에게 그는 하나님 나라에 들어가려면 그가 이 땅에서 소유한 모든 것을 버려야 한다고 말씀하셨다(막 10:21). 하나님 나라의 임재는 급진적이고도 격렬한 행동을 요구하는 것이다. 묵시론자들이 가르친대로 그저 수동적으로 가만히 종말론적 나라가 임하기를 기다릴 수는 없다. 오히려 그 반대로, 하나님의 나라가 이미 그들에게 임하였고, 그렇기 때문에 그들은 능동적으로, 공격적으로, 힘을 발휘해서 그 나라를 붙잡아야 하는 것이다. 그 어떤 표현으로 보다도 비아제타이와 비아스타이 사이의 날카로운 재담을 통해서 이러한 사상이 더욱 더 영적으로 묘사되고 있는 것이다.[43]

이러한 역동적인 해석은 누가가 그것을 이런 식으로 이해했다는 사실로 뒷받침을 받는다. 그는 이 말씀을 이렇게 표현한다: "율법과 선지자는 요한의 때까지요 그 후부터는 하나님 나라의 복음이 전파되어 사람마다 그리로 침입하느니라(에이스 아우텐 비아제타이)"(눅 16:16). 누가복음의 말씀의 형태는 뒤에 온 것으로서 아람어로 재생시키기가 어렵지만, 그것은 마태복음 11:12과 동일한 근본적인 사상을 구체화시킨 것이다.[44] 이 두 말씀 모두 세 가지 동일한 요소를 갖고 있다: 하나님 나라에 대한 사람들의 격렬한 반응, 하나님 나라의 활동과 사람들의 반응 사이의 대조, 그리고 하나님 나라의 역

43) R. Otto, *The Kingdom of God and the Son of Man* (1943), p. 112.

44) G. Friedrich, *TWNT*, II, p. 715.

동적인 역사(役事).

하나님 나라에 대한 역동적인 말씀

이 누가복음의 말씀은 하나님 나라가 현재 역동적으로 역사한다는 또 하나의 증거를 제시해준다. 하나님의 나라는 예수님의 말씀과 그의 권위 속에 임재해 있었고 그 속에서 활동하고 있었다. 이 점은 특별히 "복음"(유앙겔리온), "복음을 전하다"(유앙겔리제스타이), "선포하다"(케루세인) 등의 낱말들에서 볼 수 있다. 하나님 나라에 대한 예수님의 메시지는 단순히 교훈이나 예언, 또는 약속만이 아니었다. 그것은 복된 소식의 선언이었다. 그것은 복음이었다. 선지자들은 하나님이 그의 백성에게 임하신다는 복된 소식이 선포될 때가 올 것을 약속했다. "보라, 주 여호와께서 장차 강한 자로 임하실 것이요 친히 그 팔로 다스리실 것이라"(사 40:9-10). 전령이 산 위에 나타나 평화를 전하고 구원의 복된 소식을 선포하여 시온에 다음과 같이 말할 것이라고 한다: "네 하나님이 통치하신다 … 여호와께서 열방의 목전에서 그 거룩한 팔을 나타내셨으므로 모든 땅 끝까지도 우리 하나님의 구원을 보았도다" (사 52:7, 10; 참조. 사 41:27; 60:6; 나 1:15). 이 약속의 날은 여호와의 영의 기름 부음을 받아서 "가난한 자에게 아름다운 소식을 전하며, 마음이 상한 자를 고치며, 포로된 자에게 자유를, 갇힌 자에게 놓임을 전파하며, 여호와의 은혜의 해와 우리 하나님의 신원의 날을 전파하여 모든 슬픈 자를 위로할" 자를 통해서 선포될 것이다(사 61:1-2). 이 아름다운 소식은 다름이 아니라 하나님이 그 백성들에게 임하사 그들에게 메시야적 구원을 베푸시리라는 것이다.

나사렛의 한 회당에서 예수께서는 이 복된 소식이 더 이상 소망이 아니라 현실이 되었음을 주장하셨다(눅 4:18). 성취의 때가 이제 왔다. 예수께서는 가난한 자에게 복된 소식을 전하며(유앙겔리사스타이), 포로들의 해방을 선포하며(케룩사이), 여호와의 은혜의 해를 선포하도록(케룩사이) 기름 부음을 받은 분이다. 복음 선포 속에서 약속이 성취된 것이다.

하나님의 나라는 행동만이 아니라 말씀 속에서도 임재해 있었다. 예수께서 선포하신 말씀 그 자체가 그것이 선포한 내용, 즉 포로들의 해방과 눈먼 자들의 회복과 눌린 자들의 해방되는 일을 발생케 한 것이다.[45] 마태복음 11장의 구절에서 현재의 메시야적 구원에 속한 사항들이 그 의미가 작은 것에서부터 큰 것으로 나아가도록 순서대로 정리되어 있는 것을 보게 된다. 곧, 눈먼 자가 보며, 앉은뱅이가 걸으며, 나병환자가 깨끗함을 얻으며, 귀머거리가 들으며, 죽은 자가 살아나고, 가난한 자가 복음을 듣는 것(유앙겔리존타이)이다. 이 마지막 부분에서 문장이 그 절정에 이른다. "그 메시지는 새로운 시대(die neue Zeit)를 창조하며, 메시야적 성취의 표적들을 가능케 만들어준다. 그 말씀이 하나님 나라를 임하게 하는 것이다."[46] 복음 그 자체가 메시야의 표적들 가운데 가장 큰 표적이다. 복음은 새로운 가르침이 아니었고, 그 자체가 바로 사건이었다. 복음 전파와 치유, 이것들이야말로 하나님 나라의 임재를 보여주는 두 가지 표증이었던 것이다. 그렇기 때문에, 누가(16:16)는 마태의 비아제타이(11:13)를 유앙겔리제타이로 바꾸어 표현한 것이다. "하나님 나라가 그 권능을 행사한다"와 "하나님 나라가 전파된다"는 결국 동일한 사상을 표현하는 것이다. 곧, 하나님 나라의 역동적인 임재가 예수님의 행위와 그의 말씀 속에 있다는 사실을 표현해주는 것이다.

설교와 복음 전파와 밀접하게 연관되어 있는 것은 예수님의 권위이다. 그의 말씀은 그저 인간의 말이 아니었다. 그것은 권위 있는 말씀이었다. 예수께서 귀신들을 내어쫓았을 때에 유대인들이 놀란 것은 비단 귀신을 내어쫓는 사실 그 자체만이 아니라 귀신을 내어쫓는 그의 방법 때문이었다. "이는 어찜이뇨? 권세 있는 새 교훈이로다. 더러운 귀신들을 명한즉 순종하는도다"(막 1:27). 예수님의 가르침의 고귀함은 그 가르침의 형식이나 그 내용이 아니라 그 권능에서 비롯되는 것이었다. 그가 말씀하시자, 그대로 일이 이루어졌다. 그는 귀신들을 완전히 장악하고 있는 자로서 명령하셨고, 그들은 그의 말씀에 순종했던 것이다.

---

45) G. Friedrich, *TWNT*, III, p. 705.
46) G. Friedrich, *TWNT*, II, p. 715; 또한 참조. E. Bammel, *TWNT*, VI, p. 903.

이러한 말씀의 권위에 있어서도 예수는 서기관들과는 다른 분이었다. 예수의 가르침이 백성들에게 준 첫 인상은 그가 서기관들과 다르다는 것이었다(막 1:22). 서기관들은 전통을 전해주는 자들이었다. 장로들의 전통을 "한 방울도 흘리지 않고 그대로 담아내는 물통"과도 같아서 그 전통을 신실하게 보존하고 다음 세대에 가르치는 그런 자가 바로 칭송할만한 서기관이었다.[47] 예수님의 가르침과 서기관들의 가르침이 서로 유사한 점도 있었겠지만, 그것들은 서로 전혀 다른 종교적 세계에 속하여 있는 것이었다. 서기관들이 가르쳤지만, 아무 일도 일어나지 않았다. 그러나 예수께서 말씀하시자 귀신들이 도망했고, 폭풍이 잔잔해졌으며(막 4:39), 죽은 자가 살아났고(막 5:41), 죄가 용서함 받았다(막 2:5). 예수께서는 그저 죄의 용서를 약속하신 것이 아니었다. 그런 일은 언제나 할 수 있는 일이었다. 그의 권위는 자신이 선포한 것을 그대로 실현시키는 능력에 있었다. 예수님의 말씀과 행위에 나타나는 독특한 요소가 바로 이 권위라는 사실은 서기관들이 바로 그 권위에 대해서 도전을 했다는 사실에서 입증된다(막 2:7; 11:28). 말씀과 행위에서 나타난 그의 권위는 다름 아닌 바로 하나님 나라의 임재 그 자체였던 것이다.[48]

예수께서 당당하게 말씀하실 수 있었던 것은 바로 그의 말씀 속에 하나님의 나라가 임재하고 있었기 때문이다. 네 복음서는 모두 "아멘, 내가 너희에게 말하노니"[49]라는 예수님의 특징적인 어법을 잘 보도해준다. 구약에서 "아멘"은 맹세의 타당성을 확증하며(민 5:22; 신 27:15-26), 선언에 동의를 표하는 뜻으로(왕상 1:36), 또는 하나의 영광송으로 사용되는 하나의 엄숙한 관용어다. 예수의 경우처럼 그 단어로 하나의 진술을 도입시키는 예는 랍비들의 문헌에서는 유례를 찾아볼 수가 없다.[50] 예수께서는 그 표현을 맹세와 동등한 의미로 사용하셨으며, 이는 구약의 "나의 삶을 두고 나 여호와가 말

---

47) 피르케 아봇 2:10.
48) W. Foerster, *TWNT*, II, p. 566.
49) 마태복음에 30회, 마가복음에 13회, 누가복음에 6회, 그리고 요한복음에 25회가 나타난다. 누가복음은 "진실로" 등 다른 표현으로 바꾸고 있으며, 요한복음은 "아멘"을 두 번 반복시키고 있다. 이 단어의 정확한 의미는 영어로는 번역할 수가 없다.
50) D. Daube, *The New Testament and Rabbinic Judaism* (1956), p. 388.

하노라"와 비슷한 의미이다.[51] 이러한 예수님의 용법이 다른 곳에서 유례를
찾아볼 수 없는 것은 그 자신과 그의 말씀 속에 하나님의 나라가 그 임재와
권위를 드러냈기 때문이다. 슐리어(H. Schlier)의 말처럼, 이 작은 한 마디
말 속에 그리스도론 전체가 들어 있는 것이다.[52]

　예수의 말씀이 영원한 타당성을 갖는 것은 바로 이 때문이다(막 13:31). 그
의 말씀이 사람들의 최종적인 운명을 결정지을 것이다(막 8:38; 마 7:24-
26). 더 나아가서, 마가복음 8:38의 말씀의 형식("누구든지 … 나와 내 말을
부끄러워하면")은 예수 자신을 그의 말씀과 분리시킬 수 없다는 것을 보여준
다. 서기관들은 그들의 가르침과는 분리된 상태에 있다. 그들의 가르침이 그
들 자신보다도 훨씬 더 위대했다. 그들은 전통을 전달하는 도구에 지나지 않
는 사람들이었다. 그러나 예수님의 말씀은 그의 인격과 분리시킬 수 없다.
그가 선포하는 메시지가 바로 그 자신인 것이다.

　그렇기 때문에 예수께서는 랍비들의 구두 해석 전체를 모조리 쓸어버리셨
다. 그는 자신의 권위를 랍비들의 가르침 위의 절대적 위치에 두셨다. "옛 사
람에게 말한바 … 하였다는 것을 너희가 들었느냐 나는 너희에게 이르노니"
(마 5장). 그는 심지어 율법 그 자체의 참된 의미까지도 재해석할 권위가 자
신에게 있음을 주장하였다. 그렇다고 그가 율법을 완전히 폐지시킨 것은 아
니다. 오히려 그와 반대로, 그는 서기관들의 전통이 하나님의 말씀의 참된
의도를 제거해버려서 결국 율법을 폐하고 있다고 그들을 책망하셨다(막
7:13). 예수께서는 의식적인 결례만을 지키는 것으로는 율법에 나타난 하나
님의 목적을 이룰 수가 없다고 주장하심으로써 율법의 역할을 재해석하셨
다. 순결성은 손을 청결하게 하는데 있는 것이 아니라, 마음을 청결케 하는
데 있는 것이기 때문이다. 마가는 이런 예수님의 해석적인 말씀에 다음과 같
은 말을 덧붙인다: "그리하여 그가 모든 식물을 깨끗하다고 선언하셨다"(막
7:19). 이렇게 해서 예수께서는 자신의 말씀이 하나님의 말씀 그 자체와 동등
한 권위를 지니는 것으로 말씀하신 것이다.

---

51) C. E. B. Cranfield, *The Gospel according to Saint Mark* (1959), p. 140.
52) *TWNT*, I, p. 341.

이런 점들을 배경으로 하여 살펴보면, 예수께서는 심지어 선지자들과도 구분된다. 선지자들이 늘 사용했던 "여호와께서 이렇게 말씀하시되 … "라는 어법은 "아멘, 내가 너희에게 이르노니"와는 전혀 다른 것이다. 예수님의 인격과 사역을 주로 선지자적 직임으로 해석하려고 노력하기도 하나, 이는 복음서의 요구에 훨씬 못미친다. 그의 권위 있는 말씀은 하나님의 권위가 자기 자신 속에 임재하고 있음을 알고 있는 자의 말씀이다.[53] 선지자들은 하나님 나라의 강림을 선포했다. 그러나 예수께서는 그 자신의 사역 가운데 그 나라의 임재와 권능을 구체화시키신 것이다. 이것이야말로 예수를 유대교와 분리시키는 복음서의 새로운 요소였다.[54]

하나님 나라가 이렇게 예수의 말씀 속에 역동적으로 임재하였다는 사실은 복음서가 하나님 나라의 말씀을 강조하고 있는 이유를 해명해준다. 세 가지 아주 의미깊은 구절에서 마가는 "그가 저희에게 도(道, 말씀)를 말씀하시더라"라는 표현으로 예수님의 사역 전체를 정리하고 있다. 첫째 구절은 가버나움에서의 사역 초기 단계를 묘사하는데(막 2:2), 여기서 "도를 말씀하신다"는 것은 "천국 복음을 전파하신다"는 것이나(마 4:23) "하나님의 나라 복음을 전한다"는 것과(눅 4:43) 동일한 의미이다. 복음이 예수님의 말씀 속에 담겨 있는 것이다.[55]

복음서 기자들은 오로지 한 군데에서만 예수님 자신이 그의 가르침을 "말씀"이라고 하시는 것으로 묘사한다. 씨뿌리는 자의 비유에 대한 해석에서, 마가는 예수께서 씨뿌리는 자가 사람들에게[56] 말씀을 뿌리는 것으로 여덟 번을 말씀하신 것으로 묘사한다(막 4:14ff.). 그런데 그 말씀이 빼앗길 수도 있고, 그저 잠시 동안만 성장할 수도 있고,[57] 또한 말라 죽을 수도 있다. 사람들

53) G. Kittel. *TWNT*, IV, p. 128.

54) O. Cullmann, *The Christology of the New Testament* (1959), pp. 46f.

55) 또한 막 4:33; 8:32를 보라. 막 8:32에 대해서는 E. Lostermann, *Das Markusevangelium* (1926), p. 95을 보라: "톤 로곤은 아마도 그 말씀, 그 복음을 가리키며, 1:45; 9:10에 언급된 그것일 가능성은 거의 없을 것이다."

56) 에이스 아우투스, 막 4:15. 마태복음(13:19)과 누가복음(8:12)은 모두 "그들의 마음에"로 표현하고 있다.

57) 마가복음 4:14-15에서 씨에서 씨가 그 속에 뿌려진 사람으로 어법이 변화되는 아주 곤

이 이 말씀을 취하여 그 말씀이 뿌리를 내리고 자라서 열매를 맺도록 하여야 하는 것이다. 마태와 누가는 마가의 단순한 표현에다 설명해주는 어구를 붙여서 묘사한다: "천국 말씀"(마 13:19)과 "하나님의 말씀"(눅 8:11)이 그것이다.[58] 이 표현이 씨뿌리는 자의 비유에 대한 해석 부분에서만 예수님이 직접 말씀하신 것으로 나타나고 다른 곳에서는 전혀 나타나지 않기 때문에, 이러한 용례는 예수님 자신의 것이 아니라 초기 기독교의 관용적 어법에서 비롯된 것이라는 주장이 자주 제기되고 있다.[59] 그러나 물론 그렇게 보는 것도 가능하겠지만, 마가가 예수님의 관용어법을 정확하게 옮겨 놓았을 가능성도 있다. 왜냐하면 그 관용어법이 하나님의 나라가 예수의 말씀과 그의 복음 속에 임재하고 있다는 그 사실과 그대로 일치하기 때문이다.[60]

하나님의 나라는 하나님의 구속적인 통치로서 이제 예수님 자신과 그의 행위와 말씀 속에 임재해 있다. 씨뿌리는 자의 비유가 주는 메시지는 바로 다음과 같은 사실에서 볼 수 있다: 묵시론자들과 랍비적 유대교에서 세상을 뒤엎는 하나님의 개입이 될 것으로 기대했던 그 하나님 나라의 강림이 복된 소식의 선포 속에서, 그 자체로서는 아무런 힘도 없고 연약하기 그지없는 그 말씀 속에서, 일어났다는 것이다. 하나님 나라의 현재의 역사(役事)는 마치

란한 상황은 하나님 나라의 말씀 그 자체를 마르고 죽는 것으로 생각할 수가 없다는 점을 시사하는 것이라고 해명할 수 있을 것이다.

58) 누가복음은 5:1; 8:21; 11:28에서 이 표현을 사용하고 있다.

59) G. Kittel, *TWNT*, IV, p. 123; J. Jeremias, *The Parables of Jesus* (1954), p. 61을 보라. V. Taylor, *The Gospel according to St. Mark* (1952), p. 259와 C. E. B. Cranfield, *The Gospel according to Saint Mark* (1959), p. 162는 이 문제에 대한 입장 표명을 유보한다.

60) Fr. Büchsel은 미래의 종말론적 하나님의 나라가 주로 예수의 말씀 속에 임재한다고 주장한다. 그는 하나님의 나라를 하나님이 마지막 심판을 통하여 모든 저항을 무너뜨리고 그의 통치 아래 굴복시키셔서 오직 그의 뜻만이 시행될 그 때에 일어나게 될 존재 양식으로 정의한다. 예수의 말씀은 사람들을 하나님과의 올바른 관계 속으로 이끌어서 그들로 하여금 마지막 심판에서 살아남아서 하나님 나라에 들어가게 하는 것이다 (*Theologie des Neuen Testaments* [1937], pp. 36-42; *Jesus: Verkündigung und Geschichte* [1947], pp. 42-53). 이 해석은 물론 하나님 나라의 현재적 의미를 지나치게 단순화시키기는 하지만, 그래도 이 논의만큼은 정당하다 하겠다.

씨와 같이, 언제나 획일적인 성공을 거두지는 않는다. 오직 그것을 받아들이는 자에게서만 열매를 맺는다. 다른 사람들에게서는 열매가 없을 수도 있고, 헛될 수도 있다. 그러나 이것이야말로 복음의 말씀 속에 임재하며 그 속에서 역사하는 하나님 나라인 것이다. 이 비유의 정확한 구문이 순수한 것이냐 아니면 기독교인들이 만들어낸 것이냐 하는 문제는 부차적인 의미밖에는 없다고 지적한 키텔의 말은 옳다. 그보다 근본적인 문제는 과연 그 비유가 예수님의 의미를 올바르게 재현하고 있느냐 하는 것이다.

이 문제는 다시 그보다 더 근본적인 문제, 즉 자신의 사역과 권위에 대한 예수 자신의 의식의 문제로 이어진다. 말씀을 뿌리는 일에 대한 마가복음의 언어 속에 나타나는 진리는 "나는 너희에게 말하노니"(마 5:22)라는 말 뒤에 이어지는 예수님의 말씀이나, 성읍들을 책망하는 그의 말씀들(마 11:20ff.), 세례 요한에 관한 그의 메시지(마 11:4ff.), 그리고 중풍병자에게 전한 말씀의 권위(마 9:2ff.) 등에 표현되어 있는 것과 근본적으로 동일하다.[61] 문제는 이런 저런 말씀이 순수하냐 하는 것이 아니라, 예수에 대한 전반적인 묘사가 과연 정확하냐 하는 것이다. 성경 비평학자들은 일상적으로 경험할 수 있는 인간으로 설명될 수 있는 그런 순전히 "역사적인" 예수에 대한 탐구가 헛된 것이라는 점을 점점 인식하고 있다. 가장 "진보적인" 독일 비평학계는 역사에 대한 새로운 개념을 근거로 역사적 예수에 대한 탐구를 새로이 시작하였다.[62]

예수에 대한 이 새로운 묘사에 나타나는 가장 충격적인 특징은 바로 그의 권위(Vollmacht)이며, 그 권위는 또한 하나님에 대한 의식의 표현이며 동시에 예수 자신 속에서 "직접 대하는 사건"(unmediated event)이 되는 그 직접적인 하나님의 뜻에 대한 표현이기도 하다. "복음서는 이 예수의 주권적인 권능의 독특한 직접성을 가리켜 그의 '권위'라고 부른다. 복음서는 이 단어를 그의 가르침에 적용시킨다 ··· .또한 그 단어를 그의 치유의 말씀의 능력

61) G. Kittel, TWNT, IV, p. 124. G. Friedrich, TWNT, II, pp. 725f.에서도 동일한 사고를 보게 된다.
62) J. M. Robinson, A New Quest of the Historical Jesus (1959).

을 뜻하는 것으로 사용하기도 한다. '권위' 라는 단어는 이미 예수의 인격과 영향력이 신비하여 믿음으로만 이해할 수 있다는 사실을 내포하고 있음이 분명하다. 그러므로 그 권위는 단순히 '역사적인'(historisch) 영역을 초월하는 것이다. 그러나 동시에 그 권위는 역사적(geschichtlich) 예수에게 속하며 따라서 그 어떠한 해석보다도 앞서서 존재한 하나의 실체를 의미하는 것이다."[63] 우리가 믿기에 이 진술 자체는 옳다. 예수님 자신과 그의 행위와 그의 말씀 속에서 하나님의 나라와 그 축복들이 임재하며, 또한 사람들 가운데서 역동적으로 활동하고 있는 것이다.

---

63) G. Bornkamm, *Jesus of Nazareth* (1960), p. 60.

제 7 장

신적 활동으로서
임재하는 하나님의 나라

바실레이아 투 테우에 대한 역동적인 이해는 먼저 그 용어 자체의 의미와 용례에 대한 언어적 주해적 연구를 근거로 제시되었다. 이 역동적인 해석은 복음서의 신학을 통해서, 엄밀히 말하자면 복음서에 나타난 하나님에 대한 교의〔神論〕를 통해서 더 잘 드러난다.

그 나라는 하나님의 나라요 사람의 나라가 아니다. 곧 바실레이아 투 테우이다. 여기서 첫째 단어가 아니라 둘째 단어(투 테우)에 강조점이 있다. 그것은 바로 하나님의 나라인 것이다. "우리가 언제나 고려해야 할 사실은 예수의 가르침 속에서는 하나님에 대한 그의 관념이 하나님 나라와 메시야의 관념들을 포함해서 모든 것을 결정짓는다는 점이다."[1] 만일 하나님의 나라가 하나님의 통치라면, 그 나라의 모든 면이 바로 하나님의 성격과 그의 활동에서 비롯된 것일 수밖에 없다. 그 나라의 임재는 하나님이 임재하셔서 행하시는 활동의 본질을 통해서 이해하여야 마땅하다. 그리고 그 나라의 미래는 이 시대의 종말에 이루어질 그의 왕적 통치의 구속적 실현이다.

이러한 사상은 유대교에서도 그대로 나타난다. 하나님의 나라는 하나님의

---

1) T. W. Manson, *The Teaching of Jesus* (1935), p. 211. 이 접근법은 A. Schlatter, *Die Geschichte des Christus* (1923), pp. 140ff.도 강조하고 있으며, G. Gloege, *Reich Gottes und Kirche im Neuen Testament* (1929)는 이를 가장 강한 어조로 이를 주장하고 있다. 또한 H. D. Wendland, *Die Eschatologie des Reiches Gottes bei Jesu* (1931)을 보라. 그의 기본적인 출발점은 "Gottesgedanke und Gottesherschaft"이다.

전포괄적인 주권적 다스림이다. 그는 언제나 어김없이 그의 섭리로 궁극적으로 모든 존재를 감독하시는 그런 하나님이시다. 더욱이 하나님의 다스림은 언제나 어디서나 율법을 통해서 알려진다. 그리고 하나님은 이 시대의 종말에 가서 그의 나라를 세우시기 위해 활동하실 것이다. 하나님의 나라가 임재한다는 예수의 선언은 곧 하나님이 그의 백성을 위하여 역사 속에서 구속적인 활동을 하신다는 것을 의미한다. 그러나 그렇다고 해서 그 나라의 종말론적인 면이 없어지는 것이 아니다. 왜냐하면 역사 속에서 예수 자신과 그의 사역 안에서 활동하시는 하나님은 이 시대의 종말에도 또 다시 활동하시사 그의 영광과 구원의 능력을 드러내실 것이기 때문이다. 현재와 미래가 모두 하나님의 나라를 드러낸다. 현재와 미래 모두가 하나님의 구속적인 활동의 현장이기 때문이다.

찾으시는 하나님(the seeking God)

이 찾으시는 하나님이라는 논지는 예수님의 가르침에 나타나는 하나님에 대한 특정한 개념에 대한 연구를 통해서 뒷받침된다. 여기서 우리는 놀라운 사실을 발견하게 된다. 곧, 하나님 나라에 대한 예수님의 선포 속에 나타나는 새로운 요소가 하나님에 대한 그의 가르침 속에 나타나는 새로운 요소와 매우 유사하다는 점이다. 즉, 하나님이 찾으시는 하나님이시라는 것이다. 예수님의 목적이 하나님에 대하여 한 가지 새로운 이론적 진리를 제시하고자 하는데 있었다는 것을 말씀하려고 하는 것은 아니다. 하나님은 배워야 할 가르침이 아니라 경험해야 할 인격적인 분이신 것이다. 그러나 그렇다고 해서 예수의 가르침과 사역 속에서, 그리고 그것들을 통해서, 어떠한 하나님 개념이 드러나는가 하는 문제를 무시하는 것은 아니다.

비평학자들은 예수께서 그 당시의 유대인들의 하나님 관념을 그저 정화시키신 것뿐인가,[2] 아니면 하나님에 대해서 새로운 가르침을 전하셨는가[3]에 대

---

2) R. Bultmann, *Jesus and the Word* (1926), Chap. 4.

해서 논란을 벌여왔다. 이 논쟁은 주로 용어에 대한 것으로서, "새로운"이라
는 말의 정의를 어떻게 내리느냐 하는데 있었던 것으로 보인다. 예수의 하나
님 사상과 구약과 후기 유대교의 하나님 사상 사이에는 연속성이 있는 것이
분명하다. 파이네(P. Feine)는 예수의 하나님은 구약에서 계시된 하나님 —
아브라함과 이삭과 야곱의 하나님(막 12:26)이요, 천지의 전능한 주재시요
(마 11:25; 5:34f.), 모세와 선지자들에게 그의 거룩하신 뜻을 선포하신 분(마
5:17; 요 5:44ff.) — 이시므로, 예수는 하나님에 대해서 새로운 메시지를 전
할 의도가 없었다고 말했는데,[4] 그의 말은 참으로 옳다. 그러나 어떤 의미에
서 후기 유대교의 하나님은 구약의 하나님이 아니었다고 말할 수 있을 것이
다. 선지자들의 하나님은 언제나 역사 속에서 활동하시며 그의 백성을 심판
하시고 구원하셨다. 그러나 후기 유대교의 하나님은 악한 세상에서 물러나
셔서 역사 속에서 구원의 활동을 펼치시지 않으시는 분이었다.[5] 이 시대의
종말에 가서 한 가지 최종적인 활동이 있을 것이지만, 그 동안에는 하나님이
역사에서 멀리 떠나 계신 것이다.

하나님 나라에 대한 예수님의 메시지는 하나님은 마지막에 최종적으로 역
사하실 뿐만 아니라, 하나님은 지금도 역사 속에서 구속의 역사를 행하시고
계시다고 선포했다. 사실상, 하나님은 선지자들에게는 알려지지 않은 방식
으로, 그들이 알 수 없는 그런 정도로, 이미 역사 속에 들어오셨다. 구약의
약속의 성취가 일어나고 있었다. 메시야의 구원이 행해지고 있었고, 하나님
의 나라가 가까이 임했다. 하나님이 그의 백성을 찾아오고 계셨다. 그렇기
때문에, 벤틀란트는 예수께서 하나님에 대해서 새로운 가르침을 제시하신
것이 아니라 새로운 실체를 제시하셨다고,[6] 즉 죄인들에 대해서 관심을 가지
신 하나님의 실체를 제시하셨다고 말한다. 예수 안에서, 하나님이 먼저 주도

3) H. D. Wendland, *Die Eschatologie des Reiches Gottes bei Jesu*, pp. 10ff.

4) *Die Theologie des Neuen Testaments* (8th ed.; 1951), p. 15.

5) *Judaica*, I (1945), pp. 40–68의 W. G. Kümmel의 논문을 보라. 이 동일한 현상을 나
　타내는 Bultmann식의 표현 방법은 다음과 같다: "미래의 하나님은 진정으로 현재의
　하나님이 아니다" (*Jesus and the World* [1934], p. 148).

6) H. D. Wendland, *Die Eschatologie des Reiches Gottes bei Jesu*, p. 10.

적으로 죄인들을 찾으시고 잃어버린 사람들을 그의 통치의 축복 속에 들어가게 하신 것이다. 간단히 말해서 그 하나님은 바로 찾으시는 하나님이셨다.

몇몇 학자들은, 율법의 역할 대신 예수의 종교적 체험이 들어가 있는 점만 제외하면 예수의 하나님 나라에 대한 견해가 랍비들의 사상과 같은 노선을 유지하는 것으로 해석한다. 하나님 나라의 핵심은 하나님을 아버지로 대한 예수의 내적 체험이었다. 그의 사명은 이러한 체험을 사람들과 나누는 것이었다. 사람들이 예수의 하나님 체험 속으로 들어갈 때에, 하나님의 다스림이 그들에게 "임한다". 점점 큰 무리들이 이러한 체험 속으로 들어갈수록, 하나님의 나라가 이 세상에서 자라나고 확장된다는 것이다.[7]

이 해석에 중요한 요소가 있는 것은 사실이지만, 이 해석은 하나님 나라의 역동적 성격을 간과하기 때문에 부적절하다고 할 수밖에 없다. 우리 주님의 메시지와 사역의 핵심에 찾으시는 사랑이신 하나님의 실체가 구체화되어 있었다. 하나님은 더 이상 잃어버린 자들이 스스로 죄를 버리기를 기다리지 않으신다. 하나님이 몸소 죄인들을 찾아 나서시는 것이었다.

이 사실이 바리새인들과 벌이신 예수님의 논쟁의 쟁점이었다. 바리새인들은 의에 대한 그들의 사고와 하나님에 대한 그들 나름대로의 이해로 말미암아 "의인"과 "죄인" 사이에 아주 경직된 장벽을 쳐놓고 있었다. 복음서에서는 "죄인"이라는 용어가 세 가지 뜻으로 사용된다.[8] 그것은 이스라엘의 하나님을 경배하지 않는 이방인들을 지칭하며(막 14:41; 눅 6:32ff.; 참조. 마 5:47), 또한 시몬의 집에서 예수께 기름을 부은 여인이나(눅 7:37, 39) 많은 사람들의 돈을 착복한 세리 삭개오 같은 사람(눅 19:6f.)처럼 율법에 대해 의식적으로 불순종하면서 사는 많은 유대인들을 가리키기도 한다. "세리들과

---

7) 참조. H. E. W. Turner, *Jesus, Master and Lord* (1953), pp. 256-260. T. W. Manson의 초기의 해석은 그 자신이 인정하듯이 이 패턴에서 크게 벗어나지 않는다 (*The Teaching of Jesus* [135], p. 201). 예수와 유대교의 차이점은 예수는 하나님의 지상에 대한 뜻을 새로운 방식으로 인식하고서 다른 사람들도 동일한 경험을 하도록 인도하여 "인자" ― 메시야를 따르며 그가 지우는 멍에를 스스로 지는 그런 사람들의 모임체 ― 를 창조해냈다는데 있다.

8) K. H. Rengstorf, *TWNT*, I, pp. 331f.

죄인들"이라는 말은 아마도 그런 부도덕한 사람들까지도 다 포함하는 말이었을 것으로 보인다. 왜냐하면 마태복음 21:31, 32에서는 "세리들과 창기들"라는 표현이 나타나기 때문이다. 세리들을 경멸한 것은 그들이 이방인 정부의 하수인들이었기 때문이기도 했겠지만, 또한 그들이 탐욕스럽고 도덕성이 없는 사람들이기 때문이기도 했다.[9] 그러나 "죄인"은 주로 세 번째 부류의 사람들, 즉 구두의 서기관의 전통들을 무시하는 수많은 사람들을 가리킨다. 이 전통들은 후에 미쉬나 속에 기록된 것으로서 서기관들과 바리새인들에게는 모세의 율법과 동등한 권위를 지니는 것이었다. 그러므로 기록된 율법만을 인정했던 "그 땅의 사람들"(암 하-아레츠)은 모조리 죄인들로 경멸을 받았다(요 7:49). 의에 대한 바리새인들의 정의는 올바른 윤리적 행실만이 아니라 의식적인 정결과 안식일을 위한 무수한 규례들을 그대로 순종하여 지키는 것까지도 포함하고 있었다. 바리새인들은 의인인 자기 자신들과 "죄인들" 사이에 경직된 장벽을 설치하고서, 죄인들과 접촉하게 되면 자기들을 더럽히는 것이라고 생각했던 것이다.

예수께서 종교 지도자들의 화를 불러일으키게 된 것은 그가 이 장벽을 무시할 뿐 아니라 "죄인들"과 스스로 연루됨으로써 그 문제를 종교적인 문제로 삼기 때문이었다. 그는 바리새인들의 하나님과 의에 대한 해석이 실제로 그들 자신과 하나님 사이에 종교적인 교만의 장벽을 치며(눅 18:10ff.) 그리하여 참된 영적인 덕을 보지 못할 뿐 아니라(마 9:13; 12:7; 23:23) 죄인들이 하나님께로 나아오는 것을 실제로 막고 있기 때문에(마 23:13), 그들을 책망하셨다. 예수께서는 형식적인 의를 이루는 규례들을 모조리 무시해 버리셨다. 왜냐하면 그 규례들은 하나님의 근본적인 성격에 어긋나기 때문이었다. 그는 하나님이 외형적인 규례들보다도 죄인에게 더 관심을 가지신다고 가르치셨다. 하나님은 몸소 잃어버린 죄인들을 찾아 나서시고 그들을 하나님 자신과의 교제 속으로 이끄심으로써 이러한 죄인에 대한 관심을 드러내 보이신 것이다.

이러한 사실은 예수님 자신의 사역에서도 구체화되어 나타난다. 바리새인

9) V. Taylor, *The Gospel according to St. Mark* (1952), p. 204.

들이 자기들의 의의 기준을 어기고 죄인들과 어울린다며 예수님을 비난했을 때에, 예수께서는 죄인들을 돌보는 것이 그의 사명이라고 대답하셨다(막 2:15-17). 자기가 병들었다는 것을 아는 자들이 의원을 필요로 하는 법이다. 예수께서는 그런 죄인들에게 하나님 나라의 구원의 복된 소식을 전해주셔야 했던 것이다. 그는 그들이 죄인임을 부인하지 않으시며, 그들의 죄성을 가볍게 해주지도 않으신다. 오히려 그는 그들의 필요를 지적하시며, 그 필요를 채워주시는 것이다.

죄인을 찾아 나서는 하나님이라는 이 위대한 진리는 누가복음 15장의 세 비유에서 분명히 제시된다. 이 비유들은 예수께서 죄인들과 식탁에 함께 앉을 정도로 그들과 어울리는데 대한 비난을 잠재우기 위하여 주신 것이다. 그는 길을 잃고 헤매는 어린 양을 찾아 나서며, 잃어버린 동전을 찾으며, 용서 받을 자격조차 없는 탕자를 집에 다시 받아들이는 것이 바로 하나님의 목적임을 가르치셨다. 이 세 비유 모두에서 하나님의 주도권이 나타난다. 목자가 양을 찾아다니며, 여인이 동전을 찾기 위해서 집을 쓸며, 아버지가 탕자가 돌아오기를 고대하며 기다리는 것이다. "탕자"의 비유의 주인공은 아들이 아니라 기다리는 아버지이다. 이 비유에서 보여주는 가장 중요한 사실은 사람의 타락성이 아니라 하나님의 사랑과 은혜인 것이다.

유대인 학자들은 이러한 죄인에 대한 관심이 새로운 것임을 인정했다. 아브라함스(I. Abrahams)는 바리새주의는 하나님이 언제나 첫 단계를 취하실 준비가 되어 있다고 가르쳤다고 주장한다. 그러나 주도권은 보통 죄인들이 하나님께로 돌이키는데 있는 것으로 가르쳤음을 그도 인정한다.[10] 몽테피오레(C. G. Montefiore)는 예수의 "위대성과 독창성"이 "죄와 죄인들을 향한 사람들의 태도에 새로운 장"을 열었다고 말한다. 예수께서는 죄인들을 피하신 것이 아니라 그들을 찾아 나섰기 때문이다.[11] 이러한 죄인들에 대한 관심

---

10) I. Abrahams, *Studies in Pharisaism and the Gospels* (First Series, 1917), p. 58.
11) C. G. Montefiore, *The Synoptic Gospels* (1927), I, p. 55. Montefiore의 연구 자체의 타당성은 인정하여야 하나, 예수가 이 죄인들을 하나님의 자녀로 바라보았다는 그의 견해는 의문의 여지가 있다. 예수께서 죄인들을 찾으신 것은 사람들이 하나님의 자녀

은 유대교에서는 전혀 들어보지 못한 새로운 것이며[12] 또한 에스라 4서에 표현된 그런 정서와 놀랍게 대조를 보이는 것이다. 에스라 4서에서 저자는 의인의 숫자가 적은 것에 대해 한탄하면서 이렇게 말한다: "나는 죄 지은 자들을 처리하는 일이나 그들의 죽음, 그들의 심판이나 그들의 멸망에 대해 정말로 관심을 두지 않고, 의인이 일어나는 일에, 그들의 순례에 대하여, 그들의 구원에 대하여 기뻐할 것이라"(8:38f.). 하나님 나라의 "복된 소식"의 핵심은 바로 잃어버린 자를 찾아 구원하시기 위하여 하나님이 먼저 행동을 취하셨다는 사실에 있는 것이다.

초대하시는 하나님

찾으시는 하나님은 또한 초대하시는 하나님이다. 예수께서는 종말론적 구원을 많은 사람들을 초대하는 잔치 혹은 연회로 묘사하셨다(마 22:1ff.; 눅 14:16ff.; 참조. 마 8:11). 이런 배경을 놓고 볼 때에, 예수께서 그를 따르는 자들과 자주 식탁을 나누셨던 것은 하나님 나라의 축복에 초대하는 것을 의미하는 행위를 통한 비유로 이해할 수 있을 것이다.[13] 식탁을 나눈다는 것은 유대인에게는 가장 친밀한 관계를 의미했는데, 그 식탁 교제가 예수님의 사역에서 중요한 역할을 했던 것이다(막 2:15). 바리새인들은 그가 죄인들과 한 자리에서 먹는다고 비난했다(눅 15:2). 그를 가리켜 "먹기를 탐하고 포도주를 즐기는 사람이요 세리와 죄인의 친구"라고 불렀다(마 11:19). "부른다"라는 말은 초대를 의미한다. "죄인들을 하나님 나라의 대 연회에 초대하는 일이 바로 주님의 사명이었다."[14]

예수께서는 사람들에게 회개를 촉구하셨다. 그러나 그런 회개에의 부름은 또한 초대이기도 했다. 사실상, 회개하라는 예수님의 부르심이 초대의 성격

들이기 때문이 아니라 하나님이 그들을 그의 자녀들로 만드실 것이기 때문이었다.

12) H. D. Wendland, *Die Eschatologie des Reiches Gottes bei Jesu*, p. 11

13) 참조. G. Bornkamm, *Jesus of Nazareth* (1960), p. 81.

14) A. E. J. Rawlinson, *St. Mark* (1925), p. 29.

을 갖는다는 사실도 그의 가르침을 유대교의 가르침과 구분짓는 요인이 된
다. 유대교에서 회개의 교의는 가장 중요한 위치를 차지했다. 왜냐하면 그것
이야말로 구원을 얻을 수 있는 수단 가운데 하나였기 때문이다.[15] 회개란 주
로 율법과 관련지어서 이해되는 것으로서 소극적으로는 악한 행실과 율법을
범하는 행위를 버리는 것이요, 적극적으로는 율법을 하나님의 뜻의 표현으
로 순종하는 것을 의미했다. "율법의 멍에"를 가리켜 "회개의 멍에"로도 부
를 수 있었던 것이다. 사건의 순서는 곧, 사람이 먼저 회개하고, 그 다음에
하나님이 용서하신다는 것이다. 인간의 행동이 하나님의 행동보다 앞서서
이루어져야 했다. "유대교의 가르침에 의하면, 죄의 용서는 죄인에게 달려
있다. 왜냐하면 중보자의 존재가 없기 때문이다."[16]

그러나, 예수님의 회개에 대한 요구는 단순히 사람들에게 죄를 버리고 하
나님께로 돌아오라는 것이 아니었다. 오히려 그것은 하나님의 초대에 응답
하라는 부름이었으며, 사람들이 회개할 수 있는 것은 바로 그 초대가 있기
때문이었다. 그 초대 자체가 하나님 나라의 선물이었던 것이다. 이 점에 있
어서 예수님의 회개에의 부름은 세례 요한의 회개라는 외침과도 구별되는
것이었다. 세례 요한은 사람들에게 다가올 심판의 날에 대비하여 죄를 버리
라고 촉구했다. 그러나 예수께서는 하나님의 초대를 받아들이라고 촉구하신
것이다.[17]

이 사실은 진주와 보화의 비유에서 잘 드러난다(마 13:44-46). 지금 사람
들에게 베풀어지는 천국은 그 가치가 말할 수 없이 크기 때문에 그 어떠한
것을 희생해서라도 그것을 얻어야 하는 것이다. 이 비유를 미래의 종말론적
나라에 관한 것으로 해석하면 이 비유는 그 빛을 잃고 만다. 유대인들은 그

---

15) W. O. E. Oesterley and G. H. Box, *The Religion and Worship of the Synagogue* (1907), pp. 245ff.; G. F. Moore, *Judaism*, I, pp. 507-534; J. Behm in *TWNT*, IV, pp. 991ff. 등을 보라. Moore는 회개를 "유대교의 구원의 교의"로 묘사한다(*op. cit.*, p. 500).

16) Oesterley and Box, *The Religion and Worship of the Synagogue* (1907), p. 247.

17) G. Bornkamm, *Jesus of Nazareth* (1960), pp. 82f.

런 교훈이 필요한 것이 아니었다. 그 비유의 핵심은 바로 예수님의 임재가 하나님 나라의 축복을 지금 사람들에게 주신다는 사실에 있다. 회개란 이러한 하나님의 선물을 받아들이는 것이요, 다소 합당한 것으로 보일지라도 다른 변명 거리들을 모두 제쳐두는 것을 의미한다(눅 14:16ff.; 마 22:1ff.). 사람들에게 이렇게 회개하라고 촉구하는 것은 하나님이 미래에, 가까운 미래든 먼 미래든, 무언가 일을 행하실 것이기 때문이 아니다. 그렇게 촉구하는 것은 바로 하나님이 지금 행동하고 계시기 때문인 것이다. "이러한 회개에의 부름은 그 자체가 하나님의 편에서 먼저 행하신 결단과 행동에 대해서도 말씀하는 것이다."[18] 사실상, 회개하라는 부름 그 자체가 하나님 나라의 활동이라고 말할 수 있을 것이다.

회개의 은혜로운 성격은 우리 주님의 다음 말씀에서 생생하게 나타나고 있다: "너희가 돌이켜 어린 아이들과 같이 되지 아니하면 결단코 천국에 들어가지 못하리라"(마 18:3). 여기서 요구하는 것은 인간의 노력으로 이루어질 수 있는 것이 아니다. 어린 아이가 된다는 것은 스스로 아무것도 할 수 없는 그런 상태에 있다는 것을 의미하며, 또한 하나님께 완전히 의지하는 그런 조건 속에 들어간다는 것을 뜻하며, 하나님으로 하여금 일하시도록 할 준비를 갖춘다는 것을 의미한다. "예수님의 말씀을 듣는 그 하늘 아버지의 어린 자녀들은 하나님을 향하여 완전히 수동적인 자세를 갖는다. 그들이 자기들에게 줄 수 없는 그것을 하나님이 그들에게 주시기 때문이다. 회개도 역시 마찬가지이다. 그것은 하나님의 선물이며 그러면서도 요구의 성격이 사라지는 것이 아니다. 그것은 선물이며 동시에 요구인 것이다."[19]

하나님 나라에 대한 예수님의 메시지는 하나님이 역사 속에서 그의 구속의 뜻을 행하시며 또한 그것을 역동적으로 드러내신다는 사실을 말씀과 행위로 선언하는 것이었다. 하나님은 죄인들을 찾고 계실 뿐 아니라, 메시야의 축복 속으로 들어오도록 그들을 초대하고 계시며, 그의 은혜로운 초대에 선의로 응답하라고 요구하고 계신다. 하나님은 다시 말씀하셨다. 새 선지자가

---

18) *Ibid.*, p. 83.
19) J. Behm, *TWNT*, IV, p. 998.

나타났으니, 그는 과연 선지자 이상인 분이시다. 그는 그가 약속하시는 그 축복을 사람들에게 주시는 분이신 것이다.

아버지이신 하나님

하나님은 죄인들을 찾고 계시며 그의 통치에 굴복하도록 초대하고 계시는데, 이는 그가 그들의 아버지가 되시기 위함이다. 하나님의 나라와 그의 아버지되심은 서로 불가분리의 관계를 갖는다. 그리고 이 두 개념 사이의 이런 밀접한 관계가 종말론을 말씀하는 문맥에서 가장 자주 나타난다는 사실이 특별히 주목된다. 종말론적 구원의 때에 의인들이 그 아버지의 나라에 들어갈 것이다(마 13:43). 복 받을 자들을 위하여 하나님 나라의 이러한 종말론적 유업을 예비하신 분은 바로 아버지이시다(마 25:34). 하나님의 아버지되심의 최고의 선물은 바로 온 세상에서 시행될 하나님의 다스림에 함께 참여하는 것이다. 예수께서는 아버지의 나라에서 그의 제자들과 새로운 교제를 누리실 것이다(마 26:29). 하나님의 자녀로서 갖는 가장 큰 기쁨이 바로 하나님 나라의 축복들을 소유하는 것이므로, 예수께서는 제자들에게 "하늘에 계신 우리 아버지여 … 나라가 임하시오며"라고 기도하라고 가르치셨다(마 6:9, 10). 왕되심과 아버지되심의 개념이 서로 밀접하게 관련을 맺고 있음이 분명한 것이다.[20]

이러한 종말론에 관한 말씀들은 하나님의 아버지되심에 관하여 한 가지 중요한 사실을 보여준다. 그 축복과 그러한 관계는 모든 사람이 다 누리는 것이 아니요, 오직 그 종말론적 나라에 들어가는 자들만이 누리는 것이다. 아버지되심의 개념이 하나님 나라의 개념을 통해서 조건지워지는 것이다. 하나님은 아버지로서 사람들에게 그 종말론적 나라에 들어가게 하신다. 그러므로 그 나라에 들어가지 못하는 자들은 하나님을 아버지로서 모시며 그와의 교제를 누릴 수가 없는 것이다.

---

20) G. Schrenk, *TWNT*, V, pp. 995f.

아버지되심이라는 선물은 종말론적 완성의 때에만 해당되는 것이 아니다. 그것은 또한 현재의 선물이기도 하다. 더욱이, 그 나라의 미래의 축복을 얻느냐 하는 문제가 현재의 관계의 여부에 달려 있다. 이 점은 예수께서 제자들에게 하나님을 아버지로 부르며 그를 아버지로 섬기라고 가르치셨다는 사실에서 잘 볼 수 있다. 그러나 이런 현재의 관계 속에서도, 하나님의 아버지되심은 그의 나라와 분리할 수가 없다. 하나님을 아버지로 아는 사람들은 그들의 삶 속에서 하나님 나라와 그 의를 최고의 선으로 인식하는 사람들인 것이다(마 6:32, 33; 눅 12:30).

이 사실은 하나님의 아버지되심에 대한 예수님의 가르침의 근원이 어디에 있으며 그 본질이 무엇이냐 하는 중요한 문제를 제기한다. 하나님의 아버지되심의 개념은 구약에 그 뿌리를 두고 있다. 구약에서는 하나님과 이스라엘의 언약 관계를 묘사하는 한 방식으로 아버지되심이 거론된다. 이스라엘은 이 언약으로 말미암아 하나님의 장자가 되었다(출 4:22). 그러므로 이스라엘은 하나님을 자기 민족의 아버지로 여겼다(신 32:6; 사 64:8; 말 2:10). 이것은 자연에 근거를 둔 관계가 아니라,[21] 하나님의 주도권에 의해서 창조된 관계다. 하나님이 그 민족 전체의 아버지이셨지만, 이스라엘이 불신실할 때에는 하나님의 아버지되심이 이스라엘 내의 신실한 의로운 남은 자들에게만 국한되어 적용되었다(시 103:13; 말 3:17). 구약 정경 이후의 문헌에서는 하나님의 아버지되심이 특히 개인과 관련하여 강조된다(벤 시라 23:1; 솔로몬의 지혜서 2:16). 아버지되심의 충만한 의미는 종말론적인 것으로서 하나님 나라에서 경험하게 될 것이다(솔로몬의 시편 17:30; 요벨서 1:24). 랍비 문헌에서는 하나님의 아버지되심이 하나님과 이스라엘 간의 윤리적인 관계로서 나타난다.[22]

구 자유주의의 하나님 나라관(觀)은 예수님의 가르침에서 이 아버지되심이라는 개념에 착안하여 그것을 결정적인 주제로 삼고, 그것을 보편적인 의미로 해석하였다. 예수께서는 하나님의 아버지되심에 대한 유대교의 가르침

21) 바울은 창조의 사실을 근거로 하여 하나님이 만물의 아버지가 되신다고 가르쳤다(행 17:28-29). 그러나 이것은 본 논의와는 직접 연관이 없다.
22) T. W. Manson, *The Teaching of Jesus* (1935), pp. 89-92.

을 취하여, 그 가르침을 더 깊게 풍성하게 만들었고, 그 개념을 모든 사람들에게로 확대시켰다고 주장한다. 하나님은 사랑에 있어서 완전하시며, 또한 사랑은 그의 도덕적 완전성의 총체이기 때문에 하나님은 만인의 아버지이시다. 하나님은 언제나 바람직한 모습 그대로 존재하시므로, 그는 우주의 아버지이시라는 것이다.[23]

최근의 비평에서는 "보통 사람들이 그렇게 생각하고 있지만, 예수가 '하나님의 아버지되심'과 '사람들의 형제됨'이라는 교의를 가르쳤다는 주장은 전혀 근거가 없다"고 본다.[24] 이 용어를 연구하면 두 가지 사실이 드러난다. (1) 예수께서는 자신을 제자들과 함께 묶어서 하나님의 아들들이라고 규정하신 일이 한 번도 없다. 요한복음 20:17은 공관복음의 진술보다 더 명확할 뿐 아무런 다른 의미가 없다: "내가 아버지 곧 너희 아버지, 내 하나님 곧 너희 하나님께로 올라간다." 예수님의 메시야로서의 아들됨은 제자들의 아들됨과는 다른 것이다. (2) 예수께서는 그의 제자들 이외에는 다른 사람들에게 아들됨의 범주를 적용하신 일이 없다. 사람들이 하나님의 아들들이 되는 것은 예수님의 메시야로서의 아들됨을 인정함으로써 되는 것이다.[25]

하나님이 모든 사람들에게 아버지가 되신다는 사상이 다음의 예수님의 말씀에 나타나는 것으로 보기도 했다: "너희 원수를 사랑하며 너희를 박해하는 자를 위하여 기도하라. 이같이 한즉 하늘에 계신 너희 아버지의 아들이 되리니 이는 하나님이 그 해를 악인과 선인에게 비추시며 비를 의로운 자와 불의

---

23) G. B. Stevens, *The Theology of the New Testament* (1906), pp. 65ff.; W. Beyschlag, *New Testament Theology* (1895), I, pp. 79ff.; T. Rees, "God," *ISBE*, II, pp. 1260ff.; G. H. Gilbert, "Father," *DCG*, I, pp. 580ff.

24) H. F. D. Sparks in *Studies in the Gospels* (D. E. Nineham, ed., 1955), p. 260.

25) 이 "제한된 아들됨"의 가르침에 대해서는 H. F. D. Sparks in *Studies in the Gospels* (D. E. Nineham, ed.; 1955), pp. 241-262; G. S. Duncan, *Jesus, Son of Man* (1949), pp. 43-45; T. W. Manson, *The Teaching of Jesus* (1935), pp. 98, 102; J. Moffatt, *Love in the New Testament* (1929), p. 70; A. M. Hunter, *Introducing the New Testament Theology* (1957), pp. 31f. 등을 보라.

한 자에게 내려주심이라"(마 5:44, 45). 하나님이 모든 사람의 아버지이시므로 원수를 사랑해야 하며, 하나님이 모든 사람들을 자녀로 사랑하시기 때문에 예수의 제자들도 마땅히 모든 사람을 사랑해야 한다는 뜻으로 이 말씀을 해석하기도 했다. 그러나 이 해석은 그 말씀에 없는 것을 집어 넣어서 이해하는 것에 불과하다. 실제로, 하나님은 오직 예수님의 제자들의 아버지이신 것으로만 나타난다. 악인이나 선인을 막론하고 모든 사람들에게 비를 내리시는 하나님의 선하심을 그의 아버지되심과 혼동해서는 안된다. 이것을 혼동하면 하나님이 모든 만물의 아버지시라는 결론에 이르게 될 수밖에 없다. "공중의 새를 보라 심지도 않고 거두지도 않고 창고에 모아 들이지도 아니하되 너희 천부께서 기르시나니"(마 6:26). 그러나 하나님이 새들을 돌보시는 것은 아버지로서 그렇게 하시는 것이 아니다. 그리고 그의 자녀가 아닌 자들에게 피조물로서 누릴 은총을 베푸시는 것도 아버지로서 그렇게 하시는 것이 아니다. 하나님의 아버지되심은 찾으시는 하나님의 사랑에 응답하여 자신을 하나님 나라에 굴복시킨 자들에게 속하는 것이다. 하나님이 사람들을 찾으시는 것은 그들의 아버지이시기 때문이 아니라 그들의 아버지가 되실 것이기 때문인 것이다.

탕자의 비유(눅 15:11-24)에서도 하나님이 모든 사람의 아버지이시라는 관념이 나타난다는 주장이 있다. 그 비유를 모든 사람이 본성적으로 하나님의 아들이기 때문에 본래의 속한 곳으로 돌아오기만 하면 된다는 것을 가르치는 것으로 해석하는 것이다. 그러나 이 해석은, 비유란 일생 생활에서 흔히 접하는 일들을 근거로 만든 이야기로서 그 목적이 한 가지 기본적인 진리를 전달해주는데 있으며 따라서 세부적인 내용들에게까지 의미를 두어서는 안된다는 사실을 망각하고 있는 것이다(pp. 266ff.를 보라). 이 비유가 사람들이 본성적으로 하나님의 자녀임을 가르친다고 보는 것은 부적절한 해석으로서 마치 말 못하는 짐승들(눅 15:1-7)도 하나님의 아들들이라고 말하는 것과 다를 바 없는 것이다. 그 세 비유들이 말씀하는 핵심적인 진리는 찾으시는 하나님에 있다. 하나님은 마치 잃어버린 양을 찾아 다니는 사람이나, 잃어버린 동전을 찾는 사람이나, 탕자가 돌아오기를 고대하는 사람과 같다는 것이다. 이 탕자의 비유는 아들에 관한 것이 아니라 아버지에 관한 것이다.

이 세 비유 모두에 나타나는 잃어버린 자에 대한 한 가지 사실은 잃어버린 양은 본래 우리에 속한 것이며, 잃어버린 동전은 그 주부의 소유였으며, 탕자는 그 아버지의 집에 속한 아들이라는 것이다. 사람의 합당한 처소는 하나님 아버지의 집인 것이다.

이 비유가 하나님의 아버지되심이 보편적으로 적용될 수 있는 가능성이 있음을 가르쳐주는 것은 사실이나, 그가 실제로 모든 사람들의 아버지가 되신다는 사실을 가르치는 것은 아니다. 그 아들이 타국에 가 있는 동안 그의 아들됨은 내용이 없는 헛된 것이었다. 그러나, 그는 아버지의 집에 소속되어 있었다. 그리고 "스스로 돌이켜"(문자적으로는 '자기 자신에게로 가서,' [when he came to himself]이다 — 역주) 자신이 속한 그곳으로 돌아갔다. 하나님은 스스로 돌이켜 아버지께로 돌아오는 모든 자들을 받아주시기를 원하실 뿐 아니라 고대하고 계시므로, 그들은 아버지의 축복을 누리는 상태에 들어갈 수가 있는 것이다.

하나님의 나라와 하나님의 아버지되심 사이에 밀접한 관계가 있지만, 맨슨(T. W. Manson)의 다음과 같은 발언은 지나친 감이 있다: "하나님의 왕 되심과 아버지되심은 모두 동일한 것이요, 다만 다른 관점에서 본 것일 뿐이다."[26] 맨슨은 하나님의 나라의 본질을 하나님의 통치로, 하나님과 개인 사이의 인격적인 관계로 이해한데서 그런 결론을 내리게 된 것이다. "그 나라가 현재냐 미래냐 하는 질문은 아무런 의미가 없다. 이는 마치 하나님의 아버지되심이 현재냐 미래냐 하는 질문이 의미가 없는 것과 같다. 그것은 시공간적인 것과는 다른 것이다. 그것은 사람의 충성과 순종을 요구하시는 하나님의 변치 않는 주장이다. 때때로 개인들이 이러한 주장을 수긍하여 하나님의 주권을 받아들이는 경우도 있다. 바로 이 상태가 '하나님 나라를 받는다'는 어구의 의미인 것이다 … ."[27]

---

26) T. W. Manson, *The Teaching of Jesus* (1935), p. 163.

27) *Ibid.*, p. 135. Duncan은 Manson을 따르고 있다: "하나님 나라의 선포에 있어서나 하나님이 아버지 되신다는 메시지에서나 예수는 사람들과 하나님 사이에 올바른 관계를 세우는 일을 염두에 두고 있다" (*Jesus, Son of Man* [1949], p. 45).

이런 진술에는 중요한 한 가지 진리가 보존되어 있다. 곧, 하나님의 나라는 사람이 하나님과 갖는 관계도 포함한다는 것이다. 그러므로 하나님의 아버지되심은 그의 왕되심과 불가분리의 관계에 있는 개념이다. 그러나 하나님의 왕되심과 아버지되심을 서로 동일한 것으로 보는 견해는 하나님 나라의 중요한 두 가지 면, 즉 그 나라의 역동적인 성격과 그 종말론적 완성의 면을 무시하는 것이다. 하나님 나라에 대한 맨슨의 견해는 랍비들의 개념과 매우 유사하다. 다만 하나님과의 올바른 관계가 율법이 아니라 예수님을 중보로 이루어진다는 점만 다를 뿐이다. 토라의 멍에 대신 예수님의 멍에를 받아들이면(마 11:29) 하나님 나라의 아들들이 된다는 것이다(p. 213. 각주. 7을 보라).

하나님 나라는 사람이 하나님과 맺는 관계를 포함한다. 그러나 하나님 나라는 그 관계보다는 더 큰 개념이다. 하나님의 나라는 예수님의 사역 속에서 임하여 악을 멸하고 그 권능에서 사람들을 구해낸다. 하나님의 나라가 임한다(마 12:28). 그 나라는 그 권능을 사람들 가운데서 실행한다(마 11:12). 그것은 개개인들이 하나님과의 올바른 관계를 회복하는 것을 의미할 뿐 아니라, 궁극적으로는 사람의 전 인격이 ― 그의 육체적 존재와 그의 환경까지도 포함해서 ― 구속받는 것을 의미한다. 그러므로 귀신을 내어쫓는 것과 질병을 고치는 일은 하나님 나라의 권능과 그 임재의 표증들이 되는 것이다.

바로 이 동일한 이유로 하나님의 나라에는 종말론적 차원이 있다. 악이 패배할뿐 아니라 완전히 제거되며, 현 시대의 악이 다가올 시대의 완전한 구원에 자리를 내어주게 되는 그런 최종적 완성의 차원이 있는 것이다. 만일 하나님의 나라가 사람이 하나님과 맺는 영적 관계만이라면, 그 나라의 완성이란 이 세상의 개인들 모두가 하나님의 다스림을 받아들일 때에 모든 사람이 그 나라에 최종적으로 소속되는 것으로 이루어질 것이다. 몇 가지 진술에서 볼 때에, 완성된 하나님 나라에 대한 맨슨의 견해는 종말론을 배제시키는 것 같아 보인다.[28] 그런 진술들은 그리스도 안에 나타난 하나님의 다스림의 역동적 성격을 무시한데 연유한다. 하나님의 나라는 하나님의 아버지되심보다

_____

28) 앞의 pp.23f.의 Manson의 인용문을 보라.

도 훨씬 더 포괄적인 개념이며, 따라서 하나님의 나라가 사람들에게 아들됨의 선물을 주며 또한 그들로 하여금 하나님을 아버지로 모시는 관계 속으로 이끈다고 말하는 것이 더 정확할 것이다.[29]

그러나 그렇다고 해서 이 두 개념들은 서로 분리시킬 수가 없다. 종말론적으로 완성되는 하나님 나라의 중심에 하늘 아버지로서의 하나님과 갖는 완전한 교제가 있다. 그리고 이 새로운 관계를 예수께서 사람들이 역사적으로 경험할 수 있도록 하신 것이다. 예수의 사역 가운데서 하나님은 사람들을 그의 아버지로서의 보호하심 아래 두시기 위하여 그들을 찾으시며, 그리하여 결국 그들에게 그의 종말론적 다스림의 축복들을 베푸시고자 하시는 것이다. 유대교의 아버지되심의 개념과는 대조적으로 그 아버지되심의 개념이 더욱 풍성해지고 더욱 깊어진 것은 바로 하나님 나라의 현재의 활동에 기인한다. 사람들 가운데 이루어지는 하나님의 구속 활동의 목적이 그들을 하나님 자신과 새롭고 더욱 친밀한 관계 속으로 이끄는데 있는 것이다.

심판하시는 하나님

하나님은 죄인들을 찾으셔서 그들에게 하나님 나라를 선물로 주시는 분이시지만, 그는 여전히 그의 은혜로운 제의를 거부하는 자들에게는 보응하시는 의로운 하나님이시다. 잃어버린 자를 향하여 관심을 가지셨다고 해서 그의 신적 거룩하심이 온통 자애로운 온유하심으로 바뀌어 버리는 것은 아니다. 하나님은 찾으시는 사랑이시다. 그러나 그는 동시에 **거룩한** 사랑이시기도 하다. 그는 하늘의 아버지이시다. 그러므로 그의 이름이 거룩히 여김을 받아야 한다(마 6:9). 그러므로 그의 나라를 거부하는 자들은 그의 심판 아래 있게 되는 것이다.

하나님이 찾으시는 사랑이시라는 사실은 사람을 곤경에 빠뜨린다. 사람은 반드시 이 사랑의 제의에 응답하여야 하며, 그렇지 않으면 더 큰 정죄가 그

---

29) H. D. Wendland, *Die Eschatologie des Reiches Gottes bei Jesu*, p. 66.

에게 임하게 된다. 불트만은 사람들에게 가까이 오신 하나님을 "요구하는 분"(the demander)이라고 말한다.[30] 예수와 대면할 때에 사람은 하나님 앞에 서게 되며 따라서 반드시 결단을 내려야 한다. 결과는 하나님 나라의 구원이든지, 심판이든지 둘 중의 하나가 될 것이다.

보응하시는 의에 대한 말씀은 하나님 나라에 대한 예수님의 선포에서 계속해서 나타난다. 세례 요한의 말씀에서는 종말론적 나라의 강림은 의인에게는 구원이지만 불의한 자에게는 맹렬한 심판을 의미하는 것이었다(마 3:12). 예수께서도 동일한 것을 가르치셨다. 하나님 나라를 상속하기를 거부하면 결국 영원한 불의 형벌을 당하게 될 것이다(마 25:34, 41). 하나님 나라에 들어가기를 거부한 자들과 다른 사람들을 들어가지 못하도록 막는 자들에게(마 23:13), 예수께서는 "뱀들아 독사의 새끼들아 너희가 어떻게 지옥의 판결을 피하겠느냐?"라고 말씀하셨다(마 23:33). 하나님 나라의 권능이 예수 안에 임재하여 활동하므로, 사람들이 악의 굴레에서 구원받았다. 그리고 하나님은 회개하는 자에게 값없이 죄를 용서해주실 뿐만 아니라 몸소 죄인들을 찾아가셔서 그들을 자기에게로 이끄신다. 사람이 너무도 우매하여 하나님 나라의 권능과 마귀의 역사를 구분하지 못하고 하나님 나라를 마귀적인 것으로 생각한다면, 그 사람은 절대로 용서받을 수가 없다. 그에게는 영원한 죄책이 있는 것이다(막 3:29). 신자들을 하나님의 나라에 들어가지 못하도록 방해하는 자들에게도 무서운 심판이 기다린다(마 18:6). 하나님이 찾으시는 사랑이시라는 위대한 진리는 하나님의 의로우심와 공의를 무력화하는 것이 아니다. 하나님 나라의 의미는 구원인 동시에 심판인 것이다.

이러한 하나님 나라의 종말론적 심판은 원칙적으로 예수님이 사람들 가운데서 행하시는 사역에서 결정된다. 사람들이 예수님과 그의 선포하시는 내용에 대해서 반응을 보일 때에, 그들의 종말론적 운명이 결정되는 것이다(막 8:38; 마 10:32-33). 예수의 제자들이 여러 성읍들을 방문하여 하나님 나라를 선포했는데, 그 때에 어느 성읍이 그것을 거부하면 그들은 발에서 먼지를

30) *Der Fordernde.* 참조. R. Bultmann, *Theology of the New Testament* (1951), I, p. 24.

떨어버려서 심판에 대한 행위적 비유로 삼았고,[31] "그러나 이를 알지니 하나님의 나라가 가까웠음이니라"라고 선언함으로써 약속 대신 위협을 선포했던 것이다. 그런 성읍에는 무서운 심판이 기다리는 것이다.

예수께서는 또한 고라신, 벳새다, 가버나움 등 자신이 하나님 나라를 선포했고 그 나라의 역사를 행하셨던 성읍들을 향하여 심판을 선포하셨다(마 11:20-24; 눅 10:13-15). 가버나움에 대하여 선포하신 심판의 본질은 분명치가 않다. 누가는(10:14) 마태처럼(11:22) 고라신과 벳새다에 임할 심판을 종말론적인 표현으로 묘사하셨다. 그러나 가버나움에 임할 심판의 경우는 누가(10:15)나 마태(11:23) 모두 종말론적 성격이 덜하다. 그저 예수의 갈릴리 사역의 중심이어서 하나님 나라의 메시지를 계속해서 들었던 이 교만한 성읍이 하데스에까지 낮아질 것이라고만 말씀하는 것이다. 마태의 경우 종말론적인 언급이 약간 나타나기는 하지만(마 11:24) 그는 이 말씀이 역사 속에서 이루어질 심판을 지칭하는 것으로 이해했음이 분명하다. 왜냐하면 마태는 만일 가버나움의 거리에서 행한 하나님 나라의 역사가 소돔에서 행해졌더라면 "그 성이 오늘날까지 있었으리라"(마 11:23)라고 덧붙이고 있기 때문이다. 가버나움에 대한 심판을 말씀하면서, 예수께서는 이사야 14:13-15에 나타나는 바벨론에 대한 조롱의 노래를 사용하신다. 그러나 그 노래를 직접적으로 인용하는 것은 아니다.[32]

마태와 누가가 모두 기록하고 있는 중요한 내용은 바로 이것이다. 즉, 하나님 나라를 거부한 일에 대한 심판이 종말론적인 마지막 날에는 물론 역사 속에서도 일어난다는 것이다. 세상적으로 높여져서 교만한 자리에 있던 가버나움이 가장 비천한 부끄러움의 자리로 끌어내림을 당할 것이라고 한다.

---

31) 랍비들의 사고에서는 이런 행동은 거기에 관련된 자들을 그 때부터 이방인으로 여기며 모든 관계를 절연한다는 것을 의미했다(Strack and Billerbeck, *Kommentar*, I, p. 581). 그 행동의 전후 관계로 볼 때에 거기에 관련된 동네를 영원토록 하나님 나라의 외인으로 취급하며 따라서 그들이 참된 이스라엘에, 그 나라를 받아들이는 "나라의 자손"에 속하지 못할 것임을 시사한다. 그들은 축복 대신 심판을 받게 될 것이다.

32) F. V. Filson, *The Gospel according to St. Matthew* (1960), p. 141; T. W. Manson, *Sayings*, p. 77.

가버나움은 소돔이 당했던 것과 동일한 운명, 즉 멸절(extinction)을 당할 것이다. 이사야 14장에서 바벨론이 멸망의 곳으로 끌어내림을 당한 것처럼 가버나움이 그렇게 될 것이다. 예수께서도 선지자들처럼 하나님의 심판을 종말론적으로는 물론 역사적으로 보신 것이다. 가버나움이 멸망하게 되면 그것은 바로 하나님 나라의 심판인 것이다.

그러나 예수께서 심판을 역사적인 것으로 말씀하신 것이 여기만 나타나는 것이 아니다. 수많은 말씀들이 예루살렘과 그 거민들이 영적으로 우매하여 그들에게 베풀어진 메시야의 구원을 인식하지 못했기 때문에 그들에게 심판이 있을 것임을 말씀한다. 예수께서는 예루살렘이 하나님 나라의 제의를 거부했기 때문에 그 성읍을 향하여 눈물을 흘리기도 하셨다(마 23:37-39 = 눅 13:34-35). 암탉이 알을 날개 아래 품는다는 은유적 표현은 구약에서 인용한 것이다(신 32:11; 시 7:8; 36:7). 그리고 유대인이 이방인을 회심시킬 경우 그를 쉐키나(하나님의 임재)의 날개 아래로 이끄는 것이라고 한다.[33] "그 의미는 하나님 나라에 사람들을 이끈다는 단순한 뜻이다."[34] 이러한 초대를 거부하게 되면, 그것은 "네 집이 버린 바 되며 황무하리라"는 것을 의미한다. "네 집"이 성전을 지칭하는지 아니면 유대 나라를 의미하는지는 분명치 않으나, 그 의미는 동일하다. 성전과 유대 나라는 흥망을 함께하기 때문이다. 하나님 나라의 제의를 거부했으므로, 유대인들이 구속함을 받은 세계의 수도요 성전이요 인류의 유일한 성소가 될 것으로 기대하는 예루살렘이 하나님께 버린 바 되어 황폐화되고야 말 것이다.

이러한 사상은 누가복음 19:41-44에서도 반복되어 나타난다. 예수께서는 예루살렘이 "보살핌 받는 날을 네가 알지 못함을" 인하여 그 성읍을 향하여 우셨다. 이 단어(에피스코페)에는 자기 백성을 권고하러 임하시는 하나님에 대한 선지자의 관념이 반영되어 있다.[35] 이 말씀에서, 하나님이 평화를 가져오시는 예수님의 사역 속에서 예루살렘을 은혜로이 권고하셨음이 나타난다.

---

33) Strack and Billerbeck, *Kommentar*, I, p. 943.

34) T. W. Manson, *The Sayings of Jesus* (1949), p. 127.

35) 에피스코페는 헬라어 칠십인역의 다음 구절들에서 이런 의미로 사용된다: 사 10:3; 23:17; 24:22; 29:6.

하나님의 나라가 은혜와 긍휼로 이스라엘에게 가까이 다가왔다. 그러나 이 스라엘은 이 긍휼의 제의를 거부하고 멸망으로 인도하는 길을 택한 것이 다.[36] 그 재난은 그 성읍에 죽음과 멸망을 가져다주는 하나의 역사적 사건이 다.

예루살렘(눅 21:20-24; 23:27-31)과 성전(막 13:2; 참조. 14:58; 15:29)에 임할 역사적 심판에 대해서는 굳이 다른 말씀들을 다 살펴볼 필요가 없다. 예수께서 미래를 두 가지 서로 다른 방식으로 보셨다고 한 와일더(A. N. Wilder)의 발언은 옳다. 예수께서는 다가오는 하나님의 심판을 어떤 때에는 임박한 역사적 재난으로 말씀하고, 또 어떤 때에는 묵시론적 초월적 사건으로 묘사하기도 한다.[37] 역사적인 것이든 종말론적인 것이든 모두가 하나님의 나라를 거부한데 대하여 이스라엘에게 베푸시는 하나님의 심판인 것이다. 하나님은 역사 속에서 다시 한번 활동하셨다. 그는 하나님 나라의 축복을 가져다주시는 예수님의 사역 속에서 그의 백성에게 임하신 것이다. 그러나 그런 제의가 거부될 때에는 심판이 이어진다. 곧 역사 속에서 나타나는 심판과 마지막 종말의 때에 있을 심판이 그것이다. 이 둘 모두 하나님의 왕적인 다스림의 심판들인 것이다.

초자연적인 하나님의 나라

만일 하나님의 나라가 잃은 자를 찾는 하나님의 구속 활동이며, 그것을 받아들이는 자들에게 구원을, 그리고 그것을 거부하는 자들에게 심판을 주신다면, 최종적으로 하나님의 나라는 인간의 역사(役事)가 아니라 전적으로 하나님의 행위라는 결론에 이르게 된다. 하나님 나라의 종말론적 실현이 전적으로 하나님의 활동이라는 사실은 자명하다. 그것은 그야말로 놀라움 그 자

---

36) T. W. Manson, *The Sayings of Jesus* (1949), pp. 321f.

37) A. N. Wilder, *Eschatology and Ethics in the Teaching of Jesus* (1950), Chap. 3.

체다. 그것은 그 이전의 모든 인간의 경험을 초월하는 것이요 또한 인간 역사의 사건들과는 전혀 다른 것으로서, 현대의 학자들은 이를 묘사하기 위해서 "역사를 넘어서"(beyond history)라는 표현을 사용한다.

그러나 이 동일한 하나님의 나라가 예수라는 인물과 그의 사역 가운데서 역사 속으로 들어왔다. 역사의 틀을 뒤흔들고 종말론적 질서를 세우게 될 하나님의 구속적인 다스림이 그 종말론적 사건에 앞서서 이미 역사 속으로 들어온 것이다. 이 예수 안에서 하나님의 나라가 임했다는 것도 공통적인 구속적 목적을 위하여 이루어진 동일한 하나님의 구속 활동이다. 비록 역사 속에서 이루어진 것이지만, 이것은 근본적으로 이적이다. 하나님 나라에 대한 여러 가지 현대적 해석들은 이 사실을 인식하지 못했다. 어떤 학자들은 하나님의 나라를 영적이며 우주적인 나라에서 실현될 이상적인 선(善)과 동일시한다.[38] 또 어떤 이들은 하나님의 나라를 불가피하게 이루어지는 발전이나 진화의 관념으로 이해한다.[39]

그러나 복음서는 이런 견해들에 반하여 하나님의 나라를 하나님의 구속 활동으로, 하나님의 구원의 뜻이 활동하는 것으로 제시하고 있다. 그것은 하나의 추상적인 원리도 아니요 심지어 "하나님의 다스림의 원리"도 아니다.[40] 왜냐하면 그런 개념은 지나치게 철학적이며 지나치게 하나님의 활동에서 멀리 떨어져 있는 것이기 때문이다. 하나님의 나라는 역사 속에서 이루어지는 하나님의 구속 활동이다. 그것은 역사와 동일한 것으로 볼 수도 없고, 일반적인 역사적 사건들 속에서, 또 그 사건들을 통해서 나타나는 하나님의 역사하심만으로 보아서도 안된다. 하나님의 나라는 이런 것 이상의 의미를 지닌다. 그것은 하나님이 예수 안에서 초자연적으로 역사 속에 개입하신 것이다.

---

38) A. B. Bruce, *The Kingdom of God* (1890). "사랑의 정신으로 사는 모든 사람들을 인자는 무의식적인 그리스도인들로 인식하며 따라서 하나님 나라의 유업을 이을 자들로 인정한다"(p. 318). Ritschl의 해석과 "사회 복음"에 대해서는 G. Lundström, *The Kingdom of God in the Teaching of Jesus* (1963), Chaps. 1-3을 보라.

39) W. Manson, *Christ's View of the Kingdom of God* (1918)을 보라. 이 견해는 그의 나중의 책인 *Jesus, the Messiah* (1946)에 나타나는 견해와는 매우 다르다.

40) J. Orr, *HDB*, II, p. 852. 또한 *The Christian View of God and the World* (1897), pp. 349-361을 보라.

하나님이 역사 속에 임하시는 것이나 그 임하심이 종말론적으로 완성되는 것이나 모두 이적이다. 곧 하나님의 행위인 것이다.

바로 이것이 스스로 자라는 씨의 비유의 핵심적인 가르침이다(막 4:26-29). 우리는, 비유는 알레고리가 아니며 따라서 비유들의 세부적인 내용들은 그 핵심적인 메시지에 본질적인 것들이 아니라는 점을 염두에 두어야 한다(10장을 보라). 씨를 뿌리는 자와 거두는 자가 과연 누구냐 하는 것을 문제삼아서는 안된다.[41] 왜냐하면 그 비유의 메시지는 씨 뿌리는 자가 누구냐 하는 것과 관계 있는 것이 아니라, 하나님 나라의 활동과 관계되는 것이기 때문이다. 어떤 사람이 씨를 뿌렸다는 것은 그저 씨가 뿌려졌다는 것 이상 아무 의미도 아이다. 씨 뿌리는 자가 잠자고 일어난다는 것은 그저 사람이 씨의 생명과 성장에 아무것도 기여할 수가 없다는 것을 의미할 뿐이다. 성장의 요소를 이 비유의 핵심적인 진리로 보는 경우가 많고, 또한 싹, 이삭, 충실한 곡식 등 성장의 여러 단계에 대해서도 깊은 의미를 부여하기도 한다. 이것을 자연 세계와 하나님 나라 사이의 유사점을 묘사하는 것으로 이해하기도 한다. 자연에 성장의 법칙이 있듯이, 하나님의 나라도 영적 성장의 법칙에 따라서 조그만 복음의 씨가 큰 수확을 내는 단계로 나아간다고 보는 것이다. 여러 가지 신학적 입장의 대표자들이 이러한 점진적 성장의 해석을 취하고 있는 것을 보게 된다.[42]

---

41) 참조. W. G. Kümmel, *Promise and Fulfilment* (1957), p. 128. Trench도 이 문제로 매우 고심했었다(R. C. Trench, *Notes on the Parables of Our Lord* [1872], pp. 287f.). 비유의 해석이 이 문제의 해결에 따라서 좌우되는 경우도 간혹 있었다. 만일 예수가 씨뿌리는 자라면 그가 곡식을 거두는 자라야 한다. 그런데 그가 씨가 자라나는 것을 알지 못했다고 말할 수 있단 말인가? F. C. Grant (*IB*, VII, pp. 705f.)는 29절은 "덧붙여진 묵시론적인 부분"일 것으로 본다. 왜냐하면 이것이 전체의 비유를 혼란에 빠뜨리기 때문이다. 비유에서는 씨뿌리는 자가 곡식을 거둔다. 그러나 29절에서는 하나님을 수확하는 자로 지목하는데 그는 농부일 수가 없다는 것이다. 그러나 이런 비평은 비유의 성격을 무시하는 것으로서 그것을 마치 비유가 아닌 알레고리로 취급하는 것이라 할 수밖에 없다.

42) A. B. Bruce, *The Parabolic Teaching of Christ* (1882), pp. 117ff.; H. B. Swete, *The Parables of the Kingdom* (1920), pp. 16ff.; W. O. E. Oesterley,

그러나, 세 가지 사실이 이런 해석을 반대하는 요인이 된다. 비유적인 성격을 띠지 않은 가르침들에서 예수께서는 어디서도 하나님 나라의 점진적 성장의 사상을 제시하신 일이 없다. 만일 이것이 예수님의 가르침의 본질적인 요소였다면, 예수께서는 그것을 명확하게 가르치셨을 것이 분명하다. 왜냐하면 하나님 나라의 점진적 성장이라는 가르침은 일세기 유대인들에게는 전혀 새로운 사상이었기 때문이다. 둘째로, 씨를 뿌리고 심는다는 개념이 기독교 문헌이나 유대교 문헌에서 자주 등장하지만, 한번도 점진성과 발전을 묘사하는 뜻으로 사용되는 일은 없다.[43] 셋째로, 기독교 문헌의 경우 씨를 뿌리고 거둔다는 표현은 초자연적인 것을 뜻하는 것으로 사용된다.[44]

도드(C. H. Dodd)는 이 비유가, 하나님의 나라가 예수의 사역 속에서 맞는 현재적 위기를 가르치는 것으로 이해한다. 성장의 기간은 이스라엘 역사 속에서 이전에 행하신 하나님의 활동을 의미하며 그 기간은 예수의 강림으로 그 절정에 이르렀다. 수확의 때가 무르익었고 기다리던 모든 것들이 실제로 거둬들여지고 있었다.[45] 이 견해는 수확의 개념에 종말론적인 색채가 가미된 것이 예수 자신이 그렇게 보았기 때문이 아니라 교회가 예수를 잘못 오해했기 때문에 생긴 것이라고 본다.[46] 더 나아가서, 마태복음 11:12(참조. 눅 16:16)은 선지자들의 때와 하나님 나라의 때를 날카롭게 대비시키며, 하나님의 나라가 구약 시대에 기나긴 성장의 기간을 거쳐서 예수의 때에 수확기에

The Gospel Parables (1936), p. 71; J. Orr, HDB, II, pp. 852-854; C. J. Cadoux, The Historic Mission of Jesus (n. d.), pp. 113-114; T. W. Manson, The Teaching of Jesus (1935), p. 133; G. C. Morgan, The Parables and Metaphors of Our Lord (1943), pp. 145ff.

43) N. A. Dahl, StTh, V (1952), pp. 140-147.

44) 고전 15:35ff.; 고후 9:6; 갈 6:7-8; 클레멘트 1서 24. 클레멘트는 자연이 자라나는 현상을 부활의 증거로 제시한다. 자연이 자라나는 현상은 전혀 초자연적인 것이다.

45) C. H. Dodd, The Parables of the Kingdom (1936), pp. 178-180; V. Taylor, The Gospel according to St. Mark (1952), p. 266; A. T. Cadoux, The Theology of Jesus (1940), p. 36; A. M. Hunter, Introducing New Testament Theology (1957), p. 30.

46) The Coming of Christ (1951), p. 16.

이르렀다는 관념과는 모순된 진술을 하고 있다.[47] 선지자들의 때는 하나님의
나라가 성장하는 기간이 아니며, 하나님 나라와는 완전히 구분되는 기간인
것이다.

  이 비유의 의미를 찾는 실마리는 종말론 학파에서 발견했다. 그러나 철저
종말론적 해석이 예수님의 메시지의 전체적인 문맥과 일치하려면 반드시 수
정되어야 한다. 철저 종말론은 하나님의 나라를 인간의 모든 노력과는 전혀
관계없이 이루어지는 종말론적 사건으로 본다. 요하네스 바이스는 이 비유
를 예수께서 하나님 나라의 강림과 아무런 관계가 없음을 가르치는 것으로
보았다. 예수는 그것을 예견하지 못했다. 오직 하나님이 그 일을 이루신 것
이다. 사람은 기다리는 것밖에 아무것도 할 수가 없다.[48] 여러 다른 해석자들
은 이 비유의 핵심이 미래의 종말론적 수확이 인간의 모든 활동과 전혀 관계
가 없이 이루어질 것이라는 사실에 있는 것으로 보았다.[49]

  이 점은 과연 하나님 나라에 대해서 없어서는 안될 중요한 진리이다. 그러
나, 이 해석은 실현된 종말론과 마찬가지로 한 쪽으로 치우친 것이라고 할
수밖에 없다. 왜냐하면 이 해석은 예수님의 메시지의 중심적이고도 독특한
요소, 즉 하나님 나라가 그 자신의 사역 속에 임재한다는 것을 무시하고 있
기 때문이다. 그리하여 이 해석은 예수의 사역을 그저 하나님 나라의 강림에
대하여 미리 선언하는 것 정도로만 이해할 뿐 그의 사역을 하나님 나라의 종
말론적 강림과 연관을 짓지 못하는 것이다.[50] 철저하게 미래적인 해석의 가

---

47) W. G. Kümmel, *Promise and Fulfilment* (1957), p. 129.

48) J. Weiss, *Die Schritten des Neuen Testaments* (4th ed.; 1929), I, pp. 115f.

49) 참조. W. G. Kümmel, *Promise and Fulfilment* (1957), p. 128f.; B. T. D.
    Smith, *The Parables of the Synoptic Gospels* (1937), pp. 129ff.; M.
    Dibelius, *Jesus* (1949), pp. 66-67; C. G. Montefiore, *The Synoptic Gospels*
    (1927), I, pp. 130f.; B. H. Branscomb, *The Gospel of Mark* (1937), p. 83; R.
    Bultmann, *Jesus and the Word* (1934), pp. 36f.; A. E. Barnett,
    Understanding the Parables of Our Lord (1940), pp. 51-54; E.
    Klostermann, *Das Markusevangelium* (1926), p. 50; A. E. J. Rawlinson, *St.
    Mark* (1925), p. 56; J. Jeremias, *The Parables of Jesus* (1954), pp. 91ff.; F.
    C. Grant (IB, VII, pp. 704f.)는 수확의 확실성에 핵심이 있다고 본다.

장 분명한 난점은 그것이 색깔이 없다는 점이다. 유대인들에게는 하나님 나라의 종말론적 완성을 구태여 이적이라는 말로 표현할 필요가 전혀 없었다. 그것은 오직 하나님의 초자연적인 활동이었던 것이다.

이 비유에서 씨를 뿌리는 일과 수확을 거두는 일이 서로 연관되어 있다고 주장한다고 해서 그것을 알레고리식으로 해석하는 것이라고 할 수는 없다.[50] 어떤 의미에서 예수님의 사역은 하나님 나라의 "씨"를 뿌리는 것이라 할 수 있으며, 그가 뿌린 씨가 언젠가 풍성하게 수확될 것이라고 말할 수 있다. 씨가 뿌려지고 있었고, 따라서 언젠가는 수확이 있을 것이다. 이 두 가지 모두 하나님 나라의 현현이다. "현재는 하나님의 나라가 가리워져 있고 희미한 상태에 있으나 그 나라가 영광스럽게 나타날 때가 올 것이다."[52]

이 비유의 핵심적인 진리는 바로 여기에 있다. 즉, 씨를 뿌리는 때와 수확이 그것인데, 이 둘은 모두가 하나님의 일이다. 이 둘 모두 본질적으로 초자연적인 것이다. 땅이 스스로 열매를 낸다. 씨는 그 자체에 생명력을 소유하고 있는데, 이것은 사람이 씨에게 심어줄 수도 없으며 사람이 할 수 있는 능력을 완전히 초월하는 것이다. 사람이 씨를 뿌릴 수는 있으나, 하나님 나라 그 자체는 하나님의 활동인 것이다.

이 해석은 우리 주님의 사역의 역사적 정황에 대해서 적절한 주의를 기울

---

50) A. Schweitzer도 이런 문제성을 느끼고서 그것을 피할 수 있는 아주 새로운 설명을 제시했다. 곧 예수의 설교가 **강제로** 하나님 나라를 임하게 한다는 것이다(*The Quest of the Historical Jesus* [1911], pp. 355f.).

51) C. Masson, *Les Paraboles de Marc IV* (1945), p. 42가 이를 강하게 강조한다. 또한 J. Schniewind, *Das Evangelium nach Markus* (1937), p. 81를 보라.

52) C. E. B. Cranfield, *The Gospel according to Saint Mark* (1959), p. 168. 미래와 현재 사이의 긴장을 인정하는 다른 해석들에 대해서는 E. Percy, *Die Botschaft Jesu* (1953), p. 203-206; R. Otto, *The Kingdom of God and the Son of Man* (1943), p. 123; W. Manson, *Jesus, the Messiah* (1946), p. 75; N. A. Dahl, *StTh*, V (1952), pp. 145-150; G. Bornkamm, *Jesus of Nazareth* (1960), pp. 73-74; A. M. Hunter, *Interpreting the Parables* (1960), p. 45 등을 보라. 이 가운데 몇몇 학자들은 하나님의 통치라는 기본 관념과 도저히 맞지 않는 그런 방식으로 성장의 요인을 강조한다. 예컨대, Otto나 Hunter 등을 보라.

이는 것이다. 주님의 사명은 사람들에게 메시야적 구원의 성취를 베풀어주는 것이었으나, 반면에 묵시론적 완성은 아직 미래에 남아 있었다. 이런 유의 사건은 그 전에는 들어본 일이 없는 것이었다. 예수님의 메시지를 듣는 사람들은 바로 이 점에서 어려움을 느꼈다. 곧, 어떻게 이것이 하나님의 초자연적인 나라일 수가 있는가? 하는 것이다. 예수께서는 묵시론적 영광을 전혀 드러내 보이지 않았다. 그는 이스라엘의 원수들을 궤멸시킬 수 있는 초자연적인 능력이 있는 다윗 가문의 왕이요 정복자로서 행동하기를 거부하셨다. 무기라고는 말씀밖에 없으며 기껏해야 귀신과 사탄과 질병에 대해서만 승리를 거둔 사람 속에서 어떻게 하나님의 나라가 임재할 수가 있는가?

초자연적인 하나님의 나라가 전혀 기대하지 못하던 방식으로 임재한다는 사실이야말로 이 비유가 그 역사적 정황 속에서 갖는 중심적인 메시지이다. 언젠가는 묵시론적 수확이 거두어지게 될 그 하나님의 나라가 현재 임재해 있다. 그러나 그것은 수확이 아니라 씨와도 같은 방식으로 임재해 있다. 그러면서도 씨는 수확과 연관되어 있다. 그리고 그 씨의 생명 그 자체가 하나님의 활동이요, 초자연적인 역사이다. 사람들이 자고 있을 동안, 땅이 자동적으로 열매를 낸다. 언젠가는 영광 중에 드러나게 될 그 하나님의 초자연적인 활동이 나사렛 예수 안에서 전혀 새롭고도 예상치 못하던 방식으로 활동하며 일하고 있었던 것이다. 예수 안에서 하나님의 초자연적인 역사하심이 일어나고 있었던 것이다.[53]

현재의 하나님 나라의 초자연적 성격은 그 나라와 연관되어 나타나는 단어들에 의해서 확증된다. 여러 가지 동사들이 하나님 나라 그 자체를 주어로 하여 사용되는 것을 보게 된다. 하나님 나라는 사람들에게 가까이 갈 수 있

---

53) 예수라는 분 안에서 역사를 침입해 들어온 하나님 나라의 이 초자연적인 차원에 대해서 역사가는 역사가로서 해결할 수 없는 문제점을 대하게 된다. 왜냐하면 역사가는 초자연적 사건에 대해서 아무것도 아는 바가 없기 때문이다. 그가 다룰 수 있는 것이라곤 오로지 순전히 자연적인 사건들뿐이다. 초자연적인 것에 대한 증거는 역사가에게는 도저히 설명이 불가능한 것이다. 예수라는 인물이 역사 학계에 계속해서 문젯거리가 되는 것은 바로 이런 이유 때문이다. 그의 인격과 사역의 본질적인 사실이 역사적 해명의 차원을 초월하기 때문이다.

으며(마 3:2; 4:17; 막 1:15, 등), 올 수도 있고(마 6:10; 눅 17:20, 등), 도착할 수도 있고(마 12:28); 나타나기도 하며(눅 19:11), 활동하기도 한다(마 11:12). 하나님은 그 나라를 사람들에게 주실 수 있으나(마 21:43; 눅 12:32), 사람들은 그 나라를 서로에게 줄 수가 없다. 더 나아가서 하나님은 그 나라를 사람에게서 거두어 가실 수 있으나(마 21:43), 사람으로서는 그 나라에 들어가지 못하도록 막을 수는 있으나 서로에게서 그 나라를 거두어 갈 수는 없다. 사람들은 그 나라에 들어갈 수가 있으나(마 5:20; 7:21; 막 9:47; 10:23, 등), 그 나라를 일으키거나 세운다고 말하는 예는 한 번도 없다. 사람들은 그 나라를 받을 수 있으며(막 10:15; 눅 18:17) 유업으로 받을 수 있으며(마 25:34) 그 나라를 소유할 수가 있다(마 25:34). 그러나 그들이 그 나라를 세운다고 말씀하는 예는 한 번도 없다.

사람들은 그 나라를 거부할 수 있다. 즉 받기를 거절하거나(눅 10:11) 그 나라에 들어가기를 거부할 수가 있다(마 6:33; 눅 12:31). 그러나 그 나라를 무너뜨릴 수는 없다. 그들은 그 나라를 찾을 수 있으며(눅 23:51), 그 나라가 임하기를 기도할 수 있으며(마 6:10) 구할 수도 있다(마 6:33; 눅 12:31). 그러나 그들이 그 나라를 오게 할 수는 없다. 사람들은 그 나라 안에 있을 수가 있으나(마 5:19; 8:11; 눅 13:29 등) 그 나라가 자란다는 말씀은 들을 수가 없다. 사람들이 하나님의 나라를 위하여 여러 가지 일들을 할 수는 있으나(마 19:12; 눅 18:29) 그들이 하나님 나라 자체에 대해서 무슨 활동을 한다는 말씀은 전혀 찾아볼 수가 없다. 사람들이 그 나라를 전파할 수 있으나(마 10:7; 눅 10:9), 오직 하나님만이 그 나라를 사람들에게 주실 수가 있는 것이다(눅 12:32).

이 표현들 속에 반영되어 있는 하나님 나라의 성격은 요한복음에 보존되어 있는 한 말씀 속에서 잘 정리되어 있다: "내 바실레이아는 이 세상에 속한 것이 아니라. 만일 내 바실레이아가 이 세상에 속한 것이었더면 내 종들이 싸워 나로 유대인들에게 넘기우지 않게 하였으리라. 이제 내 나라는 여기에 속한 것이 아니니라"(요 18:36). 영어 개정 표준역(R. S. V)은 바실레이아를 "kingship"(왕권)으로 번역하고 있는데 이것이 옳다. 예수님의 나라의 근원과 성격은 이 세상보다도 더 높은 질서에서 온 것이다. 그것은 하나님께로서

오며 따라서 이 세상에 속한 것이 아니다. 그 나라는 하나님의 뜻을 이루는 것(outworking)이다. 그것은 하나님 자신의 활동이다. 그것은 사람들과 관련되며 사람들 속에서, 또한 사람들을 통해서, 일할 수가 있다. 그러나 그 나라는 절대로 사람들에게 종속되지 않는다. 그것은 언제나 하나님의 나라로 남아 있다. 사람들이 그 나라를 받아들여야 하지만 그럼에도 불구하고 이 개개인의 사람이 그것을 받아들이는 행위를 가리켜 하나님의 나라가 임하는 것으로 묘사하지 않는다는 것은 매우 의미심장한 일이다. 사람들이 그 나라를 받아들일 때에 그 나라가 임하는 것이 아니다. 사람들에게 그 나라를 받아들이라고 요구하는 근거는 바로 예수 안에서 그 나라가 역사 속으로 이미 임하였다는 사실에 있는 것이다. 하나님은 새로운 일을 행하셨다. 그는 예수님의 사역 속에서 그의 백성들을 찾아오셔서 그들에게 메시야의 구원을 베풀어주신 것이다. 이러한 하나님의 활동은 여전히 하나님의 활동이면서도 인간의 응답을 요하는 것이다.

제 8 장

새로운 구원의 시대로서
임재하는 하나님의 나라

구약의 말쿳의 세속적인 용례를 살펴봄으로써 우리는 그 단어가 왕의 통치를 지칭하는 뜻으로도, 또한 그 왕이 그의 다스림을 시행하는 영역을 지칭하는 뜻으로도 사용되었음을 발견했다(pp. 64f.를 보라). 그러므로 하나님의 나라를 하나님의 통치로, 또한 그의 통치가 경험되는 영역으로 생각하지 못할 언어학적 논리적 이유가 전혀 없다.

구원의 영역

사실상 복음서에서 나타나는 것이 바로 이것이다. 하나님 나라의 근본적인 의미는 하나님의 통치 혹은 다스림이다. 우리는 예수님의 가르침의 독특한 요소가, 하나님이 그의 왕적인 통치를 영광 가운데서 드러내시기 전에 그의 통치가 종말론적 완성에 앞서서 미리 인간 역사를 침투했다는 사실에 있음을 살펴본 바 있다.

그러나, 바실레이아의 모든 용례를 이러한 역동적인 개념으로 적절하게 설명할 수 있는 것은 아니다. 여러 구절에서 하나님의 나라를 사람들이 들어가는 하나의 종말론적 영역으로 그리고 있다.[1] 이것은 예수께서 당시의 유대교

---

1) 막 9:47; 막 10:15 = 눅 18:17; 마 18:3; 막 10:23 = 마 19:23 = 눅 18:24; 막 14:25 = 마 26:29; 마 5:19, 20; 7:21; 8:11; 20:21; 25:34; 눅 14:15; 22:29-30을 보라. 또

와 공유하고 있던 사상으로서 선지자들의 소망의 중심이 되는 요소였다. 그
들은 하나님의 다스림이 종말론적으로 실현됨으로써 모든 악이 사라지고 새
로운 구원의 종말론적 영역이 생겨날 것으로 보았던 것이다. 그러나 이런 사
상을 표현하는 예수님의 용어는 당시 유대교에서 사용하던 것과는 달랐다.
예수께서는 하나님의 나라나 혹은 다가올 시대에 들어가는 일에 대해서 말
씀하셨는데, 그 두 가지 모두 영생과 동일한 의미를 지녔다(막 10:17-30). 유
대교에서는 다가올 시대에 들어가는 일에 대해서, 그리고 그것을 상속받는
일에 대해서 논했다.[2] 그러나 이 종말론적 구원의 영역을 가리켜 "하나님의
나라"라고 부르지는 않았다. 유대교에서는 줄곧 하나님 나라를 역동적인 의
미로 보았던 것이다(pp. 162ff.를 보라).[3]

예수께서는 하나님의 나라를 하나의 종말론적 영역으로 말씀하심으로써
보통 사용하는 어법을 탈피하셨을 뿐 아니라, 그는 또한 그 하나님의 나라라
는 용어를 현재 임재하고 있는 구원의 영역을 지칭하는 뜻으로 사용하셨다.[4]
이것은 놀랄 일은 아니다. 하나님의 나라가 종말론적으로 임하여 하나님의
백성들이 그의 축복들을 누리는 구원의 영역이 생겨난다면, 그리고 하나님
의 나라가 사실상 이미 예수님의 사역 속에 스스로를 드러냈다면, 그로 인해
서 사람들이 하나님의 현재의 다스림의 축복들을 누릴 수 있는 하나의 영역
이 생겨나리라는 것을 충분히 예상할 수 있기 때문이다.

이에 대한 가장 명확한 실례를 누가복음 16:16의 말씀에서 볼 수 있다: "율
법과 선지자는 요한의 때까지요 그 후부터는 하나님 나라의 복음이 전파되
어 사람마다 그리로 침입하느니라." 이 구절에 대한 해석에 앞서서 마태복음
11:12의 병행 구절에 대한 논의부터 먼저 이루어져야 한다. 왜냐하면 누가복

한 C. J. Cadoux, *The Historic Mission of Jesus* (n. d.), pp. 197f.를 보라.
2) 예컨대, 바룩의 묵시록 14:13; 51:3을 보라.
3) 또한 Strack and Billerbeck, *Kommentar*, I, pp. 181ff.; E. Percy, *Die Botschaft Jesu* (1953), p. 22; R. Schnackenburg, *Gottes Herrschaft und Reich* (1963), p. 62를 보라.
4) S. Aalen in *NTS*, VIII (1962), pp. 215-240의 최근의 연구는 이 의미가 예수의 메시지의 규범적인 요소였다고 본다.

음이 마태복음의 그 난해한 말씀을 단순화시키고 해석한 것으로 보이기 때문이다. 그러나, 누가복음의 그 말씀에 다음과 같은 세 가지 요소가 있다는 사실은 이야기할 수 있을 것이다: 한 시대(율법과 선지자의 시대)가 요한으로 끝났다는 것과, 그 때부터 새로운 활동 — 하나님 나라의 선포 — 이 일어나서 지금도 계속되고 있다는 것과, 그 결과 사람들이 하나님의 나라(새로운 구원의 영역으로 간주됨)로 들어간다는 것이다.

다른 말씀들도 현재의 영역으로서의 하나님의 나라로 들어간다는 동일한 사상을 드러내 주고 있다. "세리들과 창기들이 너희보다 먼저 하나님의 나라에 들어가리라"(마 21:31). 서기관들과 바리새인들에게 예수께서는, "너희는 천국문을 사람들 앞에서 닫고 너희도 들어가지 않고 들어가려 하는 자도 들어가지 못하게 하는도다"(마 23:13)라고 말씀하셨다. 이와 비슷한 말씀이 누가복음 11:52에도 나타나는데, 거기서는 하나님 나라를 명시하지는 않으나 그것을 지칭하는 것임이 분명하다. "화 있을진저 너희 율법사여! 너희가 지식의 열쇠를 가져가고 너희도 들어가지 않고 또 들어가고자 하는 자도 막았느니라." 이와 동일한 사상이 예수께서 그의 가르침에 응답한 서기관에게 하신 말씀에서도 드러난다: "네가 하나님의 나라에 멀지 않도다"(막 12:34). 마태복음 11:11의 경우 예수께서는 (지금) 천국 안에 있는 자는 세례 요한보다도 큰 자라고 말씀하셨다.

많은 학자들은 이 말씀들이 현재를 가리키는 것으로 보이지만 실제로 그렇게 보아서는 안되며 종말론적인 구절들로 해석해야 한다고 주장한다. 아람어에는 미래 시제가 없으므로, 하나님의 나라를 현재의 영역으로 해석할 수도 있는 그런 "중립적인" 말씀들은 미래의 종말론적인 영역을 가리키는 것으로 이해하여야 일관성이 있다는 것이다.[5] 마태복음 21:31은 그저 세리들과 창기들이 하나님 나라를 향하고 있으며 또한 그들이 종교 지도자들보다도 하나님의 나라에 먼저 들어가거나 그들보다 유리한 위치에 있다는 뜻일 뿐이라고 한다.[6]

5) W. Michelis, Taüfer, Jesus, Urgemeinde (1928), pp. 64-73; H. Windisch in ZNTW, XXVII (1928), pp. 163-192를 보라.

6) J. Weiss, Die Predigt Jesu vom Reiche Gottes (1892), p. 15; A. H. McNeile,

그러나 이 해석은 문제를 지나치게 쉽게 보는 것이다. 예수님의 사상 전체를 지배한 것이 오로지 종말론적인 사고였다는 것을 먼저 입증하지 않고서 하나님 나라에 들어간다는 말씀들을 전부 종말론적인 뜻으로 해석하는 것은 이치에 맞지 않는데,[7] 바로 여기의 문제가 거기에 해당하는 것이다. 그러나, 만일 하나님의 나라가 하나님의 왕적인 다스림의 현재적 활동을 뜻하기도 한다면, 현재에 하나님의 다스림을 받는 자들이 반드시 있을 것은 당연한 이치이다. 그리고 그들이 하나님의 다스림의 축복들의 영역 속으로 들어간다고 말하는 것도 자연스러운 일일 것이며, 현재 시제가 바로 이 의미를 전달해주는 것이다.[8] 그러므로 예수께서 한 서기관에게 그가 하나님 나라에서 멀지 않다고 말씀하셨는데, 그 의미를 "미래의 하나님의 통치가 다가오고 있으며 네가 거기에 속한다"는 의미로 이해한다면 그것은 임의적인(künstlich) 해석일 수밖에 없다.[9] 이 말씀의 표현은 공간적인 것으로서 하나님의 뜻이 행해지고 그의 다스림이 최고로 받들어지는 하나의 영역(domain)을 그리는 것이라고 한 테일러(V. Taylor)의 말은 전적으로 옳다. 그 서기관은 문지방에 서 있는 셈이다.[10] 왜냐하면 그는 예수님 자신과 그의 가르침 속에 구체화되어 있으며 또한 사랑의 법에 표현되어 있는 하나님의 뜻의 요구에 응답할 준비를 갖추고 있기 때문이다.

서기관들과 바리새인들이 천국문을 사람들에게 닫아버리고 있다는 경고(마 23:13)도 미래의 하나님 나라를 지칭하는 것으로 해석할 수도 있다. 그러나 여기서도 그 당시 그 자리에서 일어나고 있는 무엇을 강조하고 있는 것이다. 서기관들과 바리새인들은 하나님 나라로 들어가고자 하는 마음을 갖고 그렇게 행동에 옮기는 중에 있는(투스 에이셀코메누스) 사람들을 가로막아서

The Gospel according to St. Matthew (1915), p. 306; C. T. Craig, *IB*, VII, p. 148; R. Bultmann, *Jesus and the Word* (1934), p. 204; S. M. Gilmour, *The Gospel Jesus Preached* (1957), p. 56.

7) J. Jeremias, *The Parables of Jesus* (1954), p. 100, n. 53.

8) F. V. Filson, *The Gospel according to St. Matthew* (1960), p. 34.

9) J. Schniewind, *Das Evangelium nach Markus* (1952), p. 162.

10) V. Taylor, *The Gospel accoridng to St. Mark* (1952), p. 489.

그 나라에 들어가지 못하도록 하고 있었다. 그들은 자기들도 제자가 되기를 거부할 뿐 아니라 사람들을 돌이켜서 예수께서 선포하시는 하나님의 다스림을 받아들이지 못하게 하고 그 축복 속으로 들어가지도 못하게 하고 있었던 것이다.

누가복음 11:52의 말씀은 마태복음 23:13과 동일한 의미를 지닌다. "지식의 열쇠"는 단순한 지적인 지각력이 아니라 구약 계시에 나타나 있는 하나님에 대한 지식을 의미한다.[11] 이스라엘의 역사의 계시는 사람들에게 예수님 자신과 그의 사역의 계시를 깨달을 수 있는 열쇠를 제공해주었고, 그들로 하여금 예수께서 선포하신 그 하나님의 나라에 들어갈 수 있도록 해주었다. 그런데 바리새인들이 이러한 하나님의 목적을 깨뜨렸고 결국 그 열쇠를 잃어버리고 말았다.

세리들과 창기들이 제사장들과 장로들보다 먼저 천국에 들어가리라는 말씀의 가장 자연스러운 해석은 그것을 현재의 활동으로 보는 해석이다(마 21:31). 이 말씀은 마태복음 11장의 요한과 하나님 나라에 대한 예수님의 말씀과 연계되어 있다. 뒤에 가서 살펴보겠지만, 요한 자신은 새로운 구원의 시대의 문지방에 서 있었다. 물론 요한의 제자 중에서 예수님의 제자가 되지 않은 자들이 있었지만(막 2:18; 행 19:3) 예수께서 마태복음 21:31에서 말씀하시는 창기들과 세리들은 먼저 요한을 믿었다가 후에 예수님의 제자가 된 자들이다. 요한의 경우와는 대조적으로, 이들은 "천국 안에" 있다고 말씀하고 있다(마 11:11). 그들은 예수께서 선포하시는 하나님의 다스림을 받아들였기 때문이다. 그러므로 장로들은 아직 밖에 있는데, 그들은 이미 하나님 나라에 들어와 있다고 말할 수 있는 것이다. 그 말씀의 요점은 "버림을 당한 자들이 하나님 나라에 밀려 들어가는 것을 보면서도 그들은 자기들의 태도를 바꾸지 않았다"는 것이다.[12]

하나님 나라를 새로운 구원의 시대로 제시하는 가장 중요한 구절은 마태복음 11:11-13인데, 이는 세상에 나타나는 현재의 역동적인 하나님의 활동으

11) T. W. Manson, The Sayings of Jesus (1949), p. 103.
12) F. V. Filson, The Gospel according to St. Matthew (1960), p. 227.

로서의 하나님 나라에 관한 가장 중요한 말씀과 밀접하게 연관되어 있다(pp. 194ff.를 보라). 예수께서는 요한을 큰 선지자로 말씀하시면서도 그를 선지자보다도 더 큰 자로 보셨다. 하나님의 강림을 예언한 말라기 3:1(마 11:10)이 그에게서 성취되었기 때문이다. 여호와의 크고 무서운 날이 이르기 전에 (말 4:5-6) 엘리야가 와서 이스라엘을 회심케하여 그들이 하나님의 심판을 받지 않도록 할 것이라고 했던 것이다.

예수께서는 이 말라기 선지자의 예언이 세례 요한에게서 성취되었다고 단언하셨다. 요한은 엘리야로서 이스라엘에게 여호와의 날이 다가옴을 경계하기 위해 보냄을 받은 인물이었다. 그러나, 그 예언의 성취가 스스로 자명한 것은 아니었다. 예수께서는 "만일 너희가 즐겨 받을진대"(마 11:14)라고 말씀하셨다. 그 성취의 본질에 무언가 비밀스러운 것이 있었다. 그것은 누가 보든지 분명한 그런 것이 아니었다. 요한이 엘리야라는 것을 인식하기 위해서는 즐겨 받고자 하는 마음이 있어야 했던 것이다. "귀 있는 자는 들을지어다"(마 11:15). 누구나 다 귀가 있는 것이 아니며, 누구나 다 들을 수 있는 것이 아니다. 그러므로 많은 사람들이 요한을 엘리야로 인식하지 못했고 "임의로 대우하여" (막 9:13) 그를 죽였다. 엘리야 예언의 성취는 전혀 기대치 못한 그런 방식으로 이루어지고 있었고, 따라서 그 성취를 인식하기 위해서는 영적인 수용의 자세가 필요했던 것이다.

예수는 말씀하시기를, 그럼에도 불구하고 엘리야가 왔으며 여호와의 날에 속한 그 어떤 성격이 실재한다고 하셨다. 만물을 회복하시는 역사(막 9:12)가 이루어지고 있다. 이 용어(아포카티스테미 — 아포가타스타시스)는 이스라엘에게 약속된 축복들이 회복되는 것을 지칭하는 하나의 전문적인 의미를 지니는 것이다.[13] 예수께서는 그 회복의 날이 곧 회개와 용서를 통해서 백성이 종교적으로 새롭게 되는 날을 의미한다는 것을 말씀하신 것이다.[14]

마태복음 11:11("내가 진실로 너희에게 말하노니 여자가 낳은 자 중에 세례

---

13) 렘 16:15; 24:6; 호 11:11; 겔 16:55; 행 3:21을 보라. 또한 A. Oepke, *TWNT*, I, p. 388을 보라.

14) J. Jeremias, *TWNT*, I, p. 940.

요한보다 큰 이가 일어남이 없도다. 그러나 천국에서는 극히 작은 자라도 저보다 크니라")의 난해한 말씀에 대한 해석은 이 예상치 않은 엘리야의 예언의 성취와 그가 예견한 영적 갱신에 비추어서 이루어지는 것이다. 천국에 있다는 것은 과연 무슨 의미인가?

몇몇 학자들은 이 말씀은 후기의 기독교 공동체의 산물로 취급한다. 잭슨(F. J. Jackson)과 레이크(K. Lake)는 요한을 하나님 나라에서 제외시키는 듯한 말씀은 유대교의 환경에서 나온 것일 수가 없으며 사실상 "기독교 교회의 의미를 제외하고는 여기서 아무런 의미도 없다"고 주장한다.[15] 다른 학자들은 이 난점을 피하고자 이 말씀을 다음과 같이 번역한다: "세례 요한보다 더 큰 이가 일어남이 없도다. 그러나 [미래의] 천국에서는 극히 작은 자라도 [지금의] 요한보다 클 것이라."[16]

그러나 이것만이 대안은 아니다. 구태여 교회를 가리키는 것으로 볼 필요가 없고, 이 문맥을 종말을 가리키는 것으로 볼 필요도 없다. 여기에서 말씀하는 진리는 확증이 필요없는 자명한 것이다. 다가올 시대의 축복들이 현 시대의 축복에 비해서 무한히 크리라는 것은 유대인으로서는 구태여 이야기하지 않아도 익히 잘 알고 있는 사실이다. 현재 논의되고 있는 문제는 다가올 시대의 성격과 그 축복이 아니라 예수님 자신과 그의 사역이기 때문에 이 문맥을 종말을 가리키는 것으로 보는 일은 격에 맞지도 않는다. 예수께서 과연 오실 자였는가? 요한이 예수를 가리켜 하나님의 나라를 임하게 할 자라고 한 것이 과연 옳았는가? 요한의 문제는 바로 이것이었다. 곧, 그가 선포했던 종말론적 구원과 심판이 예수에게서 성취되고 있지 않았다는 것이다. 마태복음 11:4-6에 나타난 예수의 답변은 메시야의 구원이 이미 임재해 있고 성취되는 과정 중에 있으나 전혀 예기치 못하던 방식으로 그렇게 되고 있다는 사

---

15) F. J. Foakes Jackson and K. Lake, *Beginnings of Christianity* (1920), I, p. 331. W. G. Kümmel (*Promise and Fulfilment* [1957], p. 125, n. 75)도 마 11:11 하가 요한을 격하시킨다는 이유로 그리스도인들의 창작이라고 생각한다.

16) A. H. McNeile, *The Gospel according to St. Matthew* (1915), p. 154; E. Klostermann, *Das Matthäusevangelium* (1927), p. 97; F. Dibelius, *ZNTW*, XI (1910), pp. 190ff.

실을 요한의 제자들에게 확신케 해주었다. 그러므로 "천국에" 있는 자들은
곧 예수께서 선포하시고 시행하시는 메시야의 구원을 체험하고 있는 자들이
었다. 세례 요한처럼 큰 선지자가 되는 것보다도 그 복된 소식을 듣고 그 메
시야의 구원의 치유와 생명을 받아들이는 것이 더 큰 일이었던 것이다.

이 해석은 대부분의 주석가들이 인정하는 세 가지 사실에 의해 뒷받침을
받는다. (1) 마태복음 11:11이 천국 안에 있는 자들과 세례 요한을 대비시키고
있다는 것; (2) 12절이 요한의 때 이후부터 하나님의 나라와 관계되는 어떤
일이 일어나고 있다고 말씀한다는 것;[17] (3) 13절이 요한에게서 한 시대 — 율
법과 선지자의 시대 — 가 끝을 맺었다고 말씀한다는 것. 그러므로 우리는
다음과 같이 결론을 내릴 수밖에 없다: (1) 요한이 율법과 선지자의 시대를
끝맺음 했다; (2) 요한 이후로 새 시대가 시작되었다; (3) 이 새 시대를 가리
켜 하나님의 나라라고 부른다.[18]

---

17) 아포는 "이후로"의 의미일 수도 있다. 마 1:17("바벨론으로 이거한 후에," 12절); 눅
 2:36을 보라. 어떤 학자들은 요한이 새로운 질서 속에 속한다고 생각하기도 한다. 참
 조. E. Percy, *Die Botschaft Jesu* (1953), pp. 198-202; J. M. Robinson, *A
 New Quest of the Historical Jesus* (1959), p. 119) 그러나 W. Foerster,
 TWNT, I, p. 472를 보라.

18) T. W. Manson, *The Sayings of Jesus* (1949), pp. 70, 134; C. H. Dodd, *The
 Parables of the Kingdom* (1936), p. 47; J. Bright, *The Kingdom of God*
 (1953), p. 197; E. Percy, *Die Botschaft Jesu* (1953), pp. 198-202; R. N.
 Flew, *Jesus and His Church* (1943), p. 26; W. Foerster, *TWNT*, I, p. 472 등은
 구원의 새로운 시대로서의 하나님 나라의 임재를 인정한다. 비아제타이를 수동태로 해
 석하는 다른 학자들은 이 구절이 하나님 나라의 새로운 시대가 실제로 임재했음을 가르
 친다는데 동의한다. 참조. G. Schrenk, *TWNT*, I, p. 610; W. G. Kümmel,
 Promise and Fulfilment (1957), pp. 123-124; H. D. Wendland,
 Eschatologie, p. 48; F. V. Filson, *The Gospel according to St. Matthew*
 (1960), p. 138. 많은 학자들은 세 가지 시대를 말하는 것으로 본다. 즉 "요한의 때까
 지," 율법과 선지자의 시대; 요한의 때, "요한으로부터…지금까지," 하나님 나라가 침
 노를 당하는 잠정적인 시기; 예수의 때[지금부터], 사탄이 묶이는 완성의 때. 세부적인
 내용에 있어서는 약간씩의 차이가 있으나 다음을 보라. M. Dibelius, *Die
 urchristliche Überlieferung von Johannes dem Täufer* (1911), pp. 24-29; A.

이것은 요한이 이 하나님 나라의 새 시대밖에 서 있다는 명백한 결론과 완전히 일치한다. 이사야가 종말론적 구원에 있을 것으로 본 축복들 — 치유, 생명, 그리고 복음 — 이 역사 속에서 사람들에게 이루어졌다. 이 하나님 나라의 선물들이 이제 존재하고 있는 것이다. 그러나 요한은 그것들을 경험하지 못했다. 그나 또는 그의 제자들이 하나님 나라의 이적들을 행했다는 기록이 없다. 요한은 하나님 나라의 축복들에 대한 약속들이 성취되는 바로 문턱에 서서 새로운 질서를 선언하였다. 그는 준비의 시대를 절정에 이르게 했다. 성취가 준비보다도 훨씬 더 크기 때문에 그 성취를 경험한 자들 가운데 가장 작은 이라 할지라도 요한보다 큰 것이다. 그러나 그것은 "하나님 나라에서 가장 작은 자가 하나님을 위하여 행하는 행위 때문이 아니라 … 하나님이 지금 여기서 그를 위하여 행하시는 일 때문인 것이다."[19] 이것이 바로 "천국 안에" 있다는 의미이다. 그것은 교회 안에 속하여 있다는 것을 가리키는 것이 아니라 메시야가 베푸는 구원의 새로운 질서 속에 속하여 있다는 것을 가리키는 것이다.

천국에 있는 일에 대한 이 말씀은 "중립적인" 말씀이 아니라, 하나님 나라에 들어가는 일에 대한 다른 말씀들을 더 선명하게 드러내주는 역할을 한다. 하나님의 나라, 그의 왕적인 다스림이 역사 속에서 역동적으로 활동하게 되었고, 그리하여 사람이 들어갈 수 있는 하나의 새로운 축복의 영역이 창조된 것이다. 이것 역시 하나님의 나라로 불린다. "11절이 말씀하는 바를 그대로 따르면, 새 시대가 이미 시작되었고, 그 나라가 사실상 실재하고 있었다. 그 나라의 완전한 실현은 아직 미래에 이루어질 것이지만, 그 나라는 현재에 임

M. Wilder, *Eschatology and Ethics in the Teaching of Jesus* (1950), p. 149, n. 5; D. Bosch, *Die Heidenmission in der Zukunftsschau Jesu* (1959), p. 45. 이 견해는 "지금까지"라는 표현에서 이끌어낸 것으로서 이 표현이 "지금"을 넘어서는 제 3의 시기를 제시해준다고 보는 것이다. 그러나 이 견해는 타당성이 없다. 왜냐하면 "지금까지"는 그 시기의 마지막이 언제냐 하는 것에 대해서 말하는 것이 아니라 다만 계속되는 상황을 나타내는 것이기 때문이다. 고전 4:13과 8:7을 보라. 참조. E. Grässer, *Das Problem der Parousierverzögerung* (1957), p. 181)

19) T. W. Manson, *The Sayings of Jesus* (1949), p. 70.

재하고 있는 것이다."[20]

마태복음 11:11-13에 대한 이 해석은 누가복음도 지지한다: "율법과 선지자는 요한의 때까지요 그 후부터는 하나님 나라의 복음이 전파되어 사람마다 그리로 침입하느니라"(눅 16:16). 이 절은 아마도 마태복음에서 취한 것으로 보이는데, 과연 누가복음이 마태복음의 그 말씀을 올바로 이해하고 해석했느냐 하는 문제가 제기된다. 그러나 누가복음에도 요한에게서 끝나는 율법과 선지자의 시대와 요한 이후의 시대, 즉 하나님 나라가 전파되는 시대 사이에 기본적인 대비가 똑같이 있는 것을 볼 수 있다. 두 말씀 모두 사람들이 "하나님 나라 안에" 있는 것으로 말씀한다. 그러나 이것이 "교회 안에" 있다는 의미는 아니다. 여기 나타난 사상은 그보다 훨씬 더 원시적이다. 하나님 나라 안에 있다는 것은 곧 하나님 나라의 복음을 받아들이고 그 구원을 경험하는 것을 의미한다.[21]

몇몇 학자들은 마태복음 11:13을 좀 과장하여 해석한다. 슈니빈트(Schniewind)는 말하기를, "요한 이후로 '종말'이 이미 왔다! 요한 및 예수와 함께 하나님의 나라가 시작된 것이다. 이 시대의 종말이 임하였고 새 시대, 즉 하나님의 새 세계가 시작되었다"[22]고 한다. 그러나 이런 해석은 복음서가 말씀하는 것 이상의 것을 주장하는 것이요, 성취와 완성 사이에 존재하

---

20) C. G. Montefiore, *The Synoptic Gospels* (1927), II, p. 161. Montefiore는 Jackson과 Lake의 견해를 따라서 11하반절이 "그리스도인"이 덧붙인 것이라고 본다. 그러나 초기 교회가 하나님 나라와 교회를 동일한 것으로 보았다는 증거가 전혀 없다는 한 가지 이유만으로 그렇게 본다면 그것은 개연성이 너무 적다.

21) K. H. Renstofr, *Das Evangelium nach Lukas* (1949), p. 188; F. Hauck, *Das Evangelium des Lukas* (1934), p. 207; T. W. Manson, *The Sayings of Jesus* (1949), p. 134; W. Manson, *The Gospel of Luke* (1930), pp. 187f.; R. Otto, *The Kingdom of God and the Son of Man* (1943), p. 111.

22) *Das Evangelium nach Matthäus* (1950), p. 145; 또한 참조. W. G. Kümmel, *Promise and Fulfilment* (1957), p. 124, "종말론적 완성이 이미 현재 속에서 과거 시대를 종식시키고 있다"; G. Bornkamm, *Jesus of Nazareth* (1960), p. 67, "시대의 변경이 여기에 있다"; J. M. Robinson, *A New Quest of the Historical Jesus* (1959), p. 119.

는 긴장을 무시하는 것이다. 예수께서는 옛 시대가 끝났다고 말씀한 것이 아니라, 율법과 선지자의 시대가 끝났다고 말씀하셨다. 요한이 가졌던 의혹은 바로 옛 시대의 구조가 전혀 변함없이 그대로 유지되고 있는 것처럼 보이는 이 사실에서 비롯되었다. 그렇다면, 예수가 어떻게 메시야일 수가 있는가? 새 시대가 시작된 것이 아니라, 메시야의 구원, 곧 하나님 나라의 축복들이 옛 시대 속에서 사람들에게 임한 것이다. 요한은 메시야의 구원과 새 시대를 어떻게 구분하는지를 알지 못했고, 그리하여 혼란에 빠졌던 것이다.

예수께서는 구약의 약속들이 현재에 성취되는 일에 아주 수수께끼 같은 요소가 있음을 시사하셨다. "만일 너희가 즐겨 받을진대 … ", "귀 있는 자는 … "(마 11:14, 15). 메시야의 구원이 임하는 일은 온 세상 사람들이 다 인정할 수 있고, 모든 사람들이 다 지각할 수 있는 그런 일이 아니었던 것이다.

이 사실은 "누구든지 나를 인하여 실족하지 아니하는 자는 복이 있도다"(마 11:6)라는 말씀에서도 나타난다. 한 쪽에서 보면, 예수님으로 인하여 실족할 사람은 아무도 없다. 그는 유대인 교사로서 여러 제자들을 거느린 분이었다. 이것은 자명한 사실이었다. 그러나 예수님의 인격과 그의 사역에는 많은 사람들이 인지하지 못한 하나의 또 다른 차원이 있었다. 그들은 그의 주장에 걸려 실족하였다. 예수 안에서 하나님의 나라가 임하였다는 것은 역사 속에서 일어난 하나의 사건이었으나, 그것은 그저 일상적인 역사적 현상은 아니었다. 만일 하나님의 나라가 역사 속에 임한 일이, 로마 제국의 통치가 임하여 유대인의 독립성을 종식시키고 새 시대와 새 통치를 개시한 일과 같은 것이었다면, 팔레스타인에 살던 당시의 사람들은 누구나 할 것 없이 싫든 좋든 그것을 받아들였을 것이다. 로마 제국의 대표자들로 인하여 마음이 상한 사람들은 무력으로 항거할 수 있었지만, 그런 저항은 곧 진압되었다. 복종하지 않으면 죽는 것밖에는 없었다. 로마 제국을 전복시키는 활동을 하지 않는 한 복종밖에는 대안이 없었다. 그리고 저항 투쟁을 한다 해도 로마의 세력이 주류를 이룬다는 사실은 분명했다. 모든 사람이 인정하고 굴복하지 않을 수 없는 하나의 새로운 질서가 도래한 것이다.

그러나, 예수 안에서 하나님의 나라가 임한 사실은 그렇지가 않았다. 그것으로 인하여 실족하는 사람들이 있었다. 그들은 그것을 받아들이지 않았다.

어떤 이들은 들을 귀가 없어서 듣지를 못했다. 그들이 볼 때에는 오로지 옛 질서만이 존재하는 것이었다. 그들은 새로운 질서와 그 축복에 대해서 완전히 눈이 멀어 있었던 것이다.

더 나아가서, 그 새 질서의 축복들은 모든 사람들에게 임한 것이 아니다. 모든 소경들이 시력을 되찾은 것이 아니며, 앉은뱅이가 모두 치유받은 것이 아니었고, 나병환자가 모두 깨끗함을 입은 것도 아니었다. 그저 소수의 죽은 자들이 살아났을 뿐이다. 팔레스타인의 수많은 병자들과 병신들과 죽은 자들이 하나님 나라의 생명을 전혀 접하지 못했다. 하나님 나라의 이 표증들은 다만 하나의 표시였을 뿐 그 충만한 완성이 아니었다. 에스카톤이 임하여 이 시대가 사라져 갈 때가 되면, 귀머거리나 소경이나 나병환자나 죽은 자들이 없을 것이다. 사망이 생명에게 삼킨 바 될 것이다. 바로 여기에 하나님 나라의 신비한 사실이 있다. 그 축복들이 옛 시대에 들어와서 새로운 생명의 질서를 전한다. 그러나 그러면서도 옛 질서가 모든 사람들에게서 종말을 고하는 것이 아니다. 새 질서는 다가올 시대나 에스카톤이 아니다. 다만 새 질서가 옛 시대 속에 숨겨져 있을 뿐이다. 그러나, 이처럼 숨겨져 있는 새 질서가 그것을 받아들이는 자들에게는 구원을 가져다 주며, 그것을 거부하는 자들에게는 심판을 가져다 주는 것이다(마 11:20-24).

이리하여 예수께서는 전에 미리 예견된 일이 없는 하나님 나라의 시대를 임하게 하셨다. 옛 율법과 선지자의 질서는 요한으로 끝을 맺었다. 다가올 시대, 곧 종말론적 완성의 때는 아직 미래에 있다. 그러나 그 동안, 옛 시대에 속한 사람들에게 메시야의 구원의 축복들을 가져다 주는 새로운 질서가 시작된 것이다. 이 새 질서는 모든 인간 실존을 다 포괄하는 하나의 세상적인 현상은 아니었다. 그것은 옛 시대 속에 감추어진 새 질서였다. 요한 이후에 살고 있는 모든 사람들이 다 이 새 질서 속에 있는 것이 아니라, 들을 귀를 가진 자들, 회개한 자들, 예수로 말미암아 실족하지 않은 자들만이 그 새 질서 속에 속한 것이다. "하나님 나라 안에" 있다는 것은 비록 죽음과 죄의 악한 시대 속에 살면서도 그 안에서 메시야의 구원을 받아들이고 그 축복들을 누리는 것을 의미하는 것이다.

그러므로 하나님의 나라는 하나님의 역동적인 다스림이 스스로 역사 속에서 드러나는 것만을 의미하는 것이 아니다. 그것은 또한 선지자들이 미리 예언한 그 축복의 새로운 영역이기도 하다. 그러나 그 성취는 선지자들이나 그 당시 유대교에서 전혀 예상치 못한 그런 방식으로 역사 속에서 이루어진 것이다.

현재의 선물로서의 하나님 나라

이 축복의 새로운 영역의 내용이 무엇이냐고 묻게 되면, 우리는 바실레이아가 하나님의 역동적인 통치와 구원의 영역을 의미할 뿐 아니라 생명과 구원의 선물을 지칭하는 뜻으로도 쓰인다는 것을 발견하게 된다. 이것 역시 예수님의 가르침에 나타나는 독창적인 요소이다. 하나님의 나라는 메시야의 구원이 내포하는 모든 것을 지칭하는 포괄적인 개념이다.[23] 달만(Dalman)은 예수님의 가르침에 나타나는 하나님의 나라가 "열심을 다하여 쟁취하고, 베풀며, 소유하며, 받아들이는 하나의 물품(a good)"일 수도 있음을 인정하였다.[24]

종말론적 완성의 때에 그 나라는 의인들이 값없이 상속받을 상속물이다(마 25:34). 여기서 하나님의 나라라는 단어는 하나님의 통치나 다가올 시대를 지칭하는 것이 아니라 다가올 시대에 하나님의 통치의 선물인 생명의 축복을 지칭한다(마 25:46). 영생을 유업으로 받는 문제에 대해서 젊은 관원에게 답변하시면서(막 10:17), 예수께서는 하나님 나라에 들어가는 일(10:23-24)과 영생을 받는 일(10:30)을 마치 동일한 개념인 것처럼 말씀하셨다. 하나님의 나라는 아버지께서 예수님의 제자들의 작은 양무리들에게 기꺼이 베푸시는 하나의 선물인 것이다(눅 12:32).

만일 하나님의 나라가 하나님께서 종말론적 영광 가운데서 그의 다스림을 드러내실 때에 그의 백성들에게 베푸시는 생명의 선물이라면, 그리고 하나

23) Strack and Billerbeck, *Kommentar*, I, p. 181; R. Schnackenburg, *Gottes Herrschaft und Reich* (1959), p. 62; G. Gloege, *Reich Gottes und Kirche im Neuen Testament* (1929), pp. 154f.
24) *The Words of Jesus* (1909), p. 121.

님의 나라가 또한 종말론적 완성의 때 이전에 역사를 침입하는 하나님의 다
스림이기도 하다면, 우리는 현재의 하나님의 다스림이 그의 백성들에게 예
비적인 축복을 가져다 줄 것으로 기대할 수 있을 것이다. 하나님의 나라는
다가올 시대에 속한 하나의 종말론적 선물일 뿐 아니라 옛 시대에서도 받을
수 있는 선물이기도 한 것이다.

이러한 사실은 수많은 말씀들에서 나타난다. 하나님의 나라는 다른 모든
것보다도 귀한 소유물인 보배, 혹은 값비싼 진주와도 같다(마 13:44-46; p.
512를 보라). 그것은 지금 여기서 찾아야 할 것이며(마 6:33; p. 413을 보라),
어린 아이들이 선물을 받듯이 받을 수 있는 그런 것이다(막 10:15 = 눅
18:16-17). 이 말씀에서는 하나님의 나라란 곧 하나님의 다스림을 의미한다.
그러나 그의 다스림의 선물도 거기에 포함된다. 하나님의 통치는 사람들을
억지로 굴복하게 하는 그런 무시무시한 권력이 아니라, 하나의 선물이다. 어
린 아이들은 "하나님 나라의 자손들"에게 요구되는 신뢰성과 수용성
(receptivity)을 실례로 나타내주는 것이다. 하나님의 나라가 어린 아이들의
것이 되는 것은 그들의 겸손함이 그것을 얻을 만한 하나의 덕이기 때문이 아
니라, 그들이 그것에 대해 응답하기 때문이다. "하나님 나라가 그들의 것이
되는 것은 그들이 그것을 선물로 받아들이기 때문이다; … 그것은 하나님의
다스림의 선물인 것이다."[25] 마태복음 19:14은 하나님의 나라가 어린 아이
같은 자들의 현재의 소유물이라는 동일한 사상을 잘 드러내준다. 구하는 이
마다 얻을 것이요 찾는 이가 찾을 것이라는 약속(마 7:7)은 이러한 맥락에서
이해하여야 한다. "찾아야 할 것은 하나님의 나라인데, 그것이 찾아지면 모
든 요구가 만족을 얻게 된다(눅 12:31). 두드려야 할 문은 바로 하나님의 나
라에 들어가는 문이다."[26]

---

25) V. Taylor, *The Gospel according to St. Mark* (1952), p. 423. Taylor는 마지막
구절의 종말론적 의의를 제거해버렸는데 우리는 이 점에서 그와 견해를 달리한다. 또한
T. W. Manson, *The Teachings of Jesus* (1935), p. 135를 보라. 하나님의 현재의
다스림을 받아들이는 것이 그 종말론적 질서 속에 들어가는 조건이다.
26) T. W. Manson, *The Sayings of Jesus* (1949), p. 81; 참조. J. Schniewind, *Das
Evangelium nach Matthäus* (1950), p. 99.

팔복(八福)은 하나님의 나라를 하나의 선물로 본다. 심령이 가난한 자, 의를 위하여 핍박을 받는 자는 천국을 선물을 얻는다(마 5:3, 10). 이 말씀에 나타나는 하나님의 나라가 미래인가 아니면 현재인가를 결정하기는 쉽지 않다. 팔복의 말씀이 종말론적 관심을 갖고 있는 것이 분명하기 때문이다. 땅을 유업으로 받는다는 말씀이나 (심판 날에) 긍휼을 얻을 것이라는 말씀이나, 하나님을 볼 것이라는 말씀은 일차적으로 종말론적인 의미를 갖는다.

그러나 팔복의 주요 목적은 완성의 때에 주어질 축복을 약속하는 것이 아니라 현재의 복된 상태를 가르치기 위한 것이다.[27] 영적 빈곤의 상태로 인하여 괴로워 하는 자에게 약속된 위로는[28] 현재인 동시에 미래이며, 굶주림을 채울 것이라는 말씀 또한 마찬가지이다(마 5:4, 6). 두 번 언급되고 있는 천국을 선물로 준다는 말씀에는 아마도 현재와 미래 모두가 포함될 것이다. 팔복의 말씀이 제시하는 것은 종말론적 구원이지만, 동시에 현재의 복된 상태인 것이다.

구원의 선물

하나님의 선물로서의 하나님 나라는 "구원"이라는 낱말에 대한 연구를 통해서도 잘 드러난다. 복음서에서 "구원하다"와 "구원"은 둘 다 종말론적 축복과 현재의 축복을 모두 지칭한다.

구원은 일차적으로 종말론적 선물이다. 젊은 부자 관원의 영생에 대한 질문에 대한 예수님의 답변에서, 구원은 영생 및 다가올 시대에 하나님 나라에 들어가는 것과 동일한 의미로 나타난다(막 10:17-30). 다른 곳에서는 이 종말론적 구원이 그저 사람의 육체적인 목숨을 잃는 것과 대비하여 사람의 [참된] 생명을 구하는 것을 뜻하는 것으로 나타난다(막 8:35; 마 10:39; 눅 17:33). 이 종말론적 구원은 단순히 (영원한) 생명에로 들어가는 것으로 묘사되기도 하고, 주의 즐거움에 들어가는 것으로 묘사되기도 한다(마 25:21,

27) Windisch까지도 이를 인정한다. 그러나 그는 이 의미를 신학적 주해에서 비롯된 것으로 본다(*The Meaning of the Sermon on the Mount* [1951], pp. 175f.).
28) J. W. Bowman and R. W. Tapp, *The Gospel from the Mount* (1957), pp. 31f.

23).

이 미래의 구원은 두 가지를 의미한다. 죽을 수밖에 없는 상태(mortality)에서 구해냄을 받는 것, 그리고 하나님과의 완전한 교제를 갖는 것이 그것이다. 부활에 대해서는 복음서가 그리 많이 말씀하지는 않으나, 누가복음 20:34-36(참조. 막 12:24-27)의 말씀은 종말론적 구원이 전인(全人)을 다 포괄하는 것임을 분명히 보여준다. 부활의 생명은 천사들과 공통적인 점이 있다. 즉, 불멸성을 소유한다는 점이 그것이다. 이 불멸의 부활의 생명은 바로 다가올 시대의 생명이다(눅 20:35). 육체적 연약함, 질병, 그리고 죽음이라는 악이 하나님 나라의 생명 속으로 삼키운 바 될 것이다(마 25:34, 46).

종말론적 구원은 비단 몸의 구속만이 아니라 죄로 인하여 깨어졌던 하나님과 사람 사이의 교제(communion)의 회복을 의미한다. 마음이 청결한 자는 하나님을 볼 것이며(마 5:8) 주의 즐거움에 들어갈 것이다(마 25:21, 23). 이 종말론적 완성은 대개 일상 생활에 빗대어 묘사된다. 추수가 있을 것이요 알곡을 곳간에 들일 것이다(마 13:30, 39; 막 4:29; 참조. 마 3:12; 계 14:15). 양들을 염소와 분리시켜서 안전하게 우리에 들일 것이다(마 25:32). 가장 비근한 묘사는 잔치 또는 식탁의 교제를 통한 묘사이다. 예수께서는 하나님 나라에서 제자들과 함께 다시 포도주를 마실 것이다(막 14:25). 제자들은 하나님 나라에서 예수님의 식탁에서 함께 먹고 마실 것이다(눅 22:30). 이 땅 사방에서 사람들을 모아서 구약의 성도들과 한 식탁에 앉게 할 것이다(마 8:11-12; 눅 13:29). 완성을 혼인 잔치(마 22:1-14; 25:1-12)와 대 연회(눅 14:16-24)에 비유하기도 한다. 이 모든 비유적 묘사는 죄로 말미암아 깨어졌던 하나님과 사람들 사이의 교제의 회복을 그리는 것이다.[29]

종말론적 구원의 종교적 차원은 잃어버리는 것과 날카로운 대조를 이룬다. 헬라어 단어 **아폴루미**는 두 가지 의미를 지닌다. 곧 멸하거나 죽인다는 의미와 잃는다는 의미(수동태: 잃어버림을 당하다, 죽다, 멸망하다)가 그것이다. 이 두 가지 의미, 곧 '멸절당하다'와 '멸망하다'가 종말론적 멸망에 대해서 사용된다(**아폴레이아**, 마 7:13). 구원받지 못한다는 것은 곧 사람의 생명을

---

29) J. Jeremias, *The Parables of Jesus* (1954), p. 154.

잃는 것을 의미하며(막 8:35; 참조. 마 10:39; 16:25; 눅 9:24; 17:33), 사람의 생명을 잃는다는 것은 곧 모든 것을 잃는 것이다(막 8:36). 자기 자신을 잃는 것이기 때문이다(눅 9:25). 그러므로 사람의 생명을 잃는다는 것은 곧 멸망당한다는 것이다. 하나님은 몸만이 아니라 영혼까지도 멸망시킬 수가 있으며, 이러한 멸절이 게헨나의 불(마 10:28; 막 9:42-48), 영원한 불(마 18:8; 25:41), 그리고 어두움(마 8:12; 22:13; 25:30) 등으로 묘사되고 있다. 불과 어두움은 서로 동일한 개념이 아니므로, 여기서 핵심이 되는 사실은 이 궁극적인 멸망의 형식이 아니라 그것이 지니는 종교적 의의이다. 이는 "내가 너희를 도무지 알지 못하니 불법을 행하는 자들아 내게서 떠나가라"(마 7:23; 눅 13:27)라는 말씀에서 볼 수 있다. 멸망이란 바로 하나님의 나라에서 하나님의 임재의 즐거움과 기쁨을 누리는 상태에서 제외되는 것을 의미하는 것이다.

이스라엘 집의 잃은 양을 구하는 예수님의 사역(마 10:6; 15:24)은 이러한 종말론적인 배경을 갖는다. 그들의 "잃어버린 상태"는 현재적이요 동시에 미래적이다. 왜냐하면 그들은 하나님을 떠났으며 그들의 생명을 저버렸기 때문이다. 지금 그들이 잃어버린 상태에 있기 때문에 그들은 영원한 멸망의 위협 아래 서 있다. 잃어버린 아들은 사실상 죽은 것이나 마찬가지였다. 그의 "구원" 혹은 그의 아버지 집에 돌아가는 것은 곧 생명을 회복하는 것을 의미하는 것이었다(눅 15:24).

잃어버린 자를 구원하는 예수님의 사역은 미래적 의미가 있는 동시에 현재적 의미도 있다. 예수께서 잃어버린 자를 찾으신 것은 미래의 심판에서 그를 구하기 위함인 동시에 현재적 구원에로 그를 이끌기 위함이었다. 회개하는 삭개오를 향하여 예수께서는, "오늘 구원이 이 집에 이르렀으니 … .인자의 온 것은 잃어버린 자를 찾아 구원하려 함이니라"(눅 19:9-10)라고 말씀하셨다. "잃어버린"에 대한 의미의 이러한 배경을 인식하게 되면, 안트와 깅그리치(Arndt and Gingrich)가 바우어(Bauer)의 견해를 취하여 누가복음 19:10의 "잃어버린"이란 단어를 "영원한 죽음"이라는 의미에 속하는 것으로 열거하고 있는 것이 타당하다는 것을 잘 알게 된다.[30] 잃어버린 자는 곁길로 간 것일 뿐 아니라 구원받지 못하면 멸망할 위기에 처해 있는 것이다. 하나님은 에스겔 선지자를 통하여 약속하시기를(34:16, 22), "내가 그 잃어버린 자를 찾으며 … .내가 내 양 떼를 구원하리라"라고 약속하셨다. 예수께서는 바로 이 일이 자신에게서 성취되고 있음을 말씀하신 것이다. 예수께서 삭개오에게 베푸신 구원은 현재적 구원이었다. 그러나 그 축복은 동시에 미래에까지 이르는 것이었다.

잃어버린 양의 비유나 잃어버린 동전의 비유, 그리고 잃어버린 아들의 비유는 종말론적 구원이 아니라 현재의 구원을 묘사하는 것들이다(눅 15장). 잃어버린 아들이 돌아와 그 아버지의 집에 기쁨을 주었다는 내용은 예수께서 삭개오를 비롯해서 그의 교제를 받아들인 세리들과 죄인들에게 베푸신 현재적 구원의 축복을 잘 보여주는 것이다. 그 비유에서 형은 바리새인들과 서기관들을 나타낸다. 형이 그 아버지의 슬하를 떠나지 않았듯이, 바리새인들과 서기관들은 자기들만이 유일하게 하나님의 율법을 지키는 참된 이스라엘로 자처했다. 그러나 그 형 역시 잃어버린 자였다. 왜냐하면 그는 그 아버지와의 참된 교제를 알지도 못했고 그 아버지 집의 즐거움도 알지 못했기 때문이다.

이처럼 종말론적 완성을 미리 바라보면서 현재의 교제를 선물로 베푸는 일은 음식을 나누는 교제를 통해서 표현하신 행위를 통한 비유에서 잘 드러난다. 예수께서 세리들 및 죄인들과 함께 저녁 식사를 나누는 것 때문에 서기관들의 마음이 상했다(막 2:15이하). 이것은 그저 보통의 식사가 아니라 잔치였다. 보통의 식사의 경우 유대인들은 옆으로 기대어 눕는 이방인의 관습을 따르지 않고, 그저 식탁에 앉았다. 다만 특별한 경우, 파티나 혼인 잔치나 왕의 대 연회 등에서만 옆으로 기대어 누웠다.[31] 잔치는 유대인들에게는 종말론적인 구원을 나타내는 비유적 표현으로 흔히 쓰이는 것이었다.[32] 그러므

---

30) W. F. Arndt and F. W. Gingrich, *A Greek-English Lexicon of the New Testament* (1957), p. 94.

31) J. Jeremias, *The Eucharistic Words of Jesus* (1955), pp. 20-21과 거기 인용된 참고 문헌들. 영어 개역 표준역의 번역, "sat at table"은 그 관념을 현대의 숙어로 번역한 것이다.

32) G. F. Moore, *Judaism*, II, pp. 363ff.

로 예수님과 그의 제자들, 그리고 그를 따르는 자들의 식탁 교제야말로 종말
론적 하나님의 나라의 즐거움과 교제를 미리 바라보는 것으로 이해하여야
마땅하다. 이 식사의 종교적 의의는 "내가 의인을 부르러 온 것이 아니요 죄
인을 부르러 왔노라"(막 2:17)라고 하신 예수님의 말씀에 잘 반영되어 있다.
예수께서 죄인들을 모아서 자신과 식탁 교제를 나누실 때에 그는 자신의 메
시야적 사명을 이루고 계셨던 것이다.[33]

이것이 절대로 예외적인 경우가 아니라는 사실은 다른 두 말씀에서 잘 볼
수 있다. 누가복음은 서기관들과 바리새인들이 예수님에 대하여 비판한 한
가지 주요 근거가 바로 예수께서 죄인들을 영접하고 그들과 함께 음식을 나
누었다는 사실에 있었음을 기록하고 있다(눅 15:1-2). 그 다음에 기록된 비
유들은 잃어버린 죄인들이 회복될 때에 큰 기쁨이 있다는 사실을 강조하고
있다. 여기서 핵심적인 진리는 죄인 하나가 회개할 때에 하늘에 큰 기쁨이
있다는 사실이다(눅 15:7). 그러나 그 하늘의 기쁨은 이 땅에서 예수께서 회
개하는 죄인들과 나누는 식탁 교제에서 미리 예시되었던 것이다.

이러한 즐거운 교제가 예수님의 사역의 두드러진 특징이었기 때문에 그를
비판하는 자들은 그가 먹고 마시기를 탐하는 자라고 비난했다(마 11:18). 예
수를 비판하는 자들이 그와 그의 제자들이 바리새인들의 모범을 따라서 금
식을 하지 않는다고 비난했는데, 이에 대한 예수님의 대답에서도 메시야적
즐거움의 면모를 볼 수가 있다. 혼인 때에는 금식하는 법이 아니다. 신랑이
함께 있다는 사실은 금식이 아니라 즐거움과 기쁨을 불러 일으키는 것이다
(막 2:18-19). 유대교에서 신랑이라는 표현을 메시야를 뜻하는 것으로 사용
했다는 증거는 나타나지 않으나, 혼인 잔치는 분명 하나님 나라를 상징하는
것이었다.[34] 7일 동안의 혼인 잔치 기간 동안 신랑의 친구들과 손님들은 여
러 가지 중요한 종교적 의무들을 지키지 않아도 괜찮도록 면제를 받았다.[35]
예수께서는 자신이 그의 제자들 가운데 계시다는 사실을 이러한 혼인 잔치
라는 메시야의 상징을 사용하여 묘사하신 것이다. 구원의 날이 이미 왔고,

---

33) J. Schniewind, *Das Evangelium nach Markus* (1952), p. 62.

34) J. Jeremias, *TWNT*, IV, p. 1095.

35) Strack and Billerbeck, *Kommentar*, I, p. 505.

혼인의 노래가 울려 퍼지고 있다. 비통한 울음은 설 자리가 없고 오직 기쁨과 즐거움만이 있다. 그러므로 예수님의 제자들은 금식을 할 수가 없는 것이다.[36]

메시야적 구원이 실재한다는 사실은 또한 예수께서 행하신 병 고치는 이적에서도 볼 수 있다. 이 경우 복음서 기자는 "구원하다"라는 의미의 헬라어를 사용하고 있다. 하나님 나라가 예수 안에서 실재한다는 사실은 혈루병에서(막 5:34), 소경된 상태에서(막 10:52), 귀신 들린 상태에서(눅 8:36), 그리고 심지어 죽음 그 자체에서(막 5:23) 구원받는 것을 의미했다. 예수께서는 그 구원들을 메시야적 구원이 실재한다는 증거라고 말씀하셨다(마 11:4-5). 그것들은 종말론적 하나님 나라의 생명의 보증이었다. 그리고 그것은 최종적으로 육체의 불멸을 의미하는 것이었다. 하나님의 나라는 사람의 영혼만이 아니라 전인(全人)의 구원을 의미하는 것이었다.

이러한 육체적인 구원에 제한이 있다는 사실은 미래의 완성과 대조할 때에 현재의 하나님 나라의 본질이 어떤 것인가를 잘 보여준다. 종말론적 하나님의 나라에서는 "저 세상과 및 죽은 자 가운데서 부활함을 얻기에 합당히 여김을 입은"(눅 20:35) 모든 자들이 질병과 죽음에서 구원을 받아 영원히 멸하지 않는 부활의 생명을 누릴 것이다. 현재의 하나님의 나라의 역사에서는 구원의 능력이 그저 소수에게만 미친다. 병든 자들과 앉은뱅이들이 모두 구원을 받은 것도 아니고, 죽은 자들이 모두 살아난 것도 아니다. 복음서에는 죽은 자가 다시 살아난 경우가 세 번밖에는 기록되어 있지 않은 것이다. 사람들은 예수님 혹은 제자들과 직접 접촉해야만 치유함을 받을 수가 있었다(막 6:56). 하나님 나라의 구원의 능력이 아직 보편적으로 역사하지 않고 있었다. 그 능력은 오직 예수님 자신과 그가 임명한 자들 속에만 있었던 것이다(마 10:8; 눅 10:9).

그러나 예수님과 접촉을 했다고 해서 모두가 하나님 나라의 치유의 생명을 경험한 것도 아니었다. 이러한 육체적 구원은 믿음의 응답을 필요로 했

---

36) J. Jeremias, *The Parables of Jesus* (1954), p. 94; C. H. Dodd, *The Parables of the Kingdom* (1936), pp. 115f.; H. Seesemann, *TWNT*, V, 164.

다. 그 구원의 역사가 자동적으로(ex opere operato) 이루어진 것이 아니었다. "네 믿음이 너를 구원하였도다"(막 5:34; 10:52). 육체적 축복을 받기 위해서는 영적인 응답이 필요했다. 치유의 이적은 그것이 아무리 중요하다고 해도 그 자체가 목적이 아니었다. 그것은 메시야적 구원의 최고 선(善)이 될 수 없었다. 이 사실은 마태복음 11:4-5의 말씀의 순서에서 잘 볼 수 있다. 소경과 앉은뱅이, 나병환자와 귀머거리를 구원하는 일보다도, 심지어 죽은 자를 살리는 일보다도 더 큰 것은 가난한 자에게 복음을 전하는 것이었다.[37] 이 "복음"은 바로 예수님 자신의 임재였고, 그가 가난한 자들에게 베푸신 즐거움과 교제였던 것이다.

육체적 질병에서의 구원이 영적 구원의 외적인 면에 불과했다는 사실이 귀신을 내어쫓으신 일에 대한 말씀에서 드러난다. 귀신을 내어쫓는 이적이 하나님 나라의 임재를 보여주는 가장 신빙성 있는 증거 가운데 하나이긴 하지만(마 12:28), 그 이적은 하나님이 귀신이 내어쫓기고 빈 자리에 들어가시는 역사의 예비적인 단계에 불과한 것이었다. 하나님이 거기에 임재하지 않으시면, 그 사람은 마치 잘 정돈되어 있고 깨끗하기는 하지만 텅 빈 집과도 같은 것이다(마 12:44 = 눅 11:25). 하나님의 능력이 그 생명에 들어가지 않으면 귀신이 다른 귀신 일곱을 데리고 다시 돌아올 수 있으며, 그렇게 되면 그 사람의 형편이 처음보다 훨씬 더 나빠질 것이다. 병 고치는 일이나 귀신을 내어쫓는 일은 구원의 소극적인 면이었다. 적극적인 면은 바로 하나님의 능력과 생명이 들어와 임재하는 것이었다.

육체적 구원과 그 영적인 면이 서로 하나로 묶여져 있다는 사실은 열 사람의 나병환자들을 고치신 일에서 잘 나타난다. 그 열 사람 모두 "깨끗함을 받았고" "나음을 입었다." 그 가운데 예수께 돌아와서 감사를 표한 사마리아인에게 예수께서는 "네 믿음이 너를 구원하였느니라"라고 말씀하셨다(눅 17:19). 이 말씀은 다른 곳에서는 병을 고치신 일 그 자체에 대하여 사용하신 말씀이다. 그러면 나머지 아홉 사람은 진정으로 병을 치유받은 것이 아니라고 생각하여야 마땅한가? 많은 주석가들은 본문에 혼동이 있는 것으로 본다.

---

37) G. Friedrich, *TWNT*, II, 715.

그러나 이 동일한 말씀이 "영적"인 구원을 가리키는 뜻으로 사용되기도 한다는 사실(눅 7:50)을 볼 때에, 우리는 그 사마리아 사람이 나머지 아홉 사람보다도 더 큰 축복을 받았다고 보는 견해에 동의할 수 있을 것이다. 그 사람이 받은 "구원" 혹은 온전함은 육체적인 치유 이상의 것이었다. 그것은 영적인 온전한 상태를 시사하는 것이다.[38]

이 현재적 "구원"이 육체적일 뿐 아니라 영적인 것이라는 사실은 시몬의 집에 있던 죄된 여인의 사건을 통해서 입증된다. 그녀의 눈물과 사랑의 표현이 그녀의 회개를 입증해주었다. 그 여인에게 예수께서는 말씀하시기를, "네 믿음이 너를 구원하였으니 평안히 가라"(눅 7:50)라고 하셨다. 여기서는 병고치는 이적이 행해진 것이 아니다. 그 여인의 질병은 도덕적인 것이요 영적인 것이었다. 그 여인이 받은 "구원"의 의미는 바로 "네 죄사함을 얻었느니라"라는 말씀에 잘 드러나 있다(눅 7:48).

죄 용서의 선물

이 죄 용서에 대한 말씀은 메시야적 구원의 더 깊은 의의를 지적해준다. 마가복음에 따르면 예수님과 서기관들 사이의 갈등은 예수께서 죄를 용서할 권한이 자신에게 있다고 주장하셨을 때부터 시작되었다. 그런 주장은 신성모독이었다. 왜냐하면 오직 하나님만이 죄를 용서하는 권세가 있었기 때문이다(막 2:7). 이러한 서기관들의 전제 자체는 옳은 것이었다(시 103:3; 사 43:25). 선지자들은 죄의 용서가 메시야 시대의 축복 가운데 하나가 될 것을 말씀했다. 심판자시요 권세자이시며 왕이신 여호와께서 그의 백성을 구원하셔서 질병이 전혀 없을 것인데, 이는 여호와께서 모든 불의를 용서하실 것이기 때문이라고 말씀했다(사 33:24). 구원받은 남은 자는 죄를 용서함 받을

---

38) L. Ragg, *St. Luke* (1922), p. 228; W. F. Arndt, *The Gospel according to St. Luke* (1956), p. 372; A. Schlatter, *Die Evangelium nach Markus und Lukas* (1947), p. 341.

것인데, 이는 그들의 죄가 바다의 깊은 곳에 던져질 것이기 때문이다(미 7:18-20). 하나님이 새 언약을 세우시고 그의 법을 마음 속에 새기시며 자신과 완전한 교제를 허락하시며 죄를 용서하실 것이다(렘 31:31-34; 또한 참조. 겔 18:31; 36:22-28). 다윗의 집에 샘이 솟아나 하나님의 백성을 모든 죄에서 깨끗이 씻을 것이다(슥 13:1).

한 가지 예외가 있을 가능성이 있지만, 이러한 기능은 하나님께만 제한된 것이다.[39] 한 가지 예언은 여호와의 종이 그 백성의 질고를 지고 자기 자신을 죄의 대한 제물로 드릴 것을 말씀한다(사 53:11-12). 그러나 유대교는 3세기 이후까지 이 예언을 메시야에게 적용시키지 않았다.[40] 메시야가 자기 자신의 권세로 사람들에게 죄의 용서를 약속한 예는 그 어떠한 유대교 문헌에서도 나타나지 않는다.[41] 더욱이 하나님이 죄를 용서하신다고는 믿었지만, 유대교는 하나님의 공의와 그의 은혜 사이의 갈등으로 야기되는 문제를 절대로 해결하지 못했다.[42] 의인은 하나님에게서 값없이 용서함을 받은 사람이 아니라, 자신의 공적으로 하나님 앞에서의 부채를 갚은 사람이라고 보았다. 의(義)는 심판 날에 베푸시는 하나님의 무죄 방면(divine aquittal)이다. 그러나 이 종말론적 무죄 방면이 인간의 공적을 근거로 결정되는 것으로 본 것이다. 그들은 하나님 앞에서 사람의 운명은 그의 선한 행위와 그의 범죄 행위를 함께 달아서 그것으로 결정지어지는 것으로 생각했다. 선한 행위가 범죄 행위보다 무게가 더 나가면 그는 무죄 방면을 받게 될 것이다.[43]

이러한 배경이 있으니, 예수께서 자신의 권세로 값없이 죄 용서를 선언하

---

39) "용서는 하나님이 다른 어느 누구와 공유하지도 않으시며 어느 누구와도 논란을 벌이지 않으시는 오직 하나님 자신만의 대권이다"(G. F. Moore, *Judaism*, I, p. 535).

40) G. Quell in *TWNT*, II, p. 188.

41) Strack and Billerbeck, *Kommentar*, I, p. 495.

42) 현대의 유대인 학자인 J. Klausner, *Jesus of Nazareth* (1925), p. 379도 이와 똑같은 문제로 씨름하고 있는 것을 주목하라.

43) G. Schrenk, *TWNT*, II, pp. 198-199; 영역본, *BKW: Righeousness* (1951), pp. 31-33; W. O. E. Oesterley and G. H. Box, *The Religion and Worship of the Synagogue* (1907), pp. 244-251을 보라.

셨을 때에 서기관들 사이에 놀라움과 당혹감이 있었던 것은 충분히 이해가
된다. 세례 요한이 죄의 용서를 약속했었고(막 1:4), 예수께서 이 약속을 성
취하신 것이다. 중풍병자를 고치신 것은 "인자가 땅에서 죄를 사하는 권세가
있다"는 외적인 증거였다(막 2:10). 인자는 다니엘서 7:13에 나타난 천상의
존재로서 지극히 높으신 자의 성도들을 대표하는 자요 하늘 구름을 타고 와
서 하나님의 나라를 임하게 하며 사람들을 심판할 자였다. 이 말씀에서 예수
께서는 자신이 이 천상의 심판자이면서도 이 땅에 사람들 가운데 나타나서
서 죄를 용서하는 하나님의 대권(大權)을 시행하신다고 주장하신 것이다.[44]
이것은 메시야적 구원이 실재한다는 표증이었다.

하나님의 나라의 개념에서 죄 용서가 중심을 차지한다는 사실은 죄 용서
에 대한 비유에서 잘 나타난다(마 18:23-35). 이 비유는 하나님 나라에서 하
나님의 용서와 인간의 용서 사이의 관계를 설정해준다. 하나님의 용서가 인
간의 용서보다 앞서며 그것이 또한 인간의 용서의 조건이 된다. 예레미야스
는 심판의 종말론적 요소를 강조하면서도 이 비유가 주로 하나님의 긍휼하
심을 가르치고 있다는 것을 인정한다. 왜냐하면 종말론적 심판은 하나님에
베푸시는 죄 용서에 대한 그 이전의 경험에 기초할 것이기 때문이다.[45] 하나
님이 값없이 베푸시는 죄의 용서가 사람들에게 그들도 죄를 용서하는 정신
을 가질 것을 요구하는 것이다.

예수께서는 새로운 죄 용서의 교리를 가르치신 것이 아니다. 그는 잃어버
린 죄인들에게 죄를 용서함 받는 새로운 경험을 주신 것이다. 그는 시몬의
집에 있던 여인에게 하나님이 그녀를 용서하고 계시다고 말씀하지도 않으셨
고, 그녀에게 구원을 찾을 수 있는 길을 설명해주신 것도 아니었다. 예수께
서는 그 여인의 죄가 용서함 받았음을 선언하신 것이다(눅 7:48). 이것이 그

---

44) J. Schniewind, *Das Evangelium nach Markus* (1952), pp. 58ff.; O.
Cullmann, *The Christology of the New Testmaent* (1959), pp. 159f.를 보라.
그 외에 다른 해석들에 대해서는 C. E. B. Cranfield, *The Gospel according to
Saint Mark* (1959), pp. 100f.를 보라. 유대교에 있어서 인자의 개념에 대해서는 O.
Cullmann, *The Christology of the New Testament* (1959), pp. 137ff.를 보라.
45) J. Jeremias, *The Parables of Jesus* (1954), pp. 147f.

여인이 받은 "구원"이었다. 예수께서는 자신이 선언하신 바를 그대로 행하셨다. 하나님 나라의 임재는 하나님에 대한 하나의 새로운 가르침이 아니었다. 그것은 예수님 자신 속에서 역사하는 하나님의 새로운 활동이었으며, 그 활동이 사람들로 하여금 선지자들이 종말의 하나님 나라에 있을 것으로 약속한 것들을 현재의 경험으로 체험하도록 해준 것이다.[46]

의의 선물

죄 용서와 밀접하게 연관되어 있는 것은 바로 의이다. 의란 주로 윤리적인 어떤 특질을 가리키는 것이 아니라 올바른 관계를 가리키는 것이요, 죄책(罪責)에서 방면시켜주시는 하나님의 역사를 가리키는 것이다.[47] 하나님의 나라를 구한다는 것은 하나님의 의를 구한다는 것을 의미하며(마 6:33), 하나님의 나라를 받는다는 것은 곧 거기에 수반되는 의를 받아들인다는 것을 의미한다.

유대교 사상에 있어서 의는 하나의 인간적인 활동이다.[48] 랍비들은 의란 율법에 순종하는 것과 자비의 행실로 구성되는 하나의 인간적인 공적(a human work)이라고 가르쳤다. 그러나 예수께서는 의란 하나님의 요구인 동시에 하나님의 선물이라고 가르치셨다. 그는 종말의 하나님 나라에 들어가기 위해서는 서기관과 바리새인들의 의보다도 나은 의가 있어야 한다고 말씀했다(마 5:20). 이 의를 이루기 위해서는 화나, 탐욕이나, 복수 같은 것에서 자유로와야 했다(마 5:21-48). 만일 그런 완전한 의를 성취하는 일이 인간의 노력에만 맡겨졌다면, 그 어느 누구도 그 의에 도달할 수가 없다. 그 의는 하나님의 선물이어야만 하는 것이다.

---

46) H. D. Wendland, *Eschatologie*, pp. 65-66) V. Taylor, *The Gospel according to St. Mark* (1952), pp. 200f.의 죄 용서에 대한 탁월한 논의를 보라.

47) G. Schrenk in *TWNT*, II, pp. 187, 197f.; 영역본, *BKW: Righeousness* (1951), pp. 16ff., 29f., 52을 보라.

48) G. Schrenk in *TWNT*, II, p. 198.; 영역본, *BKW: Righeousness* (1951), p. 32)

예수님의 윤리적 가르침의 핵심이 바로 여기에 있다. 곧, 스스로 이룩한 의를 버리고, 아무것도 가진 것이 없어서 모든 것을 다 받아야 하는 처지에 있는 어린아이처럼 되는 것이다. 서기관들은 하나님이 주시는 의의 선물을 받을 수 있도록 자신들의 의에 대한 자부심을 다 버리고 아무것도 가지지 않은 상태가 되기를 원치 않았다. 그들 스스로 의롭다고 생각하고 있었으므로 (막 2:17; 눅 18:9),[49] 그들은 하나님이 주시는 의의 선물이 필요 없다고 느낀 것이다. 이처럼 스스로 의롭다고 여기는 바리새인과 정반대의 입장에 세리가 서 있었다. 그는 자기 자신을 전적으로 하나님의 긍휼하심에 내어 맡겼다. 그는 아무것도 가진 것이 없었다. 의의 행실도, 공적을 자랑할 만한 행위도 없었다. 그러므로 그는 하나님께 스스로를 완전히 내어보였다. "이 사람이 의롭다 하심을 받고 집에 내려갔느니라"(눅 18:14). 하나님이 그를 의롭다고 선언하신 것이다. 그의 의는 그 자신이 이룩한 것이 아니라 하나님의 선물임이 분명한 것이다. 이 비유의 가르침은 값없이 의롭다 하심을 받는 바울 사도의 가르침과 동일한 것이다. 다만 십자가에 대한 언급이 없다는 점만 다를 뿐이다.[50]

산상수훈에 나타나는 의 역시 하나님의 선물이다. 의에 주리고 목마른 자가 채움을 입으리라는 약속(마 5:6)은 자신의 불의함을 인식하면서도 하나님과 바른 관계를 회복하기 위하여 주리고 목마른 자들에게 주는 약속이다. "여기서 의란 유대인들이 생각하듯 공적으로 얻는 것이 아니라, 그것을 진지하게 바라는 자들에게 하나님께서 값없이 주시는 선물인 것이다."[51]

이렇게 해서 전혀 예기치 못하던 종말론적 구원의 실재가 예수님의 메시지와 사역의 여러 가지 면에서 드러나는 것을 보았다. 그 구원의 실재는 하

---

49) 예수께서 "의로운 자"와 "불의한 자"라는 유대교의 일상적인 용어를 취하셨으나, 그의 가르침은 말하자면 "위선적이며 안일하고 다른 사람들을 조롱하는 자들이 자기 자신들을 '의롭다'고 할 경우 그 '의로운 자'라는 말 뒤에 물음표를 붙이는 것이다"(G. Schrenk, *TWNT*, II, pp. 191f.; 영역본, *BKW: Righeousness* [1951], p 22).

50) G. Schrenk in *TWNT*, II, p. 219; 영역본, *BKW: Righeousness* (1951), p. 60. 또한 J. Jeremias, *The Parables of Jesus* (1954), p. 114를 보라.

51) G. Schrenk in *TWNT*, II, p. 200; 영역본, *BKW: Righeousness* (1951), p. 35.

나님 나라라는 용어 그 이외에서도 얼마든지 볼 수 있는 것이다. 예수님의 사역은 새로운 가르침이 아니라 새로운 사건을 가져왔다. 사람들을 이끌어 종말에 있을 구원을 실제로 미리 맛보도록 해준 것이다. 예수께서는 죄의 용서를 약속하신 것이 아니라, 실제로 죄의 용서를 베푸셨다. 그는 그저 사람들에게 미래의 하나님 나라의 교제를 확신시켜주신 것만이 아니라, 실제로 하나님 나라를 지고 있는 자기 자신과의 교제 속으로 사람들을 초청하셨다. 그는 그저 심판 날에 모든 것을 갚아주리라고 약속만 하신 것이 아니다. 그는 그들에게 현재의 의를 선물로 주신 것이다. 그는 종말에 육체적 악에서 구원이 있을 것이라고 가르치신 것만이 아니다. 자신이 직접 나가서 하나님 나라의 구원의 능력을 발휘하여 보이셨고, 사람들을 질병과 심지어 죽음에서 구원해 내신 것이다.

바로 이것이 새로운 구원의 시대로서의 하나님 나라의 임재의 의미이다. 하나님의 나라를 받는다는 것은, 곧 하나님의 다스림에 스스로를 굴복시킨다는 것은 곧 하나님 나라의 선물을 받아들이며 그 축복을 누리는 상태 속으로 들어가는 것을 의미하는 것이었다. 성취의 시대는 현재이다. 그러나 완성의 시기는 아직 다가올 시대 속에 남아 있는 것이다.

제 9 장

하나님 나라의 비밀

본서의 핵심적인 논지는 하나님의 나라가 하나님의 구속적인 통치로서 하나님의 다스림을 사람들 가운데 세우기 위해서 역동적으로 역사한다는 것이며, 또한 이 하나님의 나라가 이 시대의 종말에 하나의 묵시론적 사건으로서 나타날 것이면서 동시에 이미 예수님 자신과 그의 사역 — 악을 정복하고 사람들을 악의 권세에서 구원해 내며 그들을 하나님의 통치의 축복들 속으로 인도하는 — 속에서 인간 역사 속으로 임하였다는 것이다. 하나님 나라에는 두 가지 위대한 순간이 있다. 역사 속에서의 성취와 역사의 종말에서의 완성이 그것이다. 바로 이것이 하나님 나라의 비유들의 정황을 이루는 배경이 된다.

해석의 원칙들

현대의 비평적 연구는 올바른 역사적 이해를 요하는 비유들을 해석하는데 요구되는 두 가지 원칙들을 제시했다. 그 첫째는 율리허(A. Jülicher)가 제시한 것으로서 비유들을 알레고리식으로 해석해서는 안된다는 원칙이다.[1] 알레고리란 하나의 교육적인 매개물로서 사람이 만들어낸 가공적인 이야기이다. 알레고리를 만들어낸 사람이 그 이야기의 세부적인 내용까지도 다 계산에 넣고 있기 때문에, 그 하나 하나의 내용이 다 분명하고도 중요한 의미를

---

1) A. Jülicher, *Die Gleichnisreden Jesu* (1910, 2vols.).

지니도록 되어 있다. 간단한 알레고리의 예로서는 열왕기하 14:9-10에 나타나는 백향목과 가시나무의 이야기를 들 수가 있다.

이에 반해서, 비유는 도덕적이거나 종교적인 진리를 전달하기 위해서 일상 생활에서 취하여온 이야기이다. 그 이야기가 가공적으로 만들어낸 것이 아니기 때문에, 그 세부적인 내용들에 대해서 저자가 의미를 부여할 수가 없다. 그러므로 그 세부적인 내용들이 그 이야기를 통해서 전달하려는 진리에 별 중요치 않을 경우가 많다. 비유는 여러 가지 복합적인 진리들보다는 하나의 단일한 진리를 전달하기 위해서 고안된 것이다.

이 원칙은 불의한 청지기 비유에서 분명히 드러난다(눅 16:1-13). 이 이야기의 세부적인 내용들이 다 의미가 있는 것이라면, 이 비유는 정직하기 보다는 재치 있는 것을 택하라고 가르치는 것이 되고 만다. 그러나 절대로 그것을 가르치는 것은 아니다. 아흔 아홉 마리 양이나(눅 15:4), 열 개의 동전(눅 15:8) 등의 세세한 사실은 특별한 의미가 없다. 선한 사마리아인의 비유에서, 강도들이나 제사장들, 레위인들은 누구를 가리키며, 기름과 포도주는 무슨 의미가 있으며 동전 두 닢을 준 이유는 무엇이며, 예루살렘과 여리고, 그리고 여관은 무슨 뜻인가 하는 것을 묻는 것은 나귀가 무엇을 가리키는가 하는 질문과 마찬가지로 이 비유의 메시지와는 상관이 없는 것이다. 그러므로 우리는 하나님 나라의 비유들 각각에서 한 가지 핵심적인 진리를 찾아야 하는 것이다.

그러나, 비유와 알레고리를 구분하는 원칙을 너무 지나치게 적용하게 되면, 똑같이 지나친 결과를 얻을 수밖에 없다. 예레미야스가 주장하듯이, 모든 알레고리식의 이야기가 예수님에게서 나온 것이 아니라 초대 교회에서

---

2) *The Parables of Jesus* (1954), pp. 32-70. Jeremias는 여러 비유들에 알레고리가 포함되어 있으므로 이 비유들의 해석 부분들은 부차적인 것들로서 예수가 아니라 교회에 의해서 만들어진 것으로 보아야 한다는 것을 입증하려고 노력한다. 그는 교회의 모든 알레고리적인 해석의 이면으로 들어가서 예수가 의도했던 본래의 비유의 의미(현재는 잃어버린 상태에 있다)를 찾고자 한다. 그러나 교회가 알레고리를 선호하는 경향이 있었다고 하더라도 그것이 예수께서 알레고리를 전혀 사용하지 않으셨다는 것을 입증해주지는 못한다.

제9장 하나님 나라의 비밀 *267*

나온 것이라고 보아야 하겠는가?[2] 예수께서 비유들에 몇 가지 알레고리적인 내용을 함께 섞어서 말씀하셨을 것으로 보지 못할 이유가 어디 있는가? "히브리어 혹은 아람어에서 비롯된 자료를 다룰 경우에는 비유와 알레고리를 서로 엄격하게 구분하는 일이 불가능하다. 히브리어나 아람어로는 한 단어 [마샬]로 그 두 가지를 모두 지칭한다."[3]

고구엘(Goguel)의 다음과 같은 진술은 매우 옳다: "예수의 가르침은 너무도 생생하고 너무도 복합적이어서 거기에 알레고리의 요소가 전혀 없다는 원칙을 도무지 세울 수가 없으며, 또한 비유가 알레고리식으로 표현되어 있는 경우마다 그것이 후대의 전승에서 그런 식으로 바뀌어진 것이라고 주장할 수도 없다." 그러나 그의 다음과 같은 말은 너무 지나치다고 할 수밖에 없다: "씨뿌리는 자의 비유 등의 몇몇 비유들은 … 진짜로 알레고리이며 너무도 투명한 알레고리이다."[4] 씨뿌리는 자의 비유가 그 세부적인 내용에 있어서 어느 정도 알레고리적인 면이 있기는 하지만, 그렇다고 해서 그것이 진정한 알레고리라고 할 수는 없다. 그 비유는 한 가지 진리를 제시해주는 것으로서 그 세부적인 내용들은 그 진리를 강화시키는 역할을 할 뿐 그 진리가 그 세부적인 내용들에 의존하는 것이 아니기 때문이다. 밭의 숫자는 중요치 않다. 씨를 결실치 못하게 하는 여러 가지 이유들도 중요한 것이 아니다. 한 가지 핵심적인 진리는 바로 이것이다. 곧 하나님 나라의 말씀이 뿌려지는데, 어떤 경우에는 그 말씀이 열매를 맺지만 어떤 경우에는 열매를 맺지 못한다는 것이다. 뒤에 살펴보겠지만 이 진리가 예수의 생애와 사역이라는 실질적인 역사적 정황에 비추어 가장 중요한 사실이며, 네가지 밭이나 하나님 나라의 말씀이 효력을 발휘하지 못하는 여러 가지 이유들을 택하여 제시한 것은 그저 이 진리를 강화시켜주는 역할을 할 뿐이다.

현대 비평이 제시한 두 번째 해석 원칙은 비유를 교회의 삶 속에서가 아니

---

3) C. E. B. Cranfield, *The Gospel according to Saint Mark* (1959), p. 159) 또한 A. M. Hunter, "Interpreting the Parables," *Int*, XIV (1960), pp. 442-443과 M. Black, "The Parables as Allegory," *Bulletin of the John Rylands Library*, XLII (1960), pp. 273-287 등의 탁월한 논의를 보라.

4) *The Life of Jesus* (1933), p. 290.

라 예수의 사역이라는 역사적 삶의 정황 속에서 이해하여야 한다는 것이다.
이는 곧 비유들을 마치 세상에서 복음이 역사하는 일이나 교회의 미래에 대
한 예언들인 것처럼 이해하는 것은 건전한 역사적 접근법이 될 수 없는 것을
의미한다. 비유들에 대한 해석은 반드시 팔레스타인에서 이루어진 예수 자
신의 사역을 근거로 이루어져야 한다는 것이다. 그러나 이 사실을 인정한다
하더라도 우리는 예수의 사역과 말씀의 역할과 세상 속의 교회가 서로 유사
점이 있다면, 후기의 상황에도 그 비유들을 적용시키는 것이 중요하며 또한
필수적이기까지 하다는 사실을 잊어서는 안될 것이다. 그러나 여기서는 비
유들이 예수님의 사역에서 갖는 역사적 의미를 찾는데 주력하고자 한다.

　율리허의 방법론은 여기서 오점을 남기고 있다. 왜냐하면 그는 비유들 속
에서 일반적이며 보편적으로 적용할 수 있는 종교적 진리들을 찾았기 때문
이다. 최근의 학계에서는, 특히 도드의 연구 성과는 비유들의 '삶의 정황'
(Sitz im Leben)이 하나님 나라에 대한 예수의 선포에 있음을 보여준 바 있
다. 예레미야스는 이것을 비유의 해석에 새로운 시대를 여는 역사 비평의 획
기적인 발전이라고 간주했다.[5] 그러나 그는 도드의 한편으로 치우친 강조로
인하여 종말론의 모순을 초래했고 그리하여 그 미래의 내용을 완전히 없애
버리는 오류가 생겼다고 비판했다. 예레미야스는 도드의 방법론은 수용하는
한편 그의 결론들을 수정하였다. 그리하여 그는 비유들의 원시적 역사적 형
태를 발굴함으로써 비유의 본래의 메시지들을 발견하고자 한다. 예레미야스
는 "실현 과정 중에 있는 종말론"을 제시한다.[6] 예수의 사역은 종말론적인
과정을 개시했는데, 예수는 이 과정이 곧 종말론적 완성으로까지 진행될 것
으로 기대했다는 것이다.[7] 초대 교회는 이 하나의 과정을 두 가지 사건들로
나누었고, 그 와중에서 본래는 비종말론적인 의미를 가진 비유들을 파루시
아에 적용시켰다고 한다.

5) *The Parables of Jesus* (1954), p. 18.
6) Jeremias의 표현을 그대로 빌면, "sich realisierende Eschatologie"이다. *Die Gleichnisse Jesu* (1947), p. 114; *The Parables of Jesus* (1954), p. 159 등을 보라.
7) 앞의 pp. 40ff.에서 Jeremias의 견해를 요약한 것을 보라.

그러나 예레미야스는 비유들의 본래의 의미는 오직 당시의 유대인 청중들에게 그것들이 어떤 의미였느냐 하는 것을 근거로만 회복될 수 있다는 그의 주요 전제를 취함에 있어서 지나치게 나아간다. 이는 결국 비유들의 '삶의 정황'이 예수의 가르침이 아니라 유대주의에 있다고 가정하는 것이다. 이는 예수님의 독창성을 제한하는 경향이 있다. 우리는 그의 가르침이 유대교의 관념들을 초월할 가능성에 대해서 여지를 남겨두어야 한다. 그러므로 비유들의 합당한 '삶의 정황'은 유대교에 있는 것이 아니라 예수님의 가르침 전체에 있는 것이다.

하나님 나라의 비밀

현재의 형태의 비유들은 예레미야스가 주장하듯이 급진적으로 변형되었다고 가정하지 않고서도 예수님 당시의 정황을 근거로 역사적으로 해석할 수가 있다. 비유의 역사적 '삶의 정황'은 "비밀"이라는 한 단어로 정리할 수 있다. 마가복음은 하나님 나라의 비유들의 메시지를 예수께서 제자들에게 하신 다음과 같은 말씀을 보도함으로써 요약하고 있다: "하나님 나라의 비밀을 너희에게는 주었으나 외인에게는 모든 것을 비밀로 하나니 이는 저희로 보기는 보아도 알지 못하며 듣기는 들어도 깨닫지 못하게 하여 돌이켜 죄 사함을 얻지 못하게 하려 함이니라"(막 4:11-12).[8] 하나님 나라의 비밀은 곧 그 나라가 묵시적으로 실현되기에 앞서서 미리 역사 속으로 임하였다는 사실이다. 간단히 말해서, "완성에 이르지 않은 성취"(fulfillment without consummation)가 바로 하나님 나라의 비밀인 것이다. 이것이야말로 마가복음 4장과 마태복음 13장의 여러 비유들이 가르치는 한 가지 진리인 것이다.

이 결론은 자명한 것이 아니며, 뮈스테리온("비밀")의 의미가 무엇인지에 대

---

8) 마 13:11과 눅 8:10은 하나님 나라의 "비밀"에 대해서 말씀한다. 마가복음의 단어 사용은 하나의 단일한 진리를 시사하며, 다른 복음서들은 한 가지 진리가 여러 가지 면 속에 구체화되어 있다는 것을 시사한다. 참조. O. Piper, *Int*, I (1947), pp. 183-200.

해 비평적인 논의를 거치고 또한 이 용어에 비추어서 비유들을 분석함으로써만 성립될 수 있을 것이다. 몇몇 현대의 주석가들은 여기에 헬라주의적 신비 종교들의 직접적인 영향이 미친 것으로 보았다. 즉, 마가복음이 이야기하는 그 비밀이란 외부인에게는 철저히 가려져 있고 오직 입교인만이 지닐 수 있는 은밀한 종교적 진리를 가리킨다고 보는 것이다.[9] 그러나 이제 살펴보겠지만, 이러한 비밀에 대한 사상은 구약과 예수님 당시의 유대교에 뿌리를 둔 것이다. 크랜필드(C. E. B. Cranfield)가 진술한 바와 같이, "성경 속에 아주 친숙하게 나타나는 어떤 것을 설명하느라 마치 야생 거위를 잡듯이 신비 종교의 영향을 이리저리 찾아 다닌다는 것은 참으로 괴상한 짓이다."[10]

다른 이들은 여기의 비밀이 예수께서 하나님과 그의 나라에 대해서 가르치셨던 진리들을 그저 일반적으로 가리킨다고 이해한다. 비밀이란 곧 자연과 자의식이 있는 존재들의 세계에 대한 하나님의 거룩한 목적이 이루어져 가는 것이라는 것이다.

그 동기는 사랑이며 그 수단은 섬김이며 그 목적은 하나님의 뜻이 하늘에서 이룬 것 같이 땅에서도 이루어지는 그런 상태를 이루는 것이다. 자연에 대한 하나님의 주권은 초자연적인 권능으로 어떤 크나큰 격변을 일으킴으로써 드러나는 것이 아니라 가장 비천한 것들까지도 포함해서 하나님의 모든 피조물들을 항상 보살피는데서 드러난다. 인간 생활의 경우에도 그것은 수많은 천사들이 휩쓸고 다니면서 악의 세력을 무찌르는데서가 아니라 하나님의 주권의 능력을 받아들이는 자들에게서 악을 선으로 극복하는 놀라운 능력이 실현되는데서 드러난다. 이 능력을 경험하는 자들은 누구나 이 능력을 인정하며 그것이야말로 세상에서 가장 강력한 것이며 또한 그것이 결국은 승리를 거둘 것으로 생각한다. 바꾸어 말하면, 우주의 보

---

9) 특히 참조. B. H. Branscomb, *The Gospel of Mark* (1937), pp. 78-79: "이 관념은 헬라의 종교 세계의 관념과 그대로 일치하기 때문에 그 영향이 이 말씀을 형성하는데 작용했다는 것은 부인하기가 거의 어렵다." A. E. J. Rawlinson, *St. Mark* (1925), p. 48; C. Guignebert, *Jesus* (1935), p. 256; S. E. Johnson, *IB*, VII, p. 410; F. C. Grant, *IB*, VII, pp. 699f. 등이 이 설명을 지지하는 것으로 보인다.

10) C. E. B. Cranfield, "St. Mark 4:1-34," *SJTh*, V (1952), p. 53.

좌가 아버지의 사랑 위에 세워진 것이다. 이것이 아마도 "하나님 나라의 비밀"을 이해하는 실마리가 될 것이다.[11]

이 해석은 대체로 진리를 내포하고 있기는 하지만 뮈스테리온의 성경적인 의의와 계시적인 의의를 올바로 고려하지 못하고 있으며 아울러 하나님 나라의 비밀이 구속사 속에서 갖는 독특한 역사적 정황을 제대로 염두에 두지를 못하는 것이다. 사건으로서의 하나님의 나라를 적절히 인식하지 못하는 것이다.

뮈스테리온은 구약 성경 다니엘서에서 언급되지만, 하나님이 사람들에게 그의 비밀들을 알려주신다는 관념은 구약에서 아주 친숙하게 접하는 개념이다.[12] 그리고 뮈스테리온이라는 단어의 신약적인 용례의 배경은 다니엘서에서 찾을 수가 있다. 하나님은 왕에게 꿈을 보게 해주셨는데, 그 꿈은 그에게는 전혀 무의미한 것이었고 그 의미도 깨달을 수가 없었다. 오직 하나님의 영감을 받은 종 다니엘에게 환상을 통하여 주어진 계시를 통해서만 그 꿈의 의미를 알 수가 있었던 것이다. 그 꿈은 하나님의 종말론적 목적에 대한 비밀에 관한 것이었다.[13]

비밀이라는 개념(라즈)은 또한 쿰란 문헌에도 나타난다. 의의 교사에게 "하나님이 그의 종 선지자들의 말씀의 모든 비밀들을 알려 주셨다"고 한다.[14] 이는 하나님이 의의 교사에게 특별히 조명해주셔서 선지자들의 예언들의 가리워진 참된 의미를 알게 해주셨음을 의미한다. 이 비밀들은 쿰란 공동체가 종

---

11) T. W. Manson, *The Teachings of Jesus* (1935), p. 170. 또한 G. Duncan, *Jesus, Son of Man* (1949), pp. 214, 217; W. Manson, *The Gospel of Luke* (1930), pp. 89-91 등을 보라.

12) 참조. C. E. B. Cranfield, *The Gospel according to Saint Mark* (1959), p. 152; R. N. Flew, *Jesus and His Church* (1943), pp. 63f.; R. E. Brown, *CBQ*, XX (1958), pp. 417-443.

13) G. Bornkamm, *TWNT*, IV, p. 821.

14) 하박국서 주해 7:1-5. 이 구절들은 E. Vogt, *Biblica*, XXXVII (1956), pp. 247-257 에 수집되어 있다. 또한 R. E. Brown, *CBQ*, XX (1958), pp. 417-443; Helmer Ringgren, *The Faith of Qumran* (1963), pp. 60-67 등을 보라.

말의 때에 일어날 것으로 기대했던 여러 사건들에 관한 것이며[15] 또한 하나님의 "신적이며 오묘하고도 변경되지 않는" 결정들에 관한 것이다.[16]

구약 성경과 유대교 문헌에 비밀이라는 관념의 배경이 잘 나타나고 있다. 비밀이라는 용어가 신약에 와서 새롭게 사용되고 있기는 하지만,[17] 그 용어는 전혀 새로운 것이 아니라 다만 다니엘서에 나타난 그 관념을 더 한층 발전시킨 것뿐이다. 바울은 "비밀들"을 오랜 세월 동안 사람들에게 감추어졌으나 결국 모든 사람들에게 드러날 계시된 비밀들과 하나님의 목적들로 이해했다(롬 16:25-26). 비밀이란 오직 입교한 사람들에게만 선포되는 어떤 은밀한 것이 아니다. 비밀이란 "인간의 이성이나 신적인 수준 이하의 모든 이해력으로도 알 수 없도록 감추어진 하나님의 은밀한 생각, 계획, 그리고 경륜들을 가리키며, 따라서 이것들은 관련된 자들에게 계시되어야 하는 것이다."[18] 그러나, 그 비밀은 오로지 믿는 자들만이 이해할 수 있지만, 그럼에도 불구하고 그것은 모든 사람들에게 선포된다. 모든 사람들에게 믿음을 촉구하지만, 거기에 응답하는 자들만이 진정으로 그 비밀을 이해하게 되는 것이다.

비밀을 이렇게 해석하게 되면 본서에서 지지하는 하나님 나라에 대한 견해가 더욱 강화된다. 하나님이 그의 나라를 임하게 하실 목적을 갖고 계시다는 사실 그 자체는 비밀이 아니다. 실질적으로 유대교 묵시문학은 하나하나

---

15) F. F. Bruce, *Biblical Exegesis in the Qumran Texts* (1959), pp. 16, 66f.

16) J. Licht, *Israel Exploration Journal*, VI (1956), pp. 7–8.

17) J. Armitage Robinson, *St. Paul's Epistle to the Ephesians* (1904), p. 240.

18) W. F. Arndt and F. W. Gingrich, *A Greek-English Lexicon* (1957), p. 532. "비밀"에 대한 이러한 기본적인 이해는 다음의 학자들에게서도 볼 수 있다. B. S. Easton, *The Gospel according to St. Luke* (1926), p. 112; R. N. Flew, *Jesus and His Church* (1943), pp. 62ff.; C. E. B. Cranfield, *SJTh*, V (1952), pp. 51ff.; *The Gospel according to Saint Mark* (1959), p. 255; C. Masson, *Les Parables de Marc IV* (1945), pp. 21–23; J. Schniewind, *Das Evangelium nach Markus* (1952), pp. 75f.; Mundle, *RGG* (2nd ed.), IV, col. 1820; O. Piper, *Int* (1947), p. 187; G. Bornkamm, *TWNT*, IV, pp. 823–825; C. F. D. Moule, *The Epistles to the Colossians and to Philemon* (1957), pp. 80ff.

가 다 이런저런 형식으로 그런 기대를 반영하고 있다. 바이스와 슈바이처의 철저 종말론을 따르는 자들은 바로 이 사실을 올바로 대하지 못했다.[19] 하나님의 나라가 묵시론적인 권능으로 임하리라는 것은 절대로 비밀이 아니었다. 유대교의 정통 신학에서도 그것을 확인했다. 비밀이란 하나님 나라를 세우고자 하시는 하나님의 목적이 새로이 드러난 것을 가리킨다. 그 새로운 진리가 이제 예수라는 분과 그의 사역 속에서 계시로 사람들에게 주어지는데, 그 진리는 곧 다니엘서에서 예견한 대로 장차 묵시론적 권능 가운데서 임하게 될 하나님의 나라가 사실상 감추어진 형태로 미리 세상에 들어와서 사람들 사이에서 또 그들 안에서 은밀하게 역사하고 있다는 것이다.[20]

이것이야말로 비밀이며 새로운 계시이다. 하나님의 나라가 예수께서 선포하신 방식대로 감추어진 은밀한 형태로 임하여 사람들 가운데 조용히 역사하고 있다는 것은 예수님 당시의 사람들에게는 전혀 새로운 것이었다. 구약성경은 그런 약속을 한 일이 없다. 하나님 나라의 강림은 하나님의 권능이

---

19) A. Schweitzer는 비밀이 그런 미미한 시작에서 어떻게 그런 큰 수확이 거두어지는가 하는데 있다고 생각한다(*The Mystery of the Kingdom of God* [1913], pp. 108f.). P. C. Burkit은 비밀이 그 종말론적 나라가 임하는 것이 예상과 달리 지연되는 것에 있는 것으로 해석한다(*Jesus Christ* [1932], p. 29). W. C. Allen은 하나님 나라의 진리와 그 나라가 가까이 와 있다는 진리가 바로 비밀이며 이는 오로지 제자들만이 알고 있었다고 이해한다(*The Gospel according to St. Matthew* [1913], p. 144). Klostermann은 이 비밀에 대한 내용이 초기 기독교 논쟁의 일부라고 해명한다(*Das Markusevangelium* [1926], p. 47). 그리고 J. Weiss는 이 비밀의 관념이 복음서 기자에게서 나온 것으로 보며 현대의 해석자는 이 관념에 얽매여서는 안된다고 주장한다(*Die Schriften des Neuen Testament* [2nd ed.; 1929], p. 112).

20) Flew, Cranfield, Masson, Schniewind, Mundle, Piper, Bornkamm(앞의 각주 18을 보라), W. Manson(*Jesus, the Messiah* [1946], p. 60) 등이 원칙적으로 이 견해를 지지한다. N. A. Dahl(*StTh*, V [1952], pp. 156ff.)은 비유들 속에서 이 진리를 발견하면서도 마가복음 4:11의 타당성은 인정하지 않는다. Edwyn Hoskyns와 Noel Davey(*The Riddle of the New Testament* [1949], p. 134)는 그것을 "지금은 감추어져 있으나 미래에는 드러날 그 무엇"이라고 표현한다. J. Jeremias(*The Parables of Jesus* [1954], p. 13)는 "구체적인 한 계시, 즉, 그 현재적 침입에 대한 인식"이라고 말한다.

놀랍게 나타남으로써 이루어지며 그리하여 땅의 불경건한 나라들이 깨어지고 종말을 맞게 될 것이라고 한다(단 2:44). 이 나라들은 하나님의 나라로 말미암아 깨뜨러지고 하나님의 나라가 온 땅을 가득 채우게 될 것이다(단 2:35). 이것이 유대인들이 기대했던 하나님의 나라였다. 곧, 하나님의 주권이 드러나서 로마 제국의 세력을 꺾고 이방인들을 쓸어 없애며 이 땅의 불의와 악을 씻어버리고 하나님의 백성 이스라엘을 이 땅의 열국 위에 드높이는 역사가 일어날 것으로 기대한 것이다(3장을 보라). 세례 요한과 예수님의 "하나님의 나라가 가까웠느니라"라는 선언으로 백성들의 마음 속에 일어난 것도 바로 이러한 기대였다. 요한복음 6:15의 사건은 백성들이 메시야적인 왕을 원했음을 보여준다. 예수께서 자신이 메시야 곧 여호와의 기름부은 자요 정치적인 강력한 나라를 세우는 목적을 가진 그런 분이심을 공적으로 선포했다면 그 지방의 모든 사람들이 그를 뒤좇아서 로마를 대적하고 가이사의 통치를 전복시키고 하나님의 나라를 세우기 위한 반역의 대열에 가담할 자세가 되어 있었을 것이다.

이 해석은 복음서에 너무도 분명히 나타나는 종말론적 요소를 합당하게 고려한다는 장점이 있다. 하나님 나라의 현재적인 면은 종말론적인 면을 대체시키는 것도 그것을 재해석하는 것도 아니다. 오히려 현재적인 면은 종말론적인 면을 보충시켜주는 것이다. 역사의 종말에 묵시론적인 영광 가운데서 그의 나라를 드러내실 하나님이 이제 예수 안에서 동일한 왕적 권세를 시행하셔서 그의 구속의 목적들을 역사 속에서 이루어 가시는 것이다.

이리하여 하나님의 나라가 역사 속에 임한다는 사실이 구약의 기대의 진정한 성취가 되는 것이다. 여러 선지자들과 의인들은 이제 드러난 하나님 나라의 이러한 비밀을 보기를 바랐으나 실제로 경험하지 못했다(마 10:17). 그런데 그들이 보기를 바랐던 그 나라의 강림이 이제 현재의 경험이 된 것이다.[21]

---

21) 누가복음은 이 동일한 말씀을 다른 문맥 속에서 보도하지만 동일한 진리, 곧 하나님이 칠십인의 전도와 하나님 나라의 권능의 사실 속에서(눅 10:17) 하나님 나라가 가까이 임하였다는 사실을 영적인 감수성을 소유한 자들에게 알리셨다는 것을 그대로 인정한다(10:9). 이는 예수님에게 집중되는 사실이기도 하다. 마태복음과 누가복음이 이 말씀을

이러한 점은 비유 형식의 가르침에서 가장 강하게 나타나는 요소들 가운데 한 가지를 제기한다. 과연 예수께서 자신이 전달하고자 하신 진리를 감추기 위해서 비유들을 사용하실 수가 있었겠는가(막 4:12)? 아니면 예수께서 비유의 방법을 사용하신 것이 청중들의 영적인 우매함 때문이었는가(마 13:13)? 두 복음서의 말이 서로 다른 것은 예수께서 사용하신 아람어 용어를 상이하게 이해했기 때문일 수도 있고, 아니면 마가복음에 나타나는 구문(이는 보통 목적을 의미하는 것으로 사용된다)이 여기서는 목적보다는 원인을 지칭하는 것일 수도 있을 것이다.[22] 어떤 경우든간에 최종적인 결과는 본질적으로 동일하다. 만일 예수께서 그의 청중들 가운데 많은 사람들이 영적으로 우매한 상태에 있기 때문에 비유를 자주 사용했다면, 비유 형식의 가르침은 그들에게서 예수의 가르침의 의미를 더 완전하게 가리워주는 목적을 이루어주었을 것이다. 근본적인 사실은 변하지 않는다.

현대의 많은 주석가들은 이런 관념이 예수께는 전혀 맞지 않는 무가치한 것이라고 보고 그것을 거부한다.[23] 그러나, 이것은 새삼스런 생각이 아니다. 마가복음 4:12은 이사야 6장 이상을 말씀하는 것이 아니다. 하나님의 말씀이 사람들로 하여금 강제로 결단을 내리도록 하며, 동일한 말씀이 생명을 창조하고 죽음을 부과하며, 또한 그것이 사람들을 회심하게도 하며 완고하게도 한다(참조. 사 28:13; 렘 23:29). 동일한 진리가 신약에서도 반복되어 나타난다. 말씀이 구원과 멸망을 모두 가져다 주는 것이다(히 4:12; 벧전 2:8; 행 5:3; 요 12:40; 행 28:26). 이 관념은 로마서 9-11장에 나타나는 택함에 대한 바울의 논의에만 제한되는 것이 절대로 아니다. 이러한 예수님의 가르침에서 선지자들과 사도들의 가르침과 동일 선상에 서 있는 것이다.[24]

다른 문맥 속에서 보도했든지, 아니면 예수께서 여러 상황 속에서 그 말씀을 거듭 말씀하셨든지, 이 말씀은 하나님 나라의 비밀과 사탄의 패망의 의의를 해석해주고 있다(눅 10:17). 이 두가지는 동일한 한가지 사실의 두가지 면인 것이다.

22) 참조. V. Taylor, *The Gospel accoridng to St. Mark* (1952), p. 257.

23) "[씨뿌리는 자의] 비유를 어떤 식으로 해석하든 이것은 한마디로 어리석은 것이다"(T. W. Manson, *The Teaching of Jesus* [1935], p. 76).

24) 참조. J. Schniewind, *Das Evangelium nach Markus* (1952), p. 76. 또한 C. E.

오직 영적으로 응답하는 자들만 계시를 깨달을 수 있다는 관념은 이 말씀에만 국한되는 것이 아니다. 이를 보여주는 고전적인 구절은 마태복음 11:25ff.(= 눅 10:21f.)이다. 이 말씀의 정황이 마태복음과 누가복음이 서로 다르기는 하지만 신학적 맥락은 동일하다. 마태복음에서는 그 정황이 요한의 제자들이 예수를 방문하여 예수께서 과연 오실 자이신지를 묻는 것으로 나타난다. 예수님의 답변은 요한의 시대 이후 하나님의 나라가 사람들 가운데서 역사하였으나 그 역사하는 방식은 전혀 분명치 않은 그런 방식이었다 (pp.474ff., 477ff.를 보라). 하나님은 이 진리들을 "지혜 있는 자와 명철한 자들", 즉 당시 종교적 지도자들이요 권세자들이던 사람들에게서 가리우셨고 어린 아이들, 즉 종교적 지혜나 지각력이 없는 것으로 보통 인정되는 자들, 곧 서기관들과 바리새인의 부류에 들지 못하는 자들 가운데서 예수님의 메시지에 응답했던 자들에게는 알리셨다.

현재의 하나님 나라에 대한 이러한 진리는 — 이는 아버지에 대한 친밀한 지식을 내포하는데 — 예수님 자신을 통해서 전달되었다. 그러나 이 하나님의 나라가 "지혜 있는 자와 명철한 자들"에게서 가리워져 있어서 어떤 제한성이 분명히 있지만, 그러나 그 나라의 성격이 은밀한 것은 아니다. 왜냐하면 예수께서는 자신의 멍에를 지우고자 모든 사람을 공개적으로 부르셨기 때문이다.

우리는 "하나님 나라의 비밀"이 하나님 나라에 대한 예수님의 가르침에 나타나는 독특한 요소를 이해하는 열쇠가 된다고 결론지을 수 있을 것이다. 그는 하나님의 나라가 가까웠다고 선언하셨다. 사실상 그는 그 나라가 실제로 사람들에게 임하여 있음을 확증하셨다(마 12:28). 예수의 말씀과 그의 메시야적 사역 속에 그 나라가 임재하고 있었다. 그 나라는 그의 인격 속에 임재하고 있었고, 그 나라는 메시야적 구원으로서 임재하고 있었다. 이것은 구약의 기대의 성취였다. 그러나 그럼에도 불구하고 하나님 나라의 강림과 임재는 자명한 것이 아니었고, 명백하게 해명되는 것도 아니었다. 오직 계시를 통해서만 이해할 수 있는 그런 면이 거기에 있었던 것이다.[25]

B. Cranfield, *The Gospel according to Saint Mark* (1959), pp. 157f.을 보라.

이는 곧 하나님 나라의 임재가 구약의 기대의 성취였지만, 선지자들에게

25) 이 배경을 토대로 해서 누가복음 17:20의 난해한 말씀을 이해할 수 있다. 하나님 나라가
임하는 일에 대한 바리새인들의 질문은 예수 자신과 그의 사역 속에 하나님 나라가 임재
한다는 사실을 그들이 거부했다는 것을 보여준다. 그들이 인정할 수 있는 하나님 나라의
유일한 증거는 그 나라가 권능으로 임하여 악을 멸하고 이스라엘이 하나님의 백성임을
확실히 증거하는 것이었다. 이러한 질문에 대해 예수께서는 하나님 나라가 이미 그들 가
운데 전혀 기대하지 못하는 형태로 있다고 대답하였다. 그 나라가 임하여 있으나 바리새
인들이 기대하던 표증이나 외적인 현상이 뒤따르지 않았다. 그러나 그들로서는 그런 것
이 없이는 도무지 만족할 수가 없었던 것이다. 물론 서로 강조점은 약간씩 다르지만 다
음의 학자들은 이 말씀에 나타난 하나님 나라의 임재를 인정한다. W. G. Kümmel,
Promise and Fulfilment (1957), p. 33; R. Otto, *The Kingdom of God and
the Son of Man* (1943), pp. 131-137; G. Bornkamm, *Jesus of Nazareth*
(1960), p. 68; R. Schnackenburg, *Gottes Herrschaft und Reich* (1959), pp.
92-94; D. Bosch, *Die Heidenmission in der Zukunftsschau Jesu* (1959), p.
66; Bent Noack, *Das Gottesreich bei Lukas: Eine Studie zu Luk. 17, 20-24*
(1948), pp. 44ff. (Noack은 이 말씀의 해석사도 다룬다). 하나님의 나라가 묵시론적
원능으로 임하는 일은 미래에 일어날 것이지만(눅 17:24) 그 일이 있기 전에 하나님의
나라가 고난을 당하고 죽어야 할 한 사람 속에 임재해 있는 것이다(눅 17:25). 다른 해석
들로는 다음과 같은 것들이 있다. "하나님 나라의 표증들은 현재에 임재해 있으나 그 나
라 자체는 아니다": M. Dibelius, *Jesus* (1949), pp.74ff.; R. H. Fuller, *Mission*,
pp. 28ff; H. Conzelmann, *The Theology of St. Luke* (1960), pp. 120ff. "하나
님의 나라가 너희 속에 — 너희 마음 속에 — 있다": Adolf von Harnack, *What is
Christianity* (1901), p. 66; C. H. Dodd, *The Parables of the Kingdom* (1936),
p. 84, n. 1; L. H. Marshall, *The Challenge of New Testament Ethics* (1947),
pp. 26ff. "그 (묵시론적) 하나님 나라는 마치 번개가 치듯 갑자기 임할 것이다": W.
Michaelis, *Täufer, Jesus, Urgemeinde* (1928), p. 79; R. Bultmann, *Jesus and
the Word* (1934), p. 40; E. Dinkler, *The Idea of History in the Ancient Near
East* (R. C. Dentan, ed.; 1955), p. 176. "그 (묵시론적) 하나님 나라는 그 강림에 대
해서 계획을 세울 수 있는 그런 방식으로 임하지 않는다": T. W. Manson, *The
Sayings of Jesus* (1949), p. 304) "그 (묵시론적) 하나님 나라가 임하면, 그것이 우리
가운데 있으며 또한 지평선 전체를 가득 채울 것이다": H. Ridderbos, *The Coming
of the Kingdom* (1962), p. 475. "하나님의 나라가 너희의 접근 범위 내에 있다": C.
H. Roberts, *HTR*, XLI (1948), pp. 1-8; A. R. C. Leaney, *The Gospel
according to St. Luke* (1948), p. 330.

서 예상할 수 있는 그런 것과는 성격이 다른 성취였다. 이 시대의 종말이 와서 하나님의 나라가 영광의 권능을 입고서 임하기 전에, 그 종말론적 나라의 권능들이 인간 역사 속으로 들어와서 사탄의 나라를 무너뜨리고 사람들 가운데 하나님의 구속적 통치의 역동적 권능이 역사하도록 하는 것이 하나님의 목적이었다. 하나님의 나라의 이러한 새로운 실현이 인간 역사에서 일어나고 있었고, 또한 한 사람 예수 그리스도에게 집중되고 있었다. 그러나, 그것은 순전히 역사적 현상만은 아니었다. 왜냐하면 그것은 사탄을 패망시키고 사람들에게 하나님 나라의 축복들을 베풀어주는 등 영적인 영역에서도 일어나고 있었기 때문이다. 그러므로 이러한 하나님 나라의 역사(役事)는 오직 계시를 통해서만 인지될 수가 있다. 그것은 분명한 응답을 요하는 것이다. 하나님 나라의 활동이 객관적 사실로 인지되는 반면에, 사람들의 인식에는 개인적 참여가 필요하다.

이제 우리는 하나님 나라의 비밀을 보여주는 비유들로 돌아가 그것들을 직접 논의하고자 한다. 여기서 우리는 다른 견해들을 길게 논의할 수는 없고 주로 우리의 해석을 논의하는 것으로 만족해야 할 것이다. 마태복음 13장에 나타나는 비유들을 논의할 것이다. 내적 증거를 통해서 분명히 드러나듯이 이 장이 복음서의 저자가 기록한 것이 분명하며 또한 거기에 부차적인 요소들이 포함되어 있기도 하지만, 우리는 이 비유들이 예수님의 사역의 실제적인 상황과 하나님 나라에 관한 그의 메시지를 그대로 보여준다고 믿는다.

네 가지 밭

밭에 관한 비유[26]에는 알레고리적 요소가 개재되어 있다. 그러나 그런 이유로 이 비유나 비유에 대한 해석의 전반적인 순수성을 거부할 수는 없을 것이다. 예수께서 알레고리적 성격을 띤 비유들을 말씀하지 못하셨으리라고 가정할 만한 근거가 없다.[27] 그러나 이것은 진정한 알레고리는 아니다. 왜냐

---

26) 마가복음 4장의 스스로 자라는 씨의 비유에 대해서는 앞의 pp. 229ff.를 보라.

하면 상세한 내용들이 이 비유의 중심적인 가르침에 보조적인 성격을 띠기 때문이다. 네 종류의 밭이 있는데 그 중에 한 가지만이 열매를 맺는다. 만일 밭의 종류가 두 가지 뿐이었다 해도 이 비유의 메시지에 전혀 영향을 주지 않았을 것이고, 밭의 종류가 세 가지 또는 여섯 가지였다 해도 결과는 마찬가지였을 것이다. 또한 만일 열매를 맺지 못한 세 가지 밭이 이 비유에 나타난 것과는 전혀 다른 이유로 열매를 맺지 못했다 하더라도 메시지 자체는 전혀 변화가 없다. 씨앗이 갑자기 비가 내려 씻겨 내려갔다고 할 수도 있다. 지나가는 사람이 부주의하여 자라나는 싹을 밟아버렸다고 할 수도 있다. 씨를 짐승들이 먹어치웠다고 할 수도 있다. 그런 세부 사항은, 하나님의 나라가 이 세상에 임하였는데 어떤 이들은 그것을 받아들이고 어떤 이들은 그것을 거부한다는 이 비유의 중심 메시지에 전혀 영향을 주지 못한다. 현재의 하나님 나라는 부분적으로만 성공을 거둘뿐이며, 이런 성공은 인간이 받아들이느냐의 여부에 달려 있는 것이다.

과거의 해석자들이 생각했듯이 이 비유가 교회 시대에 복음이 세상에 전파되는 상황에 적용될 수 있기도 하지만,[28] 그러나 이것은 역사적인 의미가 아니다. 이 비유의 '삶의 정황'은 하나님의 나라가 사람들 가운데 이미 임하였다는 예수님의 선언에 있다. 유대인들은 하나님 나라의 강림이 사람이 도무지 견디지 못하는 그 크신 하나님의 권능이 시행되는 것을 의미하는 것으로 생각했다. 하나님의 나라는 불경건한 나라들을 깨뜨려 버릴 것이다(단 2:44). 악한 통치자들의 지배가 궤멸되고 하나님의 나라가 지극히 높으신 자의 성도들에게 주어지며 모든 열방들이 그들을 섬기며 순종할 것이다(단 7:27). 구약에서 약속한 바가 예수님 당시 묵시론적 기대 속에 아주 상세히 구체화되어 있었는데, 그것과는 달리 예수께서는 하나님의 나라가 과연 사람들에게 임하였으나 악을 멸하고자 하는 목적으로 임한 것은 아니라고 말

---

27) 이 비유의 순수성에 대한 상세한 연구에 대해서는 C. E. B. Cranfield, *SJTh*, IV (1951), pp. 405-412를 보라.

28) Trench, A. B. Bruce, M. Dods 등의 표준적인 연구들을 보라. 또한 A. Plummer, *The Gospel according to St. Mark* (1914), p. 125; N. Geldenhuys, *Commentary on the Gospel of Luke* (1950), pp. 244f.를 보라.

씀하셨다. 하나님의 나라가 강림했으나 도저히 항거할 수 없는 엄청난 능력
이 묵시론적으로 나타나지 않는다. 오히려 현재 역사하는 하나님의 나라는
마치 농부가 씨를 뿌리는 것과 같다. 악인을 쓸어버리는 것이 아니다. 사실
상, 하나님의 나라가 전파되는 그 말씀은 마치 길가에 뿌려진 씨와 같아서
전혀 뿌리를 내리지 못할 수도 있다. 아니면 그저 얇게 뿌리를 내리다가 곧
죽을 수도 있고 하나님 나라를 대적하는 이 시대의 염려로 인하여 말라버릴
수도 있다.

하나님의 나라는 조용히 은밀하게 사람들 가운데서 역사하고 있다. 그 나
라는 사람들에게 강요하지 않는다. 자원하여 그 나라를 받아들여야만 하는
것이다. 그러나 하나님 나라의 말씀 — 이는 실제로 하나님 나라 자체와 동
일한 것이다[29] — 을 받아들이는 곳에서는 어디든지 많은 열매를 맺게 된다.
비유 자체에서나 그 해석 부분에서 수확은 강조하지 않는다. 여기서 강조하
는 유일한 내용은 씨뿌림의 본질이다. 곧 하나님 나라의 현재의 활동을 강조
하는 것이다.

가라지

가라지의 비유는 하나님 나라의 비밀을 더 한층 드러내 보여준다. 곧, 하
나님 나라가 이 세상에서 감추어진 상태로 또한 전혀 기대하지 못하는 그런
상태로 임재하고 있다는 사실을 보여준다. 먼저 우리는 이 비유의 여러 가지
상세한 내용들이 해석에 있어서는 아무런 의미도 갖지 않는다는 사실을 기
억해야 한다. 종들이 누구냐 하는 것은 전혀 아무런 의미도 없다. 원수가 가
라지를 뿌린 후에 가버렸다는 사실도 중요치 않다. 가라지를 여러 단으로 묶
는다는 것도 그 당시 팔레스타인에서 보통 그렇게 했기 때문에 언급된 것이
지 그 이상의 특별한 의미는 없다. 또한 종들이 잠을 잔다는 것도 그들이 임
무에 태만했다는 것을 뜻하는 것이 아니다. 하루 종일 열심히 일한 종들이

---

29) 예수의 말씀 속에 하나님 나라가 임재해 있다는 것에 대해서는 pp.202ff.를 보라.

일이 끝난 후에 하는 일이란 잠자는 것밖에는 없다. 뿐만 아니라 알곡을 모으기 전에 가라지부터 모아들였다는 사실에 대해서도 아무런 의미를 부여해서는 안된다.

과거의 개신교 학계에서 주류를 이루었던 해석은 하나님의 나라를 교회와 동일한 것으로 보는 것이었다. 이 비유를 하나님의 나라 곧 교회 안에 존재하게 될 상황을 묘사하는 것으로 본 것이다. 인자가 오실 때에 그는 그의 나라에서 모든 범죄와 모든 행악자들을 솎아내실 것이다(마 13:41). 이 비유는 교회 안에 선인들과 악인이 동시에 공존하고 있다는 것과, 하나님의 나라가 최종적 완성의 때가 되기 전에 세상에서 교회로서 존재한다는 것을 보여준다.[30]

그러나 다른 해석들은 하나님의 나라 곧 교회를 지칭하는 것은 이 비유의 해석 부분에서는 나타나지만 이 비유 자체에는 나타나지 않는다고 본다. 이 해석을 지지하는 자들은 이 비유의 해석 부분이 예수의 사역 당시에 존재한 상황을 반영하지 않고 초기 교회의 실제적인 생활을 반영한다고 보고서 이 비유의 해석 부분의 순수성을 거부하고 그것을 초기 기독교 공동체에서 나온 것으로 취급한다. 그 때에 가서야 하나님의 나라가 교회와 동일한 것으로 보게 되었다는 것이다.[31] 그러나, 예수께서 과연 그의 부활과 승천 이후에 되어질 일들을 예견할 수 있었으며, 또한 그렇게 예견했느냐 하는 문제를 떠나서도, 이 비유의 해석 부분을 후대에 덧붙여진 것으로 보고 그것을 받아들이

30) 참조. N. B. Stonehouse, *The Witness of Matthew and Mark to Christ* (1944), p. 238. B. F. C. Atkinson, *The New Bible Commentary* (F. Davidson, et al., eds.; 1953), p. 790; T. Zahn, *Das Evangelium des Matthaus* (1922), pp. 493ff.와 및 A. B. Bruce, R. C. Trench, S. Goguel, H. B. Swete 등의 비유에 대한 연구들에서도 이와 유사한 견해를 볼 수 있다.

31) 참조. A. E. Barnett, *Understanding the Parables of Our Lord* (1940), pp. 49; S. E. Johnson, *IB*, VII, pp. 415, 418; E. Klostermann, *Das Matthäusevangelium* (1927), p. 123; C. G. Montefiore, *The Synoptic Gospels* (1927), II, p. 209. 또한 C. H. Dodd, *The Parables of the Kingdom* (1936), pp. 183f.; B. T. D. Smith, *The Parables of the Synoptic Gospels* (1937), pp. 199f. 등을 보라.

지 않는 태도는 설득력이 없다. 왜냐하면 그것이 예수의 제자들에게 직접 적
용되었던 하나님 나라에 관한 "공개된 비밀들"을 가리키는 것으로 볼 수도
있기 때문이다.

또 널리 받아들여지는 다른 견해는 액면 그대로 보면 옳은 것처럼 보이지
만 그 견해를 표현하는 통상적인 형식이 전혀 무미건조하며 그 역사적 상황
에 전혀 맞지 않는다는 약점이 있다. 이 비유가 가르치는 주요 요점은 선인
과 악이 이 세상에서 (교회 안이 아니라) 동시에 자라게 되어 있으며 이 시대
의 종말에 가서야 비로소 그들을 분리시키는 일이 일어날 것이라는 것이다.
종말론적 완성 이전에 그런 분리의 역사를 이루기 위해서 사회 자체의 뿌리
가 완전히 뽑히게 될 것이다.[32] 그러나 이것은 명백한 사실을 그저 확인하는
것에 불과하다. 하나님이 심판 날에 최종적으로 분리하시기까지 의인과 악
인이 이 세상에 함께 존재한다는 것을 구태여 유대인들에게 이야기할 필요
가 어디에 있었겠는가? 분명히 말해서, 바리새인들과 쿰란 공동체는 분리의
원칙을 근거로 하나의 배타적이며 거룩한 종교적 사회를 건설하려고 했다.
그러나 그렇다고 해서 암 하 아레츠('그 땅의 사람들'이라는 히브리어로 일반 백성
들을 의미한다 — 역주)의 뿌리를 완전히 뽑아내려 한 것은 아니었고 다만 그들
에게서 멀리 떠나 있으려고 했을 뿐이다. 쿰란 공동체는 "어둠의 자식들"과
모든 교류를 끊어버리고 사막으로 물러감으로써 하나의 순수한 사회를 결성
했다. 예수께서는 어떤 분리주의적인 사회를 세우려 하신 것이 아니었다. 이
비유의 요점은 바로 이것이다: 하나님의 나라가 세상에 왔으나 사람들을 분
리하는 일은 일어나지 않았으며 이 일은 종말론적 완성에 가서야 일어날 것
이다. 이러한 정황만이 이 비유의 진짜 요점을 드러내주는 것이다.[33]

구약에서 예언한 대로나 유대교 묵시문학에서 기대한 대로 보면, 하나님

32) B. T. D. Smith, *The Parables of the Synoptic Gospels* (1937), pp. 196ff.; A.
H. McNeile, *The Gospel according to St. Matthew* (1915), p. 202; W. C.
Allen, *The Gospel according to St. Matthew* (1913), p. lxx; 특히 W. G.
Kümmel, *Promise and Fulfilment* (1957), pp. 132-135의 논의를 보라. Kümmel
은 하나님 나라의 임재를 인정하기는 하지만 이 사실을 무게있게 취급하지는 않는다.
33) J. Schniewind, *Das Evangelium nach Markus* (1952), p. 169; N. A. Dahl,

나라가 강림함으로써 이 시대가 종말을 맞고 다가올 시대가 시작되며, 불의한 자들이 멸망당함으로써 인간 사회가 깨어질 것이다. 그러나 예수께서는 현 시대 가운데 사회가 선인과 악인이 공존하는 상태가 계속되는 동안, 인자가 임하며 하나님의 나라가 영광 가운데 실현되기 전에, 그 미래의 시대의 권능들이 이 세상에 들어와서 "하나님 나라의 자손들", 곧 하나님 나라의 권능과 축복을 누리는 사람들을 창조해 내고 있다는 것을 말씀한 것이다. 하나님의 나라가 이미 임하였다. 그러나 사회가 뿌리째 깨어지지는 않는다. 바로 이것이 하나님 나라의 비밀인 것이다.

이 해석의 한 가지 난점은 "저희[천사들]가 그 나라에서 모든 넘어지게 하는 것과 또 불법을 행하는 자들을 거두어 내어"(마 13:41)라는 표현에 있다. 그의 언어는 아들의 나라와 아버지의 나라를 서로 구분하는 것으로 보인다. 이것은 종말론적 완성 이전에 악인들이 이미 하나님의 나라에(어쩌면 교회 안에) 있다는 것을 시사하는 것이 분명하지 않은가? 언뜻 보면 그 표현이 이런 해석을 요하는 것처럼 보이지만, 그러나 이것이 유일한 해석도 아니요 이 해석이 가장 설득력 있는 해석인 것도 아니다. 인자의 나라와 하나님의 나라를 서로 구분하는 것은 복음서나 나머지 신약 성경에서 전혀 근거가 없다.[34] 더 나아가서, 예수님의 말씀 가운데 하나님의 나라를 교회와 분명하게 동일시하는 것도 전혀 없으며, 따라서 불가피한 경우가 아니면 여기서 하나님의 나라를 교회와 동일한 것으로 보아서도 안된다.

비유에서도 그 해석 부분에서도 하나님 나라를 교회와 동일시하는 것을 요하지 않는다. 마태복음 13:41의 표현이 불법을 행하는 자들이 "그 나라에서" 거두어 냄을 당할 것으로 되어 있다고 해서 반드시 그들이 실제로 그 나라 안에 있었던 것을 의미하는 것으로 보아야 한다고 우길 필요는 없다. 이 표현은 그저 그들이 의인에게서 분리되어 하나님 나라에 들어가지 못하리라

StTh, V (1952), pp. 151f. 에서도 이런 해석을 볼 수 있다.

34) O. Cullmann은 *Christ and Time* (1950), p. 151과 *The Early Church* (A. J. B. Higgins, ed.; 1956), pp. 109ff.에서 그리스도의 나라와 하나님의 나라의 구분을 시도한다. 이런 구분은 신학적으로는 타당성이 있을지 모르나 본문 주해상으로는 아무런 뒷받침을 받을 수 없다. 엡 5:5; 계 11:15; 요 3:5; 골 1:13을 보라.

는 뜻일 뿐이다. 이 점은 외인들이 먼데서부터 와서 족장들과 함께 천국에 들어갈 것이며 "나라의 본 자손들은 바깥 어두운데 쫓겨나 거기서 울며 이를 갊이 있으리라"라고 기록하고 있는 마태복음 8:12에서 뒷받침을 받는다. "쫓겨날 것이다"라는 헬라어 단어는 역사로나 언약으로나 "나라의 본 자손들"이었던 유대인들이 한 번 하나님 나라에 들어갔다가 다시 배척을 당하는 것이 아니라 그들이 그 나라에 들어가지 못하고 제외될 것임을 시사해준다. 그러므로 악인들이 "그 나라에서" 거두어 냄을 당할 것이라는 진술은 그들이 그 나라에 들어가지 못할 것이라는 뜻 이외에 아무것도 아닌 것이다.

하나님 나라의 비밀, 즉 하나님의 나라가 세상에 임재하나 은밀하게 역사하고 있다는 사실에 근거하여 해석하면 이 비유의 의미가 분명히 드러난다. 하나님의 나라가 역사 속에 임하였으나 사회를 무너뜨리는 그런 방식으로 임한 것이 아니다. 하나님 나라의 자손들은 하나님의 통치를 받아들였고 그 축복에 들어갔다. 그러나 그들은 이 시대 속에서 계속해서 살아야 하며 사회 속에서 악인들과 뒤섞여 있어야만 한다. 오직 하나님의 나라가 종말론적으로 임할 때에 비로소 분리의 역사가 일어날 것이다. 여기에 과연 새로운 진리의 계시가 있다. 즉, 종말론적 심판이 이루어지지 않고서도 하나님의 나라가 실제로 이 세상에 임해서 그 나라의 축복을 누리는 자손들을 창조할 수가 있다는 것이 그것이다. 그러나 종말론적 분리의 역사는 반드시 올 것이다. 현재 임재하고 있으면서도 세상에서 감추어져 있는 그 나라가 장차 영광 가운데 드러날 것이다. 그 때가 되면 혼합된 사회는 종말을 고할 것이다. 악인들이 모아서 내어쫓김을 당할 것이요 의인들이 종말론적 하나님 나라에서 해와 같이 빛을 발하게 될 것이다.

겨자씨

겨자씨 비유는 언젠가는 큰 나무가 될 하나님의 나라가 아주 작고 보잘것없는 형태로 세상에 이미 임재하고 있다는 진리를 가르쳐준다. 많은 해석자들은 이 비유를 교회가 커다란 조직으로 성장할 것을 예언하는 것으로 보아왔다.[35] 이 해석은 하나님 나라와 교회를 동일한 것으로 보는데 근거한 것으로서[36] 타당성이 없는 견해다. 다른 해석자들은 이 비유를 교회에 적용시키지 않고 예수의 제자 그룹에 적용시켜서 그 그룹이 성장하는 것을 의미하는 것으로 보며[37] 그 그룹을 새로운 공동체로 간주하기도 한다.[38] 그러나 빨리 자라나는 겨자씨는 느릿느릿하며 점진적인 성장을 묘사하는 것으로는 적당치 않다. 재빨리 자라나는 상수리 나무의 비유가 오히려 그런 성장을 더 잘 표현해줄 수 있을 것이다(암 2:9).

현대의 대부분의 주석가들은 이 비유의 강조점이 아주 보잘것 없는 출발과 찬란한 마지막 사이의 대조에서 찾는데,[39] 이 해석의 확실성이 비유의 핵심에서 드러난다. 겨자씨는 세상에서 가장 작은 씨는 아니지만 작은 것을 상징하는데 비근하게 사용되는 하나의 잠언적인 표현이다.[40] 예수의 제자들에게 당면한 큰 문제는 하나님의 나라가 어떻게 예수의 사역과 같은 보잘것 없

35) 이 비유에 대해서는 참조. Trench, Goebel, H. B. Swete. 또한 N. Geldenhuys, *Commentary on the Gospel of Luke* (1950), p. 377; B. F. C. Atkinson, *The New Bible Commentary* (F. Davidson, et al., eds; 1953), p. 790; H. Balmforth, *The Gospel according to St. Luke* (1930), p. 227을 보라.
36) 예수께서 교회를 미리 예견하셨다는 것을 부인하는 다른 해석자들은 이 비유가 사실상 그것을 가르치고 있다고 믿으며, 따라서 이 비유가 순수하지 못하다고 본다. 참조. C. G. Montefiore, *The Synoptic Gospels* (1927), I, pp. 107-108.
37) 참조. C. J. Cadoux, *The Historic Mission of Jesus* (n. d.), pp. 113-114, 131; T. W. Manson, *The Teaching of Jesus* (1935), p. 113.
38) R. N. Flew, *Jesus and His Church* (1943), pp. 27f.
39) 참조. W. G. Kümmel, *Promise and Fulfilment* (1957), p. 131; A. E. Barnett, *Understanding the Parables of Our Lord* (1940), pp. 55-57; B. T. D. Smith, *The Parables of the Synoptic Gospels* (1937), pp. 120-121; J. Schniewind, *Das Evangelium nach Markus* (1952), pp. 81-82; J. Creed, *The Gospel according to St. Luke* (1930), p. 182; A. E. J. Rawlinson, *St. Mark* (1925), p. 58; B. H. Branscomb, *The Gospel of Mark* (1937), pp. 85-86; M. Dibelius, *Jesus* (1949), p. 68; A. H. McNeile, *The Gospel according to St. Matthew* (1915), p. 198; J. Jeremias, *Parables*, p. 90.
40) 참조. 마 17:20; 눅 17:6; Strack and Billerbeck, *Kommentar, in loc.*

는 운동 속에 실제로 임재할 수가 있느냐 하는 것이었다. 유대인들은 하나님의 나라가 마치 거대한 나무와도 같아서 만국이 그 밑에서 보금자리를 찾을 정도가 될 것으로 기대했다. 그들은 하나님의 다스림이 그렇게 전반적으로 찬란하게 드러나는 것과 관계없는 하나님의 나라가 어떻게 가능한지 도무지 이해할 수가 없었다. 다가올 영광스러운 나라가 어떻게 그 보잘것 없이 초라한 예수의 제자들의 무리와 관계가 있을 수 있는가?[41] 종교 지도자들에게 배척을 당하고 세리와 죄인들에게나 영접을 받는 예수는 하나님 나라를 지고 가는 사람이라기보다는 오히려 망상에 사로잡힌 몽상가처럼 보였던 것이다.

이에 대한 예수님의 답변은, 처음에는 조그마한 씨요 후에는 큰 나무다. 예수의 사역에서 일어나고 있는 일이 작고 비교적 의미가 없다고 해서 하나님 나라의 비밀스러운 임재가 배제되는 것이 아닌 것이다.[42]

누룩

누룩의 비유[43]도 겨자씨 비유와 동일한 기본 진리를 가르쳐준다. 곧, 언젠가 이 땅 전체를 다스리게 될 하나님의 나라가 거의 인지되지 않는 그런 형태로 세상에 들어왔다는 것이다.

이 비유가 특별한 관심을 끄는 것은 이것이 정 반대의 것들을 입증하는 것으로 사용되었기 때문이다. 많은 해석자들은 이 비유의 핵심 진리가 하나님 나라의 침투 과정이 더디지만 꾸준하다는 것이라고 보아왔다. 이 비유가 하나님 나라가 어떻게 성장하는지를 보여준다고 생각한 것이다. 한편에서는

---

41) J. Jeremias, *The Parables of Jesus* (1954), p. 91.

42) N. A. Dahl, *StTh*, V (1952), pp. 147-148; J. Jeremias, *The Parables of Jesus* (1954), p. 91; 또한 참조. T. Zahn, *Das Evangelium nach Matthäus* (1922), p. 496; W. O. E. Oesterley, *The Gospel Parables in the Light of Their Jewish Background* (1936), pp. 77-78; C. E. B. Cranfield, *The Gospel according to Saitn Mark* (1959), p. 170.

43) 이 비유는 마가복음에서는 나타나지 않지만, 누가복음 13:20에서 겨자씨 비유와 더불어 나타난다.

사람들이 하나님 나라의 진리가 결국은 모든 인간 사회에 침투하여 더디고 점진적인 침투의 과정을 통해서 온 세상이 변혁될 것이라는 진리를 이 비유에서 찾는다.⁴⁴⁾ 이 해석자들 가운데 어떤 이들은 하나님 나라의 누룩과 같은 성격을 묵시론적 견해와 대조시키면서, 후자를 무시하기도 한다.

또 다른 편에는 소위 세대주의적인 해석이 있다. 곧, 누룩을 악한 교리가 배도한 기독교 교회를 침투하는 것으로 해석하는 것이다.⁴⁵⁾ 그러나 히브리 사상과 유대교 사상에서 누룩이 항상 악을 상징하는 것으로 쓰인 것만은 아니며,⁴⁶⁾ 또한 점진적인 침투를 통해서 변혁시키는 권능으로서의 하나님 나라의 개념이 발전과 진화의 개념에 친숙한 세계에서는 아주 매력이 있는 관념이지만 예수님의 생각과 유대교 사상에서는 전혀 생소한 것이었다.

예수의 사역의 역사적 정황과 적절히 들어맞는 해석은 터무니 없이 적은 누룩과 굉장히 많은 양의 가루와의 사이의 대조에 핵심적인 진리가 들어 있는 것으로 보는 해석이다.⁴⁷⁾ 누룩의 양이 적다는 사실이 아니라 가루 전체가 부풀었다는 사실에 강조점이 있는 것이 사실이다.⁴⁸⁾ 이 비유와 겨자씨 비유

44) W. O. E. Oesterley, *The Gospel Parables in the Light of Their Jewish Background* (1936), p. 78; R. Otto, *The Kingdom of God and the Son of Man* (1943), p. 125; W. Manson, *The Gospel of Luke* (1930), p. 166; T. Zahn, *Das Evangelium nach Matthäus* (1922), pp. 497-498; H. Windisch, *TWNT*, II, pp. 907-908; H. D. A. Major, *The Mission and Message of Jesus* (1946), p. 72)

45) *The Scofield Reference Bible* (1945), p. 1016; J. D. Pentecost, *Things to Come* (1958), pp. 147f.; L. S. Chafer, *Systematic Theology* (1917), V. p. 352.

46) 무교병은 출애굽 때에 마련되었는데, 그 이유는 그것이 황급함을 상징하기 때문이었다(출 12:11, 39; 신 16:3; 참조. 창 18:6; 19:3). 유교병은 칠칠절에 제물로 드렸다(레 23:17). 칠칠절은 다른 곳에서는 초실절로도 불리는데(출 23:16) 이는 하나님이 인간의 생명을 유지하도록 제공해주시는 매일 매일의 음식을 대표하기 때문이다. O. T. Allis, *EQ*, XIX (1947), pp. 269ff.를 보라. I. Abrahams (*Studies in Pharisaism and the Gospel* [First Series: 1971], pp. 51-53)는 누룩이 랍비들의 사상에 항상 악을 상징하는 것은 아니라는 점을 보여준다.

47) J. Jeremias, *The Parabels of Jesus* (1954) p. 90; W. G. Kümmel, *Promise and Fulfilment* (1957), p. 131; A. H. McNeile, *The Gospel according to St.*

의 차이가 바로 여기에 있는 것이다. 겨자씨 비유는 장차 거대한 나무가 될 하나님 나라의 실현이 현재로서는 작은 씨앗에 불과하다는 것을 가르친다. 그러나 누룩 비유는 하나님의 나라가 언젠가는 모든 것을 압도하여 그것에 대항하는 세력이 없어질 것임을 가르치고 있다. 가루 전체가 다 누룩의 영향 속에 들어가는 것이다.

이 비유는 예수의 사역의 삶의 정황 속에서 해석할 때에야 비로소 그 의의를 찾을 수 있다. 종말론적 나라가 아무도 대적할 수 없는 강력한 성격을 지닌다는 것은 유대인들이면 누구나 다 알고 있는 내용이었다. 하나님 나라의 강림으로 모든 질서가 완전히 뒤바뀔 것이며, 현재의 세상과 사회의 악한 질서가 하나님의 나라로 말미암아 철저히 사라질 것이라는 것을 그들은 잘 알고 있었다. 그러나 문제는 예수의 사역으로 그런 변혁이 일어나지 않았다는 사실에 있었다. 예수께서는 하나님 나라의 임재를 선포하셨지만 세상은 전처럼 그대로 진행되고 있었다. 그렇다면 이것이 어떻게 하나님 나라일 수가 있는가 하는 의문이 그들에게 일어났던 것이다.

예수의 답변은 곧 적은 누룩을 가루 속에 집어넣으면 당장에는 아무 일도 없는 것처럼 보인다는 것이다. 사실 누룩이 가루 속에 빨려 들어가서 흔적조차 보이지 않는 것이다. 그러나 결국에 가서는 그 속에서 어떤 일이 발생하며 그 결과로 가루 전체가 완전히 변형되는 것이다.[49] 그런 변형이 이루어지는 방식에 대해서는 아무런 강조도 하지 않는다. 하나님의 나라가 점진적인 침투와 내적인 변화를 통해서 세상을 정복한다는 사상은 유대교 사고에서는 전혀 생소한 것이었다. 만일 예수께서 말씀하고자 하신 것이 바로 이런 의미였다면, 그는 그 진리를 거듭거듭 반복해서 말씀하셨을 것이 분명하다. 인자가 죽어야 한다는 생소한 진리의 경우도 그는 거듭해서 가르치셨던 것이다. 하나님 나라가 점진적으로 역사(役事)한다는 관념은 가라지의 비유나 그물 비유의 가르침과 모순을 일으킨다. 그 비유들에서는 세상을 점진적으로 변

Matthew (1915), p. 199; A. E. Barnett, *Understanding the Parables of Our Lord* (1940), pp. 58-60.

48) H. Windisch, *TWNT*, II, p. 907.

49) 참조. F. A. Dahl, *StTh*, V (1952), pp. 148-149.

화시킴으로써가 아니라 묵시론적인 심판과 악을 분리시키는 역사를 통해서 하나님의 나라가 임한다고 가르치는 것이다.

누룩 비유의 강조점은 새로운 질서가 임할 때에 이루어질 하나님 나라의 최종적인 완전한 승리와 세상에 이미 임하여 있는 현재의 감추어진 형태의 하나님 나라를 서로 대조시키는데 있다. 예수와 그의 적은 제자의 무리들이 미래의 영광스러운 하나님의 나라와 관계가 있다고는 아무도 추측하지 못했을 것이다. 그러나, 현재 세상에 임재하여 있는 그것이 하나님 나라 그 자체다. 이것이 하나님 나라의 비밀이며, 그 나라에 대한 새로운 진리인 것이다. 그 미래의 하나님 나라가 언제 어떻게 임할 것이냐 하는 것은 이 비유와는 전혀 상관 없는 것이다.[50]

보화와 진주

보화와 진주 비유에 대해서는 길게 다룰 필요가 없다. 사람이 누구며, 밭이 무엇이며, 또한 보화를 우연히 발견했다는 것과 그 상인이 목적을 가지고 밭을 샀다는 것이 서로 어떤 점에서 대조를 이루느냐 하는 것은 이 비유의 메시지와는 전혀 관계가 없다. 보화를 발견한 사람의 행동이 약간 의아스럽다는 것은 인정해야 한다. 그러나 이것은 비유의 형식이 생활의 모습을 그대로 취하는 성격을 지니는데서 기인한 것이다. 사람들은 보통 이런 일을 잘 행한다. 또한 이 두 비유에서 보화와 진주를 값을 치르고 샀다는 사실에 대해서도 반론을 제기할 수가 없다.[51]

---

50) 이 해석은 보화의 비유와 진주의 비유를 통해서 강화된다. 거기서는 값을 주고 사서 그것을 획득하는 **방법**은 그 비유들의 메시지에서 아무런 의미도 없다. 그러므로 여기서도 하나님 나라의 강림의 방법은 아무런 문제도 아니며 다만 그 나라가 올 것이라는 사실(물론 진정한 의미에서 그 나라가 이미 임재해 있는 것이지만)만이 문제가 되는 것이다.
51) G. C. Morgan은 이 특징을 이 비유의 해석을 결정짓는 요인으로 본다. 이것은 비유적 방법론에 대한 완전한 오해에서 비롯된 것이다(*The Parables of the Kingdom* [1907], p. 136).

이 두 비유에 나타나는 한 가지 사상은 곧 하나님의 나라가 값으로 측량할 수 없는 가치를 지니고 있으며 따라서 다른 어떤 소유물보다도 우선적으로 구해야 한다는 것이다. 그것을 얻기 위해서 사람이 가진 것 전부가 다 소요된다 하더라도 그것은 하나님 나라를 얻는 것에 비하면 아주 적은 값에 불과한 것이다. 그러나, 이렇게 말한다면 그것은 지당한 사실을 이야기하는 것밖에 아무것도 아니다. 하나님 나라의 "비밀"이 거기에 담겨 있지 않다면, 예수께서는 이 비유에서 그저 열심있는 유대인이 이미 믿고 있는 바를 다시 이야기하신 것밖에 안되는 것이다. 그들은 하나님의 나라를 고대하고 있었다. 이 비유의 요점은 곧 하나님의 나라가 전혀 예상치 못하던 방식으로, 보통 지나쳐버리고 무시해버리기 쉬운 그런 형태로 사람들 가운데 임하였다는 사실에 있다. 유대인들이 보기에는 "하나님 나라의 멍에"를 받아들이고 바리새인들의 무리에 합류하여 율법에 철저히 헌신하면 큰 특권을 얻게 되는 것이었다.[52] 로마에 대하여 반란을 일으키고 하나님 나라를 세우자고 제안했다면 열광적인 호응을 얻었을 것이다.[53] 그러나 예수를 따른다는 것은 세리들과 죄인들과 어울리는 것을 의미했다. 그런 어울림이 어떻게 하나님의 나라와 상관이 있을 수 있단 말인가?

이 비유들은, 사람들이 얄팍하게 평가하지만, 그것과는 달리 예수님의 제자도는 하나님 나라에 참여하는 것을 뜻한다는 사실에 그 핵심 요점이 있다. 외형적인 치장이나 눈에 보이는 영광이 없지만 예수님 자신과 그의 사역 속에 하나님의 나라 그 자체가 임재하고 있는 것이다. 그러므로 그것은 다른 모든 소유보다도 값진 보화요, 다른 모든 것보다도 가치있는 진주와도 같은 것이다. 어떤 비용과 희생을 치르고서라도 그것을 소유하기를 구하여야 하는 것이다.

---

52) 참조. Josephus, *Antiquities*, XIII, 10:6.
53) 행 5:36-37; 21:38; 요 6:15; T. W. Manson, *The Servant-Messiah* (1953), p. 8 을 보라.

그물

하나님 나라의 비밀을 가르쳐주는 마지막 비유는 바다에 그물을 던져 온 갖 종류의 고기를 낚아올린다는 비유이다. 잡은 고기들을 골라내서 좋은 고 기는 보관하고 나쁜 고기들은 내어버린다고 한다.

과거의 해석에서는 이 비유에 교회에 대한 예언이 담겨 있는 것으로 보았 다. 하나님의 나라 곧 교회에는 좋은 사람과 나쁜 사람이 뒤섞여 있는데 심 판 날에 그들이 반드시 분리될 것임을 가르치는 것이라는 것이다.[54] 다른 해 석자들은 교회만을 고집하지 않으면서 이 비유의 하나님의 나라를 선한 사 람과 악한 사람이 함께 공존하는 사람들의 사회와 같은 것으로 본다.[55] 그러 나 이 견해는 예수의 사역의 역사적 정황을 제대로 취급하지 못한다는 약점 을 안고 있으며, 또한 하나님의 나라를 결국 교회와 동일시하는데 이에 대해 서는 본문 주해를 통한 명확한 근거를 찾을 수가 없다.

두 번째 견해는 이 비유를 예수의 직접적인 경험에만 적용시키는 것이다. 예수와 그의 제자들은 아무런 차별이 없이 온갖 종류의 사람들에게 다 하나 님의 나라를 제공했다는 것이다.[56] 이 견해는 종말론적 해석을 전체적으로

54) 이 비유들에 대해서는 참조. Trench, Goebel, Swete. 좀더 최근의 학자들 가운데서 이 와 비슷한 견해를 가진 사람들로는 B. F. C. Atkinson, *The New Bible Commentary* (F. Dividson, et. al., eds.; 1953), p. 790; N. B. Stonehouse, *The Witness of Matthew and Mark to Christ* (1944), p. 238; H. Martin, *The Parables of the Gospels* (1937), p. 79.

55) T. Zahn, *Das Evangelium nach Matthäus* (1922), p. 501; W. O. E. Oesterley, *The Gospel Parables in the Light of Their Jewish Background* (1936), p. 85; "하나님 나라가 발전되어 가는 시기 동안에는 그 나라에 선한 요소는 물론 악한 요 소들이 존재할 수밖에 없다." C. J. Cadoux, *The Historic Mission of Jesus* (n. d.)는 여기서 하나님의 나라가 하나의 사회로 묘사되는 것이 분명하다고 강조한다 (p. 114).

56) 참조. B. T. D. Smith, *The Parables of the Synoptic Gospels* (1937), pp. 200f.; Charles W. F. Smith, *The Jesus of the Parables* (1947), pp. 102-104; T. W. Manson, *The Sayings of Jesus* (!949), p. 197; S. E. Johnson, *IB*, VII, p. 421; C. H. Dodd, *The Parables of the Kingdom* (1936), pp. 187-189.

이 비유와 어울리지 않는 하나의 부차적인 요소로 취급한다. 그리고 비유가 고기를 골라내는 것이 아니라 낚는 것에 대해서 말씀한다는 사실이나, 비유에서는 어부들이 고기를 골라내는 반면에 해석 부분에서는 천사들이 그 일을 담당한다는 사실, 또한 불은 나쁜 고기를 처리하는 방법이 아니라는 사실 등에서 여러 가지 앞뒤가 맞지 않는 면을 찾는다. 그러나 이러한 반론은 이 비유가 고기를 골라내는 일에 대해서 말씀하고 있다는 사실을 무시하는 것이다.[57] 그물이 가득차자 뭍으로 끌어내어 좋은 고기와 나쁜 고기를 분리한다. 천사들이나 불에 대한 반론은 비유가 알레고리의 성격을 지녀야 한다는 고정 관념, 즉 비유의 세부적인 모든 내용이 반드시 해석의 세부적인 내용과 정확하게 들어맞아야 한다는 생각에서 비롯된 것이다. 비유의 독창성은 그것이 인위적으로 만들어낸 이야기가 아니라 일상적이며 현실적인 경험을 이용해서 구속의 진리를 설명하는 예화이기 때문에 그것을 적용하는 데서는 세부적인 내용들이 얼마든지 변경될 수 있는 것이다. 그러므로 천사들과 불의 문제는 인위적인 것이며 실제로 아무런 문제가 되지 않는 것이다.

또 다른 해석자들은 하나님 나라가 임할 때에 최종적으로 사람들을 분리시킨다는 것이 이 비유가 가르치는 유일한 진리라고 본다. 심판의 날에 악인이 의인에게서 분리될 것이라는 것이다.[58] 그러나 이것은 그 자체가 지당한 것을 되풀이해서 가르치는 것에 불과하다. 물론 하나님의 나라는 악인과 의인을 분리시키는 것을 의미한다. "죄인들이 영들의 여호와의 얼굴 앞에서 멸망받을 것이며 그들은 여호와의 땅의 지면에서 내어쫓길 것이다. 그리하여 그들이 영원토록 망할 것이라"(에녹서 53:2). 열심있는 유대인이라면 누구나 이런 소망을 갖고 있었던 것이다.

이 비유는 알곡과 가라지 비유와 아주 유사하나, 거기에 새로운 요소를 한 가지 더 첨가하고 있다. 두 비유 모두 미래의 심판 날에 사람들이 분리될 것

---

57) W. G. Kümmel, *Promise and Fulfilment* (1957), pp. 136f.

58) 참조. A. E. Barnett, *Understanding the Parables of Our Lord* (1940), p. 69;
   W. G. Kümmel, *Promise and Fulfilment* (1957), pp. 136f.; A. H. McNeile,
   The Gospel according to St. Matthew (1915), p. 204; J. Schniewind, *Das Evangelium nach Matthäus* (1950), pp. 173f.

을 가르친다. 두 비유 모두 예수의 사역의 삶의 정황 속에서 이해하여야 하며, 따라서 하나님의 나라가 이 세상에 이미 임하여 있으나 이 종말론적인 분리의 역사가 아직 일어나지 않고 있으며 그 나라가 아직 혼합된 사회 속에서 역사하고 있다는 뜻으로 보아야 한다. 그러나 그물의 비유는 다음과 같은 한 가지 사실을 더 첨가시켜준다. 즉, 하나님의 나라가 이 세상에서 역사함으로써 창조되는 공동체조차도 종말론적 분리의 역사가 있기 전까지는 순수한 공동체가 되지 못할 것이라는 것이다.

역사적으로 볼 때에, 비유는 예수님의 추종자들의 이상한 성격의 문제를 답변해준다. 그는 세리들과 죄인들과 어울렸다. 대중적인 기대에서는 하나님 나라가 강림하게 되면 메시야가 "그 입의 말씀으로 불경건한 나라들을 무너뜨리며 … 죄인들의 마음의 생각을 책할 것"임은 물론 "거룩한 백성을 한데 모아 의 가운데로 인도할 것이며" "그리하여 그의 날에 그들 가운데 불의가 없을 것이니 이는 모두가 거룩할 것임이니라"(솔로몬의 시편 17:28, 36). 그러나 예수께서는 그런 거룩한 백성을 한데 모으지 않으셨다. 오히려 그 반대로 그는 "내가 의인을 부르러 온 것이 아니요 죄인을 부르러 왔노라"(막 2:17)라고 말씀하셨다. 메시야의 잔치에 초청받은 사람들은 모두 그 초청을 거부했고 그 자리에 거리를 어슬렁거리는 자들이 대신 초청받아 참석했다(마 22:1-10). 하나님의 나라가 어떻게 그런 이상야릇한 모임과 상관이 있을 수 있는가? 하나님 나라의 정의로 볼 때에, 모든 죄인들을 멸하고 죄 없는 공동체를 창조하는 것이 하나님 나라의 기능이 아닌가?

예수께서는 하나님 나라가 언젠가는 그런 완전한 공동체를 창조하게 될 것이라고 답변하신다. 그러나 이 사건이 있기 이전에 하나님 나라가 전혀 예기치 못한 방식으로 나타났으며 이것은 마치 좋은 고기와 나쁜 고기를 함께 거두어들이는 그물과도 같다. 온갖 종류의 사람들 모두를 불러 모으는데 거기에 응답한 사람들은 모두 현재의 하나님 나라의 제자도에 받아들여진다. 완전하고도 거룩한 공동체는 마지막 때에 가서야 비로소 이루어질 것이다.[59]

59) N. A. Dahl, *StTh*, V (1952), pp. 150-151; A. Schlatter, *Der Evangelist Matthäus* (1948), pp. 293f.을 보라.

이 비유가 물론 교회(예수의 제자들이 발전되어 후일 생기는 모임체로서 온갖 사람들이 섞여 있는 것)에도 적용된다. 그러나 일차적으로는 예수님의 사역의 실제적인 정황에 적용되는 것이다.

이 모든 비유들은 하나님 나라의 비밀을 가르쳐준다. 이 비유들은 각기 나름대로 예수님의 역사적 사역의 삶의 정황을 가진 한 가지 중심적인 진리를 내포하고 있다. 하나님의 나라가 세상 속에 임하였으나 권능보다는 권유하는 형태로 임하였고, 그것이 효과적으로 역사하기 위해서는 마치 땅이 씨를 받아들이듯이 그것을 받아들여야 한다. 하나님 나라가 임하였으나 그것이 지금 사람들을 분리시키는 역사를 일으키는 것은 아니다. 종말론적 분리의 역사가 있을 때까지 하나님 나라의 자손들과 악의 자식들이 세상에서 한데 뒤섞여 있다.

그러나 그럼에도 불구하고, 하나님의 나라가 세상 속에 임한 것은 분명하다. 그러므로 마치 스스로 자라나는 씨앗처럼 그 나라는 그 자체 속에 그 목적을 실현시키는 능력을 갖고 있는 것이다. 그 나라는 하나님의 초인간적인 다스림이다. 그러므로 그 나라의 현재의 모습이 작고 미미하지만(겨자씨처럼) 언젠가는 온 세상을 가득채울 것이며(누룩처럼), 보화와 진주처럼 현재에도 모든 것을 희생해서라도 그것을 찾아야 한다. 언젠가는 그 나라가 거룩한 사회를 창조할 것이다. 그러나 현재에는 온갖 종류의 사람들을 다 불러모으고 있으며, 거기에 응답하는 자는 누구든지 환영을 받아 그 교제 속에 들어간다. 하나님의 나라가 예수 자신과 그의 사역 속에서 역사 속으로 들어왔으며, 종말론적 완성의 순간까지 그 나라가 이 세상 속에서 계속해서 역사할 것이다.

제 10 장

예수, 이스라엘, 그리고 그의 제자들

하나님 나라를 연구할 때에 가장 어려운 문제 가운데 하나는 하나님 나라와 교회가 어떤 관계에 있느냐 하는 것이다. 하나님의 나라가 어떤 의미에서든 교회와 동일시될 수 있는가? 그렇지 않다면 둘 사이의 관계는 어떤 것인가? 처음 3세기 동안 그리스도인들에게 있어서 하나님의 나라란 종말론적인 것이었다. 2세기 초의 한 기도문은, "주여, 주의 교회를 기억하셔서 사방에서 거룩하게 모으셔서 주께서 그 교회를 위하여 예비하신 주의 나라에 들어가게 하소서"라고 한다.[1] 어거스틴은 하나님의 나라를 교회와 동일시하였고[2] 이것이 로마 가톨릭 교회의 교의 속에서 계속되고 있다.[3] 물론 슈나켄부르크(Schnackenburg)는 로마 가톨릭 교회의 새로운 개념은 하나님의 나라를 구속사적(heilsgeschichtlichen)인 의미로 보아서 하나님이 교회를 통하여 드러내시는 구속의 역사(役事)로 간주한다고 주장하기는 한다.[4] 교회와 역사를

1) 디다케 10:5. A. von Harnack, "Millenium," *Encyclopaedia Britannica*, 9th ed.; XVI, pp. 328-329; D. H. Kromminga, *The Millenium in the Church* (1945); R. Frieck, *Die Geschichte des Reich-Gottes-Gedankens in der alten Kirche bis zu Origines und Augustine* (1928); K. L. Schmidt, *BKW: Basileia* (1957), pp. 56-59 등을 보라.

2) *City of God*, XX, 6-10.

3) D. M. Stanley in *Theological Studies*, X (1955), pp. 1-29)

4) *Gottes Herrschaft und Reich* (1959), p. 78; 또한 D. Kuss in *Theologische Quartalschrift*, CXXXV (1955), pp. 28-55; F. M. Braun, *Neues Licht auf die*

동일한 것으로 보는 사고가 약간의 수정을 거치기는 하지만 개혁주의 전통
에서[5] 최근에 이르기까지[6] 영구화되어온 것이다. 그러므로 이 두 개념을 면
밀하게 검토하여 이 둘 사이에 어떤 관계가 있는지를 분명히 해둘 필요가 있
다.

비평의 문제

신학적 문제 이면에는 역사적 문제가 자리하고 있다. 예수께서 과연 교회
를 세우려는 목적을 가지실 수가 있었겠는가? 철저 종말론을 지지하는 이들
은 이를 부인하여왔다. 알프레드 로이지(Alfred Loisy)에게서 이 견해에 대
한 고전적인 표현을 볼 수 있다. 곧, 예수는 하나님의 나라를 예견했지만, 뒤
에 온 것은 [하나님의 나라가 아니라] 교회였다는 것이다.[7] 마태복음 16:18-
19은 예수께서 그의 교회를 세우시리라고 말씀한 것은 분명히 보도하고 있
다. 그러나 많은 사람들이 이 말씀의 순수성을 부인해왔다. 이 말씀을 배격
하는 가장 중요한 이유 가운데 하나는[8] 예수의 종말론적 시각에는 교회의 관
념이 들어갈 여지가 없었다는 주장이다. 예수의 사명이 종말론적 하나님 나

Kirche (1946) 등을 보라.

5) Calvin의 마 13:47-50 주석을 보라.

6) J. Orr, *Christian View of God and the World* (1897), p. 358; H. B. Swete, *The
Parables of the Kingdom* (1920), pp. 31, 56; A. M. Fairbairn, *The Place of
Christ in Modern Theology* (1893), p. 529; J. Denney, *Studies in Theology*
(1906), p. 184; G. Vos, *The Teaching of Jesus Concerning the Kingdom of
God and the Church* (1903), pp. 140-168; Ernst Sommerlath, *ZSysTh*, XVI
(1939), pp. 562-575; O. Michael, *Das Zeugnis des Neuen Testaments von
der Gemeinde* (1941), pp. 80-83 등을 보라.

7) *The Gospel and the Church* (영역본, 1908), p. 166.

8) R. N. Flew, *Jesus and His Church* (1943), pp. 89-91; T. W. Manson, *The
Sayings of Jesus* (1949), pp. 202-203 등에서 다른 이유들을 개관한 것을 볼 수 있
다.

라의 임박한 강림을 선언하는 것이었다면, 하나님의 새로운 백성에 대한 관념이 그의 사고 속에 자리할 가능성이 거의 없다는 것이다.[9] 그의 유일한 목적은 언약 백성인 이스라엘을 불러서 임박한 종말론적 하나님 나라의 강림에 대비하여 회개토록 하는 것이었다.

그러므로 예수와 교회의 문제는 종말론의 문제를 논의함에 있어서 본질적으로 중요한 것이다. 만일 세상이 곧 종말을 맞게 되리라는 기대가 예수의 사고를 지배하고 있었다면, 마태복음 16:18-19이 교회의 부차적인 산물이며 따라서 예수의 사고를 반영하는 것이 될 수 없다는 논리가 설득력을 갖게 된다.[10] 이런 접근법은 문제를 미리부터 결정짓는 것이다. 더 나은 접근법은 예수의 종말론적 안목의 문제를 교회에 대한 가르침을 포함하여 그의 가르침 전체를 통해서 파악하는 것이다. 만일 예수께서 그의 제자들을 이스라엘을 대체할 하나님의 새로운 백성으로 간주하셨다면, 그리고 그가 그들에게 세상으로 나아가는 사명을 주셨다면, 우리는 예수의 종말론적 시각에 교회에 대한 여지가 남아 있음을 인정하지 않을 수 없다. 그러므로, 마태복음에 나타나는 교회에 관한 말씀의 순수성과 그 의미에 대한 구체적인 문제의 이면에는, 제자도의 의미가 무엇이며, 예수의 제자들과 예수 자신의 사명은 서로 어떤 관계가 있으며, 또한 그의 사명과 하나님 나라와는 어떤 관계가 있느냐 하는 더 큰 문제가 자리잡고 있는 것이다.

몇몇 학자들은 예수께서 철저한 종말론적 시각을 가지고 있었다고 해도 마태복음 16:18-19의 순수성은 그대로 유지될 수 있는 것으로 본다. 카텐부쉬(Kattenbusch)는 교회의 관념의 근원[11]을 인자가 지극히 높으신 자의 성도들을 대표하는 것으로 나타나는 다니엘서 7장에서 찾는다. 예수는 자신을 "인자", 곧 하나님의 새로운 백성을 구성하는 공동체의 대표라고 생각했고,

---

9) G. Bornkamm, *Jesus of Nazareth* (1960), p. 187.
10) "예수에게는 그의 죽음 이후의 시간은 파루시아의 임박성 때문에 제한을 받는 것이었다. 그러므로 예수는 어떤 모임이나 교회를 세우지도 않았고, 직분자들을 지명하지도 않았으며 교회의 의식이나 성례를 제정하지도 않았다"(W. Michaelis, *Reich Gottes und Geist Gottes nach dem Neuen Testament* [n. d.], p. 20).
11) "Der Quellort der Kirchenidee," *Festgabe für Harnack* (1921), pp. 143-172.

그의 제자들이 그 공동체를 구성하는 것으로 보았다는 것이다. 가장 초기의 양식비평가의 한 사람인 슈미트(K. L. Schmidt)는 짧은 논문에서, 그리고 키텔(Kittel)의 신학사전에 수록된 논문에서 카텐부쉬의 견해를 따르고 있다.[12] 그는 에클레시아라는 단어의 의미를 아람어 케니슈타 혹은 모임(syna-gogue)과 연관짓는다. 메시야이신 예수의 모임이 거룩한 남은 자를 구성하는 것이었고, 부분이 전체를 대표하며 하나님의 참된 백성을 구성하는 것이다.

많은 학자들은 이 말씀의 순수성을 인정해 왔다.[13] 다른 학자들은 린데스콕(G. Lindeskog)의 다음과 같은 정서를 되풀이한다: "그 진술이 후기에 만들어진 것이라 하더라도 예수는 이 구절이 선포하는 방식으로 말씀하고 행동했음이 분명하다."[14]

만일 예수의 사명이 우리가 주장하는 대로 종말론적 완성에 앞서서 성취

---

12) "Die Kirche des Urchristentums," *Festgabe für Adolf Deissmann* (1926), pp. 259-319, 이 논문은 1932년 *TWNT*, III, pp. 502-538로 별도로 출간됨; 영역본 *BKW: Church* (1951).

13) O. Cullmann, *Peter: Disciple-Apostle-Martyr* (1953), pp. 164-170; (2nd ed., 1961), pp. 170-176에서 최근의 문헌을 개관한 것을 보라. 다음의 학자들도 이 말씀의 순수성을 인정한다. A. Fridrichsen in *This Is the Church* (Anders Nygren, ed.; 1952), pp. 21f.; H. E. W. Turner, *Jesus Master and Lord* (1958), pp. 307ff.; D. Bosch, *Die Heidenmission in der Zukunftsschau Jesu* (1959), pp. 135-138; F. V. Filson, *The Gospel according to St. Matthew* (1960), p. 186; "Peter," *IDB*, III, pp. 751f.; S. H. Hooke, *Alpha and Omega* (1961), pp. 148, 242; P. S. Minear, *Images of the Church in the New Testament* (1961), p. 51. K. Stendahl은 "Kirche," *RGG* (3rd ed.), III, col. 1303에서 이 문제를 개방적인 것으로 놓아둔다.

14) G. Lindeskog, "The Kingdom of God and the Church," in *This Is the Church* (A. Nygren, ed.; 1952), p. 141. 또한 T. W. Manson은 *Journal of Ecclesiastical History*, I (1950), p. 3에서 다음과 같이 말한다: "예수는 그의 사역의 과정 내내 그 주위에 하나의 공동체를 모아들였다. 그러므로 그것이 교회가 아니라면 우리는 그것이 과연 무엇이었는지를 물을 수 있을 것이다." 또한 A. R. George, *ET*, LVIII (1946-47), p. 314를 보라.

의 때를 개시하는 것이었다면, 또한 진정한 의미에서 하나님의 나라가 그의 사역 속에서 전혀 예기치 못하는 그런 형태로 역사 속으로 침투해들어왔다면, 하나님 나라에 대한 선포를 받아들인 자들은 종말론적 하나님 나라를 유업으로 받을 사람들만이 아니라 현재의 하나님 나라에 속한 사람들이며 따라서 어떤 의미에서 교회로 볼 수 있는 것이다. 우리는 먼저 이스라엘에 대한 예수의 태도, 제자도의 개념, 그리고 이스라엘과 예수의 제자들과 하나님 나라와의 관계를 검토하여야 한다. 그리고 이를 배경으로 하여 교회를 세우리라는 예수의 말씀의 의미를 논할 수 있을 것이다.

예수와 이스라엘

여기서 몇 가지 사실이 중요하다. 첫째로, 예수께서는 이스라엘 안에서나 바깥에서 어떤 새로운 운동을 시작할 분명한 목적을 갖고 사역을 수행하신 것이 아니었다. 그는 유대 백성들에게 그저 한 유대인으로서 다가오셨다. 그는 율법의 권위를 받아들이셨고, 성전에서 행하는 관례에 복종하셨으며, 회당의 예배에 참여하셨고, 그의 생애를 통틀어 유대인으로 살으셨다. 가끔씩 유다의 경계 바깥으로 나가기는 하셨지만, 그는 자신의 사명은 "이스라엘 집의 잃어버린 양"을 향한 것이라고 주장하셨다(마 15:24). 그는 제자들에게 전도의 사명을 주면서도 이방인들에게 나아가지 말고 이스라엘에게만 복음을 전파하라고 명하셨다(마 10:5-6). 이에 대한 이유는 어렵지 않게 찾을 수 있다. 예수께서는 구약의 언약과 선지자들의 약속이라는 배경 위에 서서 이스라엘을 언약과 약속이 주어진 백성으로 "그 나라의 본 자손들"(마 8:12)로 인정하셨다. 이스라엘 집의 잃어버린 양에 대한 말씀은 이방인들도 잃어버린 자들이지만 오직 이스라엘만이 하나님의 백성이요 따라서 그들에게만 하나님 나라의 약속이 해당된다는 뜻은 아니다.[15] 그러므로 그의 사명은, 이스라엘에게 하나님이 그의 약속들을 성취하기 위하여 활동하고 계시다는 것을

---

15) W. Gutbrod in *TWNT*, IV, p. 387을 보라.

선포하며, 이스라엘로 하여금 정도(正道)를 회복하도록 하는 것이었다. 이스라엘이 하나님의 선택받은 백성이므로, 성취의 시대는 넓게 온 세상에게가 아니라 언약의 자손들에게 베풀어진 것이다.

예수께서는 민족적 연대감에 근거하지 않고 인격적인 관계를 근거로 하여 이스라엘에게 호소하셨다. 이 점에서 그는 세례 요한의 예를 따르셨다. 세례 요한은 아브라함의 자손이라는 사실은 하나님 나라에 들어갈 자격과는 아무 상관도 없으며 인격적인 개개인의 회개가 있어야 한다고 주장했다(마 3:9-10). 예수의 사역은 백성 전체를 향하여 시행되었지만, 그의 호소는 외형적인 민족적 관계를 관통하는 것이었고 자기 자신에 대한 개인적인 응답을 요구하는 것이었다. 그가 평화를 주러 온 것이 아니라 검을 주러 왔으며, 가족의 구성원들을 서로 갈라 놓으러 왔다고 하신 그의 말씀은 바로 이것을 의미하는 것이다(마 10:34-36). 그의 제자들을 하나로 묶어주는 유일한 끈은 예수님 자신과의 인격적인 관계였다. 이런 점에서 그는 다른 유대교 지도자들과 전혀 달랐다. 랍비들의 제자들은 랍비들의 가르침 속에서 공통적인 연대감을 찾았다. 바리새인들은 그들의 율법 준수에서 연대감을 찾으며, 묵시론자들은 그들의 종말론적 소망에서 그것을 찾으며, 유대인 전체는 그들이 동일한 아브라함의 자손이며 언약의 자손이라는 인식에서 연대감을 찾았다. 그러나 예수님의 제자들은 예수님 자신 이외에는 다른 공통적인 끈이 없었다.[16] 예수께서는 이스라엘에게 그 자신과의 인격적인 관계 속에서 신적으로 정해진 운명을 찾으라고 도전하셨던 것이다.

두 번째 사실은 이스라엘 전체가 예수는 물론 하나님 나라에 관한 그의 메시지까지 다 거부했다는 것이다. 예수께서 이스라엘에게 끝까지 호소하셨던 것은 사실이다.[17] 그러나 그가 마지막에 가서 자신이 이스라엘 민족에게 영접을 받아서 도덕성과 의의 나라를 세워서 유대 백성들로 하여금 로마에 대하여 도덕적인 승리를 거두게 될 것을 기대했다는 논지는 전혀 타당성이 없다.[18] 예수께서 실망하셨고 이스라엘의 거부에 대하여 슬퍼하셨으며(마

---

16) N. A. Dahl, *Das Volk Gottes* (1941), p. 159를 보라.
17) W. G. Kümmel, *StTh*, VII (1953), p. 9.

23:37ff.) 이스라엘의 패망을 예언하셨지만(눅 19:42ff.), 그러나 그렇다고 해서 예수께서 초기에 자신이 거부를 당할 것이라는 엄연한 사실을 인식하지 못하셨다고 결론지을 필요는 없다.[19] 현재 복음서의 성격상 예수에 대한 거부의 모든 과정들을 추적하기도 어렵고 전후 사건들을 정확하게 재구성하기도 불가능하지만, 우리는 예수에 대한 거부는 그의 사역 초기부터 나타나는 주제라고 결론지을 수 있을 것이다. 누가복음은 나사렛에서 거부 당한 일을 의도적으로 그의 복음서 초두에서 서술하며(눅 4:16-30; 참조. 막 6:1-6), 이리하여 메시야적 성취와 그에 대한 이스라엘의 거부를 예수의 사역 초기에 두는 것이다.[20] 마가복음은 처음부터 갈등과 거부의 상황을 그려주며, 그가 격렬한 종말을 맞게 될 것을 어렴풋하게 암시해주는 그런 말씀을 보도하고 있다: "신랑을 빼앗길 날이 이르리니 그 날에는 금식할 것이니라"(막 2:20).[21]

유대인들이 예수를 거부한 데에는 여러 가지 이유들이 복합적으로 작용했겠지만, 로빈슨(J. M. Robinson)은 예수와 유대인 당국자들 사이의 갈등의 핵심적인 원인은 예수가 전파한 하나님의 나라와 또한 그가 하나님 나라를 위하여 요구한 회개를 그들이 배격했다는 점에 있다고 보았다.[22] 하나님 나라에 대한 선포와 회개에 대한 촉구는 처음부터 예수의 사역의 특징을 이루

---

18) 이것은 R. Dunkerley, *The Hope of Jesus* (1953)의 논지이다. Bultmann도 역시 예수가 마지막 순간까지 이스라엘을 회개로 이끌리라는 소망을 가졌다고 생각한다. 그의 *Das Verhältnis der urchristlichen Christusbotschaft zum historischen Jesus* (1961), p. 12를 보라.

19) A. M. Hunter, *The Works and Words of Jesus* (1950), p. 94.

20) N. B. Stonehouse, *The Witness of Luke to Christ* (1951), pp. 70-76; N. Geldenuys, *Commentary on the Gospel of Luke* (1950), p. 170.

21) W. G. Kümmel, *Promise and Fulfilment* (1957), pp. 75-77; V. Taylor, *Jesus and His Sacrifice* (1951), pp. 82-85; *The Gospel according to St.. Mark* (1952), pp. 211f.; C. E. B. Cranfield, *The Gospel according to Saint Mark* (1959), pp. 110f.

22) *The Problem of History in Mark* (1957), p. 49. 또한 V. Taylor, *The Life and Ministry of Jesus* (1954), p. 89를 보라.

는 것들이었으며, 따라서 예수에 대한 반대는 처음부터 심리적으로 역사적으로 일어나기 시작했고 그것이 계속 강렬해져서 급기야 예수의 죽음까지 몰고오게 된 것이다.

메시야적 성취에 대한 이스라엘의 거부의 심각성은 이스라엘에 대하여 심판과 거부를 말씀하는 무수한 말씀들에서 볼 수 있다.[23] 이스라엘은 더 이상 하나님의 축복의 대상이 아니요 그의 심판의 대상이다. 하나님 나라의 임재를 그 거리에서 받아들이기를 거부한 성읍들은 무서운 심판을 당하고야 말 것이다(마 11:20-24). 예루살렘이 영적으로 어둡기 때문에 그 성읍과 그 거민에게 심판이 임할 것이다(눅 13:34f. = 마 23:37-39; 눅 19:41-44; 23:27-31; 21:20-24). 성전이 파괴되며 땅에 완전히 파묻힐 것이다(막 13:1-2; 참조. 14:58; 15:29). 이 말씀들은 역사적 사건을 예견하는 것들이다. 이스라엘은 더 이상 하나님의 백성으로 존재할 수가 없게 될 것이다. 심판에 대한 다른 말씀들은 예수 당시의 악한 세대를 향하여 주는 말씀들이다(마 11:16-19; 막 8:11-13; 9:19; 마 12:34; 눅 13:1-5; 13:6-19). 예루살렘에서의 마지막 주간에는 예수와 바리새인과 서기관들, 그리고 사두개인들 사이에 계속해서 갈등이 있었고, 하나님의 나라가 그들에게서 취하여 다른 사람들에게 주어질 것이라는 말씀으로 그 갈등이 절정에 이르게 된다(막 12:9; 마 21:43).[24] 이 말씀에 나타난 언어의 형식은 어쩌면 전승의 과정에서 약간 수정되었을 수도 있지만, 그 중심적인 사상은 건전한 것으로 보인다. 유대 민족이 하나님 나라를 제공하는 것을 거부했으므로 그들은 이제 하나님의 백성의 자리에서 물러나게 되고 새로운 백성이 그 자리를 대신 채우게 되는 것이다.

세 번째 사실도 똑같이 중요하다. 이스라엘 전체가 지도자들이나 일반 백성 할 것 없이 예수께서 하나님 나라를 제공하는 것을 거부했지만, 상당한 사람들이 믿음으로 그것을 받아들였다. 예수의 제자가 된다는 것은 유대 랍비의 제자가 되는 것과는 다르다. 랍비들은 그 제자들을 자기에게 묶어두는

---

23) N. A. Dahl, *Das Volk Gottes* (1941), pp. 149f.를 보라.
24) 반드시 시간적이라고는 볼 수 없고, 논리적으로.

것이 아니라 토라에 묶어둔다. 그러나 예수께서는 그의 제자들을 자기 자신에게 묶어두는 것이다. 랍비들은 자기들이 아닌 다른 것을 제공하지만, 예수께서는 오로지 자기 자신을 제공하셨다. 예수께서는 제자들에게 자신의 권세에 철저하게 굴복할 것을 요구하셨다. 그리하여 그들은 제자들이 될 뿐 아니라 둘로이, 즉 종들이 되었다(마 10:24f.; 24:45ff.; 눅 12:35ff., 42ff.). 이런 관계는 유대교에서는 전혀 유례를 찾아볼 수 없는 것이었다.[25] 예수의 제자가 된다는 것은 그의 시종이 되어 그를 따라 다니는 것보다 훨씬 더한 것을 의미하는 것이었다. 그것은 예수님 자신과 그의 메시지에 완전하게 인격적으로 모든 것을 내어맡기는 것을 의미했다. 이렇게 해야 하는 이유는 예수님 자신과 그의 메시지 속에 하나님의 나라가 임재하고 있기 때문이었다. 예수 안에서 사람들은 하나님 자신과 대면하는 것이었다.

만일 예수께서 메시야적 구원을 선포하셨다면, 예수께서 이스라엘에게 그 진정한 운명의 성취를 제공하셨다면, 이 운명은 그의 메시지를 받아들인 사람들에게서 실제로 이루어졌다는 사실이다. 메시야적 구원을 받아들인 자들이 참된 이스라엘이 되며 그 민족 전체의 대표들이 된 것이다. "이스라엘"이라는 단어를 예수의 제자들에게 적용시킨 예는 한 번도 없지만,[26] 그 단어는 없을지라도 그 사상은 분명히 나타나는 것이다. 예수의 제자들은 메시야적 구원을 받아들인 자들이요, 하나님 나라의 백성이요 참된 이스라엘인 것이다.

믿음을 가진 남은 자들

예수의 제자들을 참된 이스라엘로 보는 개념은 신실한 남은 자라는 구약적인 개념을 배경으로 하여 이해할 수 있다(pp. 94ff.를 보라). 선지자들은 이스라엘 전체를 반역하고 불순종한 백성으로서 하나님의 심판을 받게 되어

25) K. H. Rengstorf, *TWNT*, IV, p. 450f.; G. Duncan, *Jesus, Son of Man* (1949), pp. 209ff.
26) W. Gutbrod in *TWNT*, III, p. 387.

있는 것으로 보았다. 그러나 믿음이 없는 민족 속에 하나님의 보호하심을 받는 남은 신자들이 여전히 남아 있었다. 여기서 믿음을 가진 남은 자들이야말로 참된 하나님의 백성이었다.

예수께서 남은 자의 개념을 명확하게 사용하신 예가 없는 것은 사실이다.[27] 그러나 제자들을 "적은 양 떼들"(눅 12:32, 한글 개역 성경은 '적은 무리들'로 번역하고 있다 — 역주)로 묘사하는 것은 이스라엘을 하나님의 초장의 양 떼들로 보는 구약적인 개념을 예수의 제자들에게 구체화시키는 표현이 아닌가(사 40:11)? 이것이 바로 신실한 남은 자들을 지칭하는 것이 아닌가? 그러나 이것이 이스라엘이라는 양 떼들의 우리 이외에 별도로 그들만의 우리가 있다는 것을 뜻하는 것은 아니다.[28] 이스라엘은 여전히 이상적으로 하나님의 양 떼라 할 수 있다(마 10:6; 15:24). 다만 그들은 불순종하며 악한 양 떼요, "잃어버린 양"이다. 예수께서는 목자로서(마 14:27; 참조. 요 10:11) "잃어버린 자를 찾아 구원하기" 위하여 오셨고(눅 19:10), 이스라엘의 잃어버린 양을 구원하여 그들을 메시야적 구원의 우리 속으로 들여서 에스겔 34:15f.의 예언을 성취시키기 위하여 오신 것이다. 그러나 이스라엘 전체는 그 목자의 음성에 귀를 기울이지 않았다. 그러나 그의 음성을 듣고 목자를 따르는 자는 그의 우리 안에 속하여 그의 적은 양 떼들, 곧 참된 이스라엘이 된 것이다. 양 떼라는 이미지와 이스라엘 언약 공동체라는 이미지에는 이처럼 직접적이고도 분명한 연관이 있는 것이다.[29]

누가복음 12:32의 말씀이 하나님 나라의 종말론적인 면을 강조하지만, 예

27) D. Bosch, *Die Heidenmission in der Zukunftsschau Jesu* (1959), p. 135.

28) 예수가 별도로 남은 자를 모으기를 거부했으며 온 이스라엘에게 구원의 선포를 확대시켜서 시행했다는 Jeremias의 주장은 옳다(*ZNTW*, XLII [1949], pp. 184-194). 그러나 선지자들은 불신실한 이스라엘 민족 이외에 그것과는 별도로 신실한 남은 자가 있는 것이 아니라 이스라엘 민족 내에 그들이 속하여 있는 것으로 생각한다. Campbell은 구약의 남은 자는 절대로 레갑 자손들처럼 어느 특정한 그룹이나 계급을 지칭하는 것이 아니라는 사실을 지적한다(J. C. Campbell, *SJTh*, III [1950], p. 79). 렘 5:1-5; 암 5:14-15; 사 6:13 등을 보라.

29) P. S. Minear, *Images of the Church in the New Testament* (1961), p. 85.

수의 제자들이 장차 하나님 나라를 유업으로 받게 되는 것은 그들이 지금 그
의 적은 양 떼들이기 때문이다. 목자가 그들을 발견하여 집으로 데리고 오신
것이다(눅 15:3-7). 하나님이 장차 그들에게 종말론적 하나님 나라를 주시는
것은 그들이 이미 참된 양 떼들이요 참된 하나님의 백성들이기 때문이다.

예수께서 열두 제자들을 부르셔서 그의 사역에 동참시키신 것에 대해서
그것을 그의 제자들과 이스라엘 사이의 연속성을 분명히 드러내기 위하여
행한 하나의 상징적인 행동으로 인식하는 경우가 많다. 열두 제자가 이스라
엘을 대표한다는 것은 그들의 종말론적 역할에서 잘 드러난다. 그들은 열두
보좌에 앉아서 "이스라엘 열두 지파를 심판할" 것이다(마 19:28; 눅 22:30).
이 말씀이 열두 제자들이 이스라엘을 심판하여 그들의 운명을 결정짓게 될
것이라는 의미이든,[30] 아니면 그들을 다스린다는 의미이든,[31] 열두 제자들은
종말론적 이스라엘의 머리가 되도록 되어 있었던 것이다.

열두 제자들이 참된 이스라엘의 핵을 이루도록 되어 있다고 인식한다 하
더라도 열 둘이라는 숫자에는 전체의 백성을 예수의 카할[32]로 인식하는 주장
이 들어 있다는 견해가 그대로 성립된다. 열 둘이라는 숫자는 하나의 상징적
인 숫자로서 뒤를 바라보는 동시에 앞을 바라보는 것이다. 뒤로는 옛 이스라

30) G. Schrenk, *Die Weissagung über Israel im Neuen Testament* (1950), pp.
 17ff.; K. H. Rengstorf, *TWNT*, II, p. 327 등을 보라.
31) 삼상 8:5; 왕하 15:5; 시 2:10; 마카베오 1서 9:73; 솔로몬의 시편 17:28을 보라. W.
 G. Kümmel, *Promise and Fulfilment* (1957), p. 47; E. Stauffer, *New
 Testament Theology* (1955), p. 308; V. Taylor, *Jesus and His Sacrifice*
 (1951), p. 189을 보라.
32) 카할은 하나님의 회중으로서의 이스라엘을 지칭하는 히브리어 단어다. 다음의 각주 50
 을 보라. 열 둘이라는 숫자의 이러한 의의에 대해서는 W. G. Kümmel,
 *Kirchenbegriff und Geschichtsbewusstssein in der Urgemeinde und bei
 Jesus* (1943), p. 31; *Promise and Fulfilment* (1957), p. 47; K. H. Rengstorf,
 TWNT, II, p. 326; H. D. Wendland, *Eschatologie*, p. 159 등에서 강조하고 있다.
 Wendland는 또한 열두 제자가 새로운 이스라엘의 핵을 구성한다는 것을 인정한다.
 Golege도 이를 인정한다. 그의 *Reich Gottes und Kirche im Neuen Testament*
 (1929), p. 247을 보라.

엘을 바라보며 앞으로는 종말론적 이스라엘을 바라보는 것이다.[33]

열두 제자는 종말론적 이스라엘의 통치자들이 되도록 되어 있다. 그러나 그들은 이미 종말론적 하나님 나라의 축복과 권능을 받은 자들이다. 그러므로 그들은 종말론적 하나님 나라의 백성만이 아니라 현재의 메시야적 구원을 받아들이는 자들까지도 대표하는 것이다. 열두 제자를 택하는 행위 비유(acted parable)를 통하여 예수께서는 자신이 새로운 회중을 일으키사 그의 메시지를 거부하는 민족을 대체시키실 것을 가르치신 것이다.[34]

제자도의 의미

만일 예수께서 그의 제자들을 하나님 나라의 참된 백성으로 여기셨다면, 이 새로운 카할과 하나님 나라 사이의 관계에 대한 문제가 남게 된다. 그리고 이 문제는 제자도의 의미에 대한 분석을 요한다. 이 분석 작업은 아주 간단한 것이어야 마땅하지만, 참으로 어렵기 짝이 없는 작업이다. 왜냐하면 복음서에 나타나는 제자도를 지칭하는 용어들이 전문적이지도 않고 의미가 명확하지도 않기 때문이다. 세 가지 다른 부류의 제자들을 찾아낼 수 있을 정도이다.[35] 가장 명확하게 나타나는 그룹은 열두 제자들인데, 이들은 사도로도 불리며(막 3:14; 6:30) 제자로도 불린다.[36] 그러나 마가복음은 먼저 존재하고 있던 일정 수의 제자들 가운데서 열두 사람을 택한 것으로 말씀하는데, 그렇

---

33) D. Bosch, *Die Heidenmission in der Zukunftsschau Jesu* (1959), p. 82를 보라.

34) C. E. B. Cranfield, *The Gospel according to Saint Mark* (1959), p. 127; J. W. Bowman, *The Intention of Jesus* (1943), p. 214를 보라.

35) K. H. Rengstorf, *TWNT*, IV, pp. 447-460; G. Kittel, *TWNT*, I, pp. 213-215의 논문들을 보라. 또한 W. G. Kümmel, *Kirchenbegriff und Geschichtsbewusstsein in der Urgemeinde und bei Jesus* (1943), pp. 28ff.을 보라.

36) 막 6:30(사도들)을 6:35, 45(제자들)과 비교하고, 막 14:12-16(제자)를 14:17(열 둘)과 비교하라. 마태복음은 "열두 제자"라는 표현을 사용한다(마 10:1; 11:1; 20:17; 26:20).

다면 그 먼저 존재하고 있던 제자들은 열두 명이 훨씬 넘었을 것이 분명하다 (막 2:15, 16, 18; 3:7, 9). 두 번째의 제자 그룹도 예수님과 교제를 나누며 그의 메시지를 들으며(막 2:16) 또한 가장 넓은 의미에서 예수를 "좇은"(막 3:7) 더 큰 무리들에서 구별해낸 자들이다. 이렇게 해서 세 가지 그룹이 존재하는 것을 보게 된다: 예수를 "좇으며" 그의 말씀을 들은 큰 무리가 있고, 개인적으로 예수를 좇은 다소 불명확한 그룹으로서 제자들로 불리는 자들이 있으며, 또한 더 작은 그룹의 제자들 곧 열두 제자의 그룹이 있다.

열두 명보다 더 큰 제자 그룹이 예수를 좇았다는 사실은 여러 말씀에서 나타난다. 마가복음은 어떤 사람이 제자가 되기를 원했으나 예수께서 이를 거절하시고 그에게 집으로 돌아가서 그의 병 고치신 사실을 증거하라고 말씀하신 예를 기록하고 있다(막 5:18-19). 다른 때에는 예수께서 사람들을 불러서 제자가 되라고 부르셨으나 그들은 모든 것을 희생하고 주를 따를 마음의 준비가 되어 있지 않았다(마 8:19-22 = 눅 9:57-60). 예수께서는 영생을 얻기 위한 길을 묻는 젊은 사람에게도 동일한 도전을 주었던 것으로 보인다(막 10:17-22). 예수께서는 개인적인 제자도를 통하여 하나님 나라에 대하여 그에게 도전하셨던 것이다. 아리마대 요셉도 제자로 불린다(마 27:57). 글로바라는 사람(눅 24:18)도 부활하신 예수께서 나타나셨던 제자들의 그룹에 속하여 있었다. 누가복음은 칠십 명의 제자들의 전도 사역에 대하여 기록하고 있는데(눅 10:1ff.), 그들은 열두 제자의 사역과 비슷한 사역을 감당하였고(막 6:7ff.) 예수의 대리자들로서 하나님 나라의 복된 소식을 전하였고 하나님 나라의 표증을 시행하였다. 마가복음은 물론(15:40-41) 누가복음도(8:2-3) 몇 명의 여인들이 예수의 측근에 있었음을 시사하고 있다.

개인적으로 예수를 좇았던 이 두 그룹들 이외에도, 하나님 나라에 대한 예수의 선포에 응답하였으나 그들의 집과 가정을 버리고 그를 따르라는 부름을 받지 않은 분명히 드러나지 않는 큰 그룹의 사람들이 있었다. "소자"가 예수의 제자이기 때문에 그에게 냉수 한 그릇이라도 주라는 말씀(마 10:42)이 그런 불분명한 큰 그룹이 있었음을 시사한다. 누가복음은 큰 제자의 무리에 대해서 두 번 언급하고 있는데(눅 6:17; 19:37) 이는 아마도 개인적으로 주를 따랐던 제자들은 아니었을 것이다. 이러한 사실은 마가복음 9:40의 난해한 말씀을 이해하는 배경이 된다: "우리를 반대하지 않는 자는 우리를 위하는 자니라." 곧, 개인적으로 예수의 측근이 되지 않고서도 신자가 될 수 있으며 심지어 하나님 나라의 권능들을 시행할 수도 있었다는 것이다.[37] 예수께서는 부활하신 후 오백명의 사람들 앞에 나타나셨었는데, 이들을 개인적으로 예수를 따르던 제자들로 보기에는 그 숫자가 너무 크다(고전 5:6).

이러한 분석을 통해서 우리는 예수를 추종하던 무리들이 세 가지가 있었다는 것을 알게 된다. 그 "나라의 본 자손"인 온 이스라엘에게(마 8:12) 하나님 나라를 선포하고 회개할 것을 촉구하였다. 그러나 그 메시지를 받아들인 자들만이 하나님 나라의 참된 자손들이 되었다(마 13:38). 심령이 가난한 모든 자들, 즉 자신들이 전적으로 하나님께 의존한다는 사실을 인정하는 자들은 천국을 소유한 자들이다(마 5:3). 예수의 "형제들"을 돌아본 모든 자들은 하나님 나라를 유업으로 받을 것이다(마 25:34-40; 참조. 마 10:40). 이 땅에서 예수를 시인한 모든 자들은 예수께서 아버지 앞에서 시인하실 것이다(마 10:32). 이렇게 가장 넓은 의미에서 예수를 좇은 자들이 종말론적 공동체를 구성하며, 이들이 종말론적 완성의 날에 그 나라에 들어갈 것이다.[38]

그러나 이것이 전부가 아니다. 예수의 메시지를 받아들이는 자들은 또한 그들이 이미 하나님 나라를 체험했다는 의미에서 하나의 종말론적 교제를 이루고 있는 것이다. 그들은 죄를 용서함 받았다. 그들은 예수와 교제를 누리며 또한 하나님 나라에 부르심을 받은 자들과 교제를 누리고 있다. 그들은 이스라엘의 아버지이신 하나님(사 64:8; 말 2:10)을 자기들의 아버지로 알게 되었다. 그들은 작은 아이들로서 하나님 나라를 받았으며 그 나라의 축복을 누리는 상태에 들어갔다. 그들은 과연 미래의 하나님 나라는 물론 현재의 하나님 나라의 백성들이다. 왜냐하면 그들은 하나님의 통치에 자신들을 굴복시켰기 때문이다.

---

37) 마 12:30의 "나와 함께 아니하는 자는 나를 반대하는 자요"라는 어구는 예수 안에 임재한 하나님의 나라에 대한 사람의 응답에는 중립적인 상태가 있을 수 없다는 것을 의미한다. 중립적인 응답은 사실상 부정적인 결단이다.

38) N. A. Dahl, *Das Volk Gottes* (1941), pp. 158f.; H. D. Wendland, *Eschatologie*, pp. 146-163을 보라.

그러므로 예수께서 이스라엘이 당할 참된 운명이 그의 제자들 그룹 속에서 실현되는 것을 보았다는 결론을 피하기가 어렵다. 만일 이스라엘에게 약속되었고 예수의 사역에서 성취된 메시야적 구원을 받아들일 경우 이스라엘이 하나님의 목적에 합당한 참된 운명을 맞게 되었을 것이라면,[39] 메시야적 구원을 받아들일 이스라엘 가운데 일부분에게서 하나님의 백성으로서의 이스라엘의 참된 사역과 운명이 성취를 보게 되었다고 보지 않을 수가 없을 것이다. 예수의 제자들은 슈미트(Schmidt)가 주장하듯이(pp. 314ff.를 보라) 별도의 회당 형식의 모임체(synagogue)를 구성한 것이 아니다. 그들은 특별한 모임 장소도 없었고 회당의 예를 따라서 정기적인 예배에 참여한 것도 아니었다. 그들은 랍비들의 제자들처럼 일정한 가르침을 받지도 않았다. 그들에게는 바리새인들처럼 새로운 **할라카** 혹은 규정도 없었다. 그들에게는 명확한 조직도 없었다. 다알(Dahl)이 강하게 주장하듯이, "예수의 제자들의 모임은 유대교 내에서는 아주 이례적인 것이었다. 회당도 없고 할라카도 없는 별도의 회당 모임체였다! 묵시론적 가르침이 없는 묵시적 그룹이었다! 열심당의 열정이 없는 메시야 운동 그룹이었다."[40] 그들을 하나로 묶어준 한 가지는 오직 예수 자신과 및 그의 하나님 나라에 대한 메시지에 대한 개인적인 관계뿐이었다.[41]

제자들은 새로운 이스라엘이 아니라 참된 이스라엘이었고, 새로운 교회가 아니라 참된 하나님의 백성이었다(렘 7:23; 31:33; 겔 11:20). 그들은 믿음을 지키는 의로운 나라였으며(사 26:2), 예수께서 메시야적 성취의 축복 속으로 부르신 참된 **카할 야훼**(여호와의 회중)였다. 이는 예수를 개인적으로 따르던 자들뿐 아니라 가장 넓은 의미에서의 예수의 추종자들에게도 그대로 해당되었다. 왜냐하면 예수께서는 그의 메시지를 받아들였으면서도 그의 개인적인

---

39) N. A. Dahl, *Das Volk Gottes* (1941), p. 147, "In der Berufung zum Gottesreich durch Jesus wird die Erwählung Israel bestätigt und vollendet"(예수를 통한 하나님 나라로의 부름 속에서 이스라엘의 선택이 확인되며 확증되는 것이다).

40) *Das Volk Gottes* (1941), p. 161.

41) 이 점은 *TWNT*, IV, pp. 448ff.에 수록된 제자도에 관한 Rengstorf의 글에서 아주 분명히 드러난다.

제자 그룹에 들어가지 않은 많은 사람들에게도 구원을 약속하셨기 때문이다 (막 10:15; 12:34; 마 7:21; 눅 6:20). 예수께서는 그의 복음을 받아들인 이 광범위한 그룹 가운데서 특정한 사람들을 부르사 하나님 나라를 선포하는 일에 개인적으로 연관을 갖도록 하신 것이다. 이 그룹을 가리켜 제자들이라 고 부를 수 있을 것인데, 이들은 때에 따라서 그 규모가 달라졌던 것으로 보 인다. 이들은 하나님 나라의 자손들로서 하나님 나라의 메시지를 받아들였 을 뿐만 아니라 예수의 사역에 동참하기 위하여 모든 것을 버리도록 부르심 을 받은 자들이었다. 엄격한 윤리적 가르침들 가운데 많은 것들이 이 개인적 인 제자들에게 주어진 것들이다. 그들은 하나님 나라를 전파하는데 모든 것 을 희생할 것을 요구받았는데, 이런 희생은 넓은 의미의 제자들에게는 요구 되지 않았다(막 10:17ff.; 10:28-30). 그러나 모든 제자들은 부르심을 받을 경우 모든 것을 버릴 수 있는 준비를 갖추고 있어야 했다(마 8:19-22 = 눅 9:56-60).

이 두 내부 그룹들 — 열두 제자들과 나머지 제자들 — 이 나머지 그룹의 추종자들과는 달리 경험한 한 가지 중요한 사실이 있다. 이들은 하나님 나라 를 선포하며 예수 자신에게 역사하고 있던 하나님 나라의 권능들을 시행하 는 특권을 부여받았던 것이다.[42]

예수께서는 다른 제자들보다도 더 가까이 있어서 하나님 나라를 전파하고 귀신을 내어쫓는 권세를 소유할 열두 사람들을 택하셨다(막 3:14-15). 그 열 두명을 전도 사역에 내어보내실 때에 예수께서는 더러운 영들을 제어하는 권세를 그들에게 주셨고(막 6:7), 회개를 전파하고 하나님 나라의 일을 행하 는 사명을 주셨다(막 6:12-13). 누가복음은 그들의 사역이 하나님의 나라를 전파하는 것이었다고 보도한다(눅 9:2). 그리고 마태복음은 그들의 사역의 본질을 좀더 정확히 규정해 줄 수 있는 다른 자료를 거기에 더 첨가시킨다. 하나님 나라가 가까이왔다는 그들의 선언(마 10:7)은 단순히 미래에 대한 선 언만은 아니었다. "하나님의 나라는 미래가 현재 속으로 들어온 것이요 제자 들의 전도뿐 아니라 그들의 행하는 일들에서 그 자체를 드러내는 것이었다."

---

42) 이 법칙에 대한 한 가지 예외가 있는데 이에 대해서는 p. 329, 각주 30을 보라.

[43] 이 하나님 나라의 사신들을 거부하면 심판을 당할 것이다(마 10:15). 이것은 위협적인 말씀이다. 그런 특별한 심판이 임하는 이유는 하나님의 나라가 실제로 예수의 대리자들을 통하여 이 성읍들에 임했고 그 권능의 역사를 드러냈었다는 사실에서 볼 수 있다. "그 사자(使者)들이 사람들에게 가서 그들을 대하는 모든 것은 하나님 나라의 은혜와 구원의 능력의 현현이다 … .그 사자들이 어떤 의미에서 하나님의 나라 그 자체인 것이다."[44] 심판이 그들에게 선포되는 것은 이 제자들을 거부하는 것이 하나님 나라 그 자체를 거부하는 것을 의미하기 때문이다.

이처럼 제자들을 통해서 하나님 나라가 역사하는 일은 열두 제자만이 아니라 그들과 비슷하게 전도의 사명을 받고 보내심을 받은 규모가 더 큰 그룹들도 동일하게 경험하였다. 그들의 메시지와 사명은 열두 제자들의 경우와 동일했다. 곧 하나님 나라의 임재와 하나님 나라의 역사(役事)가 그것이다(눅 10:9).[45] 하나님 나라의 사신들을 거부할 경우, 그들은 심판을 선포했다. 사람들이 이 전도자들을 거부해도 심판이 임하지 않는 것처럼 보일 수도 있었다. "그러나 하나님의 나라가 가까이 온 줄을 알라"(눅 10:11). 곧 그 거부당한 전도자들 속에서 하나님의 나라가 가까이 왔다는 의미이다. 그 다음에 다시 심판에 대한 말씀이 이어진다. 그런 성읍들은 심판 날에 소돔보다도 더한 어려움을 당할 것이다.

하나님의 나라가 칠십인의 사역 속에 임재했다는 이 해석은 그들이 돌아왔을 때에 예수께서 하신 말씀에서 확증된다. 그들이 자신들이 행한 권능에 대해서 기뻐하며 놀라움을 표시했을 때에, 예수께서는 그들의 사역은 다만 사탄의 패망 — 그가 자신의 권좌에서 떨어졌다는 것 — 을 보여주는 것일 뿐이라고 답변하셨다(눅 10:17-18). 이것은 하나님의 나라가 예수에게만이

---

43) T. W. Manson, *The Sayings of Jesus* (1949), p. 180.

44) *Ibid.*, pp. 75-78. "사도들의 행위도 그 자신의 행위와 마찬가지로 하나님 나라의 활동이었다"(C. K. Barrett, *The Holy Spirit and the Gospel Tradition* [1947], p. 65).

45) 이 절의 헬라어는 영어보다도 의미가 더 강하다: "The Kingdom of God has come upon you"(하나님의 나라가 너희에게 임하였느니라)(엡 휘마스).

아니라 그의 제자들에게도, 열두 제자 그룹과 칠십인의 그룹 모두에게도, 임재하였다는 사실을 보여주는 가장 중요한 구절이다. 큄멜은 누가복음 10:18은 전후의 문맥과는 전혀 상관이 없는 하나의 독자적인 말씀(logion)이라고 주장하여 이러한 결론을 회피하려 한다. 이 말씀은 귀신을 내어쫓는 것을 지칭하는 것도 아니요 그런 활동 속에 나타난 제자들의 권위를 지칭하는 것은 더더욱 아니라고 한다.[46]

그러나 우리는 이런 결론에 동의할 수 없다. 오히려 여기에 나타난 사상의 흐름은 마태복음 12:28-29과 매우 유사한데, 흥미롭게도 큄멜은 이 구절을 가리켜 하나님의 나라가 현재의 활동임을 보여주는 가장 중요한 증거 가운데 하나로 본다. 예수께서 귀신들을 내어쫓았다는 것은 곧 사탄을 묶었다는 것을 의미하며, 제자들이 권능의 역사를 행했다는 것은 사탄이 그의 권좌에서 내어쫓김을 당했음을 의미하는 것이다. 이 구절이 하나님의 나라가 예수의 제자들 속에서 또한 그들을 통해서 역사하였다는 것을 묘사한다는 결론을 문제삼을 만한 뚜렷한 이유가 전혀 없는 것이다. 큄멜도 그들이 진정으로 다가오는 하나님의 나라의 권능들을 공유했음을 인정한다. 하나님의 나라가 예수 안에서 이 지나가는 시대 속으로 들어왔고, 바로 그 정도만큼 그 다가오는 하나님의 나라가 예수의 제자들 그룹 속에서 이미 활동하고 있었던 것이다.[47]

여기서 또 다시 정의(定義)의 문제가 가장 중요한 문제로 떠오르게 된다. 만일 하나님의 나라가 미래의 종말론적 구원의 영역이라면 그것이 예수의

---

46) W. G. Kümmel, *Promise and Fulfilment* (1957), p. 113. 그러나 H. Conzelmann은 누가복음 10:18이 10:17에 대한 자연적인 기초가 되며 10:19의 능력을 베푼 일을 해명해준다고 본다(*The Theology of St. Luke* [1960], p. 107). 이 구절에 대한 더 상세한 논의는 앞의 pp. 189ff.에서 볼 수 있다.

47) Kümmel은 다음과 같이 진술하고 있다: "Vielmehr haben die Zwölf ebenso wie alle anderen Jünger, denen Jesus den Auftrag zur Mithilfe an seiner eschatologischen Wirksamkeit gegeben hat, durch diessen Auftrag Anteil an den mit Jesus in diesen vergehenden Aeon eingebrochenen Kräften des nahenden Gottesreiches, und insofern ist auch im Kreise dieser Jünger Jesu die kommende Gottesherrschaft schon wirksam" (*StTh*, VII [1954], p. 7).

제자들 속에 실제로 임재했다고 생각하기가 매우 어려워진다. 그러나 만일 하나님의 나라가 하나님의 구속적인 통치라면, 그 나라의 권능이 예수의 제자들 속에서 활동하고 있음을 인정하는 것은 결국 하나님의 나라 그 자체가 그 제자들 속에서 그리고 그들을 통하여 역사하고 있다는 말과 동일한 의미가 되는 것이다.

이제 지금까지의 우리의 연구의 결과를 정리하고 예수의 제자들과 교회와 하나님 나라의 상호 관계들을 좀더 직접적으로 다루어야 할 때가 되었다. 예수께서는 약속하신 메시야적 성취를 이스라엘에게 주시기 위하여 오셨다. 그는 약속된 구원을 이스라엘에게 제시하셨다. 그러나 그렇게 하신 것은 이스라엘이 하나님 나라를 자기 것으로 요구했기 때문이 아니라 하나님이 이스라엘에 대해 요구하셨기 때문이다.[48] 그들이 하나님의 나라를 받아들였더라면 그들의 참된 운명과 이스라엘을 부르신 하나님의 목적이 실현되었을 것이다. 이 목적은 오직 하나님의 부르심에 응답한 사람들에게서만 성취되는 것이었다. 그 사람들은 새로운 이스라엘도, 별도의 회당 모임체도, 폐쇄적인 교제 모임도, 조직화된 교회도 아니었고, 다만 불신앙적인 민족 내부의 믿음을 가진 남은 자요, 교회 속의 작은 교회(ecclesiola in ecclesia)였다. 그들은 이중적인 의미에서 종말론적 공동체였다. 곧, 그들은 예수께서 선포하신 현재적 하나님 나라를 받아들였고, 그리하여 종말론적 완성의 때에 하나님의 나라를 유업으로 받게 되어 있었던 것이다. 그들을 하나로 묶는 유일한 공통적인 끈은 그들이 예수와 관계를 갖고 있다는 사실이요 또한 예수 안에 내재하는 하나님 나라의 축복에 참여한다는 사실이었다. 그리고 그들 내부의 작은 그룹들이 예수의 사역을 공유하며, 그와 함께 하나님 나라의 임재를 선포하며 귀신을 내어쫓고 질병을 치유함으로써 그 나라의 권능을 실행하는 특권을 누렸던 것이다.

마태복음 16:18-19

---

48) N. A. Dahl, *Das Volk Gottes* (1941), p. 148.

이러한 제자도와 또한 그 제자도가 이스라엘 및 하나님 나라와 갖는 관계를 배경으로 하여 살펴보면, 마태복음 16:18 이하의 말씀은 예수의 가르침 전체와 일관성이 있는 것으로 드러난다. 사실상 이 말씀은 예수의 사역 전체와 그 사역에 대한 이스라엘의 응답 이면에 깔린 기본적인 하나의 개념을 명확한 형태로 표현해준다. 이 말씀은 하나의 조직체나 제도를 창조하는 것을 말씀하는 것도 아니요, 그렇다고 해서 기독교적인 특성을 분명하게 지닌 에클레시아, 곧 그리스도의 몸이요 신부로서의 모임체를 의미하는 것으로 해석해서도 안된다. 오히려 이 말씀은 하나님의 백성으로서의 이스라엘이라는 구약적인 개념을 근거로 이해하여야 마땅하다. 백성을 "세운다"는 관념은 구약적인 관념이다.[49] 더욱이 에클레시아는 여호와의 회중 혹은 총회로서의 이스라엘을 지칭하는 성경적인 용어로서 히브리어 카할을 번역한 것이다.[50] 구약에서 하나님의 백성으로서의 이스라엘을 지칭하는 뜻으로 통상적으로 사용되는 단어는 카할과 에다 두 가지가 있는데, 예수께서 이 가운데 어느 것을 사용하셨는지는 확실치 않다.[51]

슈미트(K. L. Schmidt)는 예수께서 후기의 용어인 케니슈타를 지칭하셨을 것이라고 주장하였다. 예수께서는 제자들을 참된 이스라엘을 구성하는 특별한 회당 모임체로 인식하셨기 때문이라는 것이다.[52] 그러나 예수께서는 별도로 구별된 회당 모임체를 세우려는 목적은 없었다는 큄멜의 주장이 옳은 것이 분명하다.[53] 예수께서는 제자들의 모임체를 불순종한 민족 내에 속한 참

---

49) 룻 4:11; 렘 1:10; 24:6; 31:4; 33:7; 시 28:5; 118:22; 암 9:11 등을 보라.

50) 행 7:38은 이스라엘을 "광야의 에클레시아"로 말씀하는데, 이는 신약적인 의미의 교회를 지칭하는 것이 아니다. 신 5:22; 스 10:12; 시 22:22; 107:32; 욜 2:16; 미 2:5 등을 보라. (또한 G. Johnston, *The Doctrine of the Church in the New Testament* [1943], pp. 36f.을 보라).

51) 에다는 칠십인역에서 보통 수나고게로 번역되며, 에클레시아로 번역되는 경우는 없다. 모세오경의 처음 네권의 책과 예레미야서와 에스겔서의 경우 칠십인역에서 카할을 수나고게로 번역하기도 한다. 카할과 에다는 A. D. 일세기에 모두 케네셋(아람어로는 케니슈타)으로 대체되는데 이는 지방 유대교 회당을 가리키는 의미로 사용되기도 했다.

52) *BKW: Church* (1951), p. 48f.; *Die Kirche des Urchristentums* (1932), pp. 287ff.

된 이스라엘로 바라보셨을 것이며, 하나의 분리주의 모임 혹은 "폐쇄된" 모임체로 보신 것이 아닐 것이다. 그는 새로운 방식의 예배를 제정하거나, 새로운 의식, 혹은 새로운 조직을 전혀 만들지 않으셨다. 그의 설교와 가르침은 이스라엘의 신앙과 행위의 전체적인 맥락 속에 그대로 남아 있었다. 자신의 에클레시아를 세우시려는 목적을 밝히신 예수의 선언은 주로 제자도에 대한 우리의 연구에서 이미 밝혀진 바를 의미한다. 즉, 예수께서 세우시는 교제의 모임체가 구약의 이스라엘과 직접적인 연속성을 지닌다는 사실을 의미하는 것이다.[54]

여기서 분명히 드러나는 요소는 이 에클레시아가 특별한 면에서 예수의 에클레시아라는 점이다: "내 에클레시아." 이것은 곧, 참된 이스라엘이 이제 예수와의 관계 속에서 그 특정한 정체성(identity)을 찾는다는 의미이다. 하나의 민족으로서의 이스라엘은 예수께서 선포하신 메시야적 구원을 거부했으나, 그 가운데 많은 이들이 그것을 받아들였다. 예수께서는 그의 제자들이 하나님의 참된 백성으로서의 이스라엘의 자리를 대신 차지하는 것으로 보신 것이다.

이 새로운 백성이 그 기초로 삼는 반석이 과연 무슨 의미인가에 대해서 길게 논의할 필요는 없다고 본다. 이 헬라어 본문 이면에 있는 셈어의 용례를 볼 때에, 우리는 두 헬라어 단어 페트로스(베드로)와 페트라(반석) 사이에 재담

---

53) StTh, VII (1954), pp. 15f. 오순절 이후 생겨난 초기 그리스도인의 공동체는 사도행전에 그려져 있는 대로 보면 하나의 새로운 회당으로 간주할 수도 있을 것이다. 그러나 그것은 별도로 분리된 회당은 아니었다. 예수를 메시야로 믿는 자들은 신실한 유대인들과 마찬가지로 계속해서 성전에서 예배했다(행 2:46). 그들이 일반 백성들에게 좋은 인상을 심어주었으며(행 2:47; 5:13) 바리새인들의 적대감을 유발시키지 않았다는 사실은 그들이 별도로 분리된 그들만의 당파를 형성하지 않았다는 것을 보여준다. 교회의 쿰란 공동체와 비교해보면 아주 고무적인 여러 가지 사실들이 나타난다. 교회와 쿰란 공동체는 스스로를 참된 이스라엘로 생각하였다. 그러나 교회는 그 자신을 하나의 분리된 이스라엘로 여기지 않았으며, 쿰란 공동체처럼 옛 이스라엘과의 교제를 절연하지도 않았다.

54) 참조. W. G. Kümmel, Kirchenbegriff und Geschichtsbewusstsein in der Urgemeinde und bei Jesus (1943), p. 24) Kümmel은 이 말씀의 순수성을 믿지 않으면서도 바로 이것이 이 말씀의 의의라는 것을 인정한다.

(才談, play on word)의 요소가 있는 것으로 보아서는 안된다. 예수께서는 아마도 이렇게 말씀하셨을 것이다: "너는 게바라 이 게바 위에 내가 내 교회를 세우리라." 많은 개신교 해석자들은 교회의 직분자로서의 베드로를 반석으로 보는 로마 가톨릭 교회의 해석을 강하게 반대하여 이 반석을 그리스도 자신이나(루터) 또는 그리스도에 대한 베드로의 믿음(칼빈)으로 해석하였다.[55] 그러나 쿨만은 여기서 반석은 사실상 베드로라는 것을 아주 설득력 있게 주장하고 있다. 그는 교회의 직분자로서도 아니요, 혹은 개인적 자질 때문도 아니요, 오직 예수를 메시야로 고백하는 열두 제자의 대표자로서의 베드로를 지칭한다고 보았다. 반석은 신앙의 고백자인 베드로인 것이다.[56] 예수께서는 베드로가 아주 의미있는 지도자의 역할을 감당하게 될 새로운 단계가 제자들에게 다가올 것을 예견하셨다. 그러나 베드로가 공식적인 지도자역을 감당하여 그의 후계자들에게 자신의 직분을 계승시킬 것이라는 내용은 본문의 문맥에서는 그 힌트조차도 나타나지 않는다. 그 다음 절이 보여주듯이 이 기초가 되는 반석인 베드로는 아주 쉽게 거치는 반석이 되어 버리는 것이다.[57]

우리는 교회를 세우시리라는 이 말씀이 예수의 가르침 전체와 아주 어울리며 그가 그의 메시지를 받아들이는 자들의 무리들을 하나님 나라의 자손들, 참된 이스라엘, 하나님의 백성으로 보았음을 의미한다고 결론지을 수 있

---

55) B. Ramm, *Foundation*, V (1962), pp. 206-216) Knight는 반석이 하나님 자신이라고 주장한다(G. A. F. Knight in *ThTo*, XVII [1960], pp. 168-180).

56) *Peter: Disciple-Apostle-Martyr* (1941), pp. 206-212; 또한 A. Oepke, *StTh*, II (1948), p. 157; O. Betz, *ZNTW*, XLVIII (1957), pp. 72f.; D. H. Wallace and L. E. Keck, *Foundations*, V (1962), pp. 221, 230 등을 보라. 그런 표현이 어떤 공식적인 권위를 의미하는 것이 아니라는 것은 사 51:1의 랍비의 미드라쉬에 나타나는 한 가지 흥미있는 비교에서 잘 드러난다. 하나님이 괴로우셨던 것은 그가 불순종하는 사람들 위에 아무것도 세울 수가 없으셨기 때문이었다. "하나님은 아브라함이 나타나는 것을 바라보시며 말씀하시기를, '보라 내가 세상의 기초를 삼고 세상을 세울 반석을 찾았노라'라고 하셨다. 그러므로 그는 아브라함을 반석이라고 부르신 것이다." (Strack and Billerbeck, *Kommentar*, I, p. 733.)

57) P. S. Minear, *Christian Hope and the Second Coming* (1954), p. 186을 보라.

을 것이다. 그 새로운 백성이 어떤 형식을 취할지에 대해서는 아무런 언질이 없다. "교회" 내의 권징에 대한 말씀(마 18:17)은 제자들을 유대인의 회당과 유사한 하나의 구별된 모임체로 보지만, 그러나 그 새로운 모임체가 어떤 형식이나 조직을 취하는지에 대해서는 아무런 언급도 없다.[58] 유대교로부터 분리되었고 자체의 조직과 의식을 지닌 하나의 모임체로서의 교회는 후에 역사적으로 발전되어 나타난다. 그러나 그것은 예수로 말미암아 생겨난 하나님의 참된 백성으로서의 새로운 교제의 모임체로서, 그것이야말로 메시야적 구원을 받아들임으로써 반역한 이스라엘 민족을 대신하여 참된 이스라엘의 자리를 차지하게 될 것이었다.

---

58) 이 구절의 순수성을 거부하는 경우가 자주 있으나 "예수께서 이 말씀들을 하실 수가 없으셨다는 견해를 정당화시켜주는 것은 아무 것도 없다"(F. V. Filson, *The Gospel according to St. Matthew* [1960], p. 201).

제 11 장

하나님의 나라와 교회

우리는 이제 예수의 제자 그룹을 교회 자체는 아니라 할지라도 발아(發芽) 상태의 교회 정도로는 인정하고서 하나님의 나라와 교회 사이의 특별한 관계를 검토하여야 하겠다.[1] 이 문제에 대한 해결은 하나님 나라를 기본적으로 어떻게 정의하느냐에 달려 있다. 만일 하나님 나라를 역동적인 개념으로 보는 것이 옳다면, 하나님 나라는 절대로 교회와 동일한 것으로 볼 수가 없게 된다. 하나님의 나라는 주로 하나님의 역동적 통치 혹은 왕적인 다스림이며, 파생적으로 그 다스림이 경험되는 영역을 뜻하게 된다. 성경적인 용법에 있어서 하나님의 나라가 거기에 속한 신복들과 동일시되지 않는 것이다. 그들은 하나님의 다스림을 받는 백성으로서 그 다스림 속에 들어가 그 밑에서 살며 그것에 지배를 받는 자들이다. 교회는 하나님 나라의 공동체이지만 절대로 하나님 나라 그 자체는 아니다. 예수의 제자들은 하나님 나라에 속할 따름이지, 그들이 하나님 나라는 아닌 것이다. 하나님의 나라는 하나님의 통치이다. 그러나 교회는 사람들의 모임체(a society)이다.[2]

교회는 하나님 나라가 아니다

1) Via는 이들을 "발아기의 교회"(embryo church)라고 말한다. 참조. D. O. Via, *SJTh.* XI (1958), p. 271.
2) R. N. Flew, *Jesus and His Church* (1943), p. 13; H. Roberts, *Jesus and the Kingdom of God* (1955), pp. 84, 107; H. D. Wendland, *Eschatologie*, p. 162; G. Gloege, *Reich Gottes und Kirche im Neuen Testament* (1929) 등을 보라.

이 관계는 다섯 가지 점에서 설명할 수 있을 것이다. 첫째로, 신약 성경은 신자들을 하나님의 나라와 동일시하지 않는다. 첫 선교사들은 하나님의 나라를 전파했지 교회를 전파한 것이 아니다(행 8:12; 19:8; 20:25; 28:23, 31). 위의 구절들에서 "하나님 나라"를 "교회"로 대치시킬 수는 없다. 사람들을 바실레이아로 언급하는 유일한 경우는 요한계시록 1:6과 5:10인데, 거기서도 사람들을 그렇게 지칭한 것은 그들이 하나님의 통치를 받는 신복들이기 때문이 아니라 그들이 그리스도의 통치를 공유하여 시행할 것이기 때문이다. "저희가 땅에서 왕노릇하리로다"(계 5:10). 이 말씀에서 "나라"란 하나님의 다스림을 받는 사람들이란 뜻이 아니라 "왕들"이란 의미다.

복음서의 말씀 가운데서 예수의 제자들을 하나님의 나라와 동일시하는 경우는 하나도 없다. 가라지 비유를 그런 경우로 보는 경우가 자주 있으며, 아버지의 나라가 임하기 전에(마 13:43) 인자가 죄의 모든 원인들을 "그 나라에서" 거두어 낼 것(마 13:41)이라는 진술은 실제로 교회를 그리스도의 나라와 동일시하는 것으로 보이기도 한다.[3] 그러나, 그 비유 자체는 밭을 교회가 아닌 세상으로 분명히 규정하고 있다(마 13:38). 그 비유의 메시지는 교회의 본질과는 아무런 관계가 없으며 오히려 하나님의 나라가 사회의 현재 질서를 깨뜨리지 않는 상태에서 역사 속에 침입해 들어왔다는 것을 가르쳐준다. 하나님의 나라가 이미 임하였지만, 종말론적 완성의 때가 이르기까지는 선과 악이 세상 속에 뒤섞여 있는 것이다. 악을 하나님 나라에서 거두어 낸다는 어법은 과거를 바라보는 것이 아니라 미래를 바라보는 것이다.[4]

마태복음 16:18-19을 근거로 하나님의 나라와 교회를 동일시하는 것도 잘못된 것이다. 보스는 그 말씀의 전반부에서는 집을 세우는 일을 말씀하고 후

---

3) 이런 견해는 Trench, A. B. Bruce, S. Goebel, S. B. Swete 등의 비유 연구에서 볼 수 있다. 또한 T. Zahn, *Das Evangelium des Matthäus* (1922), pp. 493-496; N. B. Stonehouse, *The Witness of Matthew and Mark to Christ* (1944), p. 238; T. W. Manson, *The Teaching of Jesus* (1935), p. 222; S. E. Johnson, *IB*, VII, pp. 415, 418; A. E. Barnett, *Understanding the Parables of Our Lord* (1940), pp. 48-50; G. MacGregor, *Corpus Christi* (1958), p. 122 등을 보라.
4) 이 비유의 해석에 대해서는 앞의 pp. 280ff.를 보라.

반부에서는 문과 열쇠로 동일한 집을 완성하는 것을 말씀하기 때문에 여기서 교회와 하나님 나라를 동일한 것으로 말씀하고 있다고 보아야 한다고 주장하는데, 이는 너무 지나친 주장이라 아니할 수 없다. "첫 진술에 나타난 집과 그 다음 진술에 나타난 집이 서로 다른 것을 뜻한다는 것은 어불성설이다"라고 한다. 그리하여 보스는 교회가 바로 하나님의 나라임을 확신을 가지고 주장한다.[5]

그러나, 그런 유연성을 함유하고 있다는 것이 바로 비유적 언어의 특성이다. 이 구절은 교회와 하나님 나라 사이의 불가분리의 상호 관계를 제시해준다. 그러나 그렇다고 해서 그 둘이 서로 동일하다고 말하는 것은 아니다. 하나님 나라에 들어가는 일에 대한 여러 말씀들이 있으나 그것을 교회에 들어가는 것을 뜻하는 것으로 볼 수는 없다. "예수께서 떠나가시고 난 후부터 다시 오시기까지 하나님 나라가 취하는 형식이 바로 교회다"[6]라는 식의 발언은 문제를 오도하는 것이다. 하나님의 다스림의 영역으로서의 하나님 나라와 교회가 사람들이 들어갈 수 있는 영역들이라는 점에서 이 두 개념이 서로 유사한 점이 있는 것은 사실이다. 그러나 하나님의 다스림의 현재적 영역으로서의 하나님의 나라는 불가시적일 뿐 아니라 이 세상에 속한 현상도 아니다. 그러나 이에 반하여 교회는 실제로 경험되는 사람들의 모임체인 것이다(8장, 특히 pp. 247ff.를 보라). 존 브라이트는 가시적인 교회가 하나님의 나라가 될 수 있다든가 혹은 하나님 나라의 산물이 될 수 있다는 식의 힌트는 전혀 나타나지 않는다고 말했는데, 그의 말이 과연 옳다 하겠다.[7] 교회는 하나님 나라의 백성이지 결코 그 나라 자체는 아니다. 그러므로 교회가 "하나님 나라의 일부"라고 말하거나, 아니면 종말론적 완성의 때에 가서는 교회와 하나

---

5) *The Teaching of Jesus concerning the Kingdom of God and the Church* (1903), p. 150.

6) E. Sommerlath, *ZSysTh*, XVI (1939), p. 573. Lindeskog은 "지상의 그리스도의 나라는 교회다"라고 한다(*This is the Church* [A. Nygren, ed.; 1958], p. 144); S. M. Gilmour는, "교회[제도가 아니라 사랑하는 공동체로서의 교회]는 역사적 과정 속에 있는 하나님의 나라다"라고 한다(*Int*, VII [1953], p. 33).

7) *The Kingdom of God* (1953), p. 236.

님의 나라가 동일한 것이 된다고 말하는 것은 전혀 도움이 되지 않는다.[8]

하나님의 나라가 교회를 창조한다

둘째로, 하나님의 나라가 교회를 창조한다. 예수의 사역 속에 임재해 있는 하나님의 역동적인 다스림이 사람들에게 응답할 것을 촉구하여 그들을 새로운 교제의 모임 속으로 인도한다. 하나님 나라가 임재한다는 것은 곧 이스라엘에게 약속하신 구약의 메시야에 대한 소망이 성취된 것을 의미한다. 그러나 민족 전체가 이를 거부하자, 그것을 받아들인 자들이 새로운 하나님의 백성, 그 나라의 자손들, 참된 이스라엘, 발아기의 교회를 구성하게 된 것이다. "교회는 하나님의 나라가 예수 그리스도의 사역으로 말미암아 세상 속으로 임하여 나타난 결과일 뿐이다."[9]

그물 비유는 교회의 성격과 교회의 하나님 나라와의 관계를 가르쳐준다. 하나님의 나라는 그물을 바다에 치는 것과 같은 그런 활동이다. 그 활동으로 좋은 고기만이 아니라 나쁜 고기도 잡아올린다. 그리고 그물을 해변에 가져가서는 고기를 골라낸다. 그런 것이 사람들 사이에서 역사하는 하나님 나라의 활동이다. 그것이 지금은 순결한 교제의 모임체를 창조해내지 않는다. 예수님의 측근 가운데서도 배반자가 있었다. 이 비유를 예수의 사역을 근거로 해석해야 하는 것이 옳지만, 여기서 이끌어낸 원리는 교회에도 적용할 수 있다. 하나님 나라의 활동은 사람들 가운데서 혼합된 교제의 모임체를 창조해낸다. 먼저는 예수의 제자들에게서, 그 다음에는 교회 안에서 그런 혼합된 모임체를 만들어내는 것이다. 하나님 나라가 종말론적으로 임한다는 것은

---

8) R. O. Zorn, *Church and Kingdom* (1962), pp. 9, 83, 85ff. 이처럼 표현이 혼란스럽지만, 그럼에도 불구하고 Zorn은 대개 교회와 하나님 나라를 적절히 구분하고 있다.

9) H. D. Wendland in *The Kingdom of God and History* (H. C. Wood, ed.; 1938), p. 188. "공동체가 하나님의 나라를 하나의 산물로 만들어내는 것이 아니라 하나님의 나라가 공동체를 창조한다"(*Eschatologie*, pp. 199). 또한 D. O. Via in *SJTh*, VI (1958), pp. 270-286을 보라.

인간 사회 일반에게나(가라지) 구체적으로 교회에게나(그물을 침) 모두 심판을 의미한다. 그 때가 오기까지 하나님 나라의 현재적 활동으로 말미암아 창조된 그 모임체에는 하나님 나라의 참된 자손이 아닌 자들이 함께 섞여 있을 것이다. 이렇게 해서 현실의 교회는 두 가지 성격을 지니게 된다. 그것은 하나님 나라의 백성이지만, 그럼에도 불구하고 이상적인 백성은 아니다. 왜냐하면 거기에는 실제로 하나님 나라의 자손이 아닌 자들이 섞여 있기 때문이다. 하나님 나라에 들어간다는 것은 교회에 참여한다는 것을 의미한다. 그러나 교회에 들어가는 것이 반드시 하나님 나라에 들어가는 것과 동일한 의미인 것은 아니다.[10]

교회는 하나님 나라를 증거한다

셋째로, 교회의 사명은 바로 하나님의 나라를 증거하는 것이다. 교회는 하나님의 나라를 세울 수도 없고 하나님 나라가 될 수도 없다. 다만 하나님의 나라를 증거할 뿐이다. 곧, 그리스도 안에서 행해지는 과거와 미래의 하나님의 구속의 활동들을 증거하는 것이 교회의 사명이다. 이 사실은 예수께서 열두 제자와 칠십인의 제자들에게 주신 명령에서 잘 나타난다. 그리고 사도행전에 나타난 사도들의 선포에서 더욱 확고하게 드러난다.

이 두 차례의 전도 사역에 파견된 제자들의 숫자는 상징적인 의미가 담고 있는 것으로 보인다. 열두 제자–사도들을 택한 것이 참된 이스라엘의 핵을 나타내고자 하는 의도가 있었다는 것을 많은 학자들이 부인하지만 그들 가운데서 대부분이 예수께서 온 이스라엘에게 전하려 하셨던 그의 메시지의 상징적 의의가 그 숫자 속에 담겨 있다는 것은 인정하고 있다(p. 305를 보라). 그러므로 칠십이라는 숫자도 상징적 의미를 담고 있음을 인정하여야 한다. 세상에 칠십 나라가 있고, 토라가 처음 칠십개의 언어를 통해서 모든 사람에게 주어졌다는 것이 유대교의 공통적인 전통이었으므로, 칠십인을 전도

---

10) R. Schnackenburg, *Gottes Herrschaft und Reich* (1959), p. 160.

자로 파송한 것은 예수의 메시지가 이스라엘만이 아니라 모든 사람들에게 들려져야 한다는 것을 암시적으로 주장하는 것이다.[11]

하나님 나라의 수혜자들 가운데 이방인들이 포함된다는 것은 다른 말씀들에서도 가르치는 사상이다. 이스라엘이 하나님 나라를 제시한 것을 거부하자, 예수께서는 이스라엘이 더 이상 하나님의 다스림을 받는 백성이 아니며 신실한 다른 백성들이 그 자리를 차지할 것임을 엄숙히 선언하셨다(막 12:1-9). 이 말씀을 마태복음은 "하나님 나라를 너희는 빼앗기고 그 나라의 열매 맺는 백성이 받으리라"라는 뜻으로 해석한다(마 21:43). 예레미아스는 이 비유의 본래의 의미는 예수께서 가난한 자들에게 복음을 전하는 것을 변명하는 것이라고 생각한다. 백성의 지도자들이 그 메시지를 거부했기 때문에 복음의 수혜자로서의 그들의 자리를 복음을 듣고 응답한 가난한 자들이 취할 수밖에 없다는 것이다.[12] 그러나 이사야 5장에서 포도원이 이스라엘 백성 자신이라는 사실을 볼 때에, 마태복음의 해석이 옳으며 그 비유는 이스라엘이 더 이상 하나님의 포도원에 속한 백성이 아니며 그 대신 하나님 나라의 메시지를 받아들이는 다른 백성들이 그 자리를 차지할 것이라는 의미로 보는 것이 더 개연성이 높다.[13]

하나님 나라의 자손들 — 이스라엘 — 이 거부 당하고 그들 대신 동서로부터 많은 이방인들이 와서 그 자리를 차지하며 종말론적 하나님 나라의 메시야 연회에 참석할 것이라는 말씀에서도 이와 비슷한 사상이 나타난다(마 8:11-12).

이방인들의 이 구원이 어떻게 이루어지느냐 하는 것이 감람산 강화(the Olivet Discourse) 속에 나타나는 한 말씀에서 나타난다. 마지막이 오기 전에 "복음이 먼저 만국에 전파되어야 할 것이니라"(막 13:10). 예레미야스는

---

11) K. H. Rengstorf, *TWNT*, II, pp. 630f.

12) J. Jeremias, *The Parables of Jesus* (1954), p. 60. A. M. Hunter는 이 해석이 임의적이라는 점을 지적한다(*Interpreting the Parables* [1960], p. 94).

13) F. V. Filson, *The Gospel according to St. Matthew* (1960), pp. 229f. 랍비들은 과거에 이스라엘의 죄 때문에 하나님의 나라가 이스라엘에게서 취하여져서 세계의 열국에 주어졌다고 가르쳤다 (Strack and Billerbeck, *Kommertar*, I, pp. 876f.).

마태복음의 이 부분이 더 오랜 형태의 말씀이라고 보는데, 마태복음의 말씀은 이 복음이 예수 자신이 전하셨던 하나님 나라(마 4:23; 9:35)에 관한 것임을 분명히 한다(마 24:14). 최근의 비평에서는 이 말씀의 순수성을 부인하거나[14] 이 말씀을 이방인들의 구원이 종말에 가서 이루어지리라는 천사들이 행한 종말론적 선포로 해석하기도 한다.[15] 그러나 크랜필드는 마가복음에서 케뤼세인이란 동사는 언제나 인간의 사역을 지칭하는 것으로 나타나며 따라서 마가복음 13:10의 경우도 신약에 특징적으로 나타나는 대로 인간의 사역을 뜻하는 의미로 보는 것이 훨씬 더 개연성이 높다고 지적한다. 종말이 오기 전에 온 나라들이 복음을 들을 기회를 갖는 것이 하나님의 종말론적 목적의 일부인 것이다.[16]

여기서 우리는 제자도의 신학이 확장되어서 교회의 사명이 하나님 나라의 복음을 세상에 증거하는 것에 있다는 사상을 보게 된다. 이스라엘은 더 이상 하나님 나라의 증인이 아니다. 교회가 그 자리를 대신 차지한 것이다. 그러므로 스키스가드(K. E. Skydsgaard)가 말했듯이, 하나님 나라의 역사가 기독교 선교의 역사가 된 것이다.[17]

만일 예수의 제자들이 하나님 나라의 생명과 교제를 받아들인 자들이라면, 그리고 이 생명이 사실상 종말론적 하나님 나라를 예상하는 것이라면, 교회의 주요 임무 가운데 하나는 현재의 악한 시대에서 다가올 시대의 생명

---

14) W. G. Kümmel, *Promise and Fulfilment* (1957), pp. 85f.
15) J. Jeremias, Jesus' *Promise to the Nations* (1958), pp. 22f.; E. Lohmeyer, *Das Evangelium des Markus* (1937), p. 272; 또한 Lohmeyer, *Die Offenbarung des Johannes* (1926), p. 121의 계 14:6의 주석을 보라.
16) C. E. B. Cranfield, *The Gospel according to Saint Mark* (1959), p. 399, "복음을 전하는 것은 하나의 종말론적 사건이다." 또한 G. Friedrich, *TWNT*, II, p. 726; F. V. Filson, *The Gospel according to St. Matthew* (1960), p. 254; G. R. Beasley-Murray, *Jesus and the Future* (1954), pp. 194ff.; D. Bosch, *Die Heidenmission in der Zukunftsschau Jesu* (1959)를 보라. 마지막에 언급한 책은 예수의 종말론적 시각이 이방인을 향한 전도를 허용하느냐 하는 문제에 대한 상세한 연구서인데, 그 문제에 대해서 긍정적인 결론에 도달하고 있다.
17) *SJTh*, IV (1951), p. 390.

과 교제를 드러내는 일이라고 할 수 있다. 교회는 이중적인 성격을 지니며, 두 시대에 속하는 것이다. 교회는 다가올 시대에 속한 백성이지만, 죄 많은 죽을 인간으로 구성되어 있는 이 시대 속에 여전히 살고 있다. 이는 곧 이 시대에서 교회가 결코 완전에 이르지 못할 것이지만, 그럼에도 불구하고 교회는 그 완전한 질서, 곧 종말론적 하나님 나라의 생명을 드러내 보이는 것임을 의미한다.[18]

분명히 드러나지는 않지만 이 견해에 대한 본문 주해상의 근거를 예수께서 그의 제자들 가운데 용서와 겸손이 있어야 한다는 사실을 지극히 강조하셨다는 점에서 발견하게 된다. 이 시대에는 큰 것을 지향하는 것이 자연스러운 일이지만, 그것에 대해 관심을 갖는 것은 하나님 나라의 삶과는 어긋나는 것이다(막 10:35ff.). 하나님의 나라를 경험한 자들은 자기 자신을 추구하기보다는 남을 섬기고자 하는 겸손한 마음으로 그 나라의 생명을 드러내 보여야 하는 것이다.

하나님 나라의 생명에 대한 또 하나의 증거는 악한 의지나 미움에 의해서도 교제의 모임체가 방해를 받지 않는다는 것이다. 예수께서 용서에 대해서 그렇게 많이 말씀하신 것은 바로 이 때문이다. 완전한 용서야말로 사랑의 증거이기 때문이다. 심지어 예수께서는 인간의 용서와 하나님의 용서가 불가분리의 것임을 가르치기까지 하셨다(마 6:12, 14). 죄 용서에 대한 비유는 인간의 용서가 하나님의 용서하심에 근거한다는 점을 분명히 가르치고 있다(마 18:23-35). 이 비유의 요점은 사람이 하나님의 무조건적이고 값없는 용서(이는 하나님 나라의 선물 가운데 하나이다)를 받았다고 주장하면서 하찮은 잘못이 그에게 저질러진 것을 용서하기를 원치 않는다면, 그는 결국 자신이 하나님의 용서함을 받았다는 사실의 실재를 부인하는 것임은 물론 그 자신의 행실을 통해서 하나님 나라의 생명과 그 성격을 이반시키는 것이라는 것이다. 그런 사람은 진정으로 하나님의 용서하심을 경험한 것이 아니다. 그러므로 자신을 추구하는, 교만하며 미움이 가득한 이 악한 시대에서 하나님

---

18) 이 주제는 바로 앞의 각주에 인용한 Skydsgaard의 글에서 아주 탁월하게 해명해주고 있다.

나라와 다가올 시대의 생명과 교제를 드러내 보이는 것이 교회의 임무인 것이다. 하나님 나라의 생명을 이렇게 드러내 보이는 것이야말로 교회가 하나님 나라를 증거하는데 필수적인 요소인 것이다.

교회는 하나님 나라의 도구이다

넷째로, 교회는 하나님 나라의 도구이다. 예수의 제자들은 하나님 나라의 임재에 대한 복음을 전파할 뿐 아니라, 하나님 나라의 역사하심이 예수 자신은 물론 그들을 통해서도 시행된다는 점에서 그 나라의 도구들인 것이다. 나가서 하나님 나라를 전파하면서, 그들도 병든 자를 고쳤고 귀신을 내어쫓았다(마 10:8; 눅 10:17). 그들의 권능은 대리적인 권능에 불과했지만, 예수를 통하여 시행된 것과 동일한 하나님 나라의 권능이 그들을 통해서도 역사된 것이다. 그들이 그들 자신의 권능으로 이런 이적들을 행한 것이 아니라고 인식했다는 사실은 그들이 경쟁적인 자세나 자랑하는 마음으로 그런 이적들을 행하지 않았다는 것을 보여준다. 칠십인이 돌아와서 예수께 행한 보고는 하나님의 도구들로서 완전한 헌신과 사심이 없는 그런 그들의 마음 자세를 잘 보여준다.[19]

이러한 하나님 나라의 도구로서의 교회관은 글뢰게(G. Gloege)가 강하게 강조하는 반면에, 좀멀랏(E. Sommerlath)과 미첼(O. Michel)은 이를 부인한다.[20] 여기서 결정적인 요인은 바로 하나님 나라를 어떻게 정의하느냐 하는 문제다. 좀멀랏과 미첼은 하나님의 나라는 사람이 들어가는 하나의 영역이라고 주장하며 따라서 교회 안에 속한다는 것은 곧 하나님 나라에 속한다는 것을 의미한다고 본다. 왜냐하면 교회는 하나님 나라가 현재 임재하는 형태이기 때문이다. 이런 정의로 인해서 그들은 하나님 나라의 역동적인 면을

19) K. H. Rengstofr, *BKW: Apostleship* (1952), p. 41.
20) *Reich Gottes und Kirche im Neuen Testament* (1929), pp. 255ff.; E. Sommerlath in *ZSysTh*, XVI (1939), pp. 562-575; O. Michel, *Das Zeugnis des Neuen Testaments von der Gemeinde* (1941), pp. 80-83.

부인하기에 이른다. 만일 하나님의 나라가 주로 하나님의 왕적인 다스림이며 제이차적인 의미로 하나님의 다스림의 영적인 영역이라면, 교회가 하나님 나라가 세상에서 역사할 때에 사용되는 그 나라의 기관이라는 것에 대해 반대할 이유가 없다. "하나님의 다스림은 하나님 자신을 제외하고는 다른 어느 누구에 의해서도 시행될 수가 없는 것이 분명하다"[21)는 것이 사실이기는 하지만, 원하실 경우 하나님은 사람을 통해서도 그의 다스림을 시행하실 수 있는 것이다.

이 진리는 하데스의 문이 교회를 이기지 못하리라는 진술 가운데 암시되어 있다(마 16:18, 한글 개역 성경에는 '하데스의 문' 대신 '음부의 권세'로 번역되어 있다 — 역주). 죽은 자의 영역으로 들어가는 문이라는 이미지는 아주 친숙한 셈족의 개념 가운데 하나다.[22)] 이 말씀의 정확한 의미는 분명치 않다. 모든 죽은 자들을 닫아 가두는 것으로 여겨지는 하데스의 문들이 이제는 그 포로들을 더 이상 가두어두지 못하고 하나님 나라의 권능들이 교회를 통하여 시행되기 전에 강제로 열릴 것이라는 의미일 수도 있다. 교회는 죽음보다도 강해질 것이며 따라서 사람들을 하데스의 권세에서 생명의 영역으로 구해낼 것이다.[23)] 그러나 여기 사용되고 있는 동사로 볼 때에 죽음의 영역이 교회를 공격하는 것을 뜻하는 것으로 보인다.[24)] 이렇게 본다면 이 말씀은 교회의 사역을 통하여 사람들이 하나님 나라의 구원 속으로 인도함을 받았을 때에 죽음의 문들이 그들을 삼키려고 아무리 애를 써도 그 노력이 성공을 거두지 못할 것이라는 의미가 될 것이다. 하나님 나라의 권능이 교회를 통하여 역사할 때에 죽음은 사람을 지배하던 그 권세를 잃어버리고 결국 패하고 말 것이다. 그러나 예레미야스처럼[25)] 이 진술을 최종적인 종말론적 전쟁과 관련지을 필

---

21) G. Johnson, *The Doctrine of the Church in the New Testament* (1943), p. 52.

22) 사 38:10; 시 9:13; 107:18; 욥 38:17; 솔로몬의 지혜 16:13; 마카베오 3서 5:51; 솔로몬의 시편 16:2. 참조. J. Jeremias, *TWNT*, VI, pp. 923f.

23) 이것은 Cullmann의 견해다(*Peter: Disciple-Apostle-Martyr* [1953], p. 202).

24) J. Jeremias, *TWNT*, VI, p. 927.

25) *Loc. cit.*

요는 없다. 오히려 이 진술은 예수님과 사탄[26] 사이의 싸움이 연장된 것으로
이해할 수 있을 것이다. 예수의 제자들은 사실상 예수님과 사탄의 싸움에 이
미 연루되어 있었던 것이다. 하나님 나라의 도구로서 그들은 사람들이 질병
과 죽음의 굴레에서 해방되는 것을 보았었다(마 10:8). 예수의 사역에서 맹
위를 떨쳤고 제자들도 거기에 가담했던 이 메시야의 죽음의 권세와의 싸움
은 미래에도 계속될 것이며, 교회가 하나님 나라의 도구로서 이 싸움에서 역
할을 할 것이다.

예수님과 그의 제자들에게서 하나님의 나라와 그 권능이 임재하여 적극적
으로 활동했다는 이 견해에 대해서 한 가지 심각한 반론을 제기할 수 있을
것이다. 만일 사람들이 예수의 사역을 통해서 하나님 나라의 축복과 생명을
누리는 상태에 들어가게 되었다면, 어째서 십자가와 부활, 그리고 오순절 성
령 강림 등이 필요했는가? 초대 교회는 다가올 시대의 종말론적 축복이 임재
한다는 것을 선포했다. 예수의 부활은 종말론적 부활의 시작이었다(고전
15:23). 오순절 성령 강림은 구약에서는 종말론적 나라에 대한 하나의 약속
이었다(욜 2:28-32). 바울은 성령을 주신 것을 가리켜 종말론적 유업의 "보
증"으로(고후 1:22; 5:5; 엡 1:14), 또한 "첫 열매"로(롬 8:23) 말씀한다.[27] 이
구속의 축복에 대한 체험을 달리 하나님 나라의 임재라고도 묘사한다.[28] 그
러나, 만일 그 동일한 하나님 나라의 권능과 축복들이 예수님과 그의 제자들
에게 임재했다면, 예수님의 때와 초대 교회의 경험 사이에 과연 신학적인 차
이가 있는가? 예수께서는 어째서 그저 하나님의 나라가 현재에 임하였다는
메시지만을 제자들에게 남기고 그들에게 이 메시지를 권능과 축복과 함께
온 세상에 전파하라고 명하시기만 하고 떠나시지 않으셨는가?[29]

---

26) P. S. Minear, *Images of the Church in the New Testament* (1960), p. 50.

27) 이 정도까지는 C. H. Dodd의 실현된 종말론의 전개가 옳다. *The Apostolic
Preaching and Its Developments* (1936)을 보라. 그러나 미래적 종말론 전체를 다
제거해버릴 수는 없다.

28) 바울은 골 1:13; 롬 14:17에서 하나님 나라를 현재의 축복으로 말씀한다. 또한 행
8:12; 19:8; 20:25; 28:23, 31을 보라.

29) W. G. Kümmel은 *Kirchenbegriff und Geschichtsbewustein in der*

이 난제에 대해서는 이중적인 한 가지 답변이 있다. 부활과 오순절 이전에는 하나님의 나라가 예수님 자신과 및 그와 함께 직접적인 인격적 접촉이 있는 자들에게만 국한되어 임하였다. 팔레스타인의 모든 사람이 하나님 나라의 축복들을 누릴 수 있었던 것이 아니고 예수님의 메시지를 듣고 그의 역사하심을 보고 그의 주장에 굴복한 자들만이 그 축복들을 누렸다. 예수께서 그의 열두 제자들과 칠십인의 제자들을 보내어 동일한 메시지를 선포하게 하고 동일한 축복을 받게 하고 동일한 하나님 나라의 역사를 수행하게 했다는 사실에 모순이 있는 것처럼 보인다. 그러나 바로 이렇게 모순처럼 보이는 이것이 실제로는 문제의 요지를 분명히 보여준다. 왜냐하면 이 대리인들의 경우에 하나님 나라의 권능들은 예수님 자신과 불가분리의 관계를 맺고 있었기 때문이다. 그가 직접 명령을 내린 사람들만이 하나님 나라를 선포하고 그 나라의 권능들을 시행할 수가 있었던 것이다.[30] 더 나아가서 예수의 제자들은 예수께서 구체적으로 그렇게 하라고 명하신 그 때에만 하나님 나라의 권능들을 시행할 수 있었다. 이 권능들은 제자들이 마음대로 사용할 수 있는 것이 아니었다. 그 권능들은 예수님 자신과 그의 권세 아래 있었던 것이다. 다가올 시대의 축복들이 예수 자신에게 묶여 있었으므로, 그 축복들을 누리는 것도 이처럼 시공간적으로 제한되어 있었던 것이다.

큄멜은 현재의 하나님 나라와 예수님 사이의 이러한 본질적인 관계를 그의 사려 깊은 연구의 핵심 주제로 삼았다(pp. 44ff.를 보라). 그는 하나님 나

Urgemeinde und bei Jesus (1943)에서 다음과 같은 근거로 마 16:16-18의 순수성을 반대한다. 만일 예수가 교회를 미리 예견했다면, 그는 역사에 대해서 두 가지 상이한 견해를 가졌을 것이 틀림없다. 현재의 시대의 종말이 오기 전에 자기 자신과 자신의 사역 속에서 미래의 시대가 시작되었다고 보는 그런 견해와, 또 하나는 그의 부활 이후 교회 안에 다가올 시대가 임재해 있는 전혀 다른 역사적 상황을 예상하는 그런 견해가 그것이다. 그러나 이처럼 상이한 두 가지 역사적 견해를 한 사람이 동시에 가졌다는 것은 절대로 개연성이 희박한 것이라는 것이다. 그러나 A. Oepke와 N. A. Dahl의 비판을 접하고서 Kümmel은 이런 반대의 입장을 철회했다. *StTh*, VII (1954), p. 15; O. Cullmann in *TZ*, I (1945), pp. 146-147을 보라.

30) 막 9:38은 이의 예외처럼 보인다. 그러나 이 사람들이 예수와 어떤 식의 접촉을 가졌는지에 대해서는 알 수가 없다.

라가 예수 자신과 사역 속에 임재하고 있었기 때문에 그의 제자들이 그 나라의 권능을 시행한 것으로 생각해서는 안된다고 결론을 내렸다. 그러나 구태여 그런 결론을 받아들이지 않는다 하더라도 이 입장의 기본적인 타당성은 인정할 수가 있다. 이 새 시대의 권능과 축복들이 예수님 자신에게 제한된다는 사실을 인정하면서도 예수께서 이 축복과 권능들을 그 자신과 직접적인 교제를 나누는 자들에게 확대시키셨다는 것을 인정할 수가 있다. 우리는 사실상 큄멜이 하나님 나라의 권능들이 실제로 예수의 제자들에게 활동하고 있었다는 것을 인정하고 있다는 점을 주목한 바 있다(p. 531, 각주 47을 보라).

그런데 부활과 오순절 이후 이런 상황이 변화되었다. 하나님 나라의 축복과 권능들이 더 이상 역사적 인물이나 장소에 제한을 받지 않게 된 것이다. 예수께서는 이제 영광을 입으셨고 성령으로 다시 오셔서(요 14:16-18) 그 백성들 가운데 거하시게 되었다. 그리스도의 임재가 — 그러므로 새 시대의 축복들도 함께 — 이제 시간과 공간의 제한이 없이 모든 신자들에게 적용되게 되었다. 그러므로 바울은 수 년이 지난 후 멀리 로마에 사는 신자들에게 "하나님의 나라는 … 오직 성령 안에서 의와 평강과 희락이라"(롬 14:17)라고 썼으며, 또한 그리스도를 전혀 본 일이 없는 골로새의 그리스도인들에게는 그리스도께서 그들을 "흑암의 권세에서 건져내사 … [그리스도의] 나라로 옮기셨다"고 쓸 수 있었던 것이다(골 1:13).

그 다음 두 번째 중요한 사실이 이어진다. 곧, 만일 하나님의 나라의 권능에 대한 체험이 — 이는 다가올 시대의 축복이다 — 부활과 오순절로 말미암아 모든 공간적 시간적 제한성을 뛰어 넘었다면, 그 체험은 또한 이 사실로 인해서 의미가 깊은 새로운 차원 속으로 들어갔다는 것이다. 오순절 이전에는 하나님 나라의 생명과 축복들이 역사적 예수라는 분과의 교제 가운데서 체험되었다. 그러나 오순절 이후, 그 생명과 축복들은 그리스도께서 성령을 통하여 내주(內住)하심으로써 체험되게 되었다. 이것들은 모두 다가올 시대의 축복들이다. 우리는 예수의 사역 속에 임재한 하나님 나라의 축복들 가운데 죄의 용서와 교제, 특히 예수님과의 식탁 교제가 포함되어 있었음을 살펴본 바 있다(p. 255ff.를 보라). 오순절 이후에도 이 식탁 교제는 계속되었다. 그러나 그 형식은 새로운 것이었다. 신자들은 어느 곳에서나 서로서로 식탁을 마주하고 모여서(행 2:46; 고전 11:20ff.) 그리스도께서 성령을 통하여 임재하시기를 빌었다. 고린도전서 16:22의 **마라나타**라는 아람어 기도문은 아마도 그리스도의 파루시아를 위한 것일 뿐 아니라 그리스도인의 교제 가운데 그가 교회에 임하시기를 구하는 것일 것이다(디다케 10:6).

교회: 하나님 나라의 수호자

다섯째로, 교회는 하나님 나라의 수호자(custodian)이다. 랍비들의 하나님 나라 개념에서는 이스라엘을 하나님 나라의 수호자로 생각한다(p. 408을 보라). 하나님의 나라는 하나님의 다스림인데 그 다스림은 아브라함에게서 이 땅에서 시작되었고 율법을 통해서 이스라엘에게 맡겨졌다. 하나님의 다스림은 오로지 율법을 통해서만 경험할 수 있고 또한 이스라엘이 그 율법의 수호자였으므로, 결국 이스라엘은 하나님 나라의 수호자였다. 이방인이 개종하여 유대인이 되고 율법을 취하면, 그렇게 함으로써 그 사람은 스스로 하늘의 주권 곧 하나님의 나라를 받아들이는 것이었다. 하나님의 다스림이 이스라엘을 통하여 이방인에게까지 전달되는 것이었다. 오로지 이스라엘만이 "그 나라의 자손"이었던 것이다.

예수 안에서, 그 하나님의 다스림이 새로운 구속 사건 속에서 스스로를 드러내었으며 역사 속에서 전혀 예상치 못한 방식으로 종말론적 하나님 나라의 권능을 나타내 보였다. 유대인 전체는 이 하나님의 사건에 대한 선포를 거부했으나, 그것을 받아들인 자들은 하나님 나라의 참된 자손이 되었고 그 나라의 축복과 권능을 누리게 되었다. 그리하여 이제 이스라엘 민족이 아니라 이러한 예수의 제자들, 곧 그의 **에클레시아**가 하나님 나라의 수호자들이 되었다. 하나님 나라가 이스라엘에게서 취하여져서 다른 이들, 곧 예수의 에클레시아에게 주어진 것이다(막 12:9). 예수의 제자들은 하나님 나라의 권능들을 이 시대 속에서 드러내는 하나님 나라의 증인이요 하나님 나라의 도구들일 뿐 아니라, 그들은 또한 그 나라의 수호자들이기도 한 것이다.

이 사실은 열쇠에 대한 말씀에서 잘 나타나 있다. 예수께서는 그의 에클레시아에게 천국의 열쇠를 주실 것이요 무엇이든지 그들이 이 땅에서 매거나 푸는 것은 하늘에서도 매이고 풀릴 것이다(마 16:19). 매고 푼다는 말은 랍비적인 용법에서는 특정한 행위를 금하거나 허용하는 것을 뜻하는 경우가 많으므로 이 말씀을 교회에 대하여 행정적으로 통제하는 것을 뜻하는 것으로 해석하는 경우가 많았다.[31] 이 개념에 대한 배경을 이사야 22:22에서 볼 수 있는데, 거기서 하나님은 엘리아김에게 다윗 집의 열쇠를 맡기시는데 이는 그 집 전체를 관할하도록 하는 것이었다. 이 해석에 따르면, 예수께서는 베드로에게 그가 감독하게 될 교회의 행위에 대한 결정권을 주신 것이라고 본다. 베드로가 이방인들과의 자유로운 교제를 위하여 유대인의 의식적인 행위들을 보류시켰는데, 이 때에 그는 바로 이 행정적인 권위를 행사한 것이다(행 10-11장).

이 해석도 가능하기는 하지만, 또 하나의 다른 해석이 더 가깝게 자리하고 있다. 예수께서는 서기관들과 바리새인들이 하나님 나라에 들어가기를 스스로 거부하며 또한 다른 사람들도 들어가지 못하도록 막음으로써 지식의 열쇠를 취하여 갔었기 때문에 그들을 정죄하셨다(눅 11:52). 마태복음에도 이와 동일한 사상이 나타난다: "화 있을진저 외식하는 서기관들과 바리새인들이여 너희는 천국문을 사람들 앞에서 닫고 너희도 들어가지 않고 들어가려 하는 자도 들어가지 못하게 하는도다"(마 23:13). 성경의 어법에서는 지식이란 단순한 지적인 지각력 그 이상의 것을 의미한다. 그것은 "계시로 말미암은 영적인 소유"이다.[32] 베드로에게 맡겨진 권위는 그가 열두 제자들과 함께 공유하고 있는 계시에, 즉 영적 지식에 근거를 둔 것이다. 그러므로 하나님 나라의 열쇠란 "베드로 자신이 통과한 계시의 문을 다른 사람들도 똑같이 통과하도록 그들을 인도할 수 있게 해주는 영적 통찰력"이다.[33] 매고 푸는 권위에는 하나님 나라의 영역에 사람들을 받아들이거나 그 영역에서 사람들을

31) 이에 대한 문헌에 관해서는 O. Cullman, *Peter: Disciple-Apostle-Martyr* (1953), p. 204를 보라.
32) R. Bultmann, *BKW: Gnosis* (1952), p. 22.
33) R. N. Flew, *Jesus and His Church* (1943), p. 95.

제외시키는 일이 포함된다. 그리스도께서는 베드로를 비롯하여 예수의 메시야이심에 대한 하나님의 계시를 함께 나눈 자들 위에 그의 에클레시아를 세우실 것이다. 그리고 이 동일한 계시로 말미암아 그들에게는 사람들을 하나님 나라의 축복의 영역 속에 들어가도록 허용하거나 사람들을 거기에 참여하지 못하도록 막는 그런 수단이 맡겨지는 것이다.

이 해석은 랍비들의 용법의 뒷받침을 받는다. 매는 것과 푸는 것은 또한 파문(ban)이나 무죄 방면(acquitting)을 선포하는 것을 뜻하기도 하기 때문이다.[34] 마태복음 18:17, 18의 경우 회중의 일원이 그 형제에게 범한 죄를 회개치 않을 때에 그를 교제에서 제외시키라고 하면서, "무엇이든지 너희가 땅에서 매면 하늘에서도 매일 것이요 무엇이든지 땅에서 풀면 하늘에서도 풀리리라"고 말씀하는데 이 본문에서도 그러한 의미가 암시되고 있다. 또한 요한복음의 말씀에서도 동일한 진리를 볼 수 있다. 부활하신 예수께서는 제자들에게 숨을 내어쉬는 행위 비유를 행하셔서 그들에게 그들의 미래의 사명 수행을 위하여 성령을 주실 것을 약속하신다. 그리고 난 후 예수께서는 말씀하시기를, "너희가 뉘 죄든지 사하면 사하여질 것이요 뉘 죄든지 그대로 두면 그대로 있으리라"라고 하신다(요 20:23). 이것을 어떤 임의의 권세를 시행하는 것으로 이해할 수는 없다. 이것은 하나님 나라의 증거의 결과로 불가피하게 나타나는 결과인 것이다. 더 나아가서 이것은 베드로 혼자서만 시행한 것이 아니라 모든 제자들, 곧 교회가 시행한 권세인 것이다.

사실상, 이스라엘의 여러 동네를 다니며 하나님 나라를 선포할 때에 제자들은 이미 이 매고 푸는 권세를 실행한 바 있다. 그들과 그들의 메시지를 영접하는 곳마다 그 집에 평화가 임했다. 그러나 그들과 그들의 메시지를 거부하는 곳에서는 반드시 하나님의 심판이 그 집에 인을 쳤다(마 10:14, 15). 그들은 과연 죄의 용서를 시행한다는 점에서 하나님 나라의 도구들이었으며, 바로 그 사실로 말미암아서 그들은 또한 그 나라의 관리자들이었다. 그들의 사역은 실제로 하나님 나라의 문을 사람들에게 여는 결과를 가져왔으며, 또

---

34) Strack and Billerbeck, *Kommentar*, I, p. 738; A. Schlatter, *Der Evangelist Matthäus* (1948), pp. 510f.

한 그 메시지를 거부하는 자들에게는 그 문을 닫는 결과를 가져온 것이다.[35]

이 진리는 다른 말씀들에서도 나타난다. "너희를 영접하는 자는 나를 영접하는 것이요 나를 영접하는 자는 나 보내신 이를 영접하는 것이니라"(마 10:40; 또한 막 9:37을 보라). 양과 염소의 심판에 대한 말씀도 똑같은 이야기를 말씀해준다(마 25:31-46). 이것을 종말론적 완성의 한 과정으로 보아서는 안된다. 이것은 궁극적으로 생명을 부여하는 일에 대한 비유적인 드라마로 보아야 마땅하다. 예수께서는 제자들(그의 "형제들," 참조, 마 12:48-50)을 하나님 나라의 관리자들로서 세상 속으로 보내신다. 그들의 전도 사역의 성격은 바로 마태복음 10:9-14에 그려져 있는 것과 같다. 그들의 메시지를 듣는 자들의 손에서 그들이 받는 환대는 바로 그 메시지에 대한 사람들의 응답을 보여주는 구체적인 증거이다. 어떤 동네에는 그들이 헐벗고 병든 상태로 들어갈 수도 있고, 때에 따라서는 복음을 증거하는 일 때문에 옥에 갇히기도 할 것이다. 어떤 이들은 그들을 환영하고 그들의 메시지를 받아들이고 그들의 육신적인 필요를 채워줄 것이다. 그러나 그들과 그들의 메시지를 거부하는 자들도 있을 것이다.

"의인들의 행실은 그저 어쩌다가 자비를 베푸는 그런 것이 아니다. 그것은 예수와 그를 따르는 자들의 사명을 돕는 행위이며 그것을 행하는 자들에게 어떤 희생이 따르며 때로는 위험도 따르는 그런 행위인 것이다."[36] 이 비유가 마치 친절한 행동을 하는 사람들을 예수의 사역과 메시지와는 관계없이 "스스로 깨닫지 못하는 그리스도인들"(Christians unawares)이라고 가르치는 것처럼 해석하는 것은 이 비유의 역사적 문맥을 전혀 무시하는 것이라 할 수밖에 없다. 이 비유는 예수와 그의 제자들 사이의 결속을 가르친다. 이러한 결속은 그들이 하나님 나라의 복음을 들고 세상 속으로 나아갈 때에 드러난다.[37] 사람들의 최종적 운명은 이 예수의 대리자들에 대해 어떻게 응답했느냐에 따라서 결정될 것이다. 그 대리자들을 영접하는 것은 곧 그들을 보내신

---

35) O. Cullman, *Peter: Disciple-Apostle-Martyr* (1953), p. 205의 탁월한 논의를 보라.

36) T. W. Manson, *The Sayings of Jesus* (1949), p. 251.

37) *Loc. cit.*

주를 영접하는 것과 같다. 이것이 공식적으로 행해지는 기능은 아니지만, 예수의 제자들 — 그의 교회 — 은 매우 실제적인 방식으로 하나님 나라의 수호자의 역할을 담당한다. 세상에서 이루어지는 하나님 나라의 복음의 선포를 통해서, 누가 그 종말론적 하나님 나라에 들어갈 것이며, 누가 거기서 제외될 것인가 하는 것이 결정되는 것이다.[38]

　지금까지의 논의를 정리하자면, 하나님의 나라와 교회가 서로 불가분리의 관계를 갖고 있기는 하지만 이 두 가지를 서로 동일한 것으로 보아서는 안된다. 하나님의 나라는 그 출발점을 하나님에게서 취하지만, 교회는 사람에게서 취한다. 하나님의 나라는 하나님의 통치요 그의 통치의 축복들을 경험하는 영역이다. 반면에 교회는 하나님의 통치를 경험하고 그 축복을 누리는 상태에 들어간 자들의 교제의 모임체이다. 하나님의 나라는 교회를 창조하며, 교회를 통하여 역사하며, 교회를 통해서 세상 속에서 선포된다. 교회 — 하나님의 다스림을 인정하고 받아들이는 자들 — 가 없이는 하나님의 나라가 있을 수가 없으며, 하나님의 나라가 없이는 교회가 있을 수 없다. 그러나 그럼에도 불구하고 이 둘은 서로 구분되는 개념들이다. 하나는 하나님의 다스림이요, 나머지 하나는 사람들의 교제의 모임체인 것이다.

---

38) D. O. Via, *SJTh*, XI (1958), pp. 276f.

제 12 장

하나님 나라의 윤리

예수님의 가르침 가운데 많은 부분이 인간의 행실에 관한 것이다. 팔복, 황금률, 선한 사마리아인의 비유 등은 세계의 윤리적인 문헌들 가운데서도 가장 귀한 것에 속한다. 여기서 우리는 예수님의 윤리적 교훈과 그의 하나님 나라에 관한 설교가 서로 어떤 관계를 맺고 있는지를 살펴보고자 한다. 본 연구를 위한 배경으로서 먼저 몇 가지 중요한 해석들을 개관하는 것이 좋을 것이다.

문제의 개관

많은 학자들은 예수의 신학은 인정치 않으면서도 그의 윤리적 가르침에 대해서는 찬사를 아끼지 않으며 그 영속적인 의미를 인정한다. 피버디(F. C. Peabody)에 의하면, 예수의 주된 요구 사항은 정통적인 교훈이나 황홀경의 종교적 체험에 대한 것이 아니라 바로 도덕성에 대한 것이었다고 한다.[1] 유

---

1) *Jesus Christ and Christian Character* (1905), p. 103. F. C. Grant는 예수가 하 나님 나라의 윤리를 가르쳤다는 것을 부인한다. 예수는 그저 계시된 하나님의 성격에 비 추어서 사람들을 위한 하나님의 목적들을 가르친 일세기의 한 유대교 교사에 불과했다 고 한다. (*The Study of the Bible Today and Tomorrow* [H. R. Wiloughby, ed.; 1947], pp. 310-313을 보라). Grant는 예수의 윤리는 오직 그 자신의 삶의 질이 었다고 믿으며, 그것이 다른 유대교 메시야 운동이 맞은 운명에서 기독교를 구해주었다 고 본다(*JR*, XXII [1942], p. 370).

대인 학자인 클라우스너(J. Klausner)는 인자를 신격화하는 경향이 있는 이
적들이나 비밀스러운 말씀들은 삭제해버리고 오로지 도덕적인 교훈과 비유
들만을 보존시키고 그리하여 세상에서 가장 놀라운 순수한 윤리적 가르침의
문집을 남겨두고자 한다. "날이 이르러 이 윤리적 강령이 그것을 둘러싸고
있는 이적과 신비주의의 껍질을 벗어버리게 된다면, 예수의 윤리서(the
Book of the Ethics of Jesus)야말로 모든 시대를 통틀어서 가장 값진 이스
라엘의 문헌의 보화가 될 것이다."[2]

구 자유주의의 해석은 하나님 나라의 본질적인 진리를 개인적인 종교적
윤리적 범주에서 찾았다. 예수의 가르침의 묵시론적인 면은 그의 종교적 윤
리적 가르침의 이러한 영적 핵심을 둘러싸고 있는 껍질에 불과하므로 그것
을 벗겨버린다 해도 그의 가르침의 골자에는 아무런 영향이 미치지 않는다
고 한다. 이 관점에서 볼 때에 예수의 윤리는 모든 시대 모든 상황에서 타당
하게 적용되며 그것에 대한 인증과 확인을 그 자체 속에 이미 내포하고 있는
그런 인간의 행동의 이상적인 표준이었던 것이다.

이와 같은 기본적인 관점은 윤리에 대한 몇몇 연구서를 통해서 잘 세워져
왔다. 킹(H. C. King)은 종말론을 완전히 제거해버리기까지 했다. 왜냐하면
그는 예수께서는 하나님의 나라를 최고의 선(善)으로 생각했고 개개인과 사
회 전체의 삶 속에 사랑이 지배하여 사람들이 하나님의 영원하며 계속 시행
되는 목적들을 함께 공유하게 된다고 믿었기 때문이다. 겨자씨 비유는 도덕
적 영적 영역에서 시행되는 성장의 법칙을 진술하는 것으로서 그 나라가 이
세상에서 성장하는 일에 대하여 교훈을 주기 위해 고안된 것이라고 한다.[3]

이러한 "구 자유주의"의 해석을 언급한 것은 새삼스럽게 케케묵은 학설에
관심을 갖게 하기 위한 것이 아니라, 그 해석과 기본적으로 동일한 관점이
여전히 우리들에게도 있다는 사실 때문에 언급한 것이다. 최근의 마샬(L. H.
Marshall)의 예수의 윤리에 대한 연구에서도 킹의 경우 못지 않게 종말론이
무시를 당하고 있음을 볼 수 있다. 마샬은 복음서에 나타난 하나님 나라의

---

2) J. Klausner, *Jesus of Nazareth* (1925), 414; 또한 p. 381을 보라.

3) H. C. King, *The Ethics of Jesus* (1912), p. 274.

개념들을 정의하고 분류하고자 하는 노력에 대해서 회의적인 자세를 피력한다. 그러나, 예수의 하나님의 나라의 관념과 그의 윤리 사이의 상호 관계는 "수정처럼 맑다"고 본다. 이에 대한 고전적인 구절은 누가복음 17:20-21인데, 여기서는 하나님의 나라가 개인의 영혼 속에서 역사하는 하나님의 다스림이라고 가르친다. 마샬은 하르낙에 의지하여 이 해석을 주장한다. 그는 예수께서 하나님 나라의 종말론적 강림에 대해서 자주 말씀하셨다는 것을 인정하지만, 그러면서도 그는 이 사실에 대해서는 거의 비중을 두지 않는다. 왜냐하면 만일 하나님의 나라가 오로지 현재에 실현되는 방식으로만 사회에 임하는 것이라면 그 나라의 완성이란 결국 모든 사람들이 다 하나님의 다스림 속으로 들어왔을 때에 이루어질 것이기 때문이다. "예수의 모든 윤리적 가르침은 한 마디로 말해서 하나님 나라의 윤리에 대한 해석이요, 사람들이 실제로 하나님의 다스림 아래로 들어올 때에 마땅히 행하여야 할 그런 삶의 방식에 대한 해석이다."[4]

맨슨(T. W. Manson)은 예수의 윤리를 실제로 종말론과 관련짓지 않은 상태로 논의하였다. 그는 윤리는 예수의 하나님 나라 사상의 필수적인 부분이라고 강조하였다. 그러나 그는 또한 예수께서는 하나님의 나라를 하늘의 왕의 신하들이 되어 그의 뜻에 순종을 표현하는 새 이스라엘의 공동체로 생각하였다고 본다.[5]

폭넓게 영향을 미친 도드(C. H. Dodd)의 실현된 종말론은 종말론적 언어를 사용하면서도 실제로 위의 것과 같은 유의 해석에 이른다. 예수의 가르침은 세상의 종말을 기대하는 자들을 위한 윤리가 아니라 이 세상의 종말과 하

---

4) L. H. Marshall, *The Challenge of New Testament Ethics* (1947), p. 31) 또한 C. A. A. Scott, *New Testament Ethics* (1934)를 보라. 그는 하나님의 나라를 "사회적 복합체 속에서 실현된 영적 실체와 가치들의 세계"로 해석하며(p. 63) 실질적으로 종말론은 무시해버린다.

5) *The Teaching of Jesus* (1935), pp. 294f. *Ethics and the Gospel* (1960)에서는 기독교의 윤리(예수의 윤리를 포함해서)와 유대교의 윤리 사이의 한 가지 차이점이 하나님 나라에 있는 것으로 본다. 즉, 그리스도께서 이 세상에서 다스린다는 사실에 있다는 것이다(pp. 64-68). J. W. Bowman and R. W. Tapp, *The Gospel from the Mount* (1957)에서도 종말론이 거의 완벽하게 삭제되어 있다.

나님 나라의 강림을 이미 경험한 자들을 위한 윤리라고 보는 것이다. 예수의 윤리는 절대적인 용어로 표현되었고, 근본적이며 무시간적이며 종교적인 원리에 근거를 둔 하나의 도덕적인 이상이다.[6] 왜냐하면 하나님의 나라는 바로 영원한 것이 일시적인 것 속으로 임하는 것이기 때문이다. 슈바이처(W. Schweitzer)는 하나님이 계속해서 창조적으로 활동하신다는 사상이나 섭리에 대한 믿음과 도드의 견해가 과연 서로 어떻게 다른지를 파악하기가 매우 어렵다고 말하는데, 그의 이러한 진술은 정확한 것이라 하겠다. 요컨대, 윤리란 결국 종말론이 없어도 상관 없는 것이며 정말로 필요한 것은 역사 속에 나타난 하나님의 심판과 은혜라는 구약의 교의인 것처럼 보인다는 것이다.[7]

이러한 비종말론적인 해석들과 정반대되는 해석은 바로 알버트 슈바이처(Albert Schweitzer)의 "임시 윤리"(interim ethics)이다. 슈바이처는 예수께서는 미래의 하나님 나라의 윤리를 가르친 것이 아니라고 주장한다. 왜냐하면 하나님의 나라는 초윤리적이며 선과 악의 구별이 없는 상태에서 존재할 것이기 때문이라는 것이다. 오히려 예수의 윤리는 하나님의 나라가 임하기까지의 잠시 동안의 간격을 위하여 고안된 것으로 주로 회개와 도덕적 갱신으로 구성된 비상 윤리라고 한다. 그러나, 이 윤리적 운동은 하나님 나라에 압박을 가하여 그 나라가 나타나도록 할 것이다. 예수의 윤리는 하나님 나라를 임하게 하는 수단이므로, 종말론적 윤리는 윤리적 종말론으로 변형될 수 있으며 이렇게 해서 영원한 타당성을 지니게 된다고 보는 것이다.[8]

---

6) C. H. Dodd, *History and the Gospel* (1938), p. 125; *The Parables of the Kingdom* (1936), p. 109; "The Ethical Teaching of Jesus" in *A Companion to the Bible* (T. W. Manson, ed.; 1939), p. 378. L. Dewar, *An Outline of New Testament Ethics* (1949), pp. 58f., 121에서도 Dodd의 견해를 취한다.

7) W. Schweitzer, *Eschatology and Ethics* (1951), p. 11. 이 소책자는 "Ecumenical Studies"에 속하는 것인데 이 문제에 대한 현대의 논의를 간략하게 개관한 것으로 매우 탁월한 것이다.

8) A. Schweitzer, *The Mystery of the Kingdom of God* (1913), pp. 94–115. C. Guignebert, *Jesus* (1935), pp. 405–407; 369–388도 예수의 윤리를 "임시 윤리"로 본다. A. Schweitzer의 윤리 해석에 관한 비판에 대해서는 G. Lundström, *The Kingdom of God in the Teaching of Jesus* (1963), p. 75를 보라.

알버트 슈바이처의 종말론적 해석의 골자를 받아들인 학자들 가운데서도 그의 임시 윤리 이론을 취하는 사람은 거의 없다. 한스 빈디쉬(Has Windisch)[9]는 슈바이처의 시각에서 산상수훈을 다시 검토한 결과 거기에 두 종류의 윤리적 가르침이 함께 포함되어 있다는 것을 발견하였다. 곧, 다가올 하나님 나라에 대한 기대를 조건으로 하는 종말론적 윤리와 전적으로 종말론과는 상관 없는 지혜 윤리(wisdom ethics)가 그것이다. 빈디쉬는 본문을 역사적으로 주해할 때에 이 두 종류의 윤리가 서로 전혀 이질적이라는 점을 인식하여야 한다고 주장한다. 예수에게서 주류를 이루는 윤리는 종말론적인 윤리이며 그것은 지혜 윤리와는 본질적으로 다른 것이다. 그 종말론적 윤리는 새로운 법(legislation)이다. 즉, 종말론적 하나님 나라에 들어가는 규례들이다. 그러므로 그것들은 문자적으로 이해하여야 하며 완전히 성취되는 것으로 보아야 한다. 그 윤리가 지니는 급진적인 성격은 하나님 나라가 임박했기 때문에 나온 것이 아니라 하나님의 절대적인 뜻에 의해서 그렇게 된 것이다. 이런 윤리적 요구 사항들이 과연 실제적이냐 아니냐 하는 질문은 타당성이 없는 질문이다. 왜냐하면 하나님의 뜻이 실제적인 문제에 대한 논의에 지배를 받지 않기 때문이다. 예수께서는 사람들이 그의 요구 사항들을 성취할 능력이 있다고 보았다. 그러므로 하나님 나라에서의 그들의 구원은 그 요구 사항에 대한 순종 여부에 달려 있었던 것이다. 산상수훈의 종교는 주로 행위의 종교(a religion of works)다. 그러나 이 종말론적 윤리는 예수 자신도 성취하지 못한 극단적이고 영웅주의적이며 비정상적인 윤리인 것이다.

마틴 디벨리우스(Martin Dibelius) 등 예수가 종말론적 하나님 나라를 선포했다고 믿는 다른 학자들은 그의 윤리를 순수하고도 무조건적이며 그 어떠한 유의 타협도 인정하지 않는 하나님의 뜻, 곧 하나님이 모든 시대의 사람들에게 모든 시대를 위하여 부과하신 뜻의 표현으로 해석한다. 그것은 이 악한 세상에서는 완전히 성취시킬 수가 없으며 따라서 종말론적 하나님 나라에서만 완전하게 이룰 수 있는 것이다.[10]

---

9) *The Meaning of the Sermon on the Mount* (1951).

스코트(E. F. Scott)와 폴 램지(Paul Ramsey)는 예수의 윤리가 전적으로 종말론을 조건으로 하는 것으로서 종말론적 하나님 나라의 삶을 위한 하나님의 뜻을 세우는 것이라고 본다. 바로 이 사실 때문에 그 윤리는 영속적인 당위성을 지닌다. 왜냐하면 그것은 현 세계의 실망스런 여러 가지 제약을 조건으로 하는 것이 아니라 무조건적인 형태로 도덕법을 표현하는 것이기 때문이다. "묵시론은 마치 태양빛을 반사하여 종이를 태우는 돋보기처럼 성경의 윤리의 초점과 강렬함을 명확하게 제시하는 역할을 해주었다."[11]

와일더(A. N. Wilder)의 「예수의 가르침에 나타난 종말론과 윤리」 (*Eschatology and Ethics in the Teaching of Jesus*)라는 연구서[12]는 이 문제를 다룬 최근의 연구서들 중 가장 중요한 것 가운데 하나이다. 와일더의 해석을 개관하면서 우리는 그가 종말론의 중요성을 인정하는 것으로 보인다는 사실을 주목하였다. 예수는 다가올 종말론적 하나님 나라에 들어가는 선결 조건의 형식으로 그의 윤리를 제시하며, 거기에는 상급과 형벌에 대한 규정이 잠재적으로 들어 있다고 보는 것이다. 그러나, 와일더는 묵시론은 그 본질상 신화적 성격을 띤다고 믿는다. 말로 설명할 수 없는 것들을 상상을 동원하여 표현하는 방식이다. 예수께서는 크나큰 역사적 위기를 바라보고서 그것을 시적인 묵시론적 언어로 묘사했으며, 따라서 그것을 문자적으로 취해서는 안된다는 것이다. 그러므로 예수의 윤리에 나타나는 종말론적인 요구 사항들은 형식적인 것이며 제2차적인 것이다. 묵시론적 하나님 나라와 그에 따르는 종말론적인 요구 사항들에 덧붙여서 예수는 세례 요한과 자신을 통해서 새로운 상황이 일어났다고 가르쳤다. 그리고 이 새로운 상황의 윤리는 종말론에 의해서가 아니라 하나님의 본성과 성격에 의해서 결정되는 것이었다. 미래의 종말론적 하나님 나라와 현재의 구원 사이의 관계는 그저 형식적인 것일 뿐이다.

---

10) M. Dibelius, *The Sermon on the Mount* (1940), pp. 51f. 또한 *Jesus* (1949), p. 115를 보라.

11) P. Ramsey, *Basic Christian Ethics* (1952), p. 44. 또한 E. F. Scott, *The Ethical Teaching of Jesus* (1924), pp. 44-47을 보라.

12) Wilder의 종말론 해석에 대한 분석에 관해서는 앞의 pp. 45ff.를 보라.

그 종말론적 완성의 사상이 신화나 혹은 시의 본질을 취하고 있기 때문에 그것은 그저 형식적으로밖에는 윤리를 결정지어주지 못한다. 하나님 나라를 포함해서 심판과 초자연적 상급의 사상에 대해서 예수와 그의 공동체는 예언이나 상상이 불가능하지만 그럼에도 확실한 하나님이 정하신 미래에 대한 타당성과 신빙성이 분명한 하나의 묘사(representation)로 보았다. 이러한 미래와 그 미래에 나타날 하나님의 활동으로 말미암아 그들의 현재의 도덕적 책임에 무한한 무게와 긴박성이 주어진다. 그러나 하나님의 강림의 이러한 시간적인 임박성은 그의 영적인 임박성의 한 가지 기능에 불과하며 윤리적 행동을 진정으로 결정짓는 것은 바로 이 후자의 영적인 임박성인 것이다.[13]

루돌프 불트만은 철저 종말론을 받아들이면서도 예수의 메시지의 의미를 하나님 나라의 임박성에서 찾지 않고 예수가 하나님이 가까이 계시다는 느낌을 항상 가졌고 그것이 그를 지배했다는 사실에서 찾는다. 불트만은 예수의 윤리가 다가올 하나님 나라에 들어가는 조건들을 세우는 것이라고 본다. 그러나 이 조건들은 그것들을 복종함으로써 다가올 하나님 나라에 들어갈 공적을 쌓게 되는 그런 규칙이나 법규가 아니다. 예수의 윤리의 내용은 한 가지 단순한 요구다. 하나님 나라가 가까이 왔으므로, 하나님이 가까이 계시므로, 이에 요구되는 것은 단 한 가지이다. 곧 최종적 종말론적 시간에 결단을 내려야 한다는 것이다.[14] 이렇게 해서 불트만은 예수의 윤리를 결단에 대한 실존적인 요구로 바꾸어 놓는다. 예수는 개인적이든 사회적이든 윤리를 가르친 교사가 아니었다. 그는 절대적 원리를 가르치거나 행동 규범을 세우지 않았다. 그는 오직 한 가지, 결단을 요구했을 뿐이다.

이렇게 학자들의 논의를 개관한 결과, 예수의 윤리적 가르침과 하나님 나라에 대한 그의 견해를 함께 묶어서 연구해야 마땅하다는 것이 분명해진다.

---

13) A. N. Wilder, *Eschatology and Ethics in the Teaching of Jesus* (1950), p. 161. E. C. Gardner, *Biblical Faith and Social Ethics*, Chap. 3도 Wilder의 종말론을 따른다.

14) R. Bultmann, *Jesus and the Word* (1934), pp. 72ff.; *Theology of the New Testament* (1951), I, pp. 11-22.

우리는 예수의 윤리를 가장 잘 해석할 수 있는 방법은 이미 예수 안에서 그 자체를 드러내었고 또한 종말의 때에 가서 완성될 그 하나님의 다스림이라는 역동적인 개념을 근거로 이해하는 것이라고 말할 수 있을 것이다.[15]

예수와 율법

예수께서는 그가 하나님의 백성으로서의 이스라엘과 갖는 관계와 매우 유사한 관계를 모세의 율법과 맺고 있었다. 그는 이스라엘에게 약속된 메시야적 구원의 성취를 이스라엘에게 제공하셨다. 그러나 그들이 그것을 거부하자 자기 자신의 제자들을 구약의 소망을 성취시키는 참된 하나님의 백성으로 삼으셨다. 모세의 율법에 대한 예수의 태도에는 연속성과 불연속성의 요소가 동시에 들어 있다. 그는 구약을 영감된 하나님의 말씀으로 인정하셨고, 율법을 신적으로 주어진 삶의 법칙으로 보셨다. 그는 스스로 율법의 계명들에 순종하셨고(마 17:27; 23:23; 막 14:12) 한 번도 구약 성경이 하나님의 말씀이 아니라는 식으로 비평하신 일이 없다. 사실상 그의 사역은 율법의 진정한 의도를 성취시키는 것이었다(마 5:17).[16] 그러므로 구약 성경은 영구한 당위성을 지니는 것이다(마 5:17-18).

이 성취에 대한 언급은 곧 새로운 시대가 시작되었으므로 율법의 역할에 대해서도 새로운 정의가 요구된다는 것을 의미한다. 율법과 선지자는 요한

---

15) 이와 비슷한 논지에 대해서는 S. M. Gilmour in *JR*, XXI (1941), pp. 253-264을 보라. 또한 A. M. Hunter, *A Pattern for Life* (1953), pp. 106-107을 보라.

16) "온전하게 하다"로 번역된 낱말은 "세우다, 확증하다, 서게 하다" 등을 의미할 수도 있다. 여기서는 예수께서 율법의 영속성과 그가 그 율법에 순종한다는 사실을 인정한다는 의미로만 보아야 할 것이다(B. H. Branscomb, *Jesus and the Law of Moses* [1930], pp. 226-228을 보라). 그러나, 예수의 전체적인 메시지로 볼 때에, "온전하게 하다"는 아마도 그 의도와 표현을 충만히 드러낸다는 의미일 것이다. "예수의 강림이 바로 율법의 성취가 의미하는 바다" (H. Kleinknecht and W. Gutbrod, *BKW: Law* [1962], p. 86. 또한 G. Delling in *TWNT*, VI, pp. 292-293; J. Murray, *Principles of Conduct* [1957], pp. 149ff.를 보라).

의 때까지 해당되며, 요한 이후로 메시야적 구원의 때가 오는 것이다(마 11:13 = 눅 16:6). 이 새로운 질서에서는 사람과 하나님 사이에 새로운 관계가 세워졌다. 이제는 이 관계가 율법을 통해서가 아니라 예수님 자신과 그 안에서 임한 하나님 나라를 중보로 하여 성립되게 되었다.[17] 예수께서는 전체의 구약의 운동을 하나님이 그렇게 이끄셔서 예수 자신에게서 그 목표에 도달한 것으로 보셨다. 그의 메시야적 사역과 하나님 나라의 임재가 바로 율법과 선지자의 성취인 것이다.

그러므로 예수께서는 구약의 권위와 동등한 권위를 지니셨다. 그의 설교의 성격은 선배들의 권위에 의존하는 랍비들의 교훈 방식과는 전혀 다른 것이었다. 그의 설교는 심지어 "여호와께서 이렇게 말씀하시기를"이라는 선지자들의 어법을 따르지도 않는다. 오히려 그의 메시지는 그 자신의 권위에 근거한 것으로서 계속해서 "내가 너희에게 이르노니"라는 어법을 사용해서 선포되고 있다. 그는 메시지를 전하실 때에 흔히 "아멘"이라는 말을 사용하셨는데, 이것도 바로 이런 관점에서 이해하여야 할 것이다. 왜냐하면 "아멘"이라는 말은 "여호와께서 말씀하시되, 나의 삶을 두고 맹세하노니"라는 구약의 표현과 동일한 의미를 지니기 때문이다.[18]

예수께서는 그 자신의 말씀의 권위로 그 당시 율법 그 자체의 일부로 여겨지고 있던 서기관들의 율법 해석을 거부하셨다. 그가 거부하신 서기관들의 가르침에는 안식일(막 2:23-28; 3:1-6; 눅 12:10-21; 14:1-24), 금식(막 2:18-22), 의식적인 정결 예법(마 15:1-30; 막 7:1-23; 눅 11:37-54), 그리고 "의인"과 "죄인"을 구분하는 것(막 2:15-17; 눅 15:1-32) 등이 포함되어 있다. 더 나아가서 그는 메시야적 구원의 새로운 시대에 나타나는 율법의 역할을 재해석하셨다. 예수께서는 사람이 음식으로 더럽혀지지 못한다고 선언하심으로써(막 7:15) 결국 마가복음이 해명하듯이(7:19) 모든 음식을 정결한 것으로 선언하셨고, 그리하여 원칙적으로 의식적인 규례에 관한 모든 유전을 무효화시키셨다. 예수께서는 오직 자기 자신의 권위를 의지하여 모세의

17) H. Kleinknecht and W. Gutbrod, *BKW: Law* (1962), p. 81.
18) 앞의 p. 200를 보라. 또한 G. Bornkamm, *Jesus of Nazareth* (1960), p. 99을 보라.

율법의 상당 부분에 구체화되어 있는 의식적인 정결의 원리를 유보시키신 것이다. 이러한 사실은 하나님 나라의 의가 더 이상 율법을 매개로 이루어지지 않고, 선지자들에게서 예견되었고 이제 예수 자신의 사역의 사건 가운데서 실현되는 과정에 있는 하나님의 새로운 구속 활동에 의해서 이루어진다는 사실의 당연한 귀결인 것이다.[19]

하나님의 통치의 윤리

이제 우리는 예수의 윤리적 가르침과 하나님 나라에 대한 그의 메시지가 서로 어떻게 적극적으로 관계를 맺고 있느냐 하는 문제를 논의하여야 하겠다. 오래 전 피버디(F. C. Peabody)는 우리는 예수의 윤리를 그의 종말론에 근거하여 해석해서는 안되며 오히려 그의 종말론을 그의 윤리적 가르침에 근거하여 이해하여야 한다고 지적한 바 있다.[20] 그렇게 하면 예수의 윤리적 가르침 가운데 상당 부분이 종말론에 지배를 받지 않는다는 것을 알게 될 것이라고 한다. 디벨리우스는 이를 인정하면서도 예수의 윤리적 가르침에는 어디서든 종말론적 경향이 있음을 상정해야 한다고 주장한다.[21] 빈디쉬는 윤리적 가르침에 종말론적으로 조건지워진 것들과 종말론과는 상관이 없는 것들(이것을 "지혜" 윤리라고 부른다)의 두 가지 종류가 있다고 본다.[22] 지혜 윤리의 요구 사항은 종말론적인 것이 아니라 종교적인 것이다. 즉 하나님의 뜻

19) H. Kleinknecht and W. Gutbrod, *BKW: Law* (1962), pp. 89, 91을 보라. 새 옷과 새 부대에 대한 말씀은 지금 임재해 있는 메시야 시대의 축복들을 옛 유대교의 형식 속에 담을 수가 없다는 것을 시사해 준다(막 2:21-22).

20) "New Testament Eschatology and New Testament Ethics," *Transactions of the Third International Congress for the History of Religion* (1908), II, pp. 307-308.

21) *The Sermon on the Mount* (1940), p. 60.

22) *The Meaning of the Sermon on the Mount* (1951), pp. 30ff. 또한 H. K. McArthur, *Understanding the Sermon on the Mount* (1960), pp. 90-91의 아주 편리한 분석을 보라.

과 그의 본성에 관계된 것이다. 빈디쉬는 탕자의 비유나 바리새인과 세리의
이야기, 그리고 팔복 등 예수의 가르침의 일부는 율법주의적인 행위로 말미
암는 의(그는 이것이 종말론적 윤리를 지배한다고 본다)에서 벗어나 은혜의
구원 쪽으로 향한다는 것을 인정한다.[23]

그러나, 역사적으로 본문을 주해할 때에는 산상수훈을 주도하는 종말론적
윤리에 그 윤리가 요구하는 의를 이루도록 하나님이 도움을 주신다는 약속
이 전혀 나타나지 않는다는 사실을 인정해야 하며, 그러므로 그 윤리는 복음
이 아니라 율법이며 결국 사람을 절망으로 이끌어갈 뿐이라고 한다.[24] 그러
나, 다른 곳에서 빈디쉬는 그 종말론적 하나님 나라의 임박성이 예수의 제자
들의 마음 속에 믿음을 밝혀주며, 그리하여 이 새로운 하나님 나라의 계명들
에 순종할 자세와 능력이 생기도록 하는 구체적인 태도를 제공해준다고 말
한다.[25] 더 나아가서 그는 예수의 윤리는 새로운 마음을 요구하는 것이요 그
새로운 마음은 그의 가르침으로 말미암아 만들어질 수 있는 것임을 인정하
고 있다.[26] 그의 이런 진술은 그의 주된 논지와 조화시키기가 매우 어려운 것
이다.

빈디쉬의 연구의 가장 중요한 공헌 가운데 하나는 역사적 본문 주해와 신
학적 본문 주해를 구분했다는 점이다. 역사적 주해는 산상수훈을 철저하게
구약과 유대교적 범주에 근거하여 해석하며 하나님 나라를 "메시야적 구원
의 시대 즉 다가올 시대의 거룩한 생활(habitation)"로 볼 수밖에 없다. 이것
은 철저 종말론이다. 그리고 이를 근거로 하면 예수의 윤리는 그 종말론적
하나님 나라에 들어갈 자들을 결정짓는 규범들인 것이다. 이 역사적 해석은
현대인에게는 거의 의미가 없다. 왜냐하면 현대인은 묵시론적 하나님 나라
를 찾지 않기 때문이다. 예수의 종말론적 윤리는 정말로 성취할 수 없는 것
이요 실천이 불가능한 것이다. 그러므로, 현대인으로서는 신학적 주해에 의

---

23) H. Windisch, *The Meaning of the Sermon on the Mount* (1951), pp. 110-
    111.
24) *Ibid.*, pp. 172-173.
25) *Ibid.*, p. 113.
26) *Ibid.*, pp. 102, 105, 111.

존할 수밖에 없는데, 그런 주해법은 "탈무드에서는 예수가 사용했을 그 단어 **말쿳**이 거의 항상 하나님의 주 되심(the Lordship of God)을, 곧 어디서든 사람들이 하나님의 율법을 성취하려고 노력할 그 때에 거기에 세워지는 하나님의 다스림을, 의미한다는 역사적 주해의 중요한 발견을 감사하게 사용할 것이다."[27]

빈디쉬의 이러한 구분은 필자가 보기에는 임의적인 것으로서 하나님 나라의 근본적인 의미를 흐리는 것으로 여겨진다. 만일 역사적 본문 주해를 통해서 **말쿳**이 랍비들의 사고에서는 하나님의 주 되심을 의미한다는 것이 발견되었다면, 그리고 만일 랍비들의 사고가 예수의 역사적 환경으로서 매우 중요한 것이라면, 역사적으로 예수의 가르침에서도 **말쿳**이 그런 근본적인 의미를 지닌 것으로 보는 것이 가능하지 않겠는가?[28] 빈디쉬는 종말론적 하나님 나라의 임박성이 핵심 요소가 아니라는 점을 인정한다. 오히려 하나님이 다스리실 것이라는 사실이 핵심이다.[29] 그러므로 이 사실들에 비추어 볼 때에, 하나님 나라에 대한 예수의 선포는 역사적으로 논의할 때에 하나님의 다스림을 의미했다고 보아야 할 것이다. 더 나아가서 두 종류의 윤리도 이것을 배경으로 하여 이해할 수 있을 것이다. 왜냐하면 소위 지혜 윤리라는 것은 하나님의 현재적 다스림의 윤리이기 때문이다.

빈디쉬는 산상수훈이 제자들을 위한 것임을 인정한다. 산상수훈은, "이미 회심한 자들을 위한 것이며, 이스라엘의 언약 내부에 있는 하나님의 자녀들을 위한 것 … ."[30]이다. 여기에다 빈디쉬는 "아니면 기독교 공동체를 위한 것이다"라고 덧붙이는데, 이런 그의 말은 본문이 의미하는 것보다 훨씬 비약시킨 것이다. 복음서가 기독교 공동체의 산물이라는 것을 인정한다 하더라도, 산상수훈의 설교는 중생이라든가 성령의 내주하심, 혹은 그리스도 안의 새 생명에 대해서 아무것도 전제하는 것이 없으며, 오직 하나님의 나라만을 전제로 할 뿐이며, 이 하나님의 나라는 미래와 현재의 하나님의 통치로 이해

---

27) *Ibid.*, pp. 199f.; 62, 28f.

28) G. E. Ladd, *JBL*, LXXXI (1962), pp. 230-238.

29) H. Windisch, *The Meaning of the Sermon on the Mount* (1951), p. 29.

30) *Ibid.*, p. 111.

할 수 있다.

예레미야스가 지적한 바와 같이,[31] 이 설교가 무언가를 전제로 하고 있다는 것은 사실이다. 이 설교는 하나님 나라의 선포를 전제로 하고 있는 것이다. 이 설교는 율법이 아니라 복음이다. 하나님의 은혜의 선물이 그의 요구보다 선행한다. 빈디쉬가 말하는 내적인 동기를 제공해주는 것은 바로 예수의 사역 속에 임재하는 하나님의 통치인 것이다.[32] 빈디쉬는 종말론적 윤리와 지혜 윤리가 모두 하나님에 대한 동일한 관념에 의해서 지배를 받는다는 것을 인정하는데,[33] 우리의 판단으로는 바로 이것이 문제의 해결의 실마리가 되는 것으로 보인다. 예수께서 선포하신 하나님은 사람들에게 극단적인 요구 사항을 늘어놓아서 빈디쉬가 생각하기에 그것들을 성취시킬 수가 없고 그리하여 사람들을 절망 가운데 빠뜨리는 그런 분이 아니셨다. 그는 예수 자신과 그의 사역 속에서 사람들을 찾아오셔서 그들에게 죄의 용서와 교제의 메시야적 구원을 베풀어주신 분이신 것이다. 지혜 윤리와 종말론적 윤리를 한데 묶어주는 것이 바로 이 사실인 것이다. 종말론적 완성에 들어갈 자들은 바로 현재의 하나님의 통치를 경험한 자들이다. 빈디쉬가 팔복에 나타나는 것으로 보는 소위 "다른 구원론"도 실제로 전혀 다른 것이 아니다. 그것은 사실상 예수의 사역과 메시지의 가장 두드러지는 특징인 것이다. "하나님이 지금 여기 이 땅에서 그의 영역을 세우고 계신다는 사실을 떠나서 이해하게 되면, 산상수훈은 지나치게 이상주의적이며 병적일뿐 아니라 자기를 파괴시키는 광적인 교훈이 되고 말 것이다."[34]

최근의 연구로서 두 번째로 중요한 것은 빈디쉬의 결론과는 매우 다른 결

---

31) *Die Bergpredigt* (1961), pp. 21ff., 특히 p. 25.

32) p. 346, 각주 25를 보라. Dibelius는 Windisch처럼 하나님의 나라의 현재성을 부인한다. 그러나 그는 하나님 나라의 메시지가 "[사람의] 존재 전체를 휘어잡고 그를 변화시킨다"고 말했는데(*Jesus* [1949], p. 115), 이는 결국 하나님의 변혁시키는 힘으로서의 하나님 나라의 임재를 인정하는 것이라 하겠다.

33) *The Meaning of the Sermon on the mount* (1951), p. 40.

34) O. Piper, "Kerygma and Discipleship," *Princeton Seminary Bulletin*, LVI (1962), p. 16.

론을 내린다. 와일더는 빈디쉬와 마찬가지로 종말론적으로 조건지워진 윤리
와 하나님의 순결한 뜻으로 확증되는 비종말론적인 현재의 구원의 윤리가
있다고 본다. 그러나 빈디쉬와는 달리 와일더는 그 윤리들을 제재하는 것은
주로 하나님의 뜻이며, 종말론적인 제재는 그저 형식적이며 부차적인 것일
뿐이라고 주장한다. 앞에서 살펴본 바와 같이,[35] 이런 점 때문에 몇몇 비평가
들은 와일더가 종말론적 제재(sanction)의 의의 자체를 완전히 제거해버리
려 했다고 결론지었다. 우리는 묵시론적인 표현들은 문자적인 의미로 취하
도록 하는 의도로 주어진 것이 아니며 말로 설명할 수 없는 미래의 사실을
묘사하기 위해서 도입된 하나의 표현 양식이라는 와일더의 견해에 동의한
다.[36] 또한 미래에 대한 비종말론적인 진술들의 경우도 이와 마찬가지이다.
예수께서는 부활의 때에 구속받은 자들의 존재는 현재의 질서와 전혀 달라
서 현재처럼 성이 기능을 발휘하지도 않을 것이며 "이 세상의 자녀들"이 마
치 천사들과 같아져서 출산이 필요가 없어질 정도가 될 것이라고 말씀하셨
다(막 12:25 = 눅 20:35). 과연 성적 동기가 작용하지 않는 그런 삶이 어떨까
하는 것을 인간의 경험으로 어떻게 상상할 수 있겠는가? 가정과 남편과 아
내, 부모와 자녀의 관계를 근거로 하지 않는 그런 사회를 어떻게 그릴 수가
있는가? 그런 질서는 정말이지 말로 설명할 수가 없는 것이다.

그러나 종말론적 언어가 상징적인 성격을 띠고 있다고 해서 그 종말론적
인 제재가 정말로 부차적인 것이요 그저 형식적인 것에 불과하다고 결론지
을 필요는 없다. 왜냐하면 상징적인 언어를 사용해서도 비록 말로 설명할 수
는 없다 해도 정말로 존재하는 미래를 나타낼 수 있기 때문이다. 불못이라든
가 바깥 어두운데라든가 아니면 메시야의 대연회 등 종말론적 제재를 표현
하는 양식이 형식적인 것이요 부차적인 것이라고 말할 수도 있을 것이다. 그
러나 그렇다고 해서 그런 것들로 표현되는 종말론적 제재 자체가 부차적이
라고 할 수는 없는 것이다. 종말론적 제재의 핵심은 종말에 사람들이 하나님

---

35) 앞의 pp. 44ff.를 보라. Windisch와 Wilder의 더 상세한 논의에 대해서는 I. W.
Batdorf, *JBR*, XXVII (1959), pp. 211-217을 보라.
36) A. N. Wilder, *Eschatology and Ethics in the Teaching of Jesus* (1950), pp.
26, 60. 묵시론의 언어에 대한 우리의 논의를 보라. 앞의 pp. 63ff., 78ff.

과 얼굴을 마주하여 설 것이며 심판이나 구원 둘 중의 하나를 경험하게 될 것이라는 사실에 있다. 그리고 이런 제재는 그저 형식적인 것이 아니라 본질적인 제재요, 또한 이 제재야말로 성경적 종교의 핵심에 속하는 것이다.

와일더는 예수께서 묵시론적 언어를 오로지 그가 미래에 있는 것으로 보았던 역사적이며 이 세상적인 위기를 나타내는 상징적인 표현으로 사용하셨다는 사실을 명확하게 입증하지 못했다. 와일더는 예수께서 그 역사적 위기 너머에서 종말론적 사건을 바라보았다는 것을 인정한다. 우리는 와일더가 종말론적인 면을 완전히 제거하려 한다고 보는 비평가들은 그를 올바로 해석하지 못했다고 결론지을 수 있을 것이다. 왜냐하면 그는 자신이 종말론적 제재의 위치를 전적으로 제외시키기를 원하지 않는다고 분명히 진술하고 있기 때문이다. 그러므로, 묵시론적 언어가 말로 설명할 수 없는 미래를 묘사하기 위하여 사용되는 상징적인 언어인 것은 분명하지만, 그럼에도 불구하고 그것이 묘사하는 미래는 진정한 미래요 하나님의 미래인 것이다. 그렇다면, 와일더가 올바로 진술했듯이, 예수의 윤리의 주된 제재는 하나님의 현재의 뜻이며, 이 하나님의 뜻은 예수의 사역으로 말미암아 생겨난 새로운 상황 때문에 사람들에게 역동적으로 당위성을 지니게 된다. 그리고 그 새로운 상황을 구원의 때라고 말할 수 있으며,[37] 종말론적 제재를 또한 주된 제재로 취급할 수 있을 것이다. 왜냐하면 종말론적 완성이란 다름이 아니라 현재에 드러나 있는 하나님의 통치와 뜻이 궁극적으로 완전히 드러나는 것을 의미하기 때문이다.

그렇다면, 예수의 윤리는 하나님 나라의 윤리요 하나님의 통치의 윤리이다. 그 윤리는 예수의 메시지와 사역이라는 전체의 맥락에서 분리시킬 수가 없다. 그 윤리는 오직 하나님의 통치를 경험한 자들에게만 당위성을 갖는다. 예수의 윤리적 금언들의 대부분이 유대교의 가르침에 나오는 것들과 유사하다는 것은 사실이다. 그러나 유대교의 윤리를 다 모은다 해도 그것은 예수의 윤리가 독자에게 미치는 그런 영향을 도무지 미치지 못하는 것이다. 미쉬나의 한 구절을 읽는 것과 산상수훈을 읽는 것은 서로 전혀 다른 경험이다. 예

37) *Ibid.* pp. 145ff.

수의 가르침의 독특한 요소는 예수 자신 속에서 하나님의 나라가 인간 역사 속으로 침투해 들어왔다는 사실이다. 그러므로 사람들은 하나님의 통치의 윤리적인 요구 사항들을 부과받을 뿐 아니라 이러한 하나님의 통치에 대한 경험 덕분에 새롭게 의를 실현할 수 있게 되는 것이다.

절대적 윤리

만일 예수의 윤리가 사실상 하나님의 통치의 윤리라면, 그 윤리는 절대적 인 윤리일 수밖에 없게 된다. 디벨리우스의 견해는 옳다. 그는 예수가 그 어 떤 식의 타협도 없이 하나님이 모든 시대에 모든 시대를 위하여 사람들에게 제시하신 그 순전하고도 무조건적인 뜻을 가르쳤다고 보았다.[38] 그런 가르침 을 행동으로 옮기는 일은 모든 악이 사라지는 다가올 시대에 가서야 실제로 이루어지는 것이다. 그러나 예수께서는 제자들이 이 현 시대에서 그의 가르 침을 실천하기를 기대했다는 것이 산상수훈에서 분명히 드러난다. 그렇지 않다면, 세상의 빛과 땅의 소금에 대한 말씀들은 완전히 의미를 상실하고 말 것이다(마 5:13-14). 예수의 윤리는 거룩하신 하나님이 어느 시대에나 사람 들에게 요구하시는 의의 표준을 구체화하고 있는 것이다.

바로 이러한 사실이 예수의 윤리가 과연 실천 가능한 것이냐 하는 어려운 문제를 제기하였다. 한 가지 면에서 보면, 그 윤리는 실천이 불가능하며 도 저히 이룰 수가 없는 것으로 보인다. 산상수훈이 만일 미래의 하나님 나라에 들어갈 수 있는지의 여부를 결정짓는 법규라면, 빈디쉬가 지적하듯이 모든 사람이 다 그 나라에서 제외되고 말 것이다. 심지어 예수 자신도 그 나라에 서 제외된다고 말할 수도 있다고 한다. 빈디쉬는 예수는 자신의 영웅적인 윤 리를 성취하지 못했다고 보기 때문이다. 그는 바리새인들을 질책했는데, 이

---

38) 각주 10을 보라. 절대적인 윤리적 요구가 이처럼 강력하다는 사실에서도 예수의 가르침 이 유대교의 가르침과 다르다는 것이 드러난다. 그저 약간의 사랑도 약간의 순결도 아니 고, 많은 사랑, 많은 순결도 아니며, 오직 완전한 사랑과 완전한 순결만이 하나님의 다 스림의 요구를 만족시켜주는 것이다. G. Kittel, in *ZSysTh*, II (1924), p. 581.

것은 사랑의 표현으로 보이지 않는다(마 23장). 그리고 안나스 앞에서 그는 다른 뺨을 돌려대지 않았다는 것이다(요 18:22f.).[39] 예수께서는 화를 내는 것은 죄요 정죄를 받을 대상이라고 가르치셨다. 탐욕은 죄요, 누구든지 여인을 보고 음욕을 품는 자는 죄를 짓는 것이라고 하셨다. 예수께서는 절대적인 정직성을 요구했는데, 그 정직성은 예 또는 아니오 만으로도 맹세와 동일한 가치를 지니는 그런 정도의 절대적인 정직성이다. 예수는 완전한 사랑을, 사람을 향한 하나님의 사랑만큼이나 완전한 그런 사랑을 요구하셨다. 만일 예수께서 그의 가르침에 대하여 율법적으로 순종할 것만을 요구하셨다면 그는 결국 구원에 대한 소망을 주기는커녕 오히려 사람들을 절망의 절벽 위에 매어달아 놓으신 것이 된다.

그러나 산상수훈은 율법이 아니다. 그것은 하나님의 통치를 삶 속에서 절대적으로 실현하는 사람의 이상을 그리는 것이다. 이 의(義)는 디벨리우스의 말처럼 종말론적 하나님 나라에서만 완전하게 경험할 수 있을 것이다. 그러나 그럼에도 불구하고 그 의는 현 시대에도 진정으로 성취할 수가 있다. 하나님의 통치를 실제로 경험하면 그렇게 되는 것이다. 한 가지 중요한 문제는 이 시대에서 하나님의 다스림을 완전하게 경험하는 것이 과연 종말론적 하나님 나라에 들어가는 필수적인 선결 요건이냐 하는 것이다. 이 문제는 은혜에 대한 예수의 가르침을 떠나서는 답변할 수가 없다.

하나님 나라 자체가 드러나는 것과 그 나라의 의를 이루는 것 사이에는 한 가지 유사점이 있다. 하나님의 나라는 예수 안에 임하여 구 시대 내에서 메시야적 구원을 이루었다. 그러나 그 나라의 완성은 다가올 시대에 이루어질 것이다. 하나님의 나라는 실제로 임재해 있으나 전혀 예상치 못한 새로운 방식으로 임재해 있는 것이다. 그 나라가 역사 속으로 들어왔으나 역사를 변혁시키지는 않았다. 그 나라가 인간 사회 속에 임하였으나 그렇다고 해서 그 사회를 정결케 만든 것도 아니다. 이런 점에 비교해서 말하자면, 하나님의 통치의 의는 현 시대에서도 실제로 그리고 본질적으로 경험할 수가 있다. 그

---

39) H. Windisch, *The Meaning of the Sermon on the Mount* (1951), pp. 103-104.

러나 하나님 나라의 완전한 의는, 그 나라 자체와 마찬가지로 종말론적 완성의 때에 가서야 이루어지는 것이다. 하나님의 나라가 이 악한 시대를 침투하여 사람들에게 미리 종말론적 하나님 나라의 축복들을 부분적으로, 그러나 진정으로, 경험하도록 해주었듯이, 하나님 나라의 의도 완전한 상태로는 아니더라도 부분적으로나마 현재의 질서 속에서 이루어지는 것이다. 하나님 나라 자체와 마찬가지로 그 나라의 윤리도 현재의 성취와 미래의 종말론적 완성 사이의 긴장 속에 서 있는 것이다.

내적 생명의 윤리

하나님 나라의 윤리는 마음 속의 의에 대하여 새로운 강조점을 둔다. 천국에 들어가기 위해서는 서기관과 바리새인들의 의보다 더 나은 의를 이루어야 한다(마 5:20). 이 원리에 대한 실례를 보면 그 원리가 당시 랍비들의 가르침 속에서 해석되고 있던 구약 성경의 원리와 대조를 이룬다는 것을 알 수 있다. 외적인 행동 이면의 내적인 성격을 주로 강조하는 것이다. 율법은 살인자를 정죄하였으나, 예수는 화를 내는 것을 정죄하셨다(마 5:21-26). 이것은 율법적으로는 도저히 해석하기가 어렵다. 율법은 통제할 수 있는 행동에 관한 것이다. 그러나 분노는 외적인 행동의 영역이 아니라 내적인 태도와 성격의 영역에 속하는 것이다. 율법은 간음을 정죄하였다. 그러나 예수께서는 음욕의 마음을 품는 것을 정죄하셨다. 음욕은 율법으로 통제할 수 있는 것이 아니다. 되갚아주는 일에 대한 말씀은 하나님의 뜻에 따르는 태도를 적나라하게 보여주는 실례라 할 수 있다. 사람은 외적인 행동 기준에 율법적으로 순종하기 위해서 다른 뺨을 돌려대면서도 마음 속에서는 화가 끓어오르며 앙갚음을 하고픈 마음이 솟아오를 수도 있기 때문이다. 원수를 사랑하는 일은 그저 외적인 관계에서 나타나는 단순한 친절보다도 훨씬 더 깊은 것이다. 사람이 자기를 상하게 하기를 구하는 자가 가장 잘되기를 깊이 그리고 진정으로 바란다면, 그것이야말로 인간의 인격과 성격의 가장 깊은 미스테리 가운데 하나일 것이다. 그런데 바로 이것이, 그리고 이것만이 사랑이다. 그것

은 성품이요 그것은 내적인 의이며, 그것은 하나님의 다스림의 선물인 것이
다.

맨슨(T. W. Manson)은 예수의 윤리와 랍비들의 윤리의 차이점이 내적인
행동의 근원과 외적인 행동 사이의 차이에 있는 것이 아니었다고 주장한
다.[40] 유대교가 내적인 동기의 문제를 전혀 도외시하지 않았다는 것은 물론
사실이다. 열두 족장의 언약서의 윤리적인 가르침은 내적인 의를 요구하고
있다. "마음으로 서로서로 사랑할지니라. 사람이 네게 대하여 죄를 범하거든
그에게 평안으로 말하며, 네 영을 숨기지 말지니라. 그리고 저가 회개하고
죄를 고백하면 저를 용서할지니라. 그러나 저가 그 죄를 부인하면 그를 향하
여 노여워하지 말지니라 … "(갓 6:3). "순결한 사랑의 마음을 가진 자는 간
음하려는 생각으로 여인을 보지 않느니라. 이는 그 마음에 더러움이 없기 때
문이요 하나님의 영이 저에게 거하기 때문이니라"(베냐민 8:2).

그러나, 이것은 유대교의 전형적인 가르침이 아니다. 미쉬나를 슬쩍 읽어
보기만 해도 랍비들의 윤리가 율법의 조문에 외적으로 순종하는 일에 초점
을 맞추고 있다는 것이 분명히 드러난다. 이에 반하여 예수께서는 완전한 내
적인 의를 요구하셨다. 빈디쉬의 비판에도 불구하고, 산상수훈의 윤리는 근
본적으로 의도의 윤리(an ethic of intention, Gesinnugsethik)라는 슈탕
게(C. Stange)의 결론을 거부하기가 어려운 것이다.[41] 와일더는 빈디쉬와 함
께 예수의 윤리를 행위보다는 기질 혹은 성향에, 또 외적인 실행과 대조를
이루는 내적인 동기에 초점을 맞춘 것으로 볼 수 없다는데 동의하지만, 그러
면서도 그는 예수의 가르침이 "화도 내지 말고 앙갚음을 하려는 욕망도 없고
미움도 없어야 하며 그리하여 마음이 전적으로 순결해져야 할 것"을 요구한
다고 정리하고 있다.[42] 화나 욕망이나 미움은 내적 인간의 영역에 속하며 사
람의 행위에 동기를 부여하는 의도(intention)에 속하는 것이다. 예수의 주
된 요구는 바로 의로운 성격을 이루라는 것이다.

---

40) *Ethics and the Gospel* (1960), pp. 54, 63.

41) C. Stange in *ZSysTh*, II (1924), pp. 41-44. 또한 H. K. McArthur,
Understanding the Sermon on the Mount (1960), pp. 142f.을 보라.

42) A. N. Wilder, "The Sermon on the Mount," *JB*, VII, pp. 161, 163.

이 요구는 예수의 다른 가르침들 속에서도 나타난다. 선한 사람은 그 마음의 선한 보배로부터 선한 것을 내며, 악인은 그의 악한 보배로부터 악을 산출한다. 행실은 바로 성격을 드러내는 것이다(눅 6:45). 선한 열매나 악한 열매는 바로 그 나무의 내적 성격을 드러내주는 것이다(마 7:17). 심판 때에 사람들은 그들이 행한 모든 부주의한 말들을 다 고하게 될 것이다(마 12:36). 왜냐하면 사람이 조심하지 않고 내어뱉는 부주의한 말이 그 사람의 마음의 진정한 성격과 기질을 드러내기 때문이다. 그 마지막 심판에서 사면을 받느냐 정죄를 받느냐 하는 것은 그 사람의 외형적인 행실에 달려 있는 것이 아니라 그 사람의 내적 존재의 진정한 본질을 증거해주는 그런 행실에 달려 있는 것이다.

이리하여 하나님 나라의 본질적인 의는, 그것이 마음의 의이기 때문에, 실제로 실현이 가능하다. 양적으로는 아니라 할지라도 질적으로는 실현이 가능한 것이다. 그 나라의 의의 완전성은 종말론적 하나님 나라의 강림에 가서야 이루어질 것이다. 그러나 그 본질에 있어서 그 의는 지금 바로 여기에서, 이 시대 속에서 실현될 수 있는 것이다.

능동적인 의의 윤리

하나님 나라의 의가 주로 마음의 의요, 그저 랍비들의 율법주의보다 좀더 포괄적인 그런 율법주의가 아니기는 하지만, 그렇다고 해서 비록 실행으로 옮기지 않는다 할지라도 선한 의도만 가지면 이 의가 만족된다고 생각해서는 안된다. 슈탕게는 의도의 윤리는 반드시 행실에서 드러나야 하며 또한 올바른 자세를 가지는 것은 그저 출발점에 불과하다고 주장했다.[43] 예수께서는 그의 말씀을 듣고 그대로 행하는 사람과 듣기만 하고 아무것도 행하지 않는 사람을 비교함으로써 산상수훈의 결론을 맺으셨다(마 7:26). 의로운 마음은

---

43) C. Stange in *ZSysTh*, II (1924), p. 44. 내적인 면과 외적인 시행을 서로 대조시키는데, 이것은 인위적인 것이다.

반드시 의로운 행실로 그 자체를 드러내어야 한다. 강도 만나 상처 입은 과객을 그냥 지나쳐버린 제사장과 레위인은 아무것도 잘못 행한 것이 없고 율법을 어기지도 않았다. 그들의 외형적인 의는 아무런 손상을 입지 않았다. 그러나 그들은 사마리아 사람에게 동기를 부여한 그런 의로운 성격을 행실로 드러내 보이지를 못했던 것이다(눅 10:31). 한 달란트 받는 종이 주인에게 정죄를 받은 것은 그가 죄악된 행실을 행했기 때문이 아니라 그가 그에게 맡겨진 주인의 선물을 소홀히 했기 때문이었다. 그는 그저 아무것도 행하지 않았던 것이다(마 25:25).

이러한 능동적인 의의 원리는 민족들을 심판하는 일에 대한 비유(마 25:41)를 이해할 수 있게 해준다. 거기서는 사람들의 구원받는 여부가 그들이 예수의 "형제"에게 행한 일로써 결정된다. 그러나 이것을 토대로 개인적인 공적을 근거로 구원을 얻는다는 교의를 세운다면 그것은 하나님의 나라가 하나의 선물로서 갖는 기본적인 성격을 해치는 것이 되고 만다. 이 비유는 예수의 대리자들에 의해서 선포되는 하나님 나라의 복음에 대한 개개인의 응답은 그 자체가 마땅한 행실로써 드러난다는 것을 극적인 묘사를 통해서 가르쳐주는 것이다. 예수의 형제들과 사역자들을 공개적으로 그들에게 영접하기를 부끄러워 하지 않는 사람들은 바로 그런 행실을 통해서 주님 자신을 향한 그들의 태도를 드러내 보이는 것이다(막 8:38).

이와 관련해서, 우리가 무시해서는 안될 사실은 예수의 여러 말씀들 가운데 과장의 요소가 분명히 드러나는 경우가 많다는 점이다.[44] 기도할 때에 문을 닫으라는 명령(마 6:6)은 대중 기도를 금하기 위해 주신 말씀이 아니다. 그것은 종교적인 겉치레를 경계하신 말씀이다. 무엇이든지 구하는 것을 주라고 명령하셨다고 해서(마 5:47) 미친 사람에게 칼을 준다든지 창녀의 매춘행위를 인정하라는 의미는 아니다. 예수의 말씀(마 5:22)을 사람을 라가(바보)라고 부르면 죄를 짓는 것이고 다른 말로 그 사람을 모욕하면 무죄한 것이라고 이해한다면, 그 말씀을 잘못 이해하는 것이다. 그의 말씀의 의도는

---

44) H. K. McArthur, *Understanding the Sermon on the Mount* (1960), p. 141;
   A. N. Wilder, *Eschatology and Ethics in the Teaching of Jesus* (1950), p.
   161; M. Dibelius, *The Sermon on the Mount* (1940), p. 56.

악한 마음으로 퍼붓는 말은 무엇이든지 죄된 것이라는 것을 가르치려는 것
이었다. 예수께서는 제단에 헌물을 드리기 전에 형제와 불화한 것이 생각나
면 가서 먼저 그 형제와 화해한 후에 헌물을 드리라고 가르치셨으나(마
5:23) 에베소나 로마에서 예루살렘 성전에 예배하기 위해서 온 디아스포라
유대인의 경우에는 그 가르침을 도저히 지킬 수가 없었을 것이다. 이런 말씀
들은 새로운 율법주의를 담고 있는 것이 아니다. 그것들은 하나님의 통치에
완전히 굴복하는 삶의 특징들을 보여주는 그런 행실들의 단적인 실례들인
것이다.

이것은 능동적인 의요, 또한 이 세계를 위하여 마련된 윤리이기도 하다.
우리는 사람들을 위한 하나님의 뜻은 절대로 변함이 없기 때문에 예수께서
가르치신 윤리는 다가올 시대와 현 시대 모두를 위하여 합당한 절대적인 윤
리라는 디벨리우스의 진술에 동의하였다. 그러나 예수께서 그의 윤리적 가
르침을 구성한 형식은 이 세상의 삶과 관련된 것이다. 종말론적 하나님 나라
에는 악이 있을 수가 없다. 사람들이 면전에서 서로 물고 뜯는 일이 절대로
없을 것이다. 만일 부활의 질서가 성적인 관계를 초월하는 것이라면 음욕도
유혹거리가 될 수 없을 것이다. 예수의 제자들은 예수를 위하여 모욕을 당하
거나 핍박을 당하지 않을 것이다. 그러나 산상수훈의 배경은 바로 이 악한
시대다(마 5:13-16). 예수의 제자들은 바로 이 악한 시대 속에서 하늘에 계
신 아버지의 성품을 드러내 보여야 하는 것이다. "예수를 따르는 자들은 옛
시대 속에서 이 새로운 세계의 대리자들이어야 마땅하다."[45]

그러므로 예수의 윤리가 오직 하나님의 나라에서만 완전하게 이룰 수 있
는 그런 의를 제시하기는 하지만, 이 윤리가 알버트 슈바이처가 적용한 것과
는 전혀 다른 의미에서 "임시 윤리"라고 주장한 벤틀란트의 견해도 일리가
있다고 볼 수 있다. "임시"라는 말은 임박한 종말이 오기 전의 짧은 기간을
상정하는 것이 아니다(만일 그렇다면 이 윤리는 비상 윤리가 된다). 오히려
그 말은 창조와 완성 사이의 중간기를 의미하며 그 기간이 얼마나 길어질지

---

45) M. Dibelius, *The Sermon on the Mount* (1940), p. 59. Dibelius는 산상수훈이 이
세상에서의 삶을 주관하는 율법이 아니라 다가올 하나님 나라를 위한 율법을 제시하기
위하여 주어진 것이라고 말했는데, 우리는 이 의견에 동의할 수 없다(*Ibid.*, p. 94).

에 대해서는 전혀 관계하지 않는 것이다.[46] 벤틀란트는 또한 이 윤리에 동기를 불어넣는 것은 슈바이처의 사고처럼 시간이 짧다는데 있는 것이 아니라 하나님의 절대적인 뜻에 있다고 덧붙인다. 종말론과 윤리 사이에는 불가피한 연합이 있는 것이다. 윤리는 종말론적이다. 왜냐하면 이 시대 속에서 종말론적 완성을 바라보며 삶을 살아야 하기 때문이다. 그러나 종말론은 윤리적이다. 왜냐하면 그것은 하나님의 순전한 뜻이 완전하게 완성되는 것을 보게 될 것이기 때문이다.

의의 성취

하나님 나라의 의는 과연 어떻게 성취되는 것인가? 빈디쉬는 예수의 윤리가 율법주의적이라고, 즉 명령에 순종함으로써 의가 결정지어지는 것으로 본다고 주장하면서도, 예수께서는 내적인 갱신을 전제로 하여 가르치셨고, 또한 그 갱신이 그의 가르침들을 성취하도록 해주는 것으로 보셨음을 인정한다. 예수께서는 이 내적인 갱신을 하나님의 언약 백성들이 이미 경험해온 것으로 보셨을 수도 있고, 아니면 그 자신의 가르침이 하나님의 명령을 그 청중들의 마음 속에 심어주는 것으로 믿으셨을 수도 있다. "그러므로 예수의 선포로 말미암아 생겨난 하나님 나라에 대한 믿음은 이 새로운 하나님 나라의 명령들에 순종할 수 있는 의지와 능력을 가능케 해주는 특정한 자세이기도 하다." "하나님 나라를 믿는 사람에게 능력이 주어지는 것이다."[47] "예수께서는 하나님의 자녀가 된다는 것과 자기를 핍박하는 자들을 향하여 사랑의 자세를 갖는다는 것이 서로 상관 관계가 있다는 것을 입증하시고 난 후, 그가 실제로 그의 경건한 청중들의 마음 속에 이런 자세를 심어놓은 것으로 믿으셨다."[48] 그러나 문제는 이 새로운 자세와 의지에 활력을 불어넣어

---

46) H. D. Wendland, *Eschatologie*, pp. 104f.
47) H. Windisch, *The Meaning of the Sermon on the Mount* (1951), pp. 113, 115, 102, 73.
48) *Ibid.*, p. 120.

주는 일이 어떻게 성취되는 지를 빈디쉬가 설명하지 않는다는데 있다. 만일 그런 활력을 불어넣어주고 새로운 자세를 갖게 해준 것이 바로 종말론적 하나님 나라가 임박했다는 믿음이었다면,[49] 우리는 예수의 윤리적 가르침에 동기를 부여하는 핵심적인 요소가 바로 허구에 대한 믿음이었다고 결론을 내리지 않을 수가 없다. 왜냐하면 사실상 그 하나님의 나라는 임박한 것이 아니었기 때문이다.

우리는 다시, 예수의 사역 전체의 근저에는 아주 엄청난 망상이 자리잡고 있는 것으로 보인다는 디벨리우스의 노골적인 진술을 대할 수밖에 없게 된다.[50] 그리고 디벨리우스가 말한 것처럼[51] 사람의 존재 전체를 휘어잡고 그를 변화시키는 것이 이 임박한 하나님 나라에 대한 이 메시지라면, 우리는 예수의 윤리적 구조 전체가 허공에 뜨고 만다는 결론을 피하기가 어려워진다. 필자와는 매우 다른 신학적 입장을 견지하는 마틴 리스트(Martin Rist)는 다음과 같이 예리한 질문을 던진다: 만일 "종말의 도래의 시기에 대해서만이 아니라 예수의 묵시론적 소망의 개념 자체가 오류라면, 윤리 분야를 포함해서 다른 여러 분야에서도 그가 오류를 범하지 않았다고 어떻게 확신할 수 있겠는가? … 하나님 나라에 대해서 그가 오류를 범했다면, 하나님 나라를 대비한 그의 계획에 대하여 사람들이 어떤 태도를 갖든 그가 무슨 근거로 그 사람들에 대하여 정당하게 판단할 수가 있겠는가?"[52]

철저 종말론을 주장하는 자들로서는 이 문제를 피할 수가 없다. 그러나 만일 하나님의 나라가 미래의 종말론적 구원의 영역인 동시에 하나님의 현재적 구속 활동이라면 이 문제 때문에 고민할 이유가 전혀 없다. 미래의 하나

---

49) "이처럼 진정으로 순종하는 능력은 그들의 경우에는 새로운 사자가 새로운 메시지 — 너희가 기다리던 하나님 나라가 문밖에 서 있다 — 를 가지고 그들 앞에 나타났다는 사실에 의해서 강화된다(*Ibid.*, p. 113).

50) *Jesus* (1949), p. 70. *The Sermon on the Mount* (1940), pp. 70f. 거기서 그는 예수의 가르침의 급진적 성격이 하나님의 뜻에 의해서가 아니라 하나님 나라가 가까웠다는 사실에 의해서 결정된다고 본다.

51) *Jesus* (1949), p. 115.

52) *JBR*, XIX (1951), p. 161.

님 나라가 현재의 질서를 침입하여 사람들에게 다가올 시대의 축복을 가져
다 주었다. 사람들은 하나님의 나라를 경험하기 위해서 더 이상 종말론적 완
성의 때를 기다릴 필요가 없다. 예수 자신과 그의 사역 속에서 그 나라가 현
재의 실재가 된 것이다.[53] 그러므로 예수 안에서 드러난 하나님의 통치에 굴
복하여 하나님 나라의 권능을 경험한 자들은 그 나라의 의를 경험할 수가 있
다. 사람이 하나님과의 교제를 회복하게 되면, 그는 하나님의 자손이 되며
새로운 능력, 곧 하나님 나라의 능력의 수혜자가 된다. 하나님 나라의 의를
성취하는 것은 바로 이 하나님의 통치의 능력으로 말미암아서 되는 것이다.
굿브로드(W. Gutbrod)는 이 새로운 상황을 다음과 같이 요약한다. 즉, 예수
께서는 더 이상 율법을 사람이 하나님의 신원의 확증을 얻기 위한 노력으로
성취하여야 할 것으로 보지 않으셨으며, 오히려 그 반대로 하나님의 자녀로
서의 새로운 위치가 전제되는데 이것은 예수와의 교제를 통해서 생겨나며
그렇게 해서 죄의 용서가 얻어지는 것이라고 한다.[54]

그러므로 하나님 나라의 의는 성취가 가능한 것인 동시에 성취가 불가능
한 것이기도 하다. 그것은 성취할 수가 있다. 그러나 충만한 상태로는 성취
할 수가 없는 것이다. 길모어(S. M. Gilmour)는 후기 그리스도인의 안목에
서 이 사상을 취하여 다음과 같이 생생하게 표현했다: "그리스도인이 교회의
일부인 이상 … 예수의 윤리는 실천 가능한 윤리이다. 그러나 그가 세상의
일부인 이상, 그 윤리는 타당성을 갖기는 하나 실천은 불가능하다."[55]

이 해석은 예수께서 사람들이 그의 제자가 될 때에 그들에게 부과하신 가
장 기본적인 요구가 급진적이며 무조건적인 결단이었다는 사실에서 뒷받침
을 받는다.[56] 사람은 다른 모든 관계에 대해서 등을 돌릴 정도로 급진적인 결

---

53) C. Stange and G. Kittel(p. 354의 각주 41과 p. 351의 각주 38을 보라),
Jeremias(p. 348의 각주 31을 보라), Wilder(pp. 341ff.을 보라), Gilmour와
Hunter(p. 343의 각주 15를 보라) 등의 글에서도 이런 안목이 강조되고 있다. 그러나
불행하게도 McArthur의 도움이 되는 연구(p. 345, 각주 22)에서는 이 점을 그냥 지나
친다.
54) H. Kleinknech and K. Gutbrod, *BKW: Law* (1962), p. 91.
55) *JR*, XXI (1941), p. 263.
56) Bultmann은 하나님이 절대적인 결단을 요구하시는 요구자(*der Fordernde*)라고 말했

단을 내려야 하는 것이다. 그런 결단에는 자기 집을 버리는 일이 포함될 수
도 있다(눅 9:58). 하나님 나라의 요구가 정상적인 인간의 의무들보다 우위
에 있어야 하는 것이다(눅 9:60). 그 결단에는 가장 가까운 가족 관계를 깨뜨
리는 일까지도 포함될 수가 있다(눅 9:61). 사실상, 하나님 나라에 대한 충성
이 다른 것에 대한 충성과 충돌을 일으킬 때에는, 그것이 인생의 가장 고귀
한 관계에 대한 충성일지라도 그런 부차적인 충성은 여지 없이 뒤로 제쳐두
어야 하는 것이다. 제자도란 때로는 사람이 그 아버지와 반목하고 딸이 그
어머니와 반목하며, 며느리가 시어머니와 반목하고, 사람의 원수가 바로 자
신의 가족 식구들일 경우도 생기는 것을 의미한다. 예수를 사랑하는 것보다
도 아버지나 어머니를 더 사랑하는 자는 하나님 나라에 합당치 않다(마
10:34-39). 세상에서 사랑하는 자들을 향하여 갖는 애정은 하나님의 나라에
대한 사랑과 비교할 때에는 미움이라고밖에는 묘사할 수가 없는 것이다(눅
14:26).

　하나님의 나라와 예수를 위한 결단을 가로막는 그 어떠한 인간 관계나 인
간적인 애정은 반드시 깨뜨려야 한다. 그렇기 때문에 예수께서는 젊은 부자
관원에게 그의 모든 재물을 팔아 가난한 자들에게 주고 그 다음에 제자가 되
라고 명령하신 것이다. 예수께서는 이 사람이 특히 애정을 갖는 것이 무엇인
지를 정확히 아시고 그것을 지목하셨다. 제자도가 실현되기 위해서는 그것
을 벗어버려야 했던 것이다. 하나님 나라를 위하여 결단을 내려야 할 때가
되면 사람은 모든 애정을 다 벗어버릴 준비가 되어 있어야 한다(눅 14:33).
이처럼 모든 것을 버려야 한다는 것을 가장 극단적으로 보여주는 것은 바로
사람의 목숨을 버리는 것이다. 사람이 자기 목숨을 미워하지 아니하면 제자
가 될 수 없는 것이다(눅 14:26). 그러나 그렇다고 해서 모든 제자가 다 죽어
야 한다는 의미는 아닌 것이 분명하다. 그러나 제자는 반드시 그렇게 할 준
비를 갖추고 있어야 하는 법이다. 그는 더 이상 자기 자신을 위해서 사는 것
이 아니라 하나님의 나라를 위하여 사는 것이다.

　자신에게 무슨 일이 일어나느냐 하는 것은 중요하지 않다. 하나님 나라가

　　는데, 이 정도까지는 그의 견해가 옳다 하겠다(p. 342, 각주 14를 보라).

어떻게 되느냐 하는 것만이 중요한 것이다. 바로 이것이 "아무든지 나를 따라오려거든 자기를 부인하고 자기 십자가를 지고 나를 좇을 것이니라"(마 16:24)라는 말씀이 의미하는 것이다. 이것은 **스스로 행하는 부인**(self-denial), 곧 인생의 즐거움과 쾌락 가운데 몇 가지를 스스로 부인하는 것을 뜻하는 것이 아니다. 스스로 행하는 부인은 이기적인 목적을 지닐 수도 있는 것이다. 스스로 부인하기를 실천함으로써 사람들은 그들의 이기적인 이득을 추구해 왔다. **자기를 부인한다는 것**(denial of self)은 그런 것과는 정반대되는 것이다. 그것은 자기 자신의 의지를 버리고서 하나님의 나라가 인생의 가장 중요한 관심사가 되도록 하는 것을 의미한다. 자기 십자가를 진다는 것은 부담을 지는 것을 뜻하는 것이 아니다. 십자가는 부담이 아니라 사형의 도구이다. 십자가를 진다는 것은 자기 자신이, 개인적인 야망과 자기 중심적인 목적이, 죽는 것을 의미한다. 아무리 이타적이고 고귀하다 하더라도 이기적인 성취를 버리고 그 대신 하나님의 다스림만을 열망하여야 하는 것이다.

사람의 운명이 이 결단에 달려 있다. 사람이 자기 자신을 부인하고 죽이는 이런 급진적인 결단을 시행할 때에, 그리하여 그가 그의 목숨을 버렸을 때에, 그는 파루시아의 날에 그가 행한 그대로 상급을 받으리라는 인자의 약속을 소유하게 되는 것이다. 사람들은 예수님 자신 속에 임재해 있는 하나님 나라와 지금 여기서 대면하고 있다. 이런 상태에서 예수와 하나님 나라를 위하여 결단을 내리는 자는 미래의 하나님 나라에 들어갈 것이다. 그러나 예수와 그의 나라를 부인하는 자는 누구든지 내어쫓김을 당할 것이다(마 10:32, 33). 이 시대 속에서 하나님의 나라와 그 나라의 의를 경험하는 자들은 다가올 시대의 종말론적 나라에 들어갈 것이다.

상급과 은혜

예수의 가르침 가운데 많은 말씀들이 하나님의 축복들이 상급이라는 것을 시사해준다. 그 당시의 유대교 사상에는 공적과 상급의 교의를 가르치는 면이 많으며, 얼핏 보면 예수의 가르침도 그와 같은 것처럼 보인다. 박해를 당

하거나(마 5:12), 원수를 사랑하거나(마 5:46), 바른 정신으로 구제할 때에나
(마 6:4), 금식의 경우도(마 6:18) 모두 상급이 있을 것이라고 한다. 하나님과
사람과의 관계는 마치 고용자나 주인과 노동자 혹은 종과의 관계와 같다고
가르친다(마 20:1-16; 24:45-52; 25:14-30). 어떤 경우에는 상급이 그 행
한 것과 철저하게 동등한 것으로 주어지기도 하고(마 5:7; 10:32, 41f.;
25:29), 어떤 경우에는 잃어버린 것이나 스스로를 희생시킨 것에 대한 보상
으로 주어지기도 한다(마 10:39; 눅 14:8-11). 또 어떤 때에는 의무를 성공적
으로 수행한 그 정도에 따라서 상급이 약속되기도 한다(마 5:19; 18:1-4;
19:30; 막 9:41; 눅 19:17, 19). 그리고 이와 비슷하게 형벌에 등급을 매기기
도 한다(마 10:15; 11:22, 24; 눅 12:47f.). 이런 말씀들의 경우, 예수의 가르
침은 상급을 수량적으로 합당한 보상으로 보는 일상적인 유대인의 공적 개
념과 매우 가까운 것처럼 보이는 것이다.

　그러나 상급에 대한 가르침을 전혀 다른 시각에서 보도록 해주는 다른 말
씀들이 있다. 예수께서는 상급에 호소하시면서도 절대로 공적의 윤리를 사
용하지 않는다. 충성을 상급을 바라보는 자세로 실행해서는 안된다. 상급 그
자체가 철저히 은혜이기 때문이다. 상급에 대해서 언급하는 비유들을 보면,
모든 상급이 결국 은혜라는 사실이 분명히 드러난다.[57] 사람이 전력을 기울
여 충성했어도 그는 여전히 아무것도 주장할 것이 없다. 왜냐하면 그는 그저
그가 해야 할 의무를 다한 것이기 때문이다(눅 17:7-10).[58] 충성을 다한 자들
에게 그 노고의 결과에 상관없이 동일한 상급이 주어진다(마 25:21, 23). **천
국 그 자체가 상급이기도 하다**(마 5:3, 10). 천국을 받기로 예비한 자들에게 천국

---

57) C. A. Scott, *New Testament Ethics* (1934), pp. 53, 54. 또한 A. N. Wilder,
　Eschatology and Ethics in the Teaching of Jesus (1950), pp. 107-115를 보
　라.

58) Windisch는 예수의 윤리의 근본적인 성격이 하나님의 종이 실제로 행할 수 있는 그런
　순종에 있다는 것을 입증하기 위해서 이 구절을 인용한다(*The Meaning of the
　Sermon on the Mount* [1951], p. 106). 그러나 그 구절은 종이 할 바를 다 행한 후
　에도 하나님의 축복을 그 대가로 요구하지 않는다는 점을 가르치는 것이다. 순종은 아무
　리 해도 절대로 충분해지지 않는다. 은혜가 거기에 있어야만 하는 것이다.

을 주신다(마 20:23; 25:34). 심지어 봉사할 기회를 얻는 것 자체가 하나님
의 선물이다(마 25:14f.). 그러므로 상급이란 공적과는 상관없이 값없이 주
는 은혜가 되며, 또한 봉사의 실적과는 전적으로 비율이 맞지 않는 상태로
상급이 주어지는 것으로 그려진다(마 19:29; 24:47; 25:21, 23; 눅 7:48;
12:37). 사람들이 하나님의 나라를 구해야 하지만, 그럼에도 불구하고 그 나
라는 하나님의 선물이다(눅 12:31, 32). 그것은 사람을 무죄 방면시켜주는 값
없는 하나님의 신원의 활동이지, 그의 종교적 행실의 신실성에 대하여 보상
하는 그런 것이 아니다(눅 18:9-14).

이 값없는 은혜의 선물은 소경과 앉은뱅이, 나병환자, 귀머거리를 고치고
죽은 자를 살리며, 가난한 자에게 복음을 전하는 일에서 잘 볼 수 있다(마
11:5). 포도원 일꾼들의 비유는 상급에 대한 하나님의 기준이 인간적인 보상
의 기준과는 철저하게 다른 것임을 보여준다. 그것은 순전히 은혜인 것이다
(마 20:1-16). 하루 종일 일을 한 노동자들은 정상적인 하루 품삯인 한 데나
리온을 받았는데, 이것이 그들이 주장할 수 있는 전부였다. 열 한 시에 밭에
들어서 겨우 한 시간밖에는 일하지 않은 다른 사람들도 온 종일 뙤약볕에서
일한 사람과 똑같은 품삯을 받았다. 받을 자격이 없는 자들에게 은혜를 근거
로 하여 하나님 나라의 축복의 선물을 베풀어주는 것, 바로 이것이 하나님의
방식인 것이다. 사람의 계산은 하루 일을 했으니 하루의 품삯을 받는다는 것
이다. 그러나 하나님의 계산은 한 시간 일을 했는데도 하루의 품삯을 주는
것이다. 전자는 공적이요 보상이다. 그러나 후자는 은혜인 것이다.[59]

이런 가르침들을 볼 때에, 우리는 종말론적 하나님 나라가 예수의 가르침
에 순종한데 대한 보상으로 베풀어지는 상급이라는 결론을 내릴 수가 없다.
그것은 하나님의 은혜의 선물이다. 그러나 하나님의 나라는 미래의 선물로
그치는 것이 아니다. 그것은 동시에 다른 모든 것을 버리고 자기 자신을 하
나님의 은혜에 남김없이 위탁하는 그런 자들에게 현재에 베풀어지는 선물이
기도 하다. 바로 그러한 자들에게 하나님의 나라는 물론 그 나라의 의가 하

59) 한 시간을 일한 일꾼이 한 시간을 일했기 때문에 하루 종일에 대한 품삯은 아니더라도 그
  에 상응하는 품삯을 받을 만하다는 사실은 비유의 형식에 나타나는 세세한 내용으로서
  이것의 의미를 고집해서는 안 된다.

나님의 은혜로운 선물로 주어지는 것이다.

하나님 나라와 사회 윤리

하나님 나라에 대한 예수의 가르침은 사회 윤리에 대하여 어떤 근거를 제공해주는가? 이 질문은 현대 교회의 중요한 관심사이다. 알버트 슈바이처의 종말론적 해석이 나오기 전에는 하나님 나라에 대한 사회적인 해석이 특히 미국에서 널리 영향을 미쳤다. 월터 라우셴부쉬(Walter Rauschenbusch)는 하나님의 나라를 이상적인 인간 사회로 해석하였고 예수의 윤리는 참된 사회를 창조할 사회적 행동의 기준을 제시하는 것이라고 보았다.[60] 맥카운(C. C. McCown)은 묵시론적 개념들을 사회적인 용어로 바꾸는 아주 대담한 시도를 했다.[61] 최근의 종말론과 사회 윤리에 대한 연구서들이 하나님 나라의 개념을 거의 사용하지 않는다는 사실은 참으로 실망스럽기 그지 없다.[62] 최근의 성경 연구들은 예수의 가르침에서보다는 케리그마에서 사회 윤리를 위한 성경적 근거를 찾았다.[63]

복음서에 사회 윤리에 대한 명확한 가르침이 거의 나타나지 않는 것은 물론 사실이다. 그러나 그 이유가 예수가 미래에 대해서 근시안적인 안목을 가져서 그런 문제들에 대해 관심을 갖지 못한데 있다고 볼 필요는 없다.[64] 오히

---

60) Rauschenbusch, *Christianity and the Social Order* (1908), p. 71; *A. Theology for the Social Gospel* (1917), pp. 134-135) 또한 이 문제에 대하여 개관해 놓은 유익한 연구로는 G. Lundström, *The Kingdom of God in the Teaching of Jesus* (1963), Chap. 3을 보라.

61) *The Genesis of the Social Gospel* (1929).

62) E. C. Gardner, *Biblical Faith and Social Ethics* (1960); 앞의 p. 556, 각주 13을 보라. R. C. Petry, *Christian Eschatology and Social Thought* (1956)는 하나님 나라의 종말론적 개념이나 역동적인 개념을 모두 받아들이지 않고, 그것을 "하나님의 뜻이 하늘에서 이룬 것 같이 땅에서도 이루어지는 그런 공동체"라고 정의한다.

63) A. N. Wilder in *The Background of the New Testament and Its Eschatology* (W. D. Davies and D. Daube, eds.; 1956), pp. 509-536.

려 사회 윤리가 적절한 근거를 갖춘 개인의 윤리를 시행하는 것일 수밖에 없다는 사실에 기인한다고 보는 것이 나을 것이다. 하나님 나라의 역동적 개념은 성경적인 사회 윤리를 이루는 몇 가지 원리들을 제시해준다.

첫째는 소극적인 사실이다. 만일 하나님의 나라가 다가올 시대에 속한 것이라면 우리는 절대로 이 시대가 하나님의 다스림의 충만한 실현을 볼 것으로 기대해서는 안된다. "기독교 종말론은 인간적인 수단과 인간적인 능력에 의해서 평화로운 사회의 완전한 패턴을 이룩할 것으로 기대하는 모든 사회적 정치적 유토피아의 종말을 의미한다."[65] 이상적인 사회 질서에 도달하는 것은 사람의 힘으로 되는 것이 아니요 오직 하나님 나라의 종말론적 강림의 결과로서 되는 것이다.

이런 결론이 묵시론적 비관주의로 이어지는 것은 아니다. 유대교 묵시론은 비관주의적이었다. 하나님이 역사에서 멀리 떠나 계시며 현 시대는 악에 굴복한 상태에 있으며, 따라서 하나님 나라에 대한 소망은 전적으로 미래에 있다고 보는 것이다. 그러나 예수님의 가르침에서는 하나님의 나라가 이 악한 시대를 침입했다고 한다. 악의 권능들이 공격을 받아 패하였다. 하나님의 나라가 사탄의 영역과의 역동적인 싸움을 벌이고 있으며, 하나님의 통치는 그 권능을 교회를 통하여 역사 속에 드러내는 것이다. 예수의 제자들을 통하여 역사하는 하나님의 나라는 세상에 영향을 미치는 것이다. 예수께서는 제자들에게 그들이 세상의 빛이요 땅의 소금이라고 말씀하셨는데(마 5:13-14), 이 말씀은 세상이 하나님 나라의 영향력을 느끼게 된다는 의미였다.

더 나아가서, 예수 안에 임재한 하나님 나라는 사람들의 영적인 복지뿐 아니라 그들의 육체적인 복지에 대해서도 역사한다. 종말론적으로 완성될 하나님의 나라는 완전한 사람의 구속을 의미하며, 그리하여 몸의 부활과 자연 및 사회 질서의 변혁을 요한다. 앞에서 살펴보았듯이, 병 고치는 이적들은 이러한 궁극적인 종말론적 구속의 보증인 것이다. 하나님의 나라는 육체적인 면에서 비극과 고난을 초래하는 악들에 대해서도 역사하는 것이다.

64) E. C. Gardner, *Biblical Faith and Social Ethics* (1960), pp. 249f.; G. Bornkamm, *Jesus of Nazareth* (1960), p. 121.
65) H. D. Wendland in *Ecumenical Review*, V (1952), p. 365.

이러한 원리들 속에 "사회 복음"이 함축되어 있다. 하나님의 백성의 삶 속에 역사하는 하나님의 통치는 전인(全人, the total man)에게 역사하며, 어떤 형태로 나타나든 악을 정복하는 것이기 때문이다. 교회는 하나님의 백성이요 악과 싸우는데 사용되는 하나님 나라의 도구들이다. 지금까지 기울여 온 것보다도 훨씬 더 많은 연구와 관심을 기울여야 할 하나의 유아기 상태의 신학이 바로 여기에 있는 것이다.

제 4 부
약속의 완성

제 13 장

하나님 나라의 완성

본서의 논지는 예수께서 보실 때에 하나님의 나라는 사람들로 하여금 현 시대에서 메시야 시대의 축복을 경험하도록 하기 위하여 예수 자신과 그 사 역 안에서 역사를 침투해 들어온 하나님의 역동적인 다스림이었고, 또한 그 다스림은 이 시대의 종말에 다시 드러나서 메시야의 구원을 완성으로 이끌 게 될 것이었다는 것이다. 이제 우리는 이 종말론적 완성의 본질을 검토하고 자 한다.

여기서 우리는 서로 분명히 구분되어 있으면서도 서로 분리시킬 수 없는 두 가지 질문을 맞게 된다. 곧, 예수는 이에 대해서 어떻게 가르치셨는가 하 는 것과, 이 예수님의 가르침이 현대의 신학에 어떠한 당위성과 의미를 주는 가 하는 것이 그것이다. 첫째 질문은 역사적인 질문이요, 둘째 질문은 신학 적인 것이다. 현대의 성경학자들은 역사와 신학은 결고 확연히 구분할 수가 없다는 점을 인식하고 있다. 소위 순수하고 파당성이 없고 "객관적인" 학문 의 시대는 무미건조하고 비생산적이었음을 스스로 드러내었고, 이제 성경신 학에 대한 관심이 새롭게 일어나고 있는 상황이다.[1] 성경 연구에 대한 이러 한 신학적 접근은 그 가장 중요한 초점을 예수 자신과 그의 가르침에서 찾는 다.

---

1) Robert C. Dentan, *Preface to Old Testament Theology* (1950), pp. 34-40; A. N. Wilder, "New Testament Theology in Transition," *The Study of the Bible Today and Tomorrow* (H. R. Willoughby, ed.; 1947), pp. 419-436; A. M. Hunter, *Interpreting the New Testament 1900-1950* (1951), pp. 124-140 등 을 보라.

다 아다시피 복음서에 나타난 예수의 모습은 기독교 신앙에 의해서 그려진 하나의 신학적인 모습이다. 그러나 그렇다고 해서 예수에 대한 전승이 심각하게 왜곡되어서 그의 인격과 가르침이 오도되었다는 뜻은 아니다. 무울(C. F. D. Moule)은 근래에 복음서 기자들의 의도는 "예수의 사역에서 일어난 일에 대한 있는 그대로의 이야기"를 복음전도와 변증적인 목적을 위하여 기록하는 것이었다고 강조한 바 있다.[2]

소위 "객관적인" 역사가는 예수와 그의 사역에 대한 복음서의 묘사가 본질적으로 건전하다는 사실을 받아들일 수 없는 그런 전제들에 지배를 받기가 십상이다. 우드(H. C. Wood)는 종교사학파(religionsgeschichtliche Schule)에 속한 학자들이 순수하게 객관적으로 이를 연구했으나 그들은 결국 예수를 일세기 유대교 사상의 범주의 한계 속에 철저하게 예속시키는 결과를 가져왔음을 지적했다. 그들은 예수를 이러한 유대교의 유산과 환경의 범위를 넘어서지 못하는 것으로 보았고 그리하여 그를 유대교 묵시론자의 한 사람으로 해석했다.[3] 이 순수한 "객관적인" 방법론은 예수의 가르침을 단일한 균질의 일관성 속에 담아두기를 시도하였고, 또한 겉으로 보기에 강조점이 다른 그런 요소들을 그보다 더 깊은 포괄적인 통일성 있는 원리에 따라서 이해하려는 노력을 과학적인 방법론으로는 인정할 수 없는 그런 "조화를 시도하는" 해석으로 치부해버리는 경우가 자주 있었다.

그러나 예수의 가르침에 대해서 우리가 갖고 있는 유일한 원 자료는 복음서밖에 없다. 그것들이 기독교 신앙의 산물인 것은 분명하지만 그러나 이 신앙이 사실을 왜곡시키지 않았고 불신앙으로 할 수 있는 것보다 훨씬 더 진실하게 예수를 묘사할 수 있었다고 생각할 만한 충분한 이유가 있는 것이다.[4] 그러므로 성경 주해와 성경신학의 첫째 과제는 미래에 대한 예수의 말씀에 대한 부분을 포함해서 복음서를 있는 그대로 해석하며 과연 그 내용들이 역사적으로 타당성이 있는지를 살피는 일일 것이다.

---

2) "The Intention of the Evangelists," in *New Testament Essays* (A. J. B. Higgins, ed.; 1959), p. 176.

3) *Jesus in the Twentieth Century* (1960), p. 172.

4) B. Reicke in *Int*, XVI (1962), pp. 156-186를 보라.

한편, 성경신학은 무비평적인 성경 지상주의로는 만족될 수가 없다. 그것은 예수의 말씀이 배경으로 하고 있는 역사적 조건들과 그의 언어의 성격을 고려에 두지 못하기 때문이다. 뿐만 아니라 성육신 사건이 신학적으로 타당성이 있다면 예수께서는 교회에게 오류가 없는 종말론적 완성의 도표를 제시하는 미래의 계획을 제시하셨을 것이 분명하다고 주장하는 그런 교리적인 전제들에 지배를 받을 가능성도 얼마든지 있는 것이다. 우리의 접근법은 복음서의 본문을 검토하며 미래에 대한 예수의 견해를 그의 가르침 전체와 그 자신의 역사적 정황을 근거로 해석하는 것이어야 마땅할 것이다.

감람산 강화(講話)

복음서에 나타나는 예수의 미래관에는 세 가지 본질적인 요인이 있다. 역사적 안목과 묵시론적 완성과 종말의 임박성에 대한 강조가 그것이다. 이 세 가지 요소들은 감람산 강화에서 가장 생생하게 드러난다.[5]

세 복음서는 모두 인자가 영광 중에 임하여 그의 택한 자들을 모으실 묵시론적 완성의 때에 대하여 말씀한다. 이러한 인자의 강림은 자연 질서를 흔들

---

5) 필자는 어떤 문제의 가장 극명한 부분을 취급함으로써 그 문제를 해결하는 그런 식의 방법에 어려움이 있다는 것을 잘 알고 있다. 그리고 감람산 강화만큼 비평에 있어서나 주해에 있어서 난제가 많은 복음서의 구절은 없다. 그 문제가 너무도 어렵기 때문에 일세기 전의 Colani 이후로 많은 비평가들은 이 강화가, 또는 최소한 그 핵심적인 부분은, 순수한 것이 아니고 유대교 묵시론의 자료가 복음서 전승 속에 끼어든 흔적이라고 보아 왔다(G. R. Beasley-Murray, *Jesus and the Future* [1954]의 완벽한 개관과 분석을 보라). 한 가지 주요 난제는 종말에 대한 전형적인 묵시론적 표적(막 13:5-13)을 제시하는 이 강화와, 종말이 갑자기 표적이 전혀 없이 임한다는 다른 곳의 예수의 가르침(눅 17:20)이 서로 모순이 되는 것처럼 보인다는 점이다(T. W. Manson, *The Teaching of Jesus* [1935], pp. 260ff.). 이러한 난점은 그대로 받아들여야 한다. 그러나 그렇다고 해서 감람산 강화의 기본적 순수성을 거부하여야 하는 것은 아니다. 이 순수성을 받아들이는 학자들에 대해서는 G. R. Beasley-Murray, *op. cit.*, pp. 146-167을 보라. 또한 C. E. B. Cranfield in *SJTh*, VII (1954), pp. 299ff.를 보라.

며(막 13:24-27) 사람들을 심판하며(마 11:22 = 눅 10:14; 마 24:37-39 = 눅 17:26-27; 막 8:38; 마 25:31ff.) 완전한 하나님 나라가 세워지는 구약적인 신현(神現: theophany)의 언어로 그려지고 있다. 마가복음과 마태복음에 의하면 이 완성에 앞서서 악한 존재의 출현과 무서운 환난의 때가 있을 것이라고 한다(막 13:14-20 = 마 24:15-22). 현대의 비평에서는 대개 이 내용이 종말적인 적그리스도와 메시야의 저주를 가리키는 것으로 이해한다.[6] 그러나 누가복음 21:20-24에 나타나는 병행 기사는 이와 전혀 달리 예루살렘의 함락과 유대 백성에 대한 역사적 심판을 묘사한다.

이 모순처럼 보이는 것에 대한 가장 간단한 해결책은 누가복음이 마가복음에 나타난 초기의 종말론적 기사를 역사적인 것으로 바꾸어 놓았다(has historicized)는 이론이다.[7] 그러나 그 문제 자체의 본질 속에서 그 문제의 해결책을 찾을 수도 있을 것이다. 왜냐하면 마가복음 13:1-4에 의하면 종말론 강화가 성전의 역사적인 파괴에 대한 질문에 대한 답변 속에 주어져 있기 때문이다. 그러므로 마가복음 13:4의 "이런 일"을 거꾸로 성전의 파괴를 바라보는 것이라기보다는 오히려 종말론적 완성을 바라보는 것으로 이해하는 것이 본문 주해상 얼마든지 가능한 것이다.[8] 그렇다면, 마태복음에 나타난 형태의 문제는 마가복음에 나타난 문제의 의미를 올바로 제시해준다 하겠다.[9] 그리고 만일 제자들의 질문이 이중적인 관심사 — 성전의 함락과 이 시대의 종말 — 를 지닌 것이라면 감람산 강화가 아주 다양한 형태로 나타나는 현상을 이해할 수가 있는 것이다.

비교 연구를 통해서 이 강화가 세 복음서에서 취하고 있는 형태가 전승에 연유하며 또한 저자들에 연유한다는 것이 분명히 드러난다.[10] 그 강화의 본

6) E. Stauffer, New Testament Theology (1955), pp. 213-215; V. Taylor, The Gospel according to St. Mark (1952), p. 511.

7) T. Zahn, Introduction to the New Testament (1909), III, pp. 157-159.

8) V. Taylor, The Gospel according to St. Mark (1952), p. 502.

9) C. E. B. Cranfield, "St. Mark 13," SJTh, VI (1953), p. 196) SJTh, VI (1953), pp. 189-196; VI (1954), pp. 284-303에 수록된 Cranfield의 논의 전체를 다 보라.

10) 이에 대한 가장 두드러진 증거는 막 24:26-28이 눅 17:23-24에서 감람산 강화 밖에서

래의 형태는 현재 알 수가 없다. 복음서들은 마태복음 24:3에 기록된 두 가지 질문에 대해서 서로 다른 방식으로 다루고 있다. 그러므로, 마가복음의 기사마저도 순전히 종말론적인 것만을 다루는 것이 아니므로,[11] 우리는 본래의 강화에서는 예루살렘 패망이라는 역사적 사건과 종말론적 완성이 도저히 원상태로 회복시킬 수 없는 그런 형태로 뒤섞여 버렸으며 마가복음—마태복음, 그리고 누가복음에 보존되어 있는 전승은 그 두 가지 요소들을 각기 다른 방식으로 강조하고 있다고 결론지을 수 있을 것이다. "순전히 역사적인 해석이나 아니면 순전히 종말론적인 해석으로는 만족스럽지 못하다 … .우리는 본문이 두 가지를 동시에 지칭하는 것으로, 역사적인 것과 종말론적인 것이 함께 뒤섞여 있는 것으로, 보아야 마땅할 것이다."[12]

이리하여 감람산 강화에서는 두 가지 요소들이 서로 역동적인 긴장 관계 속에 있다. 곧 특정한 역사적 사건들에 대한 예상과 종말론적 완성이 서로 긴장 관계에 있는 것이다. 두 번째의 긴장은 역사적 안목과 임박성에 대한 언급 사이에서 볼 수 있다. 감람산 강화는 예루살렘의 역사적 패망을 바라보며 또한 예수의 제자들에게는 온 세상에 복음을 전파하는 사명을 주는 것이다(막 13:10; 마 24:14).[13] 이 두 가지 사건들은 확정되지 않은 어느 기간 동안 역사가 계속될 것이라는 사실을 내포하고 있다.[14]

나타난다는 사실이다.

11) G. R. Beasley-Murray, *A Commentary on Mark Thirteen* (1957), pp. 66-72.

12) C. E. B. Cranfield, *The Gospel according to Saint Mark* (1959), p. 402; *SJTh*, VI (1953), p. 298. 또한 H. H. Rowley, *The Relevance of Apocalyptic* (1947), p. 147, "이 장의 자료 가운데 대부분이 예수의 순수한 말씀이라는 것을 부인할 이유가 없다. 그리고 만일 우리가 이 말씀들을 그 본래의 정황을 알았다면, 그것이 약간 바뀌었다고 해서 당황할 필요도 없을 것이다. 심지어 예루살렘의 패망과 이 시대의 종말을 함께 연관짓는 것도 예수 자신에게서 나온 것일 것이다. 그는 이 문제에 대해서 스스로 모든 것을 다 알지 못한다는 점을 분명히 하였다."

13) 이 구절에 대한 Jeremias의 견해에 대해서는 앞의 p. 323을 보라. 그러나 이에 대한 Cranfield의 비판을 보라(*SJTh*, VI (1953), pp. 293ff.).

14) 예수가 자신의 죽음과 파루시아의 사이에 시간적 간격이 있을 것으로 기대했느냐 하는 문제에 대해서는 G. R. Beasley-Murray, *Jesus and the Future* (1954), pp. 191-199와 W. Kümmel, *Promise and Fulfilment* (1957), pp. 64-82을 보라. 그

그러나 또한 이 강화에는 종말의 임박성과 그에 대한 대망에 대한 강한 언급이 나타난다. 제자들은 거듭해서 경계하라고 주의를 받는다. 종말이 갑자기 전혀 예상치 못한 때에 임할 것이기 때문이다(막 13:33-37; 마 24:37-25:13).[15] 그리고 거기에 "이 세대가 지나가기 전에 이 일이 다 이루리라"라는 진술이 덧붙여져 있다(막 13:30). 이 본문은 미래에 대한 예수의 가르침에 관한 현대의 비평의 주요 대상이 되어 왔다. 여기서 예수는 아무런 조건을 붙이지 않고 그 묵시론적 완성이 그 당시의 세대 안에 일어날 것이라고 말씀하고 있는 것이라고 주장하는 것이다.

현대의 논의에 있어서 예수의 미래관에 대한 복음서의 보도에 나타나는 가장 어려운 두 가지 요소는 바로 종말의 묵시론적 성격과 그 임박성이었다. 이에 대해서 네 가지 해결책이 제시되어왔다. 첫째는 예수의 가르침에 두 가지 요인이 동시에 들어 있다는 것을 인정하면서도 그의 그 두 가지 주장이 다 그릇된 것이었다고 주장하는 것이다. 이것은 철저 종말론의 해결책이다. 예수는 임박한 묵시론적 사건을 믿었으나 현대인은 그 어느 것도 믿을 수가 없다는 것이다. 알버트 슈바이처는 역사적 예수는 현대의 종교에 거침돌이며 우리 시대에는 외인(外人)이라는 점을 솔직히 시인한다. 예수의 종교적 가치관은 팔레스타인에 살았던 예수에 대한 역사적 지식과는 전혀 상관이 없다고 본다.[16] 불트만도 슈바이처의 견해에 동의하여 주장하기를, 시기적으로 이른 것이든 늦은 것이든 상관없이 묵시론적 완성이라는 개념들은 모두가 신화적이라고 한다. 그러나, 불트만은 이 고대의 사고 방식을 "비신화화"하여 그것들이 표현하는 하나님의 개념 속에 담긴 그 참된 의미를 찾고자 한다.[17]

러나, 이 학자들 가운데 어는 누구도 이 간격이 어느 정도인지 알 수 없다는 것을 받아들이지 않으며, 모두 예수가 한 세대 이내에 종말이 올 것을 선언하는 것이라는 해석을 받아들인다.

15) Kümmel은 임박성과 불확실성에 대한 두 종류의 말씀으로 제기되는 이런 문제가 학자들의 문헌에서 거의 다루어지지 못했음을 지적했다(*Promise and Fulfilment* [1957], p. 151, n. 24).

16) A. Schweitzer, *The Quest of the Historical Jesus* (1911), p. 399.

17) *Jesus and the Word* (1934), pp. 35-36; *Theology of the New Testament*

두 번째의 해결책은 묵시론적 성취와 그 임박성을 예수의 가르침에서 완전히 제거해버리는 것이다. 몇몇 학자들은 예수는 순전히 영적인 "선지자적" 종교를 가르쳤는데 교회가 그의 가르침을 오해하여 유대교 묵시론적 개념에 맞추어 잘못 해석했다고 믿는다. 그러므로 그들은 그렇게 첨가된 묵시론적인 내용들과 잘못된 해석들을 골라내어서 예수의 순수한 영적인 메시지를 복원시키는 것이야말로 현대의 비평가의 할 일이라고 본다.[18] 또 다른 사람들은 묵시론적 언어를 영적인 실체들에 대한 상징적인 표현들로, 혹은 역사적 사건 속에서 이루어지는 하나님의 활동에 대한 상징적인 표현들로 해석함으로써 종말론적인 요소를 제거해버리기도 한다.[19]

세 번째 해결책은 예수의 견해에서 종말론이 본질적으로 역할을 감당한다는 점을 인정하면서도 임박성에 대한 언급은 거부하는 것이다. 몇몇 학자들은 예수는 하나님 나라 그 자체에 대해서는 오류를 범하지 않았으나 그 나라의 강림의 시기에 대해서는 오류를 범했다고 본다. 예수께서는 하나님 나라가 어느 때에 임할지를 자신이 알지 못한다고 말씀하였는데(막 13:32), 이 점에서 그의 실수는 그저 그가 인간이라는 사실을 반영하는 것일 뿐이다. 그러나, 이 실수는 그의 종말론적 가르침의 기본 구조와 하나님 나라의 순전한 미래성 자체에는 전혀 영향을 미치지 않는다고 본다.[20] 어떤 이들은 이 견해를 약간 수정하여 예수는 종말이 한 세대 이내에 임할 것이라고 가르쳤으나 그 임박성이라는 관념을 시간적인 방식이 아니라 신학적인 방식으로 해석했다고 보기도 한다. 종말이 가까이 왔다는 말씀들은 미래의 시간적인 때를 묘

(1951), I, pp. 22-23.

18) 제1장, p. 14ff.에서 F. C. Grant, H. B. Sharman, L. Waterman, A. T. Olmstead 등의 견해를 보라. C. H. Dodd도 초기 교회가 예수를 잘못 오해했다고 생각한다. 또한 T. F. Glasson, *The Second Advent* (1945); J. A. T. Robinson, *Jesus and His Coming* (1957)을 보라.

19) C. J. Cadoux, *The Historical Mission of Jesus* (n. d.); E. J. Goodspeed, *A Life of Jesus* (1950); C. H. Dodd, *The Parables of the Kingdom* (1936); W. Manson, *Jesus, the Messiah* (1946).

20) T. W. Manson, *The Teaching of Jesus* (1935), pp. 282-284; 그러나 Manson의 견해의 난점에 대해서는 앞의 p. 23을 보라.

사하기보다는 오히려 현재의 성격을 묘사하기 위하여 고안된 것이다. 현재
가 미래에 의해서 결정되는 것이다. 예수의 사역이야말로 하나님 나라의 강
림의 결정적인 단계인 것이다.[21] 종말에 대한 예수의 진술의 동기는 연대기
적인 것이 아니라 목회적인 관심이었다. 곧 그의 제자들 속에 경계에 대한
영적 응답을 불러 일으키기 위해 그런 말씀을 하신 것이라는 것이다.[22]

퀴멜도 임박성의 의미를 재해석한다. 그는 하나님 나라의 시간적 미래성
을 완전히 제거해버리는 도드나 불트만 등의 학자들에 반대하여 아주 강하
게 주장을 편다. 그러나 예수는 하나님 나라의 임박성에 대해 실수를 범했
다. 그러나 임박성의 진정한 의미는 시간에 대한 묵시론적인 사색에서 찾아
서는 안된다. 임박성은 하나의 시간을 조건으로 하는 사고 형식으로서 예수
께서는 그것을 통해서 하나님 나라의 임재의 확실성과 그 미래의 완성의 확
실성을 표현한 것이다. 그러므로 임박성이라는 형식은 무시할 수 있으나 그
런 형식을 통해서 표현된 실체는 그대로 보존되어야 하는 것이다. 그러나,
미래성이라는 형식은 불가피한 것이다. 왜냐하면 그것말고는 역사 속에서
일어나는 하나님의 구속 활동을 달리 표현할 방법이 없기 때문이다.[23]

임박성에 대한 이런 해석은 여러 가지 문제를 제기한다. 임박성이 어떻게
확실성을 표현한다는 것인가? 어떤 곳에서 퀴멜은 하나님 나라의 강림에 대
한 제자들의 확신은 임박성에 대한 예수의 가르침에 의존하는 것이 아니었
다고 시인한다.[24] 이는 곧 확실성이 반드시 임박성에 의존한다고 볼 필요가
없다는 것을 보여준다. 그렇다면 임박성과 확실성은 과연 서로 어떤 관계가
있는가? 예수가 하나님이 그의 나라를 이미 임하게 하셨고 종말이 이미 시작

21) O. Cullmann, "The Return of Christ," in *The Early Church* (A. J. B. Higgins
   ed.; 1956), pp. 150ff.
22) G. R. Beasley-Murray, *Jesus and the Future* (1954), pp. 183-191. 이것은 W.
   Michaelis, *Der Herr verzieht nicht die Verheissung* (1942)의 중심 주제이다.
   Michaleis는 예수의 가르침에서 오로지 미래의 묵시론적 하나님 나라만이 있다고 보면
   서도(앞의 p. 15를 보라) 그는 철저 종말론이 강조점을 시간적인 임박성에 두었다는 점
   에서 잘못을 저질렀다고 본다.
23) W. Kümmel, *Promise and Fulfilment* (1957), pp. 141-155.
24) *Ibid.*, p. 154.

되었다는 확신을 갖게 된 것이 바로 그가 하나님 나라의 임박성을 깨달았기 때문이었는가? 아니면 하나님 나라의 임재의 확실성이 종말론적 사건의 임박성이라는 형식을 통해서 표현된 것인가?

 큄멜이 과연 이 관계를 어떤 식으로 생각하는지를 분명히 알기란 쉬운 일이 아니다. 왜냐하면 그가 그 문제를 명확하게 논의하지 않기 때문이다. 그러나 큄멜의 언어를 계속 검토해보면, 그는 확실성이 임박성에 의존한다는 견해를 가졌다는 결론에 이르게 되는데, 우리가 보기에 이 결론은 틀림이 없을 것이다. 우리는 바실레이아의 기본 정의에 대해 논할 때에 이미 하나님의 나라가 실제로 임재한 것이 아니요 다만 임박한 것일뿐이라는 큄멜의 해석에 비판의 여지가 있다는 점을 지적한 바 있다(pp. 159ff.를 보라). 큄멜은 하나님 나라의 강림을 단일 사건이 아니라 하나의 과정으로 묘사한다. 세례 요한의 때에 구 시대가 종말을 맞았고, 예수의 사역과 함께 하나님의 나라가 나타나기 시작했다고 한다. 예수의 때와 또한 그의 부활과 파루시아 사이의 잠깐 동안의 간격은 하나의 전환기로서 "종말론적 완성이 이미 현재 속에 있어서 구 시대를 종말에 이르게 한다"고 한다.[25] 그렇기 때문에, 하나님의 나라가 임박해 있는 동시에 임재해 있는 것이다. 전환기가 실제로 시작되었고 가까운 장래에 하나님의 나라가 영광 중에 나타남으로써 그 전환기가 종결될 것이다. 큄멜의 말처럼 과연 임박성이 하나님 나라의 임재의 확실성을 의미한다면, 우리는 그것이 예수께서 하나님 나라가 이미 임재하는 것으로 간주할 만큼 그 나라가 임박해 있는 것으로 생각했기 때문이었다고 결론지을 수밖에 없다. 그 나라가 너무도 가까이 와 있어서 그 권능들을 느낄 수가 있었다. 구 시대에서 신 시대로의 전환이 실제로 시작되었다는 것이다. 그러나 그렇게 되면 또다시 임박성이란 무시해버릴 수 있는 그런 중요치 않은 사고의 형식이 아니라는 결론을 피할 수가 없게 된다. 오히려 그 반대로 임박성이란 하나님 나라의 임재에 대한 예수의 메시지의 근원이 되는 것이다. 왜냐하면 만일 예수께서 하나님 나라의 강림이 이미 개시된 하나의 짧은 과정이라고 생각하셨다면, 즉, 하나님 나라가 너무도 가까이 임하여 있어서 그 강

---

25) *Ibid.*, p. 124.

림이 이미 시작된 것으로 생각하셨다면, 그런데 실제로는 역사가 입증해주
듯이 그 종말론적 나라가 시간적인 의미에서 전혀 가까이 와 있는 것이 아니
었다면, 하나님 나라에로의 전환 과정이 이미 진행 중이었다는 확신은 그 자
체가 망상에, 그릇된 생각에, 불과한 것이 되고 말기 때문이다.

네 번째 해결책은 현재와 미래를 역동적이면서도 해결되지 않는 긴장 관
계 속에 두는 그런 선지자들의 안목의 본질에서 해답을 찾는 것이다. "종말
에 대한 기대에 나타나는 임박성과 연기 사이의 긴장이야말로 성경의 종말
론 전체의 특징이다"[26]

이것은 과학적으로 훈련된 현대인에게 맞는 사고 패턴이 아닐 수도 있다.
그러므로 이런 선지자적 안목을 극도로 분석적인 비평을 통해서 해부해버리
면 오히려 그것을 파괴시켜버리는 결과가 초래될 수도 있다. 합당한 역사적
방법론이라면 고대의 사고 패턴을 현대의 분석적 범주를 강제로 대입시키기
보다는 그 시대의 사고 패턴 그 자체를 근거로 이해하려고 노력해야 마땅할
것이다. 어쩌면, 과연 언제 임하는가? 라는 질문은 잘못된 질문일 것이다. 그
리고 복음서에 나타나는 때에 대한 서로 모순처럼 보이는 언급들은 그 질문
에 해답을 주지 않은 상태로 그대로 두기 위해서 의도적으로 고안된 것일 수
도 있다. 본서의 앞부분의 몇 장에서 선지자적 안목과 묵시론적 안목의 차이
점을 분석한 바 있으므로, 이제 우리는 이를 배경으로하여 미래에 대한 예수
의 견해를 해석하고 그가 과연 어느 정도나 선지자적 시각과 묵시론적 시각
을 가지셨는지에 대한 질문에 답변을 시도할 수 있을 것이다(제 2, 3장을 보
라). 다음의 논의 과정을 통해서 우리는 위에서 제기된 문제점들에 대하여
답변을 시도할 것이다.

---

26) A. Oepke, StTh, II (1949-50), p. 145. "Die Verknüpfung von Spannung und
Dehnung der Enderwartung ist der gesamten biblischen Eschatologie eigen"(종
말에 대한 기대의 긴장과 또한 그 연기 사이의 연관성이야말로 성경의 독특한 종말론의
전부다). M. Meinertz, *Theologie des Neuen Testaments* (1950), I, p. 58. "어
떤 말씀은 마치 종말이 가까운 것처럼 들리고, 다른 말씀은 종말이 아직 멀리 있는 것처
럼 들리기도 한다."

예수의 종말론적 가르침의 형식 : 선지자적인가 묵시론적인가?

복음서에 기록된 예수의 가르침의 형식을 보면, 예수는 묵시론자들보다는 선지자들에게 훨씬 더 가깝다. 선지자들은 그들이 이상들을 통해서 받은 여호와의 말씀을 전했다. 그리고 묵시론자들은 인위적인 문학 양식을 채용하여 스스로 계시라고 주장하는 그런 내용을 기록하였고, 타인 명의를 도용하고 사이비 선지자들로서 기록하는 예가 많았다. 그러나 예수께서는 이런 묵시론자들의 기법을 한 번도 사용한 일이 없다. 그는 선지자로서, 아니 "선지자보다 더한 이"로서 말씀하셨다. 왜냐하면 그는 그저 여호와의 말씀을 선포하신 것만이 아니라 "진실로 진실로 내가 너희에게 이르노니"라는 주권자의 인격적인 권위를 가지고 말씀하셨기 때문이다.[27]

감람산 강화는 형식상 묵시론에 속하지 않는다. 그것은 타인의 명의를 도용하지도 않으며, 천상의 계시나 이상을 주장하지도 않고 예언을 위장하여 역사를 다시 기록하는 것도 아니다. 그 강화는 예수께서 선지자들이 행했듯이 그 당시의 사람들 가운데 서서 그들에게 미래에 대해서 말씀하신 것으로 그리고 있다. 그러므로 이 강화는 형식상 묵시론적이 아니라 선지자적인 성격을 분명히 드러내는 것이다.

상징적 언어의 사용에 있어서도 예수는 묵시론자들보다는 선지자들에게 더 가깝다. 그는 다니엘서 7장이나 계시록 13장처럼 미래를 예언할 때에 여러 가지 동물들을 상징적으로 표현하지 않으셨다. 선지자들은 신현 현상을 묘사함으로써 우리가 반시적(半詩的:semipoetical) 언어라고 부르는 그런 언어로 하나님 나라에 대해서 예언하였는데 이런 관용법이 예수의 종말론적 말씀들에서도 나타난다. 인자가 구름을 타고 권능과 큰 영광으로, 그의 천사들의 호위를 받으며 나타날 그 때에 종말이 임할 것이라고 한다(마 16:27; 24:30f.). 이러한 신현은 마치 하늘을 가로지르는 번개의 번쩍임과도 같을 것이며(마 24:27; 눅 17:24), 그 때에 기존의 자연 질서를 뒤흔드는 우주적인

---

27) 앞의 p. 205를 보라. 막 13:30에서 예수께서는 이 세대에 대한 말씀을 모두 "아멘"의 권위에 두셨다는 사실을 간과해서는 안될 것이다.

소요가 함께 있을 것이라고 한다(막 13:24). 이런 묵시론적 완성의 궁극적인 목적은 하나님의 백성을 모으며(막 13:27) 또한 구속받은 자를 그 종말론적 나라의 영원한 생명에 이끌기 위함이다(막 10:30; 마 25:34, 46).

예수께서는 종말 때의 조건들에 대해서는 별로 묘사하지 않았다. 그는 목자들이 양과 염소를 가르는 일상적인 경험에서 이끌어내서 한 가지 극적인 비유를 말씀하심으로써 마지막 심판의 원리를 가르치셨을 뿐이다(마 25:31ff.). 큄멜은 예수는 묵시론자들의 교훈에 관심을 갖지 않았다고 아주 명쾌하게 진술한 바 있다.[28] 심판에 대한 묘사가 종말 때의 형편을 구체적으로 그리지 않는 것이다. 예수의 "형제"는 그가 하나님 나라의 복음과 함께 세상으로 보내시는 그의 제자들임이 분명하다.[29] 이 비유 전체는 모든 사람들의 최종적인 운명은 그들이 예수의 대리자들을 대하는 반응에 달려 있을 것임을 가르친다. 왜냐하면 "너희를 영접하는 자는 나를 영접하는 것이요 나를 영접하는 자는 나 보내신 이를 영접하는 것"이기 때문이다(마 10:40 = 눅 10:16).

의인의 최종 운명을 메시야의 연회나 혼인 잔치 등의 재래적인 표현으로 묘사하며, 악인의 운명을 불(마 13:50; 25:41)이나 어두움(마 8:12; 22:13; 25:30) 등의 표현으로 묘사하는 경우가 많다. 그 최종적 형벌의 사실을 불이나 어두움 등의 다양한 표현으로 묘사할 수 있다는 사실은 그 형벌의 상태가 실제 말로 표현할 수 없는 하나의 실체라는 것을 시사해준다. 그러므로, 예수께서는 완성의 상태를 시에 가까운 언어와 비유적인 표현들로 묘사하셨으며 그 표현들은 문자적으로 취할 것이 아니요 종말론적 사건들과 현재의 역사적 경험을 초월하는 그런 존재 질서를 나타내는 것으로 보아야 한다고 결론지을 수 있을 것이다.

---

28) *Promise and Fulfilment* (1957), pp. 91–95. 심지어 Bultmann도 이에 동의한다. *Jesus and the Word* (1934), p. 39를 보라.

29) 막 3:34–35, "누구든지 하나님의 뜻을 행하는 자는 내 형제요…" T. W. Manson, *The Sayings of Jesus* (1949), pp. 248ff.를 보라.

예수의 종말론적 가르침의 내용 : 이원론

예수의 종말론적 사상의 내용도 묵시론자들보다는 선지자들에 더 가깝다. 선지자적 종교와 묵시론적 종교의 본질의 문제에 대해서는 많은 논란이 있어왔는데, 이 두 가지 용어들이 여러 가지로 정의되어왔기 때문에 그 해답도 각양 각색이다. 앞의 장들에서 우리는 많은 구약 비평가들이 선지자적 종말론과 묵시론적 종말론을 서로 구분하고, 전자를 지상적인 나라와 다윗 가문의 인간 왕을 상정하는 역사적인 종말론이라고 보며, 후자를 초월적인 나라와 천상의 인자를 상정하는 초역사적인 종말론으로 보았다는 것을 살펴본바 있다. 전자는 하나님이 역사 속에서 활동하심으로 생겨나는 반면에, 후자는 하나님이 역사 속에 개입하심으로 나타나는 것으로 본질적으로 이원론적인 성격을 띤다.

신약 학자들도 이 용어들을 서로 다른 뜻으로 사용하였다. 어떤 이들은 이런 두 종류의 종말론을 구분하는 것을 기본적으로 수용한다. 곧 하나는 지상적이요 역사적이며, 다른 하나는 초월적이며 우주적인 종말론으로 보는 것이다.[30] 워터맨(L. Waterman)은 선지자적 종말론과 묵시론적 종말론이 서로 배타적인 사상 체계라고 본다. 그리고 예수께서는 선지자들의 윤리적 종교를 공유한 것이 분명하기 때문에 묵시론적 관념을 공유할 수가 없었다고 본다(p. 27을 보라). 보우맨(John Bowman)은 때에 따라서 강조점을 바꾸기는 하지만, 최종적으로 묵시론적 종교와 선지자적 종교를 완전히 대조적인 것으로 보며, 하나님이 역사 속에서 예언 활동을 하신다는 것을 생각할수가 없기 때문에 하나님을 멀리 떠나 계신 분으로 상정하는 모든 신학 체계를 전자에 속하는 것으로 간주한다. 그리고 선지자적 종교는 하나님의 나라를 "역사의 현장에서" 활동하는 것으로 생각한다(pp. 27-30을 보라).

고구엘(Goguel)은 이와 전혀 다른 구분을 주장하는데, 그는 예수께서 오로지 초자연적인 하나님의 개입을 통해서 새로운 세계가 열림으로써 세워지

---

30) T. W. Manson, *The Teaching of Jesus* (1935), pp. 253-256을 보라. 또한 *Aux Sources de la Tradition Chretienne* (1950), pp. 132-145에서 묵시론에 대한 Manson의 견해를 보라. 또한 M. Rist, "Apcalypticism," *IDB*, I, p. 158을 보라.

게 될 전적으로 미래적인 하나님 나라라는 묵시론적인 종말론을 가르쳤다고
본다. 그러나 그러면서도 그는 예수는 묵시론자가 아니었다고 주장한다. 왜
냐하면 그는 종말의 때와 종말론적 하나님 나라의 성격에 대하여 묵시론자
들의 사색을 따르지 않았기 때문이라고 한다(pp. 82f.를 보라). 큄멜은 이 점
에서 고구엘과 매우 유사하게 예수께서 부활과 세계의 갱신과 세계의 심판
에 대한 후기 유대교 묵시론자들의 사상을 받아들였으나 그러면서도 그의
세계관(Weltanschauung)은 묵시론자들의 그것과는 전적으로 다른 것이었
다고 주장한다. 그의 가르침은 하나님 나라의 시기와 그 본질에 관한 묵시론
적 사색이 아니라 사람들을 종말에 대비시키기 위하여 마련된 종말론적 약
속이었다(pp. 43f.를 보라).

이처럼 다양한 용어 사용을 접하면서, 우리는 이 문제 전체에 대하여 새로
운 분석을 시도하였고, 그리하여 선지자적 종말론과 묵시론적 종말론을 서
로 완전한 대조를 이루는 것으로 보아서는 안된다는 것을 주장하였다. 묵시
론적 종말론은 미래에 대한 선지자들의 견해 속에 나타나는 본질적인 요소
들이 발전된 것으로 해명할 수 있으며, 다만 그 과정에서 매우 중요한 선지
자들의 특질 가운데 어떤 부분이 사라진 것으로 볼 수 있을 것이다. 예수께
서는 묵시들의 이원론적 종말론을 수용하셨고, 바로 이 점에서 예수와 묵시
론자들은 선지자들을 넘어 선다고 할 수 있다. 그러나, 우리는 선지자들조차
도 하나님의 나라가 역사의 귀결로 일어난다든지 역사로 말미암아 만들어지
는 것으로 보지 않았고 오로지 하나님의 직접적인 개입을 통해서만 이루어
지는 것으로 보았다는 사실을 보여주고자 했다. 바로 여기에 성경 전체의 종
말론의 근본적인 특징이 있는 것이다. 하나님의 나라는 오직 하나님이 역사
속으로 개입하심으로써만 이루어진다. 그리고 이것은 묵시론적 종말론의 필
수불가결한 특징이기도 한 것이다.

아모스 시대의 대중의 소망은 이스라엘이 모든 원수들에게 승리함으로써
비묵시론적인 왕국이 세워지리라는 것이었다.[31] 그 왕국은 하나님의 나라가

31) 앞의 p. 75f.에서 Frost의 선지자 이전의 "더 나은 시대"와 Vriezen의 "종말론 이전의"
소망의 형태를 보라. 또 하나의 비묵시론적 종말론은 부활이 없는 개인적인 불멸론이
다. 요벨서 23:32; 솔로몬의 지혜서 2:22-3:4를 보라.

아니라 이스라엘 왕국일 것이었다. 이런 대중적 소망을 선지자들은 여지없이 반대했다. 선지자들의 소망에는 초보 단계의 이원론이 담겨 있었다. 왜냐하면 그들로서는 오직 하나님의 직접적인 개입을 통해서만 하나님 나라를 생각할 수가 있었기 때문이다. 더욱이 하나님의 나라는 현재의 질서를 모든 악에서 구속하며 또한 그 질서를 변혁시킴으로써 하나님의 구속 받은 백성들을 위한 완전한 환경을 만들어주게 될 것이다. 그런 변혁의 정도는 선지자들마다 조금씩 다른 용어로 묘사하지만, 그 원리는 선지자들에게 기본적으로 동일하게 나타나며 그것이 후기 묵시론에서 두 시대의 이원론으로 발전되어 나타나는 것이다. 만일 이런 분석이 건전하다면 예수의 종말론은 본질적으로 묵시론적인 것이었다고 볼 수 있다. 그러나 선지자들의 종말론과 묵시론자들의 종말론이 중요한 점들에서 차이가 있기 때문에 선지자적 종말론과 묵시론적 종말론을 그렇게 날카롭게 대비시키는 것보다는 차라리 선지자적 종말론과 비선지자적인 묵시론적 종말론에 대해서 논하는 것이 더 의미가 있을 것이다.[32]

예수께서 묵시론자들과 두 시대라는 이원론적 용어를 함께 공유하셨지만, 그는 또한 마지막 최후의 상태를 지상적인 표현으로 묘사할 수 있으셨다. 온유한 자는 땅을 기업으로 받을 것이다(마 5:5). 예수의 가르침에는 세상을 부인하는 언급이 전혀 나타나지 않는다. 하나님은 그의 피조 세계를 보존하시는 창조주로 남아 계신다(마 6:26, 28f.). 예수께서는 제자들에게 물질적이며 육체적인 관심사들을 아예 무시하라고 가르치신 것이 아니라, 다만 그것들을 하나님 나라의 생명에 종속시키라고 가르치신 것이다. 사실상, 하나님은 물질적인 필요를 채워주시는 일에 관심을 갖고 계신다(마 6:33 = 눅 12:31). 그러므로 예수께서는 선지자들과 함께 구속 받을 땅에 대한 기대를 공유하셨다고 결론을 내릴 이유가 충분하다 하겠다. 마태복음 19:28은 그 형태는 후기에 붙여진 것이라고들 하지만,[33] 죽은 자의 부활과 세상의 갱신의

32) G. E. Ladd, "Why Not Prophetic-apocalyptic?" *JBL*, LXXVI (1957), pp. 192-200.
33) 헬라어 팔링게네시아에 상응하는 아람어 단어는 없는 것 같다. 눅 22:30은 "내 나라에서"라고 하며, 막 10:30에서는 "내세에"라고 한다.

관념이 거기에 표현되어 있는 것이다.[34]

역사와 종말론

몇 가지 중요한 점에서 예수께서는 묵시론자들과 대항하여 선지자들의 편에 서시는 것을 보게 된다. 이 가운데 가장 중요한 것 가운데 하나는 역사와 종말론 사이의 긴장인데, 이는 묵시론자들에게서는 나타나지 않고 오직 선지자들에게만 나타나는 것이다. 선지자들은 바로 앞의 역사적 미래를 최종적 종말론적 완성을 배경으로 하여 바라보았다. 왜냐하면 역사 속에서 활동하시는 그 동일하신 하나님이 그의 나라를 최종적으로 세우실 것이었기 때문이다. 그러므로 하나님이 바로 활동을 시작하실 단계였으므로 여호와의 날이 가까웠다. 그 역사적 사건은 진정한 의미에서 마지막 종말의 사건을 예상하는 것이었다. 왜냐하면 그것도 동일한 구속의 목적으로 이루어지는 동일하신 하나님의 역사이기 때문이다. 그러나 여호와의 날의 역사적 임박성에 여호와의 날이 의미하는 모든 것이 다 포함되는 것은 아니었다. 역사와 종말론은 역동적인 긴장 관계를 유지하고 있었다. 그 둘 모두가 **여호와의 날**이었기 때문이다. 묵시론에서는 이러한 긴장 관계가 깨어진다. 종말론은 미래에 속하여 있어서 현재의 역사적 사건들과는 하등의 관계가 없다. 종말론의 하나님은 더 이상 역사의 하나님이 아니셨던 것이다.

하나님 나라에 대한 예수의 선포에 나타나는 가장 중요한 사실은 바로 이러한 역사와 종말론 사이의 선지자적 긴장이 새롭고 더 역동적인 형태로 회복되었다는 것이다. 예수 자신과 그의 사역 속에서 하나님 나라가 역사 속에 가까이 임하여 선지자들의 소망을 성취시켰다. 그러나 아직 종말론적 완성은 미래에 속하여 있으며 오직 하나님만이 그 시기를 아신다(막 13:32).

"이 모든 일"이 당시의 세대 안에 일어날 것이라는 말씀(막 13:30)은 예수께서 종말론적 하나님 나라가 바로 앞의 미래에 임할 것이라고 잘못 가르쳤

---

34) F. Büchsel, *TWNT*, I, p. 687.

다는 것을 입증하는 하나의 증거 본문으로 널리 사용되어 왔다. 그러나 이것은 문제를 너무나 단순하게 해결하는 것이다. 만일 예수께서 종말이 당시의 세대 안에 일어날 것으로 확신하셨다면, 그는 결국 종말에 대해서 그 때를 설정하신 것이 된다. 왜냐하면 구속사의 그 오랜 세월 가운데서 특정한 어느 세대를 지목하여 그 세대 안에 종말이 임할 것이라고 했다면 그것은 종말의 시기에 대해 상당히 정확한 지식을 표현한 것일 수밖에 없기 때문이다. 이런 점에서 예수는 묵시론적 관점을 전적으로 수용한 것과 마찬가지라고 지적한 존 보우맨의 진술이 옳다고 할 수 있다.[35]

그러나 예수께서는 바로 앞에서 그 자신은 종말이 언제 올지를 알지 못한다고 말씀하셨고, 그것은 오직 아버지만이 아신다고 하셨다. 더 나아가서, "이 일들"이 종말론적 완성을 가리키는 것일 가능성은 거의 없다. 왜냐하면 예수께서는 바로 앞에서 종말에 대한 논의를 배제하는 것이 분명한 그런 문맥 속에서 동일한 단어(타우타)를 사용하신 바 있기 때문이다. 마가복음 13:29을 "인자가 오는 것을 보거든 그가 문 앞에 서 계시는 줄로 알라"라는 말로 본다면 전혀 무의미해질 것이다.[36] 29절의 "이런 일"은 5-23절에서 묘사한 표적들을 가리키는 것이 분명하다. 이 표적들은 반드시 머나먼 미래에만 속하는 것이 아니다. 현 세대도 그것들을 볼 수 있는 그런 표적들이다.[37] 그러나, 누구도, 심지어 예수님 자신도, 종말이 언제 임할지는 모르는 것이다(막 13:32).

우리는 예수 자신과 그의 사역 속에 역사하는 하나님 나라의 현재의 활동에 적극적인 면과 소극적인 면이 내포되어 있다는 것을 보았다. 그것은 예수의 메시지를 받아들이는 자에게는 구원을 의미하며 그 메시지를 거부하는 자에게는 심판을 의미한다. 이 구원과 심판은 주로 개인들에게 적용되는 것으로 해석되었다. 그러나 오직 개인에게만 적용된 것은 아니다. 예수의 하나님 나라의 메시지는 오로지 개인의 결단에만 관련된 것이고 백성 전체에게

---

35) *The Religion of Maturity* (1948), p. 247.

36) C. E. B. Dranfield, *The Gospel according to Saint Mark* (1959), p. 407.

37) C. E. B. Cranfield, *SJTh*, VII (1954), p. 291. Cranfield는 이 말씀에 대한 여덟 가지 서로 다른 해석을 열거한다.

는 해당되는 것이 아니었다는 불트만의 결론[38]은 이 결론을 반대하는 말씀들을 초기 교회의 작품으로 돌려야만 성립이 된다. 하나님 나라를 거부하게 되면 그것은 곧 하나의 민족으로서의 이스라엘이 역사 속에서 심판을 받게 될 것을 의미한다(pp. 461f.를 보라). 성전이 하나님께 버린 바 될 것이요(마 23:38 = 눅 13:35), 땅에 무너질 것이며(막 13:2), 예루살렘 성이 훼파될 것이다(눅 21:20-24). 이스라엘이 하나님 나라를 거부했기 때문에, 하나님이 그 민족을 거부하사 다른 백성들을 택하여 그의 포도원에 속한 백성이 되게 하셨다(막 12:9). 예수께서 그의 제자들을 참된 이스라엘로 보셨다는 사실을 볼 때에, 하나님이 그의 나라를 이스라엘에게서 취하여 다른 백성에게 주실 것이라는 마태복음의 후대에 붙여진 말씀(마 21:43)은 과연 올바른 해석이다.

도드나 와일더 모두 예수께서 미래를 두 가지 다른 방식으로 보았음을 주장했다. "예수는 스스로를 그의 세대에 절정에 이르게 되는 하나의 위대한 구속적 약정, 곧 성령의 시대와 새 언약의 시대에 대한 예언들을 통해서 예견된 공동체적으로 나타나는 하나님의 역사하심의 일부로 보았다."[39] "현재의 위기 속에 나타난 심판의 요소는 역사적으로 이스라엘을 거부하는 것으로 나타나며, 이 이스라엘의 거부는 특히 성전의 훼파되는 사건에서 드러나는 것이다."[40] 이러한 역사적 안목에는 제자들에게 맡겨진 사역, 곧 온 세상에 하나님 나라의 복음을 전파하는 사역이 포함되어 있는 것이다(막 13:10).[41]

예수께서는 또한 이원론적인 용어들을 써서 말씀하셔서, 마치 미래에 대한 그의 안목이 온통 종말론적 완성에 대한 것으로 가득차 있는 것처럼 보이기도 했다. 경직된 논리를 근거로 하면, 이 두 가지 안목들은 서로 모순이 된

---

38) *Theology of the New Testament* (1951), I, p. 25.
39) A. N. Wilder, *Eschatology and Ethics in the Teaching of Jesus* (1950), p. 209.
40) *Ibid.*, p. 56. 또한 C. H. Dodd, *The Parables of the Kingdom* (1936), pp. 52, 104를 보라.
41) 이것은 David Bosch, *Die Heidenmission in der Zukunftsschau Jesu* (1959)의 논지이다.

다. 그리하여 많은 비평가들은 이 가운데 어느 하나를 순전한 것으로 취하고, 다른 하나를 거부해버릴 수밖에 없다고 본다. 그러나, 바로 **임박한 역사적 사건**과 언제 올지 모르는 **종말론적 사건** 사이의 이러한 긴장이야말로 선지자들의 안목의 독창적인 면인 것이다. 묵시론자들의 저작이 선지자들의 저작과 다른 점은 바로 그들에게는 이러한 긴장에 대한 관념이 없다는 점인 것이다. 예수의 안목에 나타나는 역사와 종말론 사이의 긴장은 바로 역사적 사건들 속에서 메시야의 구원을 성취시키기 위하여 지금 활동하고 계시는 바로 그 동일한 하나님이 역사의 종말에 그의 나라를 완성으로 이끄실 것임을 의미한다. 현재의 역사적 활동에는 이스라엘 민족의 거부와 그들에 대한 심판이 포함되며, 또한 세상에 복음을 전파함으로써 새로운 백성, 곧 참된 이스라엘이 등장하는 것도 거기에 포함된다. 그러나 중요한 점은 이 두 가지 구속의 활동 — 역사적 활동과 종말론적 활동 — 은 사실상 한 구속 사건의 두 부분이라는 것이다.

최근의 비평가들 가운데 크랜필드(C. E. B. Cranfield)는 이 점을 가장 명확하게 간파했다: "종말이 가까웠다는 진술의 의미를 파악하는 실마리는 바로 그리스도 안에서 이루어진 하나님의 구원 활동들이 본질적으로 하나라는 점을 인식하는데 있다. 곧, 성육신과 십자가에 못박히심과 부활, 승천, 그리고 파루시아가 진정한 의미에서 하나의 사건임을 인식하는 것이다. 구약은 신약의 저자들의 관점에서는 과거와 미래로 보이는 것을 미래에 나타날 하나의 신적인 개입으로 보는데, 이런 식으로 축약시켜서 보는 것은 그저 시각적인 망상만은 아니다. 왜냐하면 그런 과거와 미래의 사이의 거리가 실제로 본질적인 연합을 드러내기 때문이다. 그러나 이러한 연합성은 승천과 파루시아 사이의 위치에서는 잘 드러나보이지 않는다."[42]

마가복음 9:1의 말씀은 바로 이러한 안목을 가지고 이해하여야 한다: "내가 진실로 너희에게 이르노니 여기 섰는 사람 중에 죽기 전에 하나님의 나라가 권능으로 임하는 것을 볼 자들도 있느니라."[43] 이 말씀은 바로 앞의 가까

---

42) *SJTh*, VII (1954), p. 288. 허락을 받아 인용하였음.
43) 마태복음은 "인자가 그 왕권을 가지고 오는 것을 볼 자들도 있느니라"라고 기록한다 (16:28).

운 미래에 있을 역사적 심판을 선언하면서도 그것을 종말론적인 여호와의 날에 비추어 묘사하는 선지자들의 진술과 동일한 안목을 지니고 있는 것이다(pp. 344ff.을 보라). 그것은 여호와의 날이었다. 왜냐하면 하나님이 과연 역사하셨기 때문이다. 그리고 이 역사 속에서 이루어진 하나님의 활동은 종말론적 완성을 예상하는 것이었다. 하나님의 나라가 가까웠다. 그 나라는 예수의 제자들이 모두 죽기 전에 그 권능을 드러내었다. 그러나 그 나라가 임했다고 해서 남은 부분이 없는 것은 아니었다. 그 나라의 완성은 아직 언제가 될지 모르는 미래에 놓여 있었기 때문이다. 예수의 말씀의 골자를 날짜에 관한 단순한 하나의 진술로 축약시킬 수는 없다. "예수의 역설들은 너무나도 활기가 있어서 그것을 성공적으로 파악할 수가 없으며 또한 죄수복처럼 단순하고도 직선적인 표현 속에 갇혀 있는 것이다."[44]

이러한 안목이 감람산 강화의 주해 상의 난해성을 해명해준다. 아마도 감람산 강화는 그 본래의 형태에 있어서 각 복음서들이 서로 달리 강조하며 보도한 역사적인 사실과 종말론적인 사실을 한데 엮어놓은 것으로 보인다. 이사야 13장과 요엘의 예언의 경우처럼, 어디서 역사적인 사실이 끝나고 어디서부터 종말론적 사실이 시작하는지를 가름하기가 매우 어려운 것이다(pp. 346ff.를 보라). 감람산 강화에서는 역사적인 사실이 종말론적인 사실을 근거로 묘사되며, 또한 종말론적인 사실이 역사적인 사실을 통해서 묘사된다. 이러한 안목은 정말로 현대의 주석가로서는 해결할 수 없는 그런 어려움을 제기할 수밖에 없다. 그러나 본문이 명확한 시간적인 패턴으로 산뜻하게 분해되지는 못한다 하더라도 본문을 이해하고 깨달을 수가 있는 것이다.

예수께서는 그가 역사와 종말론 사이의 선지자적 긴장을 공유하셨다는 바로 그 사실 덕분에, 역사에 대한 묵시론적 비관론을 수용하지 않으셨다. 여기서 하나님 나라에 대한 예수의 견해와 묵시론자들의 견해 사이의 가장 놀라운 한 가지 차이점을 볼 수 있다. 그것은 곧 종말론적 완성을 이루실 그 분이 바로 역사 속의 그의 나라 속에서 활동하신 하나님이시라는 사실이다. 예수께서는 독특하게 기독교적인 특성이 되는 그런 한 가지 요인을 소개하심

---

44) C. E. B. Cranfield, *SJTh*, VII (1954), p. 287.

으로써 심지어 선지자들까지도 초월하셨다. 곧, 하나님 나라의 종말론적 완성은
예수라는 역사적 인물과 그의 사역 속에서 하나님이 행하시는 그 일과 분가분리의 관계
에 있으며 또한 그 일에 의존한다는 사실이다.

마태복음 13장의 비유들은 하나님 나라의 비밀과, 권능과 영광 중에 나타
날 그 나라의 모습이 서로 불가분리의 관계를 맺고 있다는 점을 가르친다.
종말론적 완성의 때에 사람들이 당할 운명은 그들이 예수와 및 하나님 나라
에 대한 그의 선포와 어떤 관계를 맺고 있느냐에 따라서 좌우된다(마 10:32–
33; 막 8:38). 또 한 가지 중요한 말씀은 말로 설명되지 않은 모종의 방법으
로 하나님 나라의 강림을 예수의 죽으심과 연관짓는다: "그가 먼저 많은 고
난을 받으며 이 세대에서 버린 바 되어야 할지니라"(눅 17:25).[45] 예수의 죽
으심과 하나님 나라의 강림 사이의 본질적인 관계는 그의 죽으심에 대한 말
씀들에서 그를 가리켜 인자라고 부른다는 사실에서도 다시 잘 드러난다(막
8:31; 9:31; 10:33f.). 인자란 그 정의로 볼 때에 종말론적 완성의 때에 메시
야적인 인물로서 구름을 타고 임할 하나의 묵시론적인 인물이었다.[46] 그러나
이러한 종말론적인 역할을 시행하기 전에 그 인자는 이 땅에 나타나서 "자기
목숨을 많은 사람을 위한 대속물로 주기" 위하여(막 10:45) 낮아짐과 고난을
당하는 사명을 이루어야 했다. 종말론적 완성이 예수 안에서, 특히 그의 죽
으심의 역사 속에서 하나님이 행하시는 일과 연관되고 있는 것이다.

이 점은 마지막 만찬에서도 다시 드러난다. 예수께서는 제자들에게 잔을
주시며 그것이 "많은 사람을 위하여 흘리는 바 … 언약의 피"를 지칭한다고
말씀하셨다(막 14:24).[47] 이 말씀을 살펴보기 위해서 우리는 출애굽기 24:8
의 옛 언약을 세우는 일과 또한 하나님이 하나님 나라에 속한 그의 백성들과

45) 이 말씀은 오로지 누가복음에만 나타난다. 순수성의 문제에 대해서는 T. W. Manson,
The Sayings of Jesus (1949), pp. 142f.를 보라.
46) 단 7:13f.; 에녹 46:48; 62:26–29; 막 13:26, 27; 14:62; 눅 17:24; 마 13:41;
19:28; 25:31 등을 보라. 인자에 대해서는 G. Vos, *The Self-Disclosure of Jesus*
(1926), Chap. 13; O. Cullmann, *The Christology of the New Testament*
(1959), pp. 137–164; T. Preiss, *Life in Christ* (1952), Chap. 3를 보라.
47) 고전 11:25은 이를 "새 언약"으로 부른다.

완전한 교제 속에서 맺으실 새 언약에 대한 예레미야의 약속을 검토해야 한다. 이스라엘이 중생할 것이요 그들의 죄가 용서함 받을 것이며, 하나님에 대한 완전한 지식을 갖게 될 것이다(렘 31:31-34). 언약의 피에 대한 예수의 말씀은 이러한 새 언약에 대한 약속이 예수 자신의 죽음을 통하여 곧바로 성취되려 하고 있다는 것을 암시적으로 주장하는 것이다. 그러나, 이 새 언약은 종말론적 하나님 나라에서가 아니라 역사 속에서 세워지고 있다. 그러나 그럼에도 불구하고 그 새 언약은 하나님 나라의 강림을 바라보는 것이다. 여러 가지 상이한 전승 속에서도[48] 한 가지 핵심적인 사상이 나타나는 것이다. 예수께서는 그의 죽음 너머로 완성된 하나님 나라의 완전한 교제를 바라보셨다. "잔을 마시는 것은 지금 여기에 그런 교제가 존재하는 한 바로 그 교제 속에 현재에 참여하는 것을 의미한다."[49] 떡을 떼는 것은 하나님 나라에 있을 메시야의 잔치를 상징하는 것이었다. 그러나 그것은 또한 예수의 죽음을 상징하는 것이기도 했다. 이리하여 예수의 죽음과 하나님 나라의 강림은 어떤 면에서 불가분리의 관계에 있게 된 것이다.[50]

예수께서는 역사와 종말론이 서로 역동적인 긴장 관계를 유지하는 것만을 가르치신 것은 아니다. 그는 **묵시론적 하나님 나라의 강림이 하나님이 역사 속에서 예수의 사역과 죽음을 통하여 행하시는 일에 의존한다는 것을** 또한 가르치셨다. 그러므로 예수께서는 역사와 하나님의 관계에 대한 견해에 있어서도 묵시론자들에 반하여 선지자들과 같은 입장에 서 계신다고 말할 수 있다. 구약 성경의 각 책들을 한데 묶어서 그들에게 정경의 성격을 부여하는 그 가느다란 끈

---

48) 막 14:25은 "내가 포도나무에서 난 것을 하나님 나라에서 새 것으로 마시는 날까지 다시 마시지 아니하리라"라고 기록하며(마 26:29은 이를 따른다), 눅 22:16은 "하나님의 나라에서 이루기까지 다시 먹지 아니하리라"라고 기록한다. 고전 11:26은 "너희가 이 떡을 먹으며 이 잔을 마실 때마다 주의 죽으심을 오실 때까지 전하는 것이니라"라고 기록하고 있다.

49) V. Taylor, *The Gospel according to St. Mark* (1952), p. 547.

50) 이와 동일한 선지자적 주제가 신약 계시록에도 나타난다는 사실은 매우 의미가 깊다. 종말론적 하나님 나라에서 다스릴 유다 지파의 사자는 또한 희생 당한 어린 양이기도 하다(계 5:5-6).

(thread)은 바로 구속 역사에 참여한다는 인식이다. 하나님이 역사 속에서 구속적으로 활동하신다는 그런 인식은 묵시론자들에게서는 결여되어 있다. 하나님의 구속 활동은 미래 속에 갇혀 있다. 그리하여 그들은 현재의 시대는 악에 의해서 지배를 받고 있으며 따라서 의인은 하나님 나라에서 종말론적으로 구원을 얻기까지 인내로 참고 기다리는 수밖에 다른 방도가 없다고 그들은 생각했다.

예수의 메시지의 핵심은 하나님이 다시 한 번 역사 속에서 구속적으로 활동하셨다는 것이다. 그러나 이 새로운 하나님의 활동에는 선지자들의 견해와 비교할 때에 새로운 한 가지 차원이 더 첨가되었다. 곧 **종말론적 하나님 나라 그 자체가 미리 역사 속으로 침입하여** 죄와 사망의 옛 시대 속에 있는 사람들에게 하나님의 다스림의 축복들을 가져다 준다는 사실이다. 역사는 악에게 내어버림을 당하지 않았다. 그것은 하나님의 나라와 악의 권세들 사이의 우주적인 싸움의 현장이 된 것이다.[51] 사실상, 묵시론자들이 역사를 지배하는 것으로 생각한 악의 권세들은 패배를 당했으며, 사람들은 여전히 역사 속에서 살면서도 하나님 나라의 생명과 축복들을 경험함으로써 그런 악의 권세에서 구원함을 받을 수 있게 된 것이다.

종말의 표적들

과연 종말론적 완성이 오기까지 역사는 계속해서 이러한 싸움의 장이 될 것이다. 감람산 강화가 여러 가지 점에서 묵시론과 매우 유사하지만, 그 근본적인 주제는 그것과 전혀 다르다. 이 둘 모두 종말이 오기 전에 악과 환난이 있을 것을 묘사한다. 그러나 감람산 강화는 일상적인 역사적 경험을 토대로 악을 예언하며 이런 점에서 묵시들에서 묘사하는 초자연적인 현상들과는

---

51) J. M. Robinson, *The Problem of History in Mark* (1957). Robinson은 이것이 마가복음의 견해라고 한다. 그러나 그것이 예수의 견해인지에 대해서는 길게 논의하지 않는다. 그러나 *JBR*, XXIII (1955), pp. 17-24를 보라.

놀라운 대조를 보이는 것이다. 감람산 강화는 종말을 계산할 수 있는 어떤
표적들을 명확하게 묘사하지 않는다. 사실상 거기에 나타나는 표적들은 종
말론적인 표적들이 절대로 아니다. 그 강화 자체가 이 점을 분명히 하고 있
다. 거짓 메시야가 일어날 것이며, 전쟁이 일어날 것이다. 그러나 "끝은 아직
아니니라"(막 13:7). 이 사건들은 임박한 종말의 표적들이 아닌 것이다. 그런
사건들이 일어날 것이다. 그러나 종말은 연기되고 있다. 그것들은 종말의 표
적들이라기보다는 오히려 온 시대에 걸쳐서 나타날 "재난의 시작"(막 13:8)
에 불과하다. 이 사실을 인식하게 되면, 감람산 강화와 또한 종말을 계산할
수 있는 그런 표적들이 전혀 없이 종말이 임할 것이라는 예수의 말씀 사이에
아무런 모순도 없게 되는 것이다(p. 373, 각주 5를 보라).

묵시들은 환난의 때를 예언하지만 그것들을 아주 이례적인 현상으로 묘사
한다. "네가 내게 묻는 표적들에 대해서는 … .해가 갑자기 밤중에 빛을 발할
것이요 대낮에 달이 빛을 발할 것이라. 피가 나무에서 떨어지며, 돌이 그 목
소리를 발할 것이라 … . 소돔의 바다가 고기를 토할 것이며 … 불이 일어날
것이며 맹수들이 그 소굴에서 나와 돌아다닐 것이요 소금물이 단맛을 낼 것
이며, 모든 칭구들이 서로를 칠 것이라. 이성이 스스로를 감추며, 지혜가 그
방에서 자취를 감출 것이라"(에스라 4서 4:52ff. 또한 6:18ff.; 8:63ff.; 에녹
서 80:2ff.; 99:1ff.; 100:1ff.; 요벨서 23:16ff.; 시빌의 신탁 2:199ff.; 바룩
의 묵시록 25:1ff.; 48:31ff.; 70:2ff. 등을 보라). 묵시들에 나타나는 이미지
는 현 시대를 지배하고 있는 악이 종말에 가서 매우 강렬해져서 인간적 사회
적 관계에서 뿐 아니라 자연 질서에서도 완전한 혼란이 지배하게 될 것이라
는 것이다.

그러나 감람산 강화에 나타나는 이미지는 예수의 사역과 이 시대에 이루
어지는 그의 제자들의 사역에 특징적으로 따라붙는 갈등을 연장시키는 것일
뿐이다. 예수께서는 악이 이 시대의 과정의 특징을 이루며, 하나님의 나라가
다가올 시대에 가서 악을 제거할 것이라는 가르침에 있어서 묵시론자들과
동일한 의견을 가지셨다. 그러나 이 악한 시대 속에 무언가 새로운 것이 이
미 임하였다. 곧 하나님 나라에 관한(마 24:14) 복음(막 13:10)이 임한 것이
다. 하나님의 구속 활동이 역사 속에 나타났다는 이 메시지가 종말이 오기

전에 온 세상에 전파될 것이다. 그러므로 역사가 악에게 내버려진 것이 아니다. 하나님 나라의 권능들이 내재되어 있는 그 나라의 말씀이(pp. 440ff.를 보라) 이 세상 속에 보내져서 악과의 싸움을 계속하고 있는 것이다.

종말론의 윤리적 목적

마지막으로, 예수의 종말론적 가르침은 선지자들의 가르침과 마찬가지로 그 성격과 목적에 있어서 근본적으로 윤리적이다. 그는 미래 그 자체에 대해서 관심을 가진 일이 없다. 다만 미래가 현재에 미치는 영향력 때문에 미래에 대해서 말씀하신 것이다. 예수의 말씀들을 토대로 산뜻한 종말의 과정을 그릴 수 없는 것은 바로 그 때문이다. 선지자들은 이스라엘에게 죄를 책망하고 하나님의 백성들에게 현재의 하나님의 뜻으로 도전을 주기 위해서 종말론을 선포했다. 그리고 묵시론자들은 어째서 의인이 고난을 당하는지를 설명하고 또한 그들에게 곧 구원이 임할 것이라는 확신을 심어주기 위하여 종말론을 설교했다. 감람산 강화의 주 목적은 윤리적인 목표에 있다. 곧 깨어서 경계하여 종말에 대비하라고 권면하기 위한 것이다.

마태복음과 누가복음에는 독자들에게 깨어 있기를 권면하는("그러므로 깨어 있으라 집 주인이 언제 올는지 … 너희가 알지 못함이라") 마가복음의 자료(13:33-37)가 생략되어 있다. 마태복음은 거짓된 안일함과 나태함에 빠지지 말도록 경계하는 큐 자료(눅 17:26-27, 34-35; 12:39-46)로 대체시키고 있다. 마태복음 25장 전체는 윤리적인 의도를 갖고 있다. 어느 누구도 종말론적 잔치에 당연히 자기 자리가 있을 것으로 안일하게 생각할 수가 없다. 합당하게 준비하지 않으면, 어리석은 처녀들처럼 문이 닫혀 있는 것을 보게 될 것이다(마 25:1-13). 누구든지 신실하지 못하면, 게으른 종처럼(마 25:14-30) 그 역시 내어쫓김을 당할 것이다. 예수의 제자도에 참여한다고 해서 구원의 보장을 얻는 것도 아니다. 어리석은 처녀들은 혼인 잔치에 초대를 받았다. 게으른 종도 종으로 부름을 받았던 것이다. 그러므로 구원을 당연시할 수는 없는 것이다. 그것은 오직 깨어 있고 영적으로 준비를 갖춘 자들에게만 주어질 것이다. 이런 정도에 있어서는 큄멜의 발언이 옳다. 그는 예수는 종말의 상황을 그리는데 관심이 없었고, 다만 사람들을 심판 날에 대비시키는 일에 관심이 있었다고 본 것이다(pp. 43-45를 보라).

　바로 이러한 윤리적 관심으로 예수께서는 종말론적 사건의 때에 대해서 선포하신 것이다. 윌리엄 마이켈리스는 마지막 날이 임박해 있다는 것과 동시에 그 날이 멀리 있다는 것을 강조하는 것이 모순인 것처럼 보이지만 그것은 그 때를 알지 못하게 하고 동시에 갑작스럽게 그 일이 일어날 때를 온전히 대비시키기 위해서 그렇게 한 것이라고 지적한다.[52] 복음서의 논의는 바로 여기서 끝을 맺는다. 임박한 사건을 예견하면서도 그 실현의 날짜를 정확히 알 수가 없다는 바로 이 지점에 우리를 남겨두는 것이다. 논리적으로 보면, 이것이 모순일지도 모르나, 이것은 윤리적인 목적을 위한 긴장인 것이다. 곧 정확한 날짜 계산을 불가능하게 함으로써 계속해서 그 때를 대비하도록 하는 목적이 거기에 있는 것이다.

52) *Der Herr verzieht nicht die Verheissung* (1942), pp. 1-21.

제 5 부

결 론

제 14 장

신학을 위한 영속적인 가치

결론에서 우리는 하나님 나라라는 성경적인 교의가 현대 신학에 대하여 지니는 영구적인 가치를 논의하여야 할 것이다. 우리의 연구는 주로 역사적인 것으로서 예수의 메시지를 그 자체의 역사적 환경 속에서 이해하고자 노력했다. 우리는 현대 신학이 복음서의 본질적인 요소들을 우리 세대에 해석하려 할 때에 반드시 보존해야 할 특정한 항구적인 가치들이 있다고 믿는다.

하나님이 역사 속에서 활동하신다

첫째는 하나님이 역사 속에서 활동하신다는 사실이다. 하나님의 나라를 개개인의 영혼 속에서 역사하는 하나님의 통치로 축소시킨다든가 개인의 실존적인 대면이라는 식으로 현대화시킨다든가 아니면 복된 불멸성에 대한 타세계적인 꿈이라는 식으로 치부해버릴 수는 없는 일이다. 하나님의 나라는 곧 하나님이 왕으로서 역사를 하나님이 지향하시는 목표에 이르게 하시기 위해서 역사 속에서 활동하시는 것을 의미한다. 하나님의 나라에 대한 성경적 견해는 그 어떠한 것이라도 반드시 하나님이 역사의 현장에서 활동하신다는 것을 인정한다는 보우맨의 주장은 과연 옳은 것이다. 어떠한 신학이라도 그것이 하나님이 "전적 타자"(全的 他者)이시므로 역사의 현장에서 활동하실 수 없기 때문에 "하나님과 멀리 떨어져서 대화하는 일"밖에 할 수 없다면, 그것은 성경적 신앙의 가장 본질적인 요소를 잃어버린 것이다.[1]

물론 우리가 인정하다시피, 이것은 현대의 역사가에게는 문제가 된다. 왜냐하면 이는 역사의 본질의 문제 전체를 거론하는 것이기 때문이다. 이것은 현대 신학에 있어서 가장 논란이 많은 주제 가운데 하나이다. 영원한 진리는 관념 속에서는 드러날 수 있을지언정 절대로 역사의 우발적인 사실들에서 드러날 수가 없다는 레싱(Lessing)의 고전적인 확언 이후, 인생의 절대적이고도 최종적인 의미가 어떻게 역사라는 상대적인 것들 속에서 구체화될 수 있느냐 하는 것이 첨예한 문제로 대두된 것이다. 불트만은 하나님의 본질은 바로 그가 객관적인 용어들로 묘사될 수 없다는데 있다고 주장했다. 하나님은 언제나 주체(subject)요 절대로 객체(object)가 될 수 없다.[2] 그러므로 하나님의 계시는 절대로 역사 속에 있을 수가 없다. 왜냐하면 역사란 학자들의 비평적 검토요 재구성의 산물이기 때문이다. 그러나, "하나님의 계시는 인간의 기준대로 좌우되는 것이 아니다. 그것은 세계 내의 현상이 아니라 그 자신의 행동일 뿐이다."[3] 불트만의 신관(神觀)이 그로 하여금 하나님의 활동을 실존적으로 해석하도록 만들기 때문에,[4] 그는 역사에 대해서 비관적일 수밖에 없다. "오늘은 우리가 종말과 역사의 목표를 안다고 주장할 수가 없다. 그러므로 역사의 의미의 문제는 무의미해진 것이다."[5]

창조주요 역사의 주이신 하나님에 대한 성경적 가르침을 비신화화하는 일은 성경적 계시와는 다른 철학적인 하나님 개념에서 나온 것으로서 복음의 본질적 요소를 희생시키는 결과를 초래한다. 하나님은 인간사를 그저 아무 상관도 하지 않고 바라보기만 하는 분이 아니시다. 그는 그저 개인이 "순전

1) J. W. Bowman, *Prophetic Realism and the Gospel* (1955), Chap. 3.
2) R. Bultmann, "Welchen Sinn hat es, von Gott zu reden?" *Glauben und Verstehen*, I (1933), p. 26ff.; 영역본, *The Christian Scholar*, XLIII (1960), pp. 213-222.
3) R. Bultmann, *Essays Philosophical and Theological* (1955), p. 113.
4) "만일 우리가 하나님이 지금 여기서 나와 함께 활동하신다는 그런 의미에서만 하나님이 활동하시는 것으로 말하여야 한다면…"(R. Bultmann, *Jesus Christ and Mythology* [1958], p. 78). Bultmann은 어떻게 이 입장을 유지하면서도 예수 안에서 이루어진 하나님의 활동에 무언가 독특한 의미(엡 하팍스)가 있다고 말할 수 있느냐 하는 내적인 모순을 만족스럽게 해결하지 못했다.
5) R. Bultmann, *History and Eschatology* (1957), p. 120.

한 실존"(authentic existence)에 이끌려 들어가는데 관심을 가지실 뿐 아니라, 역사를 통제하시는 분이시며,[6] 인간의 구원을 위하여 역사 속에서 몸소 활동하신 분이신 것이다. 불트만 신학의 가장 근본적인 난점은 그가 비성경적인 신론을 주장한다는 사실에 있다.

만일 하나님이 역사 속에서 이 하나님 나라 속에서 활동하셨다면, 그는 역사를 그의 나라로 이끄실 것이다. 기독교 신앙은 "하나님의 나라를 역사의 목표로 또한 인간의 구속에 대한 유일한 소망으로 선언하는 것이다."[7] "'하나님의 나라'는 하나님의 관점에서 본 심판 이후의 사물의 상태를 묘사하는 것이다. 그것은 하나님의 주권이 그것을 대적하는 모든 것을 멸절함으로써 완성되는 것을 의미한다.""만일 선이 악에 대하여 최종적인 승리를 거두지 못한다면, 하나님의 나라는 헛된 꿈이 되고 말 것이다."[8] 기독교의 복음은 개개인은 물론 인류 전체에 대해 관심을 갖는다. 기독교 복음에서 제시하는 하나님은 역사 속에서 활동하시며 역사의 종말에 그의 나라를 반드시 세우실 역사의 주(Lord)이신 것이다.

악의 본질

하나님 나라의 이러한 신학에 담겨 있는 두 번째의 기본 요소는 악의 급진적인 본질이다. 하나님은 역사의 주시다. 그러나 그를 대적하는 요소들, 곧 하나님의 다스림을 무력화시키려고 노력하는 반대의 세력이 있다. 존 브라이트가 지적하듯이 모든 역사가 하나님의 나라를 향하여 나아가고 있다는 것은 성경적 견해가 아니다.[9] 역사와 인간의 경험 속에는 마귀적인 세력이

---

6) H. H. Rowley, *The Relevance of Apocalyptic* (1947), p. 151.
7) J. Bright, *The Kingdom of God* (1953), p. 250. G. Bornkamm은 진정한 미래성의 요소를 순수한 실존적인 뜻으로 축소시킬 수는 없다고 주장하였다. *Kerygma and History* (Carl E. Braaten and Roy A. Harrisville, eds.; 1962), pp. 194ff.를 보라.
8) T. W. Manson, *The Teaching of Jesus* (1935), pp. 276, 284.

있어서 하나님의 나라를 대적하여 움직인다. 악은 단순히 선이 결핍된 상태가 아니며, 그렇다고 사람이 위를 향하여 발전해나가는 과정 중의 한 단계도 아니다. 그것은 인간의 참된 복지를 막는 무서운 원수로서 하나님이 권능으로 개입하셔서 악을 이 땅에서 도말하시기 전에는 절대로 없어지거나 제거되지 않는 것이다.

예수께서는 사람들이 그들 자신의 능력으로 악을 극복하리라고는 기대하지 않으셨다. 또한 그는 역사적 사회적 경험 속에 내재한 과정들을 통해서 악이 점차적으로 정복될 것으로 보지도 않으셨다. 예수께서 하나님 나라를 세우는 일이나 그의 제자들이 하나님 나라를 임하게 하는 일에 대해서 한 마디도 말씀하지 않으셨다는 사실은 매우 의미심장한 일이다. 이 두 가지 표현 모두 현대 신학에서는 아주 비근하게 나타나는 것이다. 악은 급진적인 것이어서 오직 하나님의 권능의 개입을 통해서만 극복될 수 있는 것이다.

더 나아가서, 악은 사람보다도 더 강하다. 악은 하나님을 배반한 사람들의 영혼 속에서만 나타나는 것이 아니다. 또한 악을 영적 실체의 세계와 대조를 이루는 육체적 세계의 물질적 성격과 동일한 것으로 볼 수도 없다. 악은 사회적 성격을 지닌 것으로 인식하여야 한다. 이 시대가 계속되는 동안은 언제나 전쟁과 국제적인 분쟁과 심지어 가정 내의 갈등이 이 시대의 특징으로서 계속 일어날 것이다. 심지어 종교 조차도 하나님 나라를 대적할 수 있다(막 13:9). 역사는 하나님의 나라와 악의 영역 사이의 계속되는 갈등을 목도하게 될 것이다. 그리고 이 갈등 속에서 전체의 사람들과 구체적으로 하나님 나라의 제자들은 고통을 받게 될 것이다. 사실상, 반대와 고난을 당하는 일이 그들의 정상적인 경험이 될 것이다.

이것이 악의 마귀적인 본질의 의미이다. 예수께서는 사람들을 지배한 여러 가지 악들의 근원이 사탄, 마귀, 바알세불이라 불리는 초자연적인 인격체에 있는 것으로 보셨다. 불트만은 신화라고 해석하겠지만, 이것은 단순히 신화가 아니다. 이것은 심오한 신학의 표현이다. 로울리(H. H. Rowley)는 다

---

9) *The Kingdom of God* (1953), p. 250. 필자가 Bright 교수가 이 진술을 통해서 전달하고자 한 의미를 잘못 이해했을 가능성도 있음을 밝혀둔다.

음과 같이 쓰고 있다: "선과 악은 인격적인 용어다. 추상적 개념들은 독립적으로 존재하는 것이 아니다. 선과 악은 우주 공간 어디엔가를 떠다니는 비인격적인 개체들이 아니다. 그것들은 사람들 속에 내재하며 오직 사람들 속에만 존재한다. 선만이 홀로 영원하다. 왜냐하면 하나님은 선이시며, 오직 그만이 영원 전부터 존재하시기 때문이다. 선의 논리적 상대인 악은 최초의 악한 존재가 하나님의 뜻을 대적했을 때에 그 속에서 존재하게 되었으며, 그것은 악한 사람들이 존재하는 한 그 악한 자들 속에 계속해서 존재한다."[10] 심지어 불트만조차도 오늘날 사람들이 인간의 복지를 대적하며 인간을 운명처럼 지배하며 인간의 의지와 계획을 통해서 역사하는 그런 인간 외적인 세력들의 손길에 속수무책인 상태에 있다고 느낀다는 것을 시인하고 있다.[11] 이것은 예수께서 사탄에 대해서 말씀하신 바를 현대의 "비신화화된" 방식으로 묘사하는 것이라 할 수 있다. 주요 차이점은 불트만은 악을 무언가 알 수 없는 추상적 개념에 기인하는 것으로 보는 반면에, 예수께서는 악이 인격성에 뿌리를 박고 있는 것으로 보신다는 점이다. 그러므로 우리는 그런 초인간적인 영의 존재의 가능성을 "우스꽝스러운 것"으로, 우리 주님의 정신과 가르침에서 아무런 분명한 기능을 발휘하지 못하는 비합리적인 요소로, 간단히 치부해버리는 그런 태도를 받아들일 수가 없는 것이다.[12]

하나님의 나라는 하나님의 활동이다

악의 본질이 사람이 스스로는 그것을 극복할 수가 없고 하나님의 나라를 차지할 수도 없는 그런 것이라는 사실과 연관되는 것 가운데 하나는 바로 하나님 나라를 하나님의 초자연적 활동으로 보는 신학이다. 본서의 주요 논지

---

10) *The Relevance of Apocalyptic* (1947), pp. 159f. Schniewind는 마귀적인 존재를 악의 "주체를 바꾼 실체"(transsubjective reality)로 논한다. *Kerygma and Myth* (H. W. Bartsch, ed.; 1953), I, pp. 1-3을 보라.

11) *Kerygma and Myth* (H. W. Bartsch, ed.; 1953), I, pp. 1-3.

12) J. W. Bowman, *The Religion of Maturity* (1948), p. 258.

가운데 하나는 선지자들과 예수님 모두 하나님의 다스림의 최종적인 완전한
실현은 오직 초자연적이며 세계를 변혁시키는 하나님의 활동에 의해서 이루
어진다고 가르치셨다는 사실이다. 기독교 신학에서는 이것을 "그리스도의
재림"으로 논한다.[13] 예수께서 보신 완성은 다른 사건들과 같은 성격을 지닌
"역사적" 사건이 아니라 하나님이 역사 속으로 개입해 들어오시는 것이다.
로올리는 재림에 대한 신앙이 초기 기독교의 망상이 아니라 악을 멸하기 위
해서 근본적인 기독교 신앙 속에 내재하는 본질적인 요소라고 말했는데, 이
는 아주 적절한 이해라 하겠다. "재림의 개념은 [예수의] 자기 사명에 대한
의식의 내적인 논리 혹은 역학 관계에서 나온 것이다." 그러므로 하나님의
나라가 정말로 실현된다면, 그리스도께서 거기에서 최고의 자리를 차지하는
것이 마땅한 것이다.[14]

이러한 기독교적 소망은 단순히 유대교 묵시론의 일부를 기독교화시킨 것
이 아니다. 신약 성경은 복음서를 포함해서 예수를 단순한 선지자로서가 아
니라 그 속에서 하나님이 구속적으로 역사 속으로 들어오신 분으로 보고 있
기 때문이다. 예수께서는 하나님의 나라가, 심지어 그 비밀한 임재에 있어서
조차도 하나님의 초자연적인 활동이며(pp. 229ff.) 또한 이 초자연적인 능력
이 그 자신의 인격에 내재하고 있다고 가르치셨다. 현대의 역사가들은 "역사
적 예수"를 발견하고자 여러 가지 시도를 거듭해왔다. 그들은 현대의 세속적
역사 기술의 전제들로써 설명이 가능한 그런 일세기의 유대인으로서의 예수
를 찾으려 한 것이다. 그러나 이러한 소위 "역사적" 예수를 어떤 식으로 그리
든간에, 그런 예수는 제임스 로빈슨(James M. Robinson)의 말대로 "역사
가들의 예수"일 뿐이요 현대 학자들의 얼굴을 반영하는 것으로서 일세기에
살았던 실제적인 인물과 전혀 맞아떨어지지 않을 것이다.[15]

오래 전 마틴 켈러(Martin Kähler)는 "역사적" 예수에 대한 탐구는 헛된

---

13) 성경은 그리스도의 "재"림에 대해서는 아는 바가 없으며 다만 그의 오심이나 파루시아에
   대해서만 알 뿐이라는 반론이 자주 제기되고 있다. 그러나 히 9:28은 분명히 "재림"이
   통상적으로 사용되는 용어임을 밝혀준다.
14) H. H. Rowley, *The Relevance of Apocalyptic* (1947), pp. 122, 148.
15) *A New Quest of the Historical Jesus* (1959), p. 31.

것이요 실재성을 조금이라도 지닌 예수는 오로지 복음서에 그려져 있는 대로의 "성경적 그리스도"라고 주장한 바 있다.[16] 복음서의 예수는 초자연적인 하나님 나라의 권능이 그 속에 임재하고 활동하는 하나의 신적인 존재임을 스스로 의식하는 것으로 그려지고 있다. 빈센트 테일러는 올바로 주장하기를, 역사 비평은 하나님과의 독특한 관계에 대한 예수 자신의 의식을 ─ 그것이 설명이 불가능하며 판단을 내릴 수 없는 그런 것이라 하더라도 ─ 반드시 염두에 두어야 한다고 했다.[17] "예수 자신이, 그리고 그를 위하여 그의 추종자들이 주장하는 바는 바로 그의 사역 속에서 하나님이 구원의 활동으로 자신을 계시하셨다는 것이다."[18] 이러한 확신이 성육신이라는 기독교의 교의 속에서 표현되는 것이다.

이는 곧 역사는 자기 자신을 구원할 수가 없다는 것을 의미한다. 그러나, 하나님은 역사가 스스로 파괴되도록 내버려두지 않으셨다. 하나님이 그의 아들 자신 속에서 역사 속으로 들어오셔서 역사를 구속하신 것이다. 종말론적 구속은 하나님이 나사렛 예수 안에서 가리워진 형태로 행해 놓으신 것이 영광스럽고도 공개적으로 드러나는 것이다. 그 예수 안에서 말씀이 육신이 되었다. 그의 사역 가운데서 하나님의 나라가 씨처럼, 한 숟갈의 누룩처럼 된 것이다. 그러나, 예수 안에서 역사한 하나님의 구속적인 활동은 아직 그 참 모습이, 곧 악에 대한 하나님의 승리가, 다 드러나지 않았다.

하나님 나라의 승리는 진정한 승리이다. 그러나 그 승리는 세상이 보지 못한 그런 승리였다. 예수 안에 하나님 나라가 임재하는 일은 세상적인 현상이 아니었고(p. 276을 보라) 언젠가는 대중 앞에 드러나게 될 하나의 감추어진 임재였다. 그러므로 하나님이 역사 속에서 예수 안에서 행하신 일과 파루시

16) *Der sogennante historische Jesus und der geschichtliche biblische Christus* (1898; new abridged ed., 1956). Carl E. Braaten, "Christ, Faith and History" (1959)라는 Harvard 대학 학위 논문의 일부인 영역본을 보라.

17) *The Person of Christ* (1958), p. 186.

18) T. W. Manson, "Present Day Research in the Life of Jesus" in *The Background of the New Testament and Its Eschatology* (W. D. Davies and D. Daube, eds.; 1956), p. 221.

아에 의해서 역사의 종말에 행하실 일은 하나님의 동일한 구속적인 다스림의 두 가지 형태요, 또한 전자가 후자를 요구하는 것이다. "구원의 역사의 드라마에서 마지막 장(act)을 무시해버리면 그 이전의 장들도 다 무시하는 것이 되어 버린다. 만일 그리스도의 죽으심과 부활이 미래에 완성되는 것이 아니라면, 그것들은 과거의 중심 사건이 아닌 것이 되어버리며 현재도 더 이상 그리스도론의 시발점과 완성 사이의 중간에 위치한 것이 아닌게 되어버리는 것이다."[19]

그러나, 하나님 나라의 이 두 가지 활동 사이에는 한가지 중요한 차이가 있다. 예수 안에서 하나님은 역사 속에서(in history) 활동하셨다. 그러나 하나님 나라의 완성은 — 물론 그것이 역사 속으로 들어오는 것이기는 하지만 — 그 자체가 역사를 넘어서(beyond history) 이루어지는 것이다. 왜냐하면 하나님 나라의 완성으로 하나의 구속 받은 질서가 세워지게 되는데, 이 질서가 실제적으로 역사적 경험은 물론 현실적인 상상의 한계를 초월하는 성격을 지닐 것이기 때문이다.[20] 그러나, 그 완성이 임하는 것은 하나님이 이미 역사 속에서 행하신 일과 불가분리의 관계에 있는 것이다. 그러므로 역사의 목표가 역사를 넘어서 존재한다 하더라도, 그럼에도 불구하고 그것은 역사를 구속하는 것을 의미한다. 역사가 새롭고 영광스러운 존재 양식으로 탈바꿈하는 것이다.

현재의 상황

마지막 남은 문제는 교회의 역할과 그것이 하나님 나라와 갖는 현재의 관

---

19) O. Cullmann, "The Return of Christ" in *The Early Church* (A. J. B. Higgins, ed.; 1956), p. 160.

20) 하나님 나라의 강림에 대한 예수님의 기대에 유대교에서 메시야의 날로 알려져 있는 시간적인 기간이 과연 포함되었느냐 하는 문제에 대해서 관심을 가질 필요는 없다. 왜냐하면 예수님이나 복음서 기자들이나 모두 그 문제에 대해서 관심을 갖지 않은 것으로 보이기 때문이다. F. J. Foakes Jackson and K. Lake, *The Beginnings of Christianity* (1920), I, pp. 280f.

계의 문제다. 교회가 쿰란 공동체 등의 일세기 묵시론적 공동체들과 함께 공유하는 한 가지 사실은 스스로 종말론적 공동체라는 것과 말씀과 행위를 통해서 하나님 나라의 확실한 승리를 증거하는 존재라는 것을 확신하고 있다는 점이다. 그러나, 한 가지 가장 중요한 점에서 교회는 일세기 유대교 그룹이 알지 못했던 독특한 상황 속에 서 있는 것이다. 그것은 곧, 미래에 있을 하나님의 승리에 대한 교회의 증거는 역사 속에서 이미 성취된 승리를 기초로 하고 있다는 것이다. 교회는 단순히 소망만을 선포하는 것이 아니라 역사 속에서 일어난 사건들과 교회 자신의 경험에 근거한 소망을 선포하는 것이다. 과연 교회가 하나의 종말론적 공동체인 것은 교회가 하나님의 미래의 승리를 증거하기 때문만이 아니라 현재의 악한 시대 속에서 그 종말론적 하나님 나라의 생명을 드러내 보일 사명을 맡고 있기 때문인 것이다. 교회의 존재는 바로 예수 안에서 성취된 하나님 나라의 승리를 세상에 증거하기 위하여 생겨난 것이다.[21]

흔히 말하듯이 교회는 "두 시대 사이"를 사는 사람들이다. 그들은 하나님의 나라와 죄악된 세상 사이의, 다가올 시대와 현재의 악한 시대 사이의, 긴장 속에 갇혀 있다. 교회는 하나님 나라의 승리를 이미 경험했다. 그러나 교회는 다른 사람들과 마찬가지로 이 세상의 권세에 영향을 받고 있다.[22] 교회는 소망의 상징이다. 곧 하나님이 이 시대도 인간 역사도 악의 세력에게 내어버리지 않으셨다는 증거인 것이다. 하나님의 나라가 교회를 창조했으며 또한 세상 속에서 교회를 통하여 계속 역사하고 있다. 바로 이러한 상황이 극심한 긴장을, 아니 처절한 싸움을 조성한다. 교회는 이 시대의 종말이 오기까지 계속되는 선과 악, 하나님과 사탄 사이의 갈등이 벌어지는 중심점이다. 교회는 절대로 쉬거나 마음을 놓고 있을 수 없으며 언제나 투쟁과 싸움 중에 있는 교회일 수밖에 없다. 때로는 박해를 당하기도 하지만 궁극적인 승리를 확신하며 나아가는 것이다.

---

21) 우리는 쿰란 공동체가 다가올 시대의 권능들이 예상되는 것으로 믿었다는 Stendahl의 견해에 동의할 수 없다. K. Stendahl in *The Scrolls and the New Testament* (K. Stendahl, ed.; 1958), p. 10를 보라.

22) J. Bright, *The Kingdom of God* (1953), p. 252.

그러나 교회는 하나님 나라의 도구이기만 한 것이 아니라 언제나 하나님 나라의 심판 아래 서 있는 것이다. 예수께서는 유아기 상태의 교회의 대표자들에게 말씀하시기를, "그러므로 깨어 있으라 … 그가 홀연히 와서 너희의 자는 것을 보지 않도록 하라"(막 13:35-36)라고 하신 것이다.

이는 교회가 처하고 있는 마지막 긴장으로 이어진다. 곧 역사와 종말론 사이의 긴장이 그것이다. 이 문제를 비평적인 논의로 그냥 무시해버려서는 안 된다. 예수의 가르침에 나타나는 임박성에 대한 인식과 역사에 대한 인식 사이의 긴장은, 우리가 믿기로는, 하나님이 교회를 위하여 두시는 그런 긴장이다. 선지자들이 임박성을 강조한 데에는 윤리적인 목적이 있었으므로, 그 임박성은 항구적인 의의를 지닌다. 교회는 언제나 긴박감을 지니고 살아야 하며, 항상 종말의 압박을 느껴야 한다. "성경적 종말론이 아주 멀리 있는 것이 되어버리고 그것이 윤리적 힘을 완전히 상실해버린 이유는 교회가 그 종말이 가까이 있다는 기대를 그 신앙에서 제거해버렸다는데 있다."[23]

임박성에 대한 역동적인 인식은 교회가 그 종말론적인 성격을 보존하며 세상에 휩쓸리지 않도록 도움을 줄 것이다. 교회는 세상 속에 있으며 세상적인 현상이 되어버렸다. 오늘날 교회는 정교한 조직과 기득권을 지닌 하나의 기구다. 그리고 교회가 스스로 이 시대에는 본질적으로 맞지 않는 종말론적 공동체로서의 성격을 잊어버리는 경우도 있다. 이런 상황에서 임박성에 대한 인식이야말로 교회의 진정한 성격을 보존시켜주며, 또한 교회가 그저 하나의 세상적인 현상으로 그쳐버리지 않도록 막는 구실을 해줄 것이다. 교회가 종말론적 성격과 운명을 본질적으로 인식하고 사는 한, 교회는 이 세상에 속하지 않고 교회로서의 본연의 모습을 지니고 나아가게 될 것이다.

그러나, 광신주의나 날짜를 계산하는 행태나 근시안적인 태도를 경계하기 위해서는 역사에 대한 인식도 필요하다. 역사와 종말론 사이의 이런 긴장을 의식하게 되면 각 세대마다 신자들에게 강력한 동기와 힘을 줄 것이다. 자기들이 하나님 나라가 최종적 승리를 거두기 전에 있을 마지막 세대라는 것을 인식하면서도 또한 미래에 대한 먼 안목으로 차분하게 계획하고 일해 나가

---

23) G. R. Beasley-Murray, *Jesus and the Future* (1954), p. 189.

야 할 필요가 있다는 것이 바로 성경이 말하는 긴장이다. 진정으로 성경적인 교회는 미래의 세대들을 위하여 스스로를 세워나간다. 그러면서도 언제나 다음과 같이 열심히 기도할 것이다: 주의 나라가 임하시오며 주의 뜻이 하늘에서 이루어진 것 같이 땅에서도 이루어지이다. 주 예수여 속히 오시옵소서 .

🔵 **독자 여러분들께 알립니다!**
'**CH북스**'는 기존 '**크리스천다이제스트**'의 영문명 앞 2글자와
도서를 의미하는 '**북스**'를 결합한 출판사의 새로운 이름입니다.

조지 래드

하나님 나라

1판 1쇄 발행 2016년 10월 25일
1판 3쇄 발행 2023년 2월 15일

발행인 박명곤   **CEO** 박지성   **CFO** 김영은
기획편집 채대광, 김준원, 박일귀, 이승미, 이은빈, 이지은, 성도원
디자인 구경표, 임지선
마케팅 임우열, 김은지, 이호, 최고은
펴낸곳 CH북스
출판등록 제406-1999-000038호
전화 070-4917-2074   **팩스** 0303-3444-2136
주소 서울시 강서구 마곡중앙6로 40, 장흥빌딩 10층
홈페이지 www.hdjisung.com   **이메일** main@hdjisung.com
제작처 영신사

ⓒ CH북스 2016

"크리스천의 영적 성장을 돕는 고전"
세계기독교고전 목록

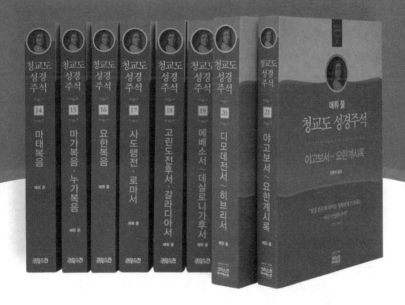